PSİKOPAT
MİHRİ MAVİ

MARTI

Psikopat
Mihri Mavi

1. Baskı: Eylül 2015
ISBN: 978-605-348-800-2
Yayınevi Sertifika No: 12330

Copyright©Mihri Mavi
Bu kitabın Türkçe yayın hakları Martı Yayın Dağ. San. Tic. Ltd. Şti.'ye aittir.
Yayınevinden izin alınmadan kısmen ya da tamamen alıntı yapılamaz,
hiçbir şekilde kopya edilemez, çoğaltılamaz ve yayımlanamaz.

Baskı Cilt
İlhan Ergül Matbaası
Davutpaşa Çifte Havuzlar Yolu
No:8/A. Zeytinburnu/İst
Sertifika No:29030
Tel: (212) 674 37 23

MARTI YAYINCILIK
Martı Yayın Dağıtım San. Tic. Ltd. Şti.
Maltepe Mh. Davutpaşa Cd.
Yılanlı Ayazma Sk. No: 8
Zeytinburnu/İstanbul
Tel: 0 212 483 27 37 - 483 43 13
Faks: 0 212 483 27 38
www.martiyayinlari.com
info@martiyayinlari.com

Yayın Yönetmeni : Şahin Güç
Yayına Hazırlayan: Handan Kılıç
Editör : Burçin Erbay - Kaan Arer
Sayfa Tasarımı : Elif Yavuz
Kapak Tasarımı : Alla Özabat
Kapak Modeli : Felix Bujo
Fotoğraf : Leda and St Jacque

PSİKOPAT
MİHRİ MAVİ

MARTI

1

GİRİŞ

Ankara'ya taşınmamızla hayatım bir anda değişti. Beş gündür bu şehirdeyiz ve ben buraya hâlâ alışamadım. Bambaşka bir şehirde hayata yeniden başlamak çok berbat hissettiriyordu, hatta bu durumdan ölesiye nefret ediyordum. Ucuz kafelerin masalarına yerleştirilen adi mumlar gibiydim. Ne ortama romantik bir hava katabiliyordum ne de ışığımla çevremi aydınlatabiliyordum. Etrafımı geçtim, kendime bile yararım yoktu. Bir anda görkemli salonların şaşaalı şamdanlarını süsleyen bir mumdan yüz tanesi beş liraya satılan değersiz ve özensiz bir muma dönüşmüştüm. Şimdi içinde bulunduğum ev, ucuz mumların dışındaki adi teneke gibi beni sınırlandırıyordu. Eridikçe taşamıyordum, yavaş yavaş akıp etrafa saçılamıyordum, kendi hayatıma bile ulaşamıyordum.

Peki, tanımadığım bir şehirde, sevmediğim bir evde benim ne işim vardı?

Mihri Mavi

Babam İzmir'in en önemli inşaat şirketlerinden birinin sahibiydi. İşleri daha da büyütmek amacıyla ortaklarına güvenip yeni bir ihaleye girerek tüm parasını büyük bir projeye bağladı. O proje bir türlü gerçekleşemedi. Yatırdığımız parayı kaybettik ve altından kalkamayacağımız bir borca battık. Bu durum bizim için büyük bir çöküş oldu. Önce evimizi satmak zorunda kaldık, ardından da kıymetli eşyalarımız borçlarımızı kapatmak için açık artırmayla satıldı. Elimizde hiçbir şey kalmayınca ailemle Ankara'ya taşınmaya mecbur olduk.

Babam eski bir arkadaşının yanında mühendis olarak çalışmaya başladı. Artık ne yazık ki kendi işinin sahibi değil ve toparlanabilmemiz için mütemadiyen çalışmak zorunda. Her ne kadar eskisi gibi zengin bir hayatımız olamayacaksa da bizim için elinden geleni yapıyordu.

Annem ve babamla işte bu yüzden Ankara'ya sürüklendim. Adım Buket, on yedi yaşındayım. Bir kardeşimin olmasını çok isterdim, zor günlerimde yanımda olup benimle dertleşecek bir ablam olsa hiç fena olmazdı mesela, fakat ne yazık ki yalnızdım.

Babama göre artık daha dikkatli harcama yapmalıydık. Buna nasıl alışacağımı bilemiyordum. Eskiden annemin limiti olmayan kredi kartlarını kullanarak istediğim her şeyi alırdım. Beğendiğim şeyin fiyatına bakma alışkanlığım yoktu. En yakın kız arkadaşlarımla sürekli alışverişe çıkar, Alsancak'a iner ve en ünlü mağazaların bulunduğu Gül Sokak'ın altını üstüne getirirdik. Tasasız bir şekilde hayatımızın tadını çıkarırdık. Hafta sonlarıysa bazen arkadaşlarımla, ge-

Psikopat

nelde de sevgilimle buluşup Bornova'ya gider, geç saatlere kadar Forum Bornova'da vakit geçirirdik. İzmir'de heyecanlı, diri bir hayatım vardı. Daha şimdiden bu özgürlüğümün ve sınırsız alışveriş günlerimin eksikliğini çok fena bir şekilde hissediyordum. Geride bıraktığım renkli hayatımı ve arkadaşlarımı her gün özlemle anıyordum.

Ankara'da yaşadığımız semt hiç tekin bir yer değildi. Burası, Ankara'nın neresi, onu bile bilmiyordum. Eskiden yaşadığımız iki katlı villayı düşününce bu evde yaşarken yüzümü buruşturmamak için kendimi zor tutuyordum. Çocukluğumu geçirdiğim, doğum günü partilerimi verdiğim bahçemiz, kitap okumak için sığındığım çatı katımız, büyük ve aydınlık mutfağımız, anılarımla dolu olan ev İzmir'in en görkemli semtlerinden Mavişehir'deydi. Şimdi yaşadığımız semtimizin tam zıttı diyebileceğim şekilde denize sıfır, harika bir manzarası vardı. Bahçemizin sürekli bakımı yapılan çimlerini bile özlüyordum. İlkbahar ve yaz aylarında kahvaltımızı deniz manzarasında yapar, temiz havayı içimize çeke çeke güne başlardık. Ayrıca ne zaman canım sıkılsa deniz kıyısındaki parkurlarda yürüyüş yapar, kafamı dağıtırdım. Şimdiyse evden çıkmayı bırakın, camdan dışarı bakmaya bile korkuyordum.

Şimdiki evimiz eski bir apartmanın en üst katıydı. Mavişehir'deki terasımızın komik bir kopyası gibiydi; küçücük bir balkonla dar bir sokağa bakan iç karartıcı bir manzarası vardı. Her sokak başında kavgaların olduğu bir mahallede oturuyorduk. Siren seslerini duymadığım bir gün yok diyebilirim, her gün mutlaka insanı huzursuz edecek büyüklükte bir olay oluyor ve polisler gelmeden bağrışlar kesilmiyordu. Polisi görmeden sakinleşemeyen insanlar arasında yaşıyorduk sanki. Kendi halinde evlerine giden insanları hem sözleri hem de bakışlarıyla taciz eden köşe başındaki serserileri hiç saymıyorum bile, çok tehlikelilerdi. Bazıları benim yaşlarımdaydı. En çok da onlardan korkuyordum.

Eskiden nereye gitmek istersem şoförümüz Salih Amca beni oraya götürürdü. Kimseyle muhatap olmak zorunda kalmazdım. Ah, eski rahat, kolay ve özgür hayatım, seni çok özleyeceğim!

Babam artık sıradan bir çalışan olduğu için burada bir kolej ücretini ödeyemeyeceğinden özel okul yerine, evimize en yakın olan liseye kayıt yaptırmak zorunda kaldık. Elveda özel hocalar, elveda özel okullar!

İşte, her şey benim için tam da bu noktada başladı.

2

Ankara.

Hayatımın köreldiği büyük şehir. İnsanın doğduğundan beri edindiği alışkanlıkları bir anda bırakıp yeni bir hayata geçiş yapması oldukça zormuş. Yeni evimize karşı kendimi o kadar yabancı hissediyordum ki bu his beni boğuyordu. Sanki her günüm kötü geçecekmiş gibi hissediyordum. Bu kesinlikle normal değildi, belki de eskisi gibi yaşayamayacağımı kabullenemiyordum. Sıkıldığımı belli eden bir nefes alıp müzik dinlemenin iyi olacağını düşünerek son ses Metallica'nın *Nothing Else Matters* şarkısını açıp yatağıma oturdum. Bakışlarım hâlâ açılmamış olan köşedeki bavullara kaydı. Şimdilik sadece gerek duyduğum eşyaların olduğu bavulları boşaltmıştım. Sanki benim gibi onlar da buraya yerleşmemek için isyan ediyordu.

Yeni odamın kirli beyaz rengindeki duvarlarını süzerken eski, devasa büyüklükteki odam zihnimde canlandı. Geçen yaz bir anda kafama esmiş ve odamı yeni baştan dekore etmiştim. Tüm duvarlar özel olarak yurtdışından getirttiğimiz pembe gri çizgili duvar kâğıdıyla döşenmişti. Odamın ortasında bulunan geniş yatağımın üstü aynı tonlardaki saf ipekle kaplanmıştı. Nevresim takımlarımı annemle birlikte seçmiştik. Odanın bir duvarına boydan boya sekiz kapılı gömme dolap yapılmıştı. Zenginliğin en iyi tarafı da istediğinizi anında yapabilme olanağıydı. Şimdiyse kutu gibi küçücük bir odaya sıkışmıştım. İkinci el eşyalar satan bir dükkândan alınmış bir baza, üzerinde ucuz, ama yeni olan yatağım, suntadan yapıldığı için ayakta zar zor duran küçücük elbise dolabım, kitaplarımı üzerine koyabileceğim minik ders çalışma masam ve sandalyem; hepsi bu kadardı. Bütün eşyalarımın detaylı listesinin nadide parçaları...

Tüm bunları düşünürken gözüm tekrardan bavullarıma kaydı. Neden geciktiriyordum ki? Tamamıyla buraya yerleşmekten başka çarem yoktu. Alışmam gerekiyordu. Mecburdum. Biraz güç bulsam yapacağım ilk iş, bavullarımı açıp odama eşyalarımı yerleştirmekti, belki böylece biraz daha bu evi benimsemeye başlayabilirdim, ama elimi kaldıracak takatim yoktu.

Yatağıma uzandım ve odamı dolduran harika şarkının melodisini içimde hissederek karşımdaki tavanı boş boş izlemeye başladım. Eskimiş boyanın yüzeyinde oluşmuş çatlaklara, rutubet izlerine bakmamaya çalışıyordum. Duvarların kirli renginden mi, bilmiyorum, nedenini kestiremediğim bir kasvet sürekli ruhumu sarıyordu.

Bir an önce hayıflanmayı ve sürekli dertlenmeyi bırakmam gerektiğinin farkındaydım. Lakin bazı şeylerin farkında olmak başarabilmek için yeterli gelmiyormuş, bunu da yeni yeni öğreniyordum. Yine içim daraldı. Derinlerde bir yerlerde tarif edemeyeceğim bir boşluk vardı sanki. Hiç dolmayacak olan, kocaman bir boşluk. Bunu nasıl dolduracağıma dair en ufak bir fikrim bile yoktu.

Nothing Else Matters bittiğinde, yeniden başa almıştım ki annemin bana seslendiğini duydum. Birkaç kez seslendi, aldırmadım, ısrarla adımı söylemeye devam edince istemeden de olsa yatağımdan kalkıp odamdan çıktım. Koridorda yürürken neden beni rahat bırakmıyor ki diye düşünerek yanına gittim. Bugün yaşamak için fazla bıkkındım.

"Efendim?" dedim yorgun bir sesle ve kapının kenarına yaslanıp kollarımı göğsümde kavuşturdum.

Annem, "Akşam için yemek hazırlıyorum. Birkaç şey lazım, dışarı çıkman gerek tatlım. Bir sokak aşağıda market görmüştüm, kolayca bulabilirsin sanırım," derken tezgâha eğilmiş, yemek hazırlıyordu.

İster istemez annemin evdeki eski yaşantısını düşündüm. Çalışanımız Nimet Teyze ve iki yardımcısı evin her ihtiyacıyla ilgilenirdi, annem hiç ev işi yapmazdı, hatta mutfağa girdiğini bile hiç görmemiştim. Şimdiyse annemin yemek yaptığını görmek beni hem şaşırtıyor hem üzüyordu. Annem de benim gibi rahat bir yaşama alışıktı. Eskiden makyajsız dolaşmayan, saçını yaptırmadan bir gün geçirmeyen, her an dışarı çıkacakmış gibi şık giyinen annem çok değişmişti. Şimdi, saçları dağınık bir şekilde omuzlarına dökülmüş, kıyafetleriyse bayağı günlük ve sıradandı. Üstündeki mutfak önlüğünü saymıyordum bile.

Annem masaya birkaç tabak bırakıp sandalyeye oturarak bana baktığında derin düşüncelerimden sıyrılıp bakışlarına karşılık verdim. Yüz ifadesinden benim için endişelendiğini görebiliyordum.

"Azıcık insan içine çık, Buket. Eskiden sürekli dışarı çıkan sen, şimdi resmen eve kapattın kendini. Bu hiç senlik bir davranış değil," dedi takılarak. Beni neşelendirmeye çalışıyordu.

"Sanki arkadaş ortamım var da ben mi çıkmıyorum?" diye mırıldandım. Ya da çıkıp vakit geçirilebilecek bir yer mi var?

"Burada da arkadaşların olacak tatlım, sadece sabırlı olman gerekiyor. Evden çık, gezip dolaş. Yeni birileriyle tanış. Bu senin elinde kızım."

"Her neyse..." dedim konuyu kapatmak isteyerek. "Gitmesem olmaz mı, babamı arasak ne lazımsa iş dönüşü eve gelirken o alsa?" dedim sızlanarak. Çünkü canım hiçbir şey yapmak istemiyordu.

"Babanın ne zaman geleceği belli olmaz. Bu yeni işi onu çok yoruyor, hâlâ toparlanmaya çalışıyoruz, biliyorsun. Bir de evin ihtiyaçlarını ona yükleyemeyiz."

İç çektim ve sıkıntıya boğuldum yine. "Biliyorum," dedim üzgünce.

Annem bana bakarken yüzü biraz asıldı. "Seni böyle görmek istemiyorum kızım," dedi yumuşak bir sesle. Ardından ciddileşerek, "Yoksa burayı sevmedin mi Buket?" diye sordu.

Psikopat

Şaka yapıyordu herhalde? "Ne önemi var ki? Alışırım sonunda, merak etme. Zaten başka çarem yok," dedim içerlenerek.

"Buket," dedi annem kırılgan bir tavırla. "Böyle düşünme, ama beni üzüyorsun."

Annemi mutsuz görmeye dayanamıyordum. Aslında bu duruma çok üzülüyordum, ama annemle babama belli etmek istemiyordum. Onları üzemezdim. Burayı sevmiş ve mutluymuşum gibi davranmak zorundaydım.

Annemi rahatlatmak için hafifçe gülümsedim. "Sen bana aldırma. Her şey çok yeni. Sadece biraz zamana ihtiyacım var anne. Burayı seveceğim, merak etme," dedim bana inanmasını umarak. Ardından, "Üzerimi değiştireyim, çıkarım birazdan, tamam mı, ne istiyorsan alır gelirim," diye ekledim. Sonra sesimin sevecen çıkması için kendimi zorlayarak devam ettim. "Hem etrafta benimle tanışmak için ölüp biten birçok kişi olmalı, çok geç olmadan gidip onları bulayım," dedim yalandan bir heyecanla.

Annem de gülümsedi ve cüzdanından para çıkarıp market listesiyle birlikte bana uzattı. "Bu yeterli olur herhalde."

Parayı alırken, "Sanırım," dedim gülümsemesine karşılık vererek. Ardından yavaş adımlarla odama doğru gittim. Aslında dışarı çıkmak iyi bir fikir olabilirdi. En azından biraz hava almış olurdum. Üzerime kırmızı bir kazak, altıma da pileli siyah eteğimi giyerek nasıl durduğuna bakmak için aynanın karşısına geçtim. Eski alışkanlıklarımdan vazgeçmem hiç kolay olmayacaktı. Hâlâ kırmızıyla siyahı kombine ederek dikkat çekici olmaktan geri durmuyordum.

Mihri Mavi

Aynaya yaklaştığımda kahverengi gözlerimin yorgunluktan hafifçe kızardığını gördüm, çok yorgun görünüyordum. İç çekerek makyaj çantamdan siyah kalemimi çıkarıp gözlerime çektim. Solgun yanaklarımı allıkla biraz belirginleştirdikten sonra da biraz ruj sürüp makyajımı tamamladım. Ellerim saçlarıma gittiğinde ne kadar sönük olduklarını fark edip kaşlarımı çattım. Eskiden kullandığım kozmetik ürünlerini artık kullanmadığım için siyah renk saçlarım cansızlaşmıştı. Eskisi gibi parlak ve sağlıklı durmuyorlardı. Canım bu duruma sıkılırken saçlarımı tepemde toplayıp dağınık bir topuz yaptım. Annemin verdiği paranın artan kısmına kesinlikle saç bakım kremi almaya karar vererek evden çıktım.

Sokağa çıkınca rahatlatmayı umarak derin bir nefes aldım. Bu mahalle beni gerçekten korkutuyordu. İki gün önce babamla eve dönerken sokağın başında, bıçakların çekildiği büyük bir kavgaya şahit olmuştuk. Etrafa baktığımda kimse müdahale etmiyordu, sanki rutin bir şeymiş gibi davranıyorlardı. Bense babama iyice sokuldum, oradan bir an önce uzaklaşmak istiyordum. Polisler geldikten sonra kavga eden çocuklar kaçmaya başladı. Birisi yerde, yaralanmış, kanlar içinde kalan bacağını tutuyordu. Diğer çocuklar da kaçıyordu. İçlerinden biri koşarak yanımızdan geçerken göz göze geldik. Erkeksi yüz hatlarını çevreleyen siyah dağınık saçları ve gür kirpiklerinin altında koyu mavi gözleri vardı. Siyah saçları açık tenine çok yakışıyordu. Kaşları gür ve şekilliydi. Çıkık elmacıkkemikleri yeni yeni sakalların çıkmaya başladığı yüzüne ayrı bir hava katıyordu. İnsanı rahatlatan ve heyecanlandıran bir tipi vardı. Keşke yanımızdan sakin bir şekilde geçseydi de onu biraz olsun süzebilseydim, böyle bir anda geçince acaba gerçekten bu kadar yakışıklı mıydı, yoksa ben mi abartıyordum, bir türlü karar veremedim.

Bana olan bakışları çok sert ve ifadesi anlaşılmazdı, onun karanlık gibi duran mavi gözlerine uzun süre bakamayarak gözlerimi kaçırmıştım. Bütün her şeyiyle ben tehlikeliyim diye haykırıyordu adeta. Yanımızdan koşarak uzaklaşırken gözlerini dikip bana bakması da ilginçti zaten. Belli ki suç mahallinden kaçan bir suçluydu, iz bırakmamak için kimseyle göz teması kurmaması gerekmez miydi? Bu durum beni iyice tedirgin etmişti.

Tekrar o anı yaşamanın verdiği ürpertiyle iç çektim. Umarım kimseyle karşılaşmadan işimi halledip eve dönerdim bir an önce. Ben bunları düşünerek yürüyordum ki arkamdan gelen kahkaha sesleriyle düşüncelerimden sıyrıldım. Arkama dönüp baktığımda iki çocuk gördüm. Birisi esmer, diğeri sarışındı. Bu iki çocuğu daha önce görmüştüm. Bunlar o gün kavga edenlerin arasındaydı. Dehşete düşerek hemen adımlarımı hızlandırdım. Buradan bir an önce uzaklaşmam gerekiyordu. Onların arkamdan geldiğini ayak seslerinden anlayabiliyordum.

Hadi, ama lanet olası market, neredesin! Tam bu sırada köşede gördüğüm kavgayla irkilerek olduğum yerde kalakaldım.

Eyvah!

Benim yaşlarımda sarışın bir genç, yüzü kanlar içinde, yerde kıvranıyor ve acıyla homurdanıyordu. Başında ve bir iki adım ilerisinde iki çocuk duruyordu ve ikisi de inanılmaz insafsız görünüyordu. Yerde yatanın haline bakılacak olursa, saatlerce dövülmüş olmalıydı. Şahit olduğum bu görüntü tek kelimeyle korkunçtu. Aman Allahım! Büyük bir kavganın ortasına düşmüştüm sanırım.

"Kağan, lütfen ağabey. Bırak gideyim. Karşınıza çıkmam, yemin ederim."

Kağan denilen çocuk yerdekinin yalvarmalarına aldırmadan, "Kes! Zaten bu mahalleye giremeyeceksin. Yaptıklarının hesabını ödettikten sonra göndereceğim seni. Bir daha asla karşıma çıkmaya cesaretin olmayacak," diyerek onu terslerken diğer çocuk yerde yatanın karnına sert bir tekme geçirdi.

"Herkes hak ettiğini bulur. Sen de fazlasıyla cezanı çekeceksin," dedi.

Çocuğun acı çığlığı boş sokakta yankılandığında korkuyla nefesimi tuttum. Sessiz, kimsesiz sokakta dehşet içinde kalakaldım ve farkında olmadan ağzımdan korktuğumu belli eden bir nida çıktı. Anında ikisi de başını bana doğru çevirdi. Yüzlerini net bir şekilde görüyordum.

Ah, hayır!

İçlerinden birini tanımamla korkum katlanarak büyüdü ve tedirgin edici bir noktaya ulaştı. Bu oydu, geçen akşamüzeri kaçarken göz göze geldiğim yakışıklı çocuk. Her şeyiyle tehlikeli görünen. Demek ki adı Kağan'mış.

Üzerine koyu renk kot pantolonla metalik gri siyah karışımı bir tişört giymiş ve bunu siyah deri ceketiyle tamamlamıştı. Dar tişörtü atletik vücudunu gözler önüne seriyordu. Yine saçları dağınıktı, gür siyah saçlar. Yüzünde yeni yeni çıkmaya başlamış sakallarıyla çok sert görünüyordu. Gözleriyse geçen günkünden daha karanlık bakıyordu. Şu an iş üzerindeydi, çok ciddiydi, yüzünde sert bir ifade vardı ve bu sertlik hiç hazzetmediğim bir şekilde beni etkiliyordu. İnsanın hormonlarıyla mantığının farklı çalışması, istemeye istemeye bir şeyden hoşlanması ne kadar saçma bir şeydi böyle!

Bakışlarıyla acımasızca gözlerimi delip geçerken bir iki adım geriledim. Bu hareketim karşısında bana doğru döndü ve gözlerini kısarak üzerime doğru yürümeye başladı. Yüzünün her bir noktasına yayılan öfke bakışlarına da yansıyordu. Korkuyla yumruklarımı sıktım ve bir iki adım daha geri gittim. Tam arkamı dönüp koşarak oradan uzaklaşmak üzereyken sert bir şekilde birine çarpınca neye uğradığımı şaşırdım. Bir hışımla arkama döndüm, karşımda iki kişi duruyordu. Bunlar sokağın başında gördüğüm gibi adımlarımı hızlandırarak kaçmaya başladığım çocuklardı, arkamdan geldiklerini bir an için unutmuştum. Onlardan uzaklaşayım derken bu sokağa girdim ve sonuç mu? Yağmurdan kaçarken doluya tutulmayı bırakın, üzerime çığ düştü sanki.

Çarptığım esmer çocuk sırıtarak, "Bir yere mi gidiyordun bebek?" dediğinde sendeleyerek ondan uzaklaştım.

"Ben... hayır... şey... yanlış sokağa girmişim," diye mırıldandım ve yanından geçip yoluma devam etmek istedim. Bu davranışım tabii ki işe yaramaz bir çaba olmaktan öteye geçemedi, gitmeme izin vermeyeceklerdi. Kağan tam önümde durup yolumu kesti. Koyu mavi gözleri uçsuz bucaksız okyanusları andırırken, tekinsiz bir ifadeyle gözlerimin içine baktı. "Hiçbir yere gitmiyorsun," dedi soğuk bir sesle.

Arkamdan gelen diğer iki çocuk da onun yanında durdu. Bir diğeriyse hâlâ yerde yatan çocuğun başında Azrail misali dikiliyordu.

Tedirginliğim artarken yutkundum ve tekrar bakışlarımı Kağan'a çevirdim. "Neden?" diye sordum güvensiz bir sesle.

"Görmemen gereken şeyler gördün. Hiçbir şey olmamış gibi gitmene izin vereceğimi mi sandın?"

Hemen savunmaya geçtim. "Dediğim gibi yanlışlıkla bu sokağa girdim. Üzgünüm. Lütfen, izin verin, gideyim. Kimseye bir şey söylemem," dedim korku dolu bir sesle, ama kendimden eminmiş gibi görünmek istiyordum, bana inanırsa bırakır diye düşünüyordum.

Kağan gözlerini kırpmadan duygusuz bir şekilde bana bakarken kalp atışlarım hızlanmaya başladı. Hormonlarım vücudumu ele geçiriyordu sanki, kanım damarlarımda hızla dolaşırken ben şimdi ne olacağını düşünüyordum. Ne yapacağımı bilemeyerek korkuyla bakışlarımı kaçırdım. Zaten uzun uzun kimseye bakamazdım. Gözucuyla etrafı kolaçan ettim, sokak boydan boya bomboş ve sessizdi. Tıpkı Kağan'ın bakışları gibi. Bana yardım edebilecek kimse yoktu, bu sokakta kaderime terk edilmiş gibiydim. O an içimden bugün neden evden çıktığımı sorguladım. Bunların olacağını bilseydim kendimi odama kilitlerdim muhtemelen.

Bu noktada cesaretimi toplayarak şansımı yeniden denemeye karar verdim. Gitmek için tekrar sağa doğru adım attım ve Kağan yine önüme geçerek yolumu kesti.

"Gitmek istiyorum," dedim ısrarlı bir ses tonuyla.

Kağan hem beni hem de kıyafetlerimi inceleyerek dikkatle bedenimi süzdü. Bakışlarındaki duygusuzluk rahatsızlığımı daha da artırdı.

Gözleri gözlerimi bulduğunda, "Senin gibi birinin bu mahallede ne işi var? Buraya ait değilsin sen, senin gibi kızlar dolaşmaz bu sokaklarda," dedi.

"Benim gibi derken?" diye fısıldadım.

Dudaklarında belli belirsiz tehlikeli bir gülümseme oluştu. Yüzündeki duygusuz ve karanlık ifade ödümü koparmaya yetiyordu. Bir an önce arkama bile bakmadan, buradan kaçmam gerekiyordu. Ama resmen etrafımı çevirmişlerdi, nasıl kaçabilirdim ki?

Sesimin titrememesi için dua ederken tekrar konuştum. "Buraya yeni taşındık. Yolları pek bilmiyorum, karıştırdım," gibi bir şeyler geveledim.

Kaşlarını kaldırdı ve söylediklerimi tekrarladı. "Hımm, buraya yeni taşındın," derken iki parmağıyla çenesini kaşıdı. Sadece kafamı sallamakla yetindim. Korkum gitgide artıyor, kalbim göğüskafesimde bir kelebeğin kanatları gibi çırpınıyordu. Bu sırada yerde yatan çocuk tekrar sızlanmaya başlayınca bakışlarımı ona çevirdim. Hissettiği acı yüz hatlarından okunuyor, yalvaran gözlerle bana bakıyordu.

"Lütfen... yardım et!" Sesi titrek ve çaresiz geliyordu. Onun bu haline üzülürken yüzümü buruşturmamak için kendimi zor tuttum. Yaptıkları şey insanlık dışıydı. Çocuk yerde kıvranıyor, onlarsa benimle ilgileniyordu, gerçi o çocuğu bu hale getirenler de onlar değil miydi? Zaten çocuğa yardım etmezlerdi ki! Çocuk ne yapmıştı acaba? Ama ne yaparsa yapsın, insanların iletişim kurma yolu bu olmamalıydı, içimde biraz suçluluk duygusu hissettim, hele hele görüntüsünden etkilendiğim çocuğun böyle birisi olması daha da kötüydü.

Bakışlarımı Kağan'a çevirdim. "Bu yaptığınız doğru değil," dedim nereden geldiğini çözemediğim bir cesaretle.

Kaşlarını çattı. "Kim söylüyor bunu?" dediğinde bozulduğumu fark etmemesi için yüzümde hiçbir ifadenin olmamasına dikkat ettim. Meydan okuyan bakışlarla, "Seni ilgilendirmeyen konulara burnunu sokmamalısın, yoksa başın belaya girer," dedi sert bir sesle.

Tehdit ediliyordum, hayatımda ilk defa birisi beni tehdit ediyordu, işin en ilginç yanı bu tehdide şaşırmıyor olmamdı. Bu durum içime başka bir korku saldı. Acaba bu mahalleye, bu çocuklara alışıyor muydum? Bu sokakları kanıksamak benim geçmişimi çöpe atmam demekti. Eğitimimi, aile terbiyemi, arkadaş ortamımı, lüks yaşamımı, saygılı ve nazik tavırlarımı… neyse, şimdi bunları sorgulamanın zamanı değildi.

Yerdeki çocuk tekrar inlediğinde, ona yardım etme isteğim beni yine konuşmaya zorladı. "Çok kötü görünüyor, hastaneye gitmesi lazım," dedim tepkisini umursamayarak.

Yüzünde küstah bir ifade belirdi. "Başkası için endişelenmek yerine, neden kendin için endişelenmiyorsun?" diye sordu sakin bir tavırla. Kendi ne kadar sakinse, ses tonunun altında yatan uyarı da bir o kadar büyüktü.

"Bana da mı zarar vereceksiniz?" diye sordum çaresizce fısıldayarak.

Büyük bir umursamazlıkla omuz silkti. "Etrafına bak," dedi karanlık bir bakışla. "Burada sadece sen ve biz varız. Oldukça savunmasız durumdasın, sana istediğimizi yapabiliriz. Bu boş ara sokakta kimse sesini duyamaz ve kimse yardımına koşamaz."

Korkuyla yutkundum.

Yanındaki esmer oğlan, "Kırmızı kazağına yazık olur, eteğinse işimizi kolaylaştırır," deyip bir kahkaha attı. Kağan'ın da dudaklarında küçük bir tebessüm oluştu. Benimle alay ediyorlardı! Sanki komik bir şeyden bahsediyormuş gibi sırıtmaları çok gereksizdi.

Çocuk kahkaha atmayı bırakınca saçlarıma doğru elini uzattı. "Korkma!" deyip saçlarımdan bir bukleyi parmağına doladı. "Ne şirin bir şeysin sen böyle." Hafifçe başımı çekip geriye doğru çekip saçımı onun parmaklarından kurtararak geriledim.

Tekrar güldü. "Şişt, endişelenme, canını yakmayacağım."

Kağan bakışlarını benden ayırmadan, "Siktir git, Mert!" dedi öfkeli bir sesle. Sesinin altında yatan tehditkâr ton tüylerimi diken diken etti.

Mert, "Neden ki? Bu kızdan hoşlandım," diye yanıt verdi pis pis sırıtarak.

Kağan, Mert'e dönüp dik dik baktı. "Uzatma!" dedi sertçe.

Mert'in yüzündeki eğlendiğini gösteren ifade kayboldu. "Her neyse," deyip cebinden bir sigara çıkararak yaktı. Gözlerini benden ayırmadan dumanını ağır ağır üfledi. Ardından, "Ben kaçar. Size hayırlı işler," deyip yanımızdan uzaklaştı.

Kağan bana biraz daha yaklaştı ve bir kolunu hemen başımın yanına koyarak duvara yasladı. Bedeniyle duvar arasında sıkışıp kalmış gibiydim. *Hey, kişisel alan diye bir şey var, hiç duydun mu* diye uyarmamak için kendimi zor tutuyordum. Ama bir şeyler söylemeliydim.

"Çekilir misin?" diyerek kolunu indirdim ve yana doğru kayarak ondan birazcık olsun uzaklaşmaya çalıştım. Çekilir misin, nedir ya! Of! Neyse ki ses tonum sert çıkmıştı.

Kağan'sa sadece gülümsedi. Ama tabii ki bu sevimli bir gülümseme değildi. *Hayatın, benim elimde kızım. Dikkat et* der gibi insafsız bir şekilde gülümsüyordu. Gücünü ele veren duruşu insanın ödünü koparmaya yetiyordu. Beni de yerde yatan çocuk gibi şuracıkta pataklamazdı, değil mi?

Yanındaki sarışın çocuk konuşunca korku dolu bakışlarımı Kağan'dan alıp ona çevirdim. Altın rengi gözlerinin tonu yumuşak olsa da bana pek dost canlısı bakmıyordu doğrusu.

Bakışlarını benden ayırmadan, "Bırak, gitsin Kağan," dedi alçak bir sesle.

Kağan derin bir nefes alıp bana sonsuz gelen bir süre boyunca gözlerimin içine baktı, ardından yavaşça önümden çekildi. Geçmeme izin mi veriyordu?

Kağan'ın düşüncelerini okumaktan vazgeçtim, yeterince bu çocuğu anlamaya çalışmıştım zaten. Bu fırsatı değerlendirdim ve koşarak yanlarından ayrıldım. Arkamdan baktıklarını hissedebiliyordum, ama umursamadan son hız koşmaya devam ettim, ta ki caddeye ulaşana kadar koştum, koştum.

Bir daha bu ara sokaklara girmeme konusunda kendime yeminler ederek caddede yürümeye başladım. *Bu çocuklar nasıl böyle korkunç olabiliyorlar, nasıl bu kadar acımasızca davranıp başkasına zarar verebiliyorlar* diye düşünmeye başladım. Yaptıkları şey insanlık dışıydı. İçimdeki korku yavaş yavaş azaldı ve yerde yatan çocuğu geride bıraktığım için pişmanlık duydum. Ona yardım etmem gerekiyordu, ama ben bile kendimi zor kurtarmıştım.

Kalabalıkta yürürken rahat bir nefes aldım ve kendimi güvende hissederek telefonumu çıkardım. Polisi arayıp adresi verdikten sonra Kağan'la ve yanındaki diğer çocukların kavga ettiğini söyleyerek onları ihbar ettim. En azından polisler yaralı olan çocuğa yardım edebilirlerdi. Telefonu kapattıktan sonra kendimi daha iyi hissederken marketi bulup annemin istediklerini hızlıca aldım. Ardından ara sokaklardan uzak durup caddeyi takip ederek dikkatli bir şekilde eve geri döndüm.

3

Sabah alarmın çalmasıyla gözlerimi aralayıp uykumun huzurlu kollarından ayrıldım. Telefonumda en sevdiğim şarkı çalıyordu, ama o an bana eziyet eden iğrenç bir müzik gibi geliyordu. Alarmı hızla kapatıp uykulu bir şekilde kendimi banyoya attım. Bugün yeni okulumdaki ilk günümdü, peki, ben heyecanlı mıydım? Eh, işte.

Henüz formamı almadığım için bugün günlük bir şeyler giymek zorundaydım. Dolabımın kapağını açıp ne giysem diye düşünmeye başladım. Spor giyinmenin iyi olacağına kanaat getirip kısa kot şortumla salaş duran pembe tişörtümü elime aldım. Giyindikten sonra saçlarımı maşa yaparak uzun dalgalar halinde açık bıraktım. Siyah saçlarım düne nazaran daha iyi görünüyordu. Kahverengi gözlerimi daha belirgin yapmak için de kalem çekip bolca rimel sürdüm. Dudaklarımı da pembe rujumla hafifçe renklendirip makyajımı bitirdim. Son olarak Prada çantamı elime aldım ve aynı marka düz ayakkabılarımı giyerek odamdan çıkıp annemle babamın yanına, mutfağa gittim. Birlikte kahvaltı yapıyorlardı.

Annem beni gördüğünde dudaklarını büzerek kıyafetlerimi baştan aşağı beğeniyle süzdü. "Harika görünüyorsun." Gülümsedim. "Teşekkür ederim," deyip yanağına bir öpücük kondurdum ve masaya geçtim. Babama bakıp ondan da güzel bir söz bekledim, fakat önündekileri görünce bu isteğimden vazgeçtim. Onlarca dosyayı önüne sermiş, bir yandan inceliyor, bir yandan da çay içiyordu. "Günaydın baba," dedim sevecen bir tavırla.

Babam başını dosyalardan kaldırmadan, "Günaydın kızım," diye cevap verdi tekdüze bir sesle.

Yüzüm düşerken gözlerimi babamdan çektim ve annem üzgün halimi yakaladı. Anlayışla bana bakıp hafifçe tebessüm ettiğinde, ben de aynı şekilde tebessüm ederek ona karşılık verdim. İçimde bir şeyler kırılırken, annem için güçlü görünmeye çalıştım. Yeni hayatımı hiç sevmemiştim!

Ailemle kahvaltımı yaptıktan sonra babamla birlikte evden çıktık. Dünkü market faciasından sonra resmen babama beni okula bırakması için yalvarmıştım. Okulun önüne geldiğimizde babamla vedalaşıp arabadan indim.

Girişten geçtikten sonra bahçede ilerlerken herkesin o delici bakışını üzerimde hissettim. Kimin yanından geçsem konuşmalar kesiliyor ve bütün yüzler bir anda bana dönüyordu. Dört kişilik erkek öğrenci grubunun önünden geçerken dikkatlerini bana verdiler, ıslık çalarak laf attılar. Gözlerimi devirdim. *Ah, hadi ama bu kadar ucuz olamazsınız* diye geçirdim içimden. Onlara doğru kaçamak bir bakış attığımda bacaklarımı kestiklerini gördüm, adımlarımı hızlandırırken rahatsız edici bakışlarından sakınmayı umdum. *Keşke bu kadar kısa şort giymeseydim* diye kendime kızmayı da ihmal etmedim tabii ki. Annem de beni hiç uyarmamıştı. Ailemin davranışlarını gözden geçirdiğim zaman çok özgür bırakılmak da güzel bir şey değilmiş diye düşünmüyor değildim.

Okul binasının önüne geldiğimde durdum ve başımı kaldırıp binayı inceledim. Okul iki katlı, küçük ve dışı senelerdir boyanmamış gibi çatlaklarla doluydu. Birçok kısmın alçısı dökülmüştü. Oysaki eski okulum her sene boyanır ve her daim yepyeni dururdu. Gittiğim kolej bu okulun on katı büyüklüğündeydi. İçinde yüzme havuzumuz, konferans salonumuz, geniş kütüphanemiz ve spor salonumuz vardı. Hatta konser salonumuz, müzik odamız, resim atölyemiz, fen laboratuvarlarımız, sadece MacBook'lardan oluşan bir bilgisayar odamız bile vardı. Her yer renkliydi, insanı içine doğru çeken bir enerjisi vardı. Bu soğuk duvarlarsa ancak öğrencileri itebilecek durumdaydı. Devlet okulları neden böyle soluk renklere boyanıyordu acaba? Hayır, yani öğrenciler daha da isteksizce gelsinler diye mi uğraşıyorlardı?

Daha fazla kapıda beklemeden binaya girip sınıfımın nerede olduğunu öğrenmek için müdürün odasını aramaya başladım. Önüme gelen ilk öğrenciye müdürün odasını sordum. Benden küçük olduğunu düşündüğüm çocuk iyi niyetli bir ifadeyle müdürün odasını tarif etti. Karşılaştığım sorgu dolu bakışlardan sonra çocuğun beni çok önemsemeden cevap vermesi hoşuma gitmişti.

Kapıyı çalıp derin bir nefes alarak yavaşça içeriye girdim. Müdür karşısına bir çocuğu almış, azarlıyordu sanki. Beni görünce kalın çerçeveli gözlüklerini hafifçe indirerek bana dikkatlice baktı. "Sen, yeni gelen öğrencimiz olmalısın," dediğinde onaylayarak başımı hafifçe salladım. "Evet, hocam."

"İsim neydi?"

"Buket Soylu."

Önünde duran dosyaları karıştırırken, "Nereden gelmiştin kızım?" diye sordu yumuşak bir sesle.

"İzmir'den geldim hocam."

"Hımm..." diye memnun bir ifadeyle mırıldandı. "İzmir çok güzel bir şehirdir. Üniversiteyi orada okumuştum. Emekli olduktan sonra kesinlikle yerleşmek istediğim yer," deyip gülümsedi.

Ben de ona eşlik ederek gülümsedim. "Evet, çok güzel bir şehirdir. Kesinlikle vazgeçilmez bir yer," dedim heyecanla.

"Bu kadar sevdiğin bir yerden ayrılmak zor olmalı senin için."

Kendimi tutamayarak içimden geçenleri tüm samimiyetimle mırıldandım. "Yani... bazen keşke hâlâ İzmir'de yaşayabilseydik, keşke Ankara'ya taşınmak zorunda kalmasaydık diyorum." Sözler dudaklarımdan çıkarken hüznüm sesime de yansıdı.

Bana anlayışla gülümsedi. "Bazen üzülerek sürekli tekrarladığımız 'keşke'ler bir yerden sonra bizi mutlu eden şeylerle birlikte bu kez 'iyi ki'lere dönüşür."

Kaşlarımı çattım. "Ben pek öyle olacağını düşünmüyorum," dedim inatçı bir sesle.

Gülümsemesi büyürken, "Dur, bakalım, daha yeni geldin. 'Keşke'leri değiştirmek için önünde uzun bir zaman var. Bence Ankara'yı da seveceksin," deyip tekrar dosyaları karıştırmaya döndü.

İçimden *her neyse* diye geçirirken gözlerimi devirmek istedim. Müdürümüz çok iyi niyetli ve pozitif birine benziyordu. Hatta fazla pozitif. Bu bazen sinir bozucu olabiliyordu.

"Dosyalar birbirine girmiş," diye mırıldandığında zihnimdeki düşünceleri kovdum, ardından telefonu eline aldı ve tuşlara basıp karşı tarafın cevap vermesini bekledi. "Alo... Buket Soylu'nun dosyasını getirir misiniz?" deyip telefonu tekrar yerine koydu.

"Sen biraz bekle kızım. Aylin Hanım dosyanı getirecek," dediğinde başımı olumlu anlamda sallayıp kenara çekildim. Odadaki çocuk tamamıyla görüş alanıma girince boğazım düğümlendi. Ona baktığımda onun da merakla bana baktığını gördüm. Yok artık! Dudaklarım şaşkınlıkla aralandı. Hayır, hayır, hayır... bu olmamalıydı.

Kağan tam karşımda duruyordu. Dağınık olan siyah saçları alnına düşmüş, sert hatları olan yüzünü çevrelemişti. Onu en son gördüğüm günkü hali hiç değişmemiş gibiydi. Hatta daha fazlası, hislerim yine kendime sinir olmama neden oluyordu. Sevdiğim filmlerdeki aktörleri nasıl beğeniyorsam, bu çocuğu da öyle beğeniyordum. Sanki yakışıklı ünlüler, mankenler dünyasından kovulmuş ve buraya düşmüş gibi duruyordu.

Artık o sırada yüzüm yaşadığım bu beklenmedik olay karşısında nasıl bir hal aldıysa, Kağan'ın dudaklarında varla yok arasında bir tebessüm belirdi. Bu, nedense beni utandırmıştı. Of! Bütün konuşmalarımıza kulak misafiri olmuştu. Artık benim hakkımda daha çok bilgiye sahipti. Yanaklarım alev alev yanarken bakışlarımı ondan çekip yerdeki desenleri incelemeye başladım.

Bu sırada müdür bey beni yok sayarak Kağan'la konuşmaya başladı. "Kağan Öztürk. Tekrar sana dönelim," deyip sandalyesinde doğrulurken otoriter bir havaya büründü.

"Dönelim hocam," diyen Kağan'ın sesiyse çok sakin çıkmıştı.

"Beni anladığını umuyorum. Sürekli aynı konuşmaları yapmaktan bıktım. Kavga istemiyorum Kağan. Yeter artık!"

Kağan'ın dudağının bir kenarı alaycı bir şekilde kıvrıldı. "Pekâlâ," dedi ağır ağır.

"Seninle ilgili her gün şikâyet alıyorum."

"Şikâyet edenlerin isimlerini verirseniz ben kendileriyle ilgilenirim, bir daha sizi rahatsız etmezler," dedi küstah bir ifadeyle.

Müdür iç çekerken sıkıntıyla elini yüzünde gezdirdi. "Arkadaşların da, sen de diğer öğrencilere eziyet etmeyi bırakırsanız sorun çözülür," dedi iğneleyici bir ses tonuyla. "Hocaları bile tehdit ediyormuşsunuz. Yaptığınız şeyleri ne kadar görmezden gelebilirim, bilemiyorum."

Kağan, müdürün attığı nutuktan iyice sıkılmış görünüyordu.

"Böyle devam ederseniz seni de, o serseri arkadaşlarını da okuldan atmak zorunda kalırım," diye devam etti yine de müdür.

Kağan bu sözlerden hiç etkilenmeyerek umursamazlığına devam etti ve müdürden gözlerini ayırmadan sakince ayağa kalktı. Ellerini masaya koyarak hafifçe eğildi.

"Gerçekten beni okuldan atabileceğinizi mi sanıyorsunuz?" dedi alaycı bir sesle.

Müdürün yüzünden bir anlık da olsa afalladığı belliydi, ardından dişlerini sıkarken oldukça sinirli görünüyordu, ama cevap vermeyerek sustu.

İşte, bu ilginçti. Kağan, müdürün çok korktuğu birine güveniyor olmalıydı. Burası nasıl bir okuldu böyle?

Kağan'ın dudağının bir kenarı kibirle yukarı doğru kıvrıldı. "Ben de öyle düşünmüştüm," diyerek geri çekildi. Sonra da kendini beğenmiş bir tavırla kapıya doğru yönelip yanımdan geçerken bana soğuk, sert bir bakış atarak odadan çıktı. Bense arkasından şaşırmış bir şekilde kapıya bakarken, *ne kadar da saygısız bir çocuk bu böyle* diye düşündüm. Ardından müdürden sınıfımı ve ders programımı öğrenip odadan çıktım.

Meraklı bakışlar eşliğinde, birkaç fısıltı ve gülüşmeye maruz kalarak koridorda ilerledim. Sınıfımı bulduğumda tam içeri girecekken kapıdan çıkan Kağan'ı görmemle donup kalmam bir oldu. Bu çocukla sürekli karşılaştığıma mı üzüleyim, yoksa aynı sınıfta olmamıza mı, bilemedim.

Kaşlarını çatarak tehditkâr bir yüz ifadesiyle gözlerimin içine baktı. Az önce müdürün odasındayken anladım ki okulun en belalı tipiydi. Asla bulaşmak istemeyeceğiniz, tehlikeli bir serseri. Bana öyle soğuk, öyle derin bir şekilde bakıyordu ki hissettiğim heyecan ve tedirginlikten boğazım kurudu, yutkunamıyordum bile. Bakışmamız uzadıkça uzadı. O gözlerini benden kaçırmıyor, ben de gözlerimi ondan alamıyordum. Ayaküstü, gözlerimizle anlaşmaya başlamıştık bile, ah, ne mutlu bir başlangıç.

"Dün senden sonra sokağı polisler bastı," dediğinde bir an afallasam da yüzümü ifadesiz tutmayı başardım. "Bu durumla bir ilgin var mı?" diye sordu oldukça sakin bir ses tonuyla.

İnşallah polisler zamanında yetişip o yaralı çocuğu kurtarmıştır. "Hayır," dedim onun sakin sesini taklit ederek.

"Kendi iyiliğin için umarım doğruyu söylüyorsundur," dedi, fakat ses tonundan bana inanmadığı çok belli oluyordu.

"Dediğim gibi bu konu hakkında bir bilgim yok. Şimdi izin verirsen sınıfa gireceğim. Kapının önünden çekilecek misin artık?"

Kağan gözlerini kısarak birkaç saniye boyunca yüzüme yakıcı bir ifadeyle baktı. Ardından dudakları tekinsiz bir gülümsemeyle kıvrıldı. Küçümseyen bir bakış atarak yanımdan geçip gitti.

Kağan'ın bu kendini beğenmiş tavrı karşısında gözlerimi devirerek sınıfa girdim.

Sınıfa adım attığım anda şahit olduğum manzara karşısında yüzümü buruşturmamak için kendimi zor tuttum ve olduğum yerde kalakaldım. Herkes bir tarafa dağılmış, kendi halinde takılırken ben sınıfı inceliyordum. İster istemez eski okulumla karşılaştırıyordum. İnsan hayatında bir değişiklik olacaksa iyi yönde gelişmeler olsun istiyordu. Şartların sürekli daha kötüye gittiği değişimlerse insanın psikolojisini tahmin edemeyeceğiniz kadar çok zorluyordu. O tertemiz sınıftan çıkıp her bir sırası neredeyse kırık dökük olan, üstleri kirden görünmeyen sıralara geçiş yapmak ne kadar da zordu! Sınıfta hâlâ tebeşirli karatahta kullanılıyor, ne bir pano ne de bir bilgisayar sistemi vardı.

İki kız öğretmen masasına geçip bacak bacak üstüne atarak oturuyordu. Ağızlarındaki sakızı şişirip şişirip patlatırken, biri diğerine oje sürüyor ve bu esnada kahkaha atarak sohbet ediyorlardı. Ojenin yakıcı kokusu burnuma kadar gelince bakışlarımı onlardan çektim.

En arka sırada bir gürültü kopunca dikkatimi oraya verdim. Erkek öğrencilerin oluşturduğu küçük bir grup kâğıt oynuyor, ayakta duranlar da oyun oynayanlara tezahürat yapıyordu.

Hemen önümde duran üç kızsa telefonlarından açtıkları yüksek ses müzikle dans edip şarkı söylüyordu. Herkes o kadar kopmuş gibiydi ki şu an okulda bulunduklarının farkında olup olmadıklarını merak ettim. Kötümser olmaya başlarken, *burası nasıl bir sınıf böyle* diye düşündüm.

Gördüklerimi sindirmeye gayret ederek oturmak için boş bir sıra var mı diye etrafa bakındım. İkinci sıra boş gibi görünüyordu. Dans eden kızların arasından geçerken hepsi durup bana bakınca biraz rahatsız oldum, fakat onlara zoraki bir şekilde gülümsemeyi başardım.

Kızlardan biri çantamı incelerken, bir diğeri de ayakkabılarıma bakıyordu. "Prada mı o?" diye sordu heyecanlı bir sesle.

Bir diğeri de "Saçmalama, çakmadır," diye araya girdi.

"Hayır, kızım gerçek bu," diye karşılık verirken aralarından sıyrılıp gözüme kestirdiğim sıraya geçerek oturdum ve kafamı masaya geçirme isteğime karşı koyarak olanları düşünmeye başladım. Bu okuldaki hayatım çok zorlu geçecek gibiydi.

Yanıma gelen bir kızın, "Sen de kimsin?" demesiyle düşüncelerimden sıyrılıp ona döndüm. En azından birisi benimle konuşmak istiyordu.

Karşımdaki kız kısa boylu ve oldukça kiloluydu. Dizlerine kadar uzanan eteğinin belinden gömleğinin bir tarafı çıkmış, diğer tarafıysa içeri katlanmıştı. İki bileği de deri bilekliklerle doluydu. Elinde tuttuğu teneke kolayı masaya sertçe bırakıp çatık kaşlarla bana baktı.

"Ben şey... yeni öğrenciyim. Burası boş olunca oturdum," diye cevap verdim çekingen bir sesle. Çünkü başımda dikilip bana kötü kötü bakarken oldukça tehditkâr görünüyordu.

"Kalk hemen," diye yüksek sesle konuşunca gözlerimi kırpıştırdım. "Ben yalnız otururum. İkile şimdi."

Kabalığı karşısında dudaklarım şaşkınlıkla aralandı ve sırasından kalkıp ürkek bir şekilde kenara çekildim. Büyük bir özgüvenle sırasına yerleşirken çantamı bana doğru fırlattı.

"Eşyalarını da unutma," deyip alay ederek güldü.

Derin bir nefes aldım ve sabırlı olmam gerektiğini kendime hatırlattım.

Yanımıza gelen başka bir kızın, "Kro! Uğraşma kızla, işine bak sen," demesiyle ona doğru döndüm. Belli ki beni sırasından kovan kıza bağırıyordu. Uzun, koyu renk saçları dalgalı bir şekilde omuzlarına dökülmüştü. Alnına düşmüş perçemleri yüzüne sevecen bir hava katıyordu. Gözleri çok güzeldi. Ela rengindeydi, ama bunu anlamak için dikkatlice bakmak gerekiyordu. Yuvarlak gözleri ince uzun yüzüyle inanılmaz bir zıtlık oluştururken, ayrıca bir ahenk de katıyordu. Kirpikleri gür ve uzundu. Esmer bir teni ve yumuşak yüz hatları vardı. Dolgun dudakları ve küçük burnuyla oldukça güzel görünüyordu.

Beni sırasından kovan kız, "Sen karışma Cansu. Bu ezik benim yerime oturmuş. Haddini bilsin," diye şikâyet etti beni.

Cansu derin bir nefes aldı. "Ceren, kız yeni gelmiş, nereden bilebilir senin burada oturduğunu. Az insan ol be kızım!"

Ceren ağzını açmış, tam cevap verecekti ki adının Cansu olduğunu öğrendiğim kız lafını ağzına tıkayarak söze girdi.

"Uzatma, geç otur yerine," derken sesinde onu uyarırcasına bir ton vardı.

Ceren de bunu hissetmiş olacak ki bozularak geri çekildi ve yüz ifadesine yansıyan hoşnutsuzlukla sırasına oturup arkasını bize döndü.

Hafif bir gülümsemeyle Cansu'ya döndüm. "Teşekkürler," dedim.

"Önemli değil," diye yanıt verdi. "Yeni kız ha?" diye sorduğunda başımı sallayarak onu onayladım. "Evet."

"İstersen benimle oturabilirsin," diyerek birkaç sıra arkaya geçti.

"Olur," dedim. Kendimi daha iyi hissederek onu takip ettim.

"Ben Cansu," deyip elini bana doğru uzattı.

Elini sıkarken, "Buket," dedim.

Çantasını camın önüne koyup bana döndü. "İlk günün nasıl geçiyor bakalım, başka vukuatın oldu mu?" diye sordu.

"Ah, olmaz mı!" diye mırıldandım. "Burada insanlar neden böyle kaba, ayrıca bütün gözler üzerimde ve bu gözler hiç dostça bakmıyor? Kızlar kıskançlıkla beni süzerken erkekler üstüme atlamak istiyor gibi bakıyor," dedim yakınarak.

Küçük bir kahkaha attı. "Okulumuza hoş geldin," dedi takılarak.

"Yeni kız olmak çok kötüymüş. Okulun ilk gününden cidden nefret ettim."

"Bilirsin, sonradan gelenleri ya ezmeye çalışırlar ya da kullanmak isterler. Bu hep böyledir. Takma kafana, birkaç haftaya 'yeni' sıfatın unutulur gider."

Merak ederek, "Sana da mı aynısını yaptılar?" diye sordum. "Yani okula ilk başladığında?"

Gözlerinde kendine güvenen bir parıltı belirdi. "Hayır. Kimse bana o şekilde davranamaz," derken sesinden ne kadar güçlü bir kız olduğunu anladım.

"Hımm... bana özel yani," dedim şakaya vurarak.

"Çok hanım hanımcık duruyorsun," deyip bakışlarını indirerek beni şöyle bir süzdü. "Buradakilerden farklı olduğunu hissettiren, göze batan bir havan var. Bu dikkatlerini çekiyor, ama endişe etme, alışacaklardır. Sen de zamanla onlara alışacaksın," deyip güldü.

Gülüşüne eşlik ettim. "Seninle tanıştığımıza sevindim. İlk gün arkadaş bulabildiğim için mutluyum. Bir iki kelime konuşabilmek bile bana çok iyi geldi. Teşekkür ederim."

"Rica ederim. Seni sevdim, bence iyi anlaşacağız," dedikten sonra Cansu'nun dur durak bilmeyen sorularına maruz kalarak sohbet etmeye başladık.

Bir süre sonra Kağan ve peşinden gelen birkaç çocuk, tehlikeli bir edayla ağır ağır sınıfa girdiler. Etraflarındaki insanların onlara bu durumdan ötürü saygı duyması ve korkmasıyla iyice havalanıyorlardı. Yürüdükleri yerde kim varsa, onları görünce yüzüne yansıyan tedirginlikle kenara çekiliyordu. Bizim sıranın yanından yürürken geçen gün gördüğüm çocukların da onunla birlikte olduğunu fark ettim.

Mert'le göz göze gelince bana göz kırptı, hemen bakışlarımı ondan çekip başka bir yere baktım. Bu çocuktan hiç hoşlanmamıştım. Bana olan ilgisi beni daha da soğutuyor, iğrendiriyordu.

Cansu'ya yandan kaçamak bir bakış attığımda, onun da Mert'ten rahatsız olduğunu fark ettim, o geçip gidene kadar dik dik baktı.

Hoca da sınıfa girdikten sonra sınıftaki yüksek sesler yerini ufak bir uğultuya bıraktı. Kolumu masaya koydum ve yanağımı avucuma yaslayıp yeni hocamı masasına doğru yürürken inceledim. Eski okulumdaki hocalar genelde genç ve oldukça bakımlı olurdu. Bu hoca da genç görünüyordu, fakat biraz özensiz giyinmişti. Dizlerine gelen kahverengi dar etekle üzerinde açık renk bir bluz vardı üstünde. Bu bluz onu

Psikopat

olduğundan daha yaşlı gösteriyordu, acaba hâkimiyet sağlamak için bilerek mi böyle giyinmişti? Düz babetleriyle çok sıradan duruyordu. Saçlarını sıkı bir topuzla ensesinde toplamış, çok hafif bir makyaj yapmıştı.

Birkaç dosya çıkarıp masasına bıraktıktan sonra, sınıfa dönerek her bir yüze bakarken sıcacık gülümsedi. "Nasılsınız bakalım çocuklar?" dediğinde sınıftan, "İyiyiz," sesi yükseldi.

Ben de bu sırada derin bir nefes alarak beni görmesin diye dua etmeye başladım, fakat hocayla göz göze gelince dua etmeyi bırakıp kaderime teslim olarak ona hafifçe gülümsedim.

"Okulumuza gelen yeni öğrenci sensin sanırım, kendini tanıtır mısın lütfen?" dedi nazik bir sesle.

Pekâlâ, hiçbir şekilde kaçışım yoktu. Ayağa kalktım. "Adım Buket Soylu, buraya İzmir'den taşındık," dedim.

"Hangi okuldan geldin Buketçiğim?"

"İzmir Türk Koleji," dememle sınıfta mırıltılar duyuldu.

"Kolej mi?"

"Ne işi var o zaman burada?"

"Zengin sürtük!"

"Kıyafetlerinden belliydi zaten."

"Kendini beğenmiş tiki!"

Ve iğrenç gülüşmelere neden olan duyamadığım birkaç espri daha.

"Peki, oturabilirsin canım," dediğinde kimseye belli etmeden usulca nefesimi bırakıp yerime oturdum.

Hoca sınıfa dönüp, "Bugün sizler için yararlı olacağını

düşündüğüm farklı bir etkinlik yapacağız. Çocukluğunuzdan itibaren hepinizin kafasında bir meslek fikri oluşmaya başladı, değil mi? Şimdiyse yavaş yavaş karar aşamasına geçip mesleğinizi seçmenin vakti geldi. Peki, hangi mesleği, neye göre seçeceksiniz?"

Önlerde oturan bir kız, "Ben kesinlikle sevdiğim bir işi yapmak istiyorum hocam," diye konuştu heyecanlı bir tavırla.

Yanında oturan çocuk kibirli bir sesle, "Ben hangi meslekte para varsa onu seçeceğim," dediğinde bütün sınıf gülmeye başladı.

Hoca da başını hafifçe iki yana sallarken gülümsüyordu. Sonra sınıfa bakarak, "Şimdi size bir sorum var. Sizce meslek seçiminde kişinin becerisi mi, yoksa ilgisi mi daha önemlidir, hangisine daha çok dikkat etmek gerekir?" diye sordu.

Bir çocuk, "Beceri hocam. Örneğin müzik aleti çalmaya yeteneğim yoksa ne kadar istersem isteyeyim, nasıl müzisyen olabilirim ki?" deyince bir başkası da "Hayır, kesinlikle ilgi önemlidir hocam. Eğer bir konuya ilginiz olursa ne yapar eder, gerekli donanımlara sahip olursunuz. Çalışarak yeteneğinizi geliştirebilirsiniz. İlgi ve istek çok önemli," dedi. Ardından sınıfta beceri ve ilgi diyenlerin sesleri birbirine girmeye başladı.

Geçen gün Kağan'ın yanında gördüğüm sarışın çocuk, "Bence de beceri önemli. İlgi bir yerden sonra bitebilir, ama beceri öyle değil, doğuştan gelir ve başarıyla paralel olarak artar," dedi.

Cansu konuşunca ona döndüm. "İyi de sırf becerin var diye ilgin olmayan bir mesleği seçersen mutsuz olursun, bu da bir yerden sonra işi bırakmaya kadar gider. Yine aynı şey," deyip küçümsercesine biraz önce konuşan çocuğa baktı.

Çocuksa karşılık olarak gözlerini kısıp Cansu'ya kötü kötü bakıp cevap verdi. Buna bir anlam veremeyerek hocaya döndüm. Sınıftaki konuşmalardan memnun olmuşçasına gülümsüyordu.

"Bu konuda değişik fikirlerinizi beyan etmenize sevindim çocuklar," dedi yumuşak bir sesle. "Bugün detaylı bir şekilde ilgi konusunu ele alacağız. Sizleri ikişerli gruplara ayıracağım ve ilk ders karşılıklı sohbet edeceksiniz. Bu sohbette birbirinizin karakteri hakkında fikir edinmenizi istiyorum. Örneğin sevdiğiniz ve sevmediğiniz şeyler neler, boş zamanlarınızda ne gibi aktivitelerde bulunuyorsunuz, spor yapıyor musunuz, herhangi bir müzik aleti çalıyor musunuz gibi. Bir nevi karakter analizi yapacaksınız. Diğer dersse öğrendiklerinizden yola çıkarak karşınızdakini gelecekte nerede veya hangi mesleği yaparken gördüğünüzü söyleyeceksiniz. Anlaşıldı mı?" diye sordu sınıfa göz gezdirirken.

"Anlaşıldı hocam," diye bağırdı herkes.

İçimden umarım Cansu'yla eşleşirim diye düşünmeye başladım. Sonuçta kimseyi tanımıyordum ve Cansu benim için en iyi seçenekti.

Hoca dosyalarını karıştırıp sınıf listesini eline alarak grupları oluşturmaya başladı. "Evet. Emel ve Ali, Görkem ve Şule, Emre ve Cansu, Kağan ve Buket..."

Ah, olamaz!

İsmim okunduktan sonra artık hocanın sesini duyamaz

oldum, çünkü küçük bir şok geçiriyordum. Hayır, hayır, hayır! Kağan'la bir iki kelime konuşmayı geçtim, sohbet edip ödev mi yapacaktım?
Kahretsin!

4

Sanki kocaman bir kâbusun içine sıkışmış kalmış gibiydim. Günüm bu kadar berbat geçmek zorunda mıydı? Sıkıntıyla iç çektim. Ne yapsam diye düşünürken Cansu yanımda kısık sesle küfretti. O da halinden pek hoşnut görünmüyordu. Kağan'ın yanında gördüğüm ve Cansu'nun az önce atıştığı sarışın çocuk yanımıza geldiğinde ona baktım. Demek ki adı Emre'ydi.

Bir elini ensesine atıp memnuniyetsizce ovalarken oturduğum yeri işaret etti. "Ödev için mecburen buraya oturmak zorundayım," dedi kalkmamı istediğini belli ederek.

Bir an afallayarak, "Hımm, tamam," deyip Emre'nin oturması için sıramdan kalktım ve kenara çekildim.

Cansu, "Mecburmuş, hah!" diyerek homurdandı. "Ben bayılıyorum sanki sana. Bil diye söylüyorum, ben de seninle ödev yapmak istemiyorum."

Emre benden boşalan yere oturdu. "Aynı hisleri paylaşıyoruz, ne güzel," dedi düz bir sesle.

Cansu yüzünü buruşturdu. "Sen bugün okula niye geldin ki zaten?"

Emre umursamaz bir tavırla, "Sana soracak değilim bunu," diyerek başını Cansu'ya çevirdi.

"Sen derse girmeseydin, ödev için eşleşmezdik ve şimdi yan yana oturuyor olmazdık."

Emre gözlerini kıstı. "Emin ol, bilseydim gelmezdim, hatta sırf bu duruma düşmemek için Ankara'yı bile terk ederdim."

Cansu öfkeyle nefesini tuttu. "Pislik herif!"

Emre sıkıldığını belli eden bir şekilde iç çekerek, "Neden bu kadar kızıyorsun ki, az önce bugün okula geldiğim için demediğini bırakmayan sendin," dedi.

"Ben okula gelmeseydin dedim, şehri mi terk et dedim sanki?"

"İkisi de aynı şey."

"Hayır, değil!"

"Evet, öyle."

Cansu kızgın gözlerle Emre'ye bakarken, "Şu an seni öldürebilirim!" diye tısladı hiddetli bir şekilde.

Emre omuz silkti. "Hiç durma," dedi sakin bir tavırla.

Kaşlarımı hayretle kaldırmış, Cansu ve Emre atışmasını izlerken, onlarda Kağan'la kendi geleceğimi görüp daha da telaşlandım. Hocanın ismimi söylemesiyle irkilerek ikisini izlemeyi bırakıp bakışlarımı hocaya çevirdim. "Efendim?"

"Neden ayakta duruyorsun?" dedi meraklı gözlerle. "Eşleştiğin kişinin yanına geç."

İsteksizce arkaya doğru anlık bir bakış attım ve Kağan'ın beni izlediğini gördüm. İlginç bir şekilde bu çocuktan hem hoşlanıyor hem de korkuyordum. Bu iki farklı duyguyu aynı anda yaşamanın ne demek olduğunu anlatabilmek kolay değildi. Çünkü hoşlanma duygusu korkuyu da içinde barındırıyordu, hoşlandığınız çocuğun sizi aldatmasından falan korkabilirdiniz mesela, ama benim yaşadığım duygular bu tarz iç içe geçebilecek türden hisler değildi. Ben hoşlandığım çocuğun ciddi manada bana zarar vermesinden korkuyordum. Bu iki duyguyu ayrı ayrı yaşıyor, bir türlü uzlaştıramıyordum.

Bu eş durumunu düzeltmek adına hocayla konuşmak için yanına gittim. Masasına ulaştığımda başını elindeki dosyadan kaldırıp bana baktı. O sırada biraz çekindim, ama bunu söylemem gerekiyordu. "Hocam. Benim eşimi değiştirir misiniz?"

"Neden?" diye sordu kaşlarını kaldırarak. Evet neden? Ne diyecektim şimdi?

"Ben sadece... Kağan'la ödev yapmak istemiyorum. O biraz şey... kaba. Görgü kurallarından haberi olduğunu sanmıyorum. Başka biriyle eşleşebilir miyim?" diyerek resmen hocaya yalvarmıştım.

"Çoktan eşleşmeyi yaptım, değiştirmem imkânsız. Hadi, yerine geç ve uygulamaya başlayın."

Yüzüm düşerken neredeyse bu durum için hüngür hüngür ağlayacak konumdaydım. "Ama hocam..." dedim, fikrini değiştirmesi için her şeyi yapabilirdim.

"Lütfen, Buket, itiraz istemiyorum," dedi kesin bir dille.

Hoşnutsuz bir şekilde iç çektim. Artık ne yapabilirdim ki! Uslu uslu Kağan'ın yanına doğru yol aldım. Sıraya oturunca Kağan soğuk bir yüzle bana döndü ve kaşlarını çatarak bana

Mihri Mavi

bakmaya başladı. Bu kadar tatlı bir çocuktan bir canavardan kaçıyormuş gibi uzak durmaya çalışmak da tuhaf geliyordu.

"Demek benden bu kadar çok rahatsız oluyorsun, hocanın yanına gidecek kadar?" diye sordu yüz ifadesini tamamlayan soğuk bir sesle.

Cevap vermedim, bu tehlikeli çocukla muhatap olacak değildim.

"Kolejden gelmişsin ha..." dedi bu kez. "Ne yaptın da böyle bir okula düştün?" diye sorarken sesindeki alay sinirlerimi bozdu.

Ona doğru başımı çevirmeden mesafeli bir sesle, "Bu seni ilgilendirmez," dedim.

"O büyük zengin okulundan atıldın mı yoksa? Senin gibi biri buna kahrolmuştur. Günlerce ağlamış olmalısın, çakma prenses," derken sesindeki alaycılık daha da artmıştı.

Rahatsızlığımı gözlerimi devirerek gizledim ve sıkılmış gibi yaparak ona dönüp kibirli bir yüz ifadesiyle baktım.

"Sana cevap vermeyeceğim, boşuna uğraşma, anladın mı? Senin gibi biriyle sohbet etmek ya da ödev yapmak istemiyorum," dedim küçümseyerek.

Gözleri yavaşça tehlikeli bir şekilde kısıldı. "Sen kimsin kızım, zengin olduğun için kendini benden daha iyi mi sanıyorsun, benden çok mu üstünsün sen?" diye karşılık verdiğinde sesi sert çıktı.

Sıkıntıyla iç çektim. "Konuşma benimle, sus!" diye onu ikaz edip önüme döndüm. Kağan'ın bana kadar ulaşan öfkesini hissetsem de gözucuyla dahi ona bakmayı istemedim ama onun ısrarla ve ürkütücü bir şekilde beni izlediğini biliyordum. Bu beni tedirgin etse de sessiz kalarak dersin bitmesini bekledim.

    Zil çaldığında Kağan'ın yanından hemen ayrılmak adına yerimden kalktım. Ondan ne kadar iğrendiğimi gösterecek bir bakış attıktan sonra, Cansu'nun yanına gittim. Birlikte bir şeyler yemek için kantine indik. Kantin de okul gibi küçüktü. Uzun dikdörtgen biçimli bir alnı vardı. Duvar kenarlarına dizilişmiş masalar dopdoluydu. Bazı masalar birleştirilmiş, toplu muhabbet ederek yemek yiyen öğrencilerle çevrilmişti. Ufak büfesi masalardan uzak bir köşede en dipte yer alıyordu. Önünde sıraya girmiş tek tük öğrencileri görünce, biz de arkalarından sıraya girdik. Başımı uzatıp büfenin içine baktığımda, eski okulumun kantinine nazaran pek bir çeşit olmadığını gördüm, ama çok da kötü değildi. En sevdiğim kremalı kahvelerden vardı mesela!

    Kantine girdiğim andan itibaren tüm gözler üzerime çevrildi. O an siyah gri karışımı formaların içinde pembe tişörtüm ve kot şortumla bir gökkuşağı gibi dikkat çekiyordum. Resmen kendimi bir hedef tahtası gibi hissediyordum. Kimseyi takmıyormuş gibi görünmeye çalışarak en havalı halimi takındım.

    Cansu'yla tost ve meyve suyu aldıktan sonra oturmak için masa aramaya koyulduk, fakat kantin o kadar çok doluydu ki ayakta kalmıştık. Ayakta dikilmek çok sinir bozucu olduğundan bir köşede boş masa görünce, "Şu tarafa gidelim, boş masa var orada," diye fikir önerdim hemen.

    Cansu işaret ettiğim tarafa dönüp isteksizce, "Hayır. Olmaz," diye cevap verdi.

Kaşlarımı şaşkınlıkla yukarı kaldırdım. "Neden, boş işte! Hadi, gel," diyerek masaya doğru yürüdüm. Masaya geçip oturduğum anda herkes sohbetini ve yemeğini bırakıp bize döndü. Bu öyle tuhaftı ki oturduğum anda sanki kantindeki her şey donup kalmış, korkunç bir sessizliğe gömülmüştü. Bu durumu biraz garipsesem de içeceğimi masaya bırakıp tostumdan küçük bir ısırık aldım ve üzerimdeki garip bakışlara aldırmamaya çalıştım. Cansu yanımda ayakta dikilirken sıkıntıyla etrafa bakındı.

"Buket, kalk hemen. Buraya oturamayız."

"Neden ki?" dedim şaşkınca. Zaten kantindeki ölüm sessizliği beni tedirgin etmeye başlamıştı. Cansu'nun da böyle endişeli davranması çok garipti.

Bana dönerek, "Bu masa Kağan'ın çetesine ait. Onlardan başka kimse oturamaz," dedi.

Ah! Şimdi anlaşıldı. Gözlerimi devirdim. "Çok saçma. Tapusu da var mıymış bari?" dedim dalga geçerek.

Cansu'nun gözleri iri iri açıldı. "Kalk gidelim, hadi, bahçede yiyelim yemeğimizi."

"Burası gayet iyi. Hem ben etrafta masayı sahiplenecek kimseyi göremiyorum. Otur sen de hadi," dedim ve kolundan çekerek yanıma oturmasını sağladım.

Cansu pes edercesine iç çekip tostundan bir ısırık alarak yemeğe koyuldu. "Yemin ederim bir zamanlar ben de senin gibiydim," dedi usulca gülerek.

"Bir zaman mı, şimdi neden öyle değilsin peki?" diye sordum meraklı bir sesle.

Psikopat

"Bazen öyle şeyler yaşıyorsun ki bu senin cesaretini kırabiliyor. İnsanlar seni büyük hayal kırıklığına uğratıyor, bu normal, ama hiç beklemediğin birinin bunu yapması, işte, bu gerçek hayal kırıklığı oluyor. İster istemez kendini biraz geri çekiyorsun. Artık her adımını daha dikkatli atma isteği oluşuyor, bir nevi savunma mekanizması gibi yani, sürekli tetiktesin," deyip buruk bir şekilde hafifçe tebessüm etti. "Sakın senin de cesaretini kırmalarına izin verme, bu insanı gerçekten değiştiriyor."

Cansu'nun uyarı dolu sözlerinin ardında yatan kırgınlığı hissettim. Bakışlarında çözemediğim tuhaf bir keder vardı. Geçmişte zor bir şeyler yaşamış olmalıydı. Acaba bu okulda ne yaşamıştı da böyle değişmişti?

Ona güvence vermek istercesine başımı olumlu anlamda sallamakla yetindim.

"Endişe etme," dedim şakaya vurarak. "Beni kimse korkutamaz, inatçıyımdır ben." Kederinin dağılmasını istiyordum.

Bu sırada yanımıza bir çocuk gelip bize dik dik baktı. "Cansu?" dedi soru sorarcasına. "Kuralları biliyorsun. Neden buraya oturdunuz?"

Cansu sıkıntıyla nefesini verdi. "Tamam Serkan, kalkacağız birazdan. Git, işine bak sen."

Araya girerek, "Hayır, kalkmıyoruz," dedim ve bacak bacak üstüne atıp geriye doğru yaslandım.

Serkan'ın bakışları bana döndü, gözlerini kısıp tekrar Cansu'ya baktı. "Bu Kağan'ın hiç hoşuna gitmeyecek. Neler yapabileceğini biliyorsun," dedi uyarırcasına.

Cansu, "Serkan, uzatma! Kalkacağız şimdi diye karşılık verdi. Laftan anla biraz."

Meydan okuyan bakışlarla Serkan'ın gözlerinin içine baktım. "Biliyor musun, Kağan'ın ne düşündüğü umurumda değil. Madem ona buraya oturduğumuzu anlatarak bizi şikâyet edeceksin, selamımı da söylemeyi ihmal etme."

Serkan öfkeyle kaşlarını çatarken Cansu'nun şaşkınlıktan gözleri büyüdü. Yüzündeki tedirginlik çok barizdi, hayretle beni izliyordu.

Bense ikisine de sevecen bir şekilde gülümseyerek karşılık verdim.

Serkan sinirli bir tavırla, "Ölüm fermanını imzaladın," dediğinde büyük bir umursamazlıkla omuz silktim. Öfkeyle son bir bakış atıp yanımızdan ayrıldı.

Cansu gülmemek için altdudağını ısırırken bana döndü. "Seni boşuna sevmemişim ben," diyerek bir kahkaha koyverdi. Ben de ona eşlik ederek gülmeye başladım.

Ders zili çaldığında Cansu'yla sohbet ederek sınıfa gittik. Yine aynı yere oturacağımız için canım sıkılmıştı, ama mecburen gidip Kağan'ın yanına oturdum.

"İlk günden başına dert açacak şeyler yapıyorsun," dediğinde hiç istemesem de ona doğru döndüm.

"Pardon?" dedim mesafeli bir sesle.

Bana doğru hafifçe eğilip keskin bakışlarını gözlerime dikti. Karanlık bir havası vardı. Fakat bunun yanında gizemliydi de! İnsanı kendine çeken ve çekimine karşı koyulamayan tehlikeli bir mıknatıs gibiydi.

"Kantinde bize ait olan masaya oturmuşsun?" dedi soru sorarcasına. Sesinin yumuşaklığına karşın bakışları çok sertti.

"Kantin çok doluydu, ben de boş bir yer bulup oturdum. Bu konuda kimseye hesap verecek değilim. Ayrıca bu şekilde konuşup beni korkutmaya çalışmana gerek yok. Masayı yemedik, aynı yerinde duruyor."

"Ben bir soru soruyorsam hesap vereceksin ve evet, birazcık aklın varsa benden kesinlikle korkmalısın. Ayrıca kafana sokman için söylüyorum, bize ait olan bir yere kimse yaklaşamaz, ister boş olsun ister dolu olsun. Bunu herkes bilir."

Onun bu küstah tavrı karşısında kendime engel olamadım ve dudaklarımdan alaycı bir kıkırdama çıkıverince Kağan gözlerini kıstı.

"Bu cidden komik. Hayatımda böyle bir şey duymadım. Kantin bütün öğrencilere açık bir mekân. Herhangi bir yeri sahiplenemezsiniz," dedim.

Yüz hatları sertleşirken dudakları tehlikeli bir tebessümle hafifçe kıvrıldı. Bu tebessümde sadece tehdit vardı.

"Burada işler öyle yürümüyor çakma prenses. Bu okulun kuralları var, istesen de, istemesen de kurallarımıza uyacaksın. Asiliğe devam edersen canını yakmaktan çekinmem. İşin kötüsü hiçbir şey değiştiremediğin için sadece canının yandığıyla kalırsın."

"Çok saçma!" diye mırıldandım gözlerimi devirerek. "Buna boyun eğeceğimi sanıyorsan, yanılıyorsun. Bana zorla hiçbir şey yaptıramazsın," diyerek yalandan onu takmıyormuş gibi davrandım.

Mavi gözleri fırtınalı bir bulut gibi karardı. "Beni sakın hafife alma, sen zararlı çıkarsın," dedi. Sözleri dudaklarından tehlikeli bir fısıltı halinde dökülürken, içim korkuyla ürperdi, ama bunu ona belli etmemeye çalıştım. Ben nasıl bir yere düşmüştüm böyle?

"Ha, diyelim, beni hafife aldın ve bir gün bir aptallık yaparak beni sinirlendirdin. İşte, o zaman seninle özel olarak ilgilenirim ve yaptığın son şey o aptallık olur."

Pekâlâ, şu noktada korkumun gittikçe daha da arttığını itiraf etmek istiyorum.

"Söylediklerinden hiçbir şey anlamıyorum. Ben bir şey yapmadım ki! Artık üzerime gelme, gördüğün gibi senin ayarında bir insan değilim, seninle kavga edecek, ağız dalaşına girecek halim yok. Benim gibi savunmasız bir kızla uğraşmayı bırak," dedim, benden uzak durmasının yolunu yapmaya çalışıyordum, ama bakalım, işe yarayacak mıydı?

Kaşlarını çatarak ciddi bakışlarla bir süre bana baktı. "Kantindeki o küçük gösterini beni sinirlendirmek için sergilemedin yani, öyle mi?"

"Hayır... umurumda değilsin. Kendini bu kadar önemli görme. Ayrıca insanları sinirlendirmek gibi bir hobim yok. Genelde insanlarla normal yollardan anlaşabilen, kendi halinde bir insanım ben."

"Bir daha düşün istersen," dedi tek kaşını kaldırarak. "Serkan'la, yani seni uyaran çocukla ilettiğin selamı aldım," derken oldukça korkutucu görünüyordu.

Ah, bu çetede haberleşme ağı çok iyi çalışıyordu anlaşılan. Acaba Serkan'a o kadar fazla karşı çıkmasa mıydım diye düşünmedim değil. Ama şu an geri adım atamazdım. "Boş yer buldum ve oturdum. Bu konuda ne sana ne de bizi uyarmak için gelen Serkan denilen çocuğa hesap vermeyi düşünmedim. Burasının bir okul olduğunun farkına varsanız iyi olur. Okullarda kimsenin ayrıcalığı olmaz. Ayrıca topu topu beş dakika bir sandalyeye oturmuş olmam sence de çok uzun bir mevzuya dönmedi mi?"

Hayır, özür dilememi mi bekliyordu? Bu asla olmayacaktı!

"Burası senin bildiğin o züppe yuvası olan okullara benzemez, çakma prenses. Önemli olan konuyu atlıyorsun. Bu okulda, hatta bu mahallede bizim sözümüz geçer, biz ne dersek o olur, alışmaya başlasan iyi edersin. Sana herhangi bir uyarı geliyorsa bugün yaptığın gibi diklenmek yerine, kabullenip itaat edeceksin, yoksa dibi boylarsın."

Bir anda bütün bedenimin ürperdiğini hissettim. Buna sebep sesindeki soğukluk mu, yoksa sözlerinin altında yatan tehdit miydi, emin olamadım.

"Seni son kez uyarıyorum, bundan sonra adımlarını atarken iki kez düşün, aksi halde üzülen sen olursun."

"Neden sürekli benimle uğraştığını anlamıyorum," dedim mırıldanarak. Beni rahat bırakmasını öyle çok istiyordum ki! Böyle belalı birini karşıma almak gerçekten tehlikeliydi, biraz alttan alıp dikkat çekmemek en iyisiydi sanırım.

"Çünkü canımı sıkıyorsun," diye cevap verdi tiksinti dolu bir sesle. "Dik başlılığa asla tahammülüm yok. Senin gibi zengin, herkese tepeden bakan, havalı görünen şımarık kızlardan nefret ederim," derken hissettiği nefreti gözlerinden okuyabiliyordum.

"Beni tanıyormuşsun gibi konuşma, çünkü tanımıyorsun. Bu söylediklerin sadece birer önyargıdan ibaret."

Küçümseyen bakışlarla baştan aşağı beni süzdü ve koyu mavi gözleri gözlerimi buldu.

"Gördüklerim yetiyor," dedi.

Bakışlarına öfkeyle karşılık verip hemen önüme döndüm. Salak!

Kağan bir süre sessiz kaldıktan sonra, "Aslında şanslısın yeni olduğun için bu seferlik yaptığın aptallığı görmezden geleceğim," diyerek tembelce arkasına yaslandı. "Ama sadece bu seferlik."

Gözlerimi devirdim. "Ah, lütfettiniz, teşekkürler Kağan hazretleri," dediğimde keyifle gülmeye başladı. Bu bütün dişlerini ortaya çıkaran kocaman bir gülüştü.

O an ona öylece bakakaldım. Kahretsin, gülmek ona nasıl da yakışıyordu öyle! Bu öylesine muhteşem bir gülüştü ki bulutların ardından ortaya çıkan güneş gibi insanın içini ısıtarak kalbini eriten cinstendi.

Gülmeyi kesince bana doğru biraz eğilerek omzuma düşen bir tutam saçımı parmağına doladı. "Akıllı bir kız ol," dedi o mavi gözleriyle gözlerimin içine bakarak.

Yakınlığıyla ürperdim, bakışlarıyla beni esir almıştı sanki. Ve bu bakışlar kime, ne isterse yaptırabilecek güçteydi.

Çok zor olsa da hiç etkilenmemiş gibi yaparak, "Uyarın için sağ ol," dedim küçümseyici bir sesle ve saçımı onun par-

Psikopat

maklarından kurtararak omzumdan geriye doğru attım.

Hafifçe gülüp geri çekildi. "İnan, beni karşına almak istemezsin, hele düşmanın olmamı hiç istemezsin. Uyarımı dikkate al. İlk günden daha fazla canımı sıkacak davranışlarda bulunma."

Küstahlığı ve bu büyük egosu karşısında yüzümü buruşturdum. "Sen herkesin sana boyun eğeceğini falan zannedebilirsin, ama ben herkes değilim. Kimsenin beni ezmesine izin vermem," dedim hırçın bir sesle. Pekâlâ, alttan alma planım buraya kadardı.

"Kes!" dediğinde bu kabalığı karşısında irkilerek gözlerimi kırpıştırdım. "Benimle böyle konuşabileceğini mi sanıyorsun sen?" deyip öfkeyle kaşlarını çattı. "Neler yapabileceğim hakkında en ufak bir fikrin yok. Ne kadar ciddi olduğumu anlaman için zarar görmen mi lazım? Bunu mu istiyorsun?"

"Beni bu şekilde tehdit edemezsin," diye çıkıştım.

Sakin bir tavırla omuz silkti. "Ben tehdit etmem," dedi buz gibi bir sesle.

İçimi bir öfke kapladı, bana üstünlük taslamasına asla izin vermeyecektim. "Biliyor musun, sizin bu okulda koyduğunuz o saçma sapan kurallar umurumda değil," dedim sinirle. Ardından hızımı alamayarak devam ettim. "Boşuna uğraşma. Sen de, o tehlikeli arkadaşların da beni korkutmuyorsunuz."

Yalan, yalan, yalan.

Dudağının bir kenarı tehlikeli bir ifadeyle kıvrıldı. "Yazık olacak sana. Neyse, uyarmadığımı söyleyemezsin," dedi aşa-

Mihri Mavi

ğılayan bir bakışla ve önüne dönerek konuşmamızı bitirdi.

Kendini beğenmiş budala!

Gözlerimi kısarak ona bakarken içimden sürekli sakin olmam gerektiğini söyleyip durdum. Karşımdaki bu serseri pisliği boğarak öldürme isteğime karşın direnmeye çalıştım, fakat şu anda bu cidden çok zordu. Nasıl da sinir bozucu bir çocuktu böyle!

Hocanın ciddi bir sesle, "Evet, Kağan, şimdi seni dinliyoruz, gelecekte Buket'i nerede görüyorsun, sence nasıl bir meslek seçer, ilgisi onu hangi mesleğe yönlendirir?" demesiyle içinde bulunduğum sinir krizinden çıkarak dehşetle hocaya baktım.

Hemen araya girip Kağan'ın konuşmasını engelledim. "Hocam, biz uygulamayı yapmadık. Derse katılmayacağız."

Hocanın yüzünde kızgın bir ifade belirirken bana uzun uzun baktı ve hafifçe iç çekti. "Sadece bu seferlik kabul ediyorum Buket, yeni olduğun için. Bir daha olmasın. Verdiğim ödevlerin yapılmasını isterim," dediğinde en sevecen halimle tebessüm ettim. "Tamam, hocam," diyerek yanıt verdim.

Başını sallayıp arkamızda oturan öğrencilere doğru yürüdü.

Bu dersi atlattığımı düşünerek içim rahat bir şekilde omuzlarım düştü ve arkama yaslandım. Bu kadar kolay olacağını bilseydim önceki ders hocayla konuşmaya çalışmazdım. Neyse ki hocamız anlayışlı çıktı da derse katılmaktan kurtuldum.

Kağan'ın erkeksi ve buyurgan sesini duymamla düşüncelerimden uzaklaştım ve kaşlarımı çatarak ona baktım.

"Hocam, ben derse katılmak istiyorum," dediğinde hocanın bakışlarından bir an şaşırdığını fark ettim. Sanırım Kağan'ı daha önceki derslere katılma konusunda hiç bu kadar istekli görmemişti.

Tekrar bizim sıranın yanına gelen hoca, "Buket, uygulamayı yapmadığınızı söylemedi mi, karakter analizi çıkarmadan nasıl bilgi vermeyi düşünüyorsun?" diye sordu hafif bir tereddütle.

Kağan kendinden emin bir tavırla, "Buket'in kişiliğini çözmek benim için kolay oldu, ona baktığımda nasıl bir karaktere sahip olduğunu görebiliyorum," derken sesindeki küçümseme beni çileden çıkardı.

Hoca, "Peki, madem... seni dinliyoruz," dediğinde şaşkınlığı sesine de yansımıştı.

Kağan'a susması için kızgın gözlerle dik dik baktım, o da bana yandan kısa bir bakış atarak, bu halimden eğleniyormuşçasına sırıttı, ardından hocaya döndü.

"Buket liseyi bitirdikten sonra herhangi bir mesleğe yönelmeyecek, bunun yerine zengin sevgili arayışına girecek. Onun gibiler için para, yüksek mevkiler, partiler, kokteyller çok önemlidir. Kendi çevreleri dışındakilere yüksekten bakar, onları ezerler. Paranın bütün kapıları açtığını düşünerek herkesin kendilerine hizmet etmesini isterler," dedikten sonra bana döndü ve korkunç delici bakışlarıyla gözlerimin içine bakarak sözlerine devam etti. "Sırf zengin olduğu için yaşça çok büyük biriyle evlenecek ve ömür boyu kendi gibi boş bir hayatın içinde yaşayacak," diyerek sözlerini bitirdi.

Dudaklarım şaşkınlıkla aralandı. Beni gerçekten böyle mi görüyordu? Gözlerim öfkeli gözyaşlarımın etkisiyle yanmaya başladı. Bir utanç dalgası içimde gezinip sinir bozucu bir şekilde yanaklarımı yaktı. Kağan beni sınıfta, herkesin önünde aşağılayarak, rezil ederek neler yapabileceğini ve bana olan nefretini çok fena göstermişti.

Üzgün gözlerle Kağan'a baktığımda gözlerini kıstı ve dudağının bir kenarı alaycı bir ifadeyle kıvrıldı. Onun bu acımasız tavrı karşısında kaşlarımı çatıp içimden, *"Hayır!"* diye bağırarak hemen kendimi topladım.

Bana meydan mı okuyordu? Pekâlâ, ben de ona aynı şekilde karşılık verecektim!

Hocaya döndüm. "Kağan okulu asla bitiremeyecek. Hatta bu zekâyla buraya kadar nasıl geldi, hiç bilemiyorum. Büyük ihtimalle geçer not vermeleri için öğretmenlerini tehdit etmiştir," diyerek gözucuyla ona bakıp ondan iğrendiğimi gösteren bir bakış attım. "Kağan okuldan atıldıktan sonra kendisini içki ve uyuşturucuya verecek. Meslek olarak hırsızlığı seçecek ve suçları sadece bununla kalmayacak, adam kaçırma, kaçakçılık, zimmete para geçirme, uyuşturucu satışı ve cinayet suçlarından da ömür boyu hapis cezası alacak. Sonra da hapishane köşelerinde yapayalnız çürüyüp ölecek," diyerek Kağan'a döndüm ve hafif bir tebessümle, "Hak ettiği gibi" deyip sözlerimi bitirdim.

Tüm sınıf tüyleri diken diken eden derin bir sessizliğe gömüldü. Sanırım herkes Kağan gibi birini karşıma alıp bunları söylediğim için şoka girmişti.

Kağan'a döndüğümde gözlerini kısmış, bana dövecekmiş gibi bakarken, sinirden çenesinin kasıldığını görebiliyordum. Gözleri, insanın içinin buz kesmesine neden olan bir soğuklukla parlıyordu. Ellerini yumruk yapmış, her an bir yerlere vuracakmış gibi öfkeyle sıkıyordu.

Ops! Sanırım biraz ileri gittim.

Sessizliği hocanın sesi bozdu. "Bu nasıl bir saygısızlıktır böyle! Dersimi ciddiye almıyorsanız derse girmeyin! Sizin terbiyesizliklerinizi çekmek zorunda değilim ben! Saygısızlar! İkiniz de bu hafta cezalısınız. Çıkışta müdür beye isimlerinizi ileteceğim, eminim size uygun cezayı verecektir!" dedi kızgınlıkla.

Hocamız sakinleştikten sonra en önde oturan öğrencilere dönüp dersine devam etti.

Bense zil çalınca sınıftan nasıl kaçsam diye düşünmeye başladım. Kağan'ın sinirini hissedebiliyordum. Öfkesinin büyüklüğü tenimi yakıyordu adeta. Böylesine tehlikeli birini neden sinirlendirdim ve neden çenemi tutamadım ki sanki? Biraz suyuna gidemez miydim? Hiçbir fikrim yoktu. Gerçi suyuna gidilecek birisi de değildi. Sanırım bir delilik anının beni içine çekmesine izin vermiştim ve şu an acınası bir halde korkumu gizlemek için çaba harcıyordum.

Ben sakin kalmaya çalışırken Kağan oturduğumuz sırada aramızdaki mesafeyi kapatıp kulağıma doğru eğildi. Dudaklarını tenimde hissedince ürperdim. Kalbim gittikçe hızlı atmaya başlarken, nefes alıp verişimi kontrol altında tutmaya uğraştım.

Çok ciddi ve sert bir ses tonuyla konuşunca korkuyla yutkundum.
"Sen bittin kızım!"
Lütfen, ölmek için çok gencim.

5

Nefes al Buket, derin derin nefes al, korkunu belli etme. Sürekli içimden bunu tekrar ediyordum. Başıma çok kötü şeyler gelecekti. Az önce Kağan bunu sözleriyle kesinleştirmişti. O çok tehlikeli biriydi ve ben onu düşman olarak karşıma almıştım. Korkum devasa boyuttaydı ve kulaklarımda bir nabız gibi atıyordu.

Of, çok aptalım! Şu an kafamı duvarlara vurmak istiyordum. Ama yok, ben zahmet etmeyeyim, Kağan bunu zaten birazdan zevkle yapacaktı. Buradan bir an önce gitmem gerekiyordu. Kağan'la karşı karşıya gelmeye hazır değildim. Hiç de olmayacaktım! Ben böyle biri değildim. Şimdiye kadar hayatın karanlık taraflarını hiç görmemiş, kendi akvaryumunda sessiz sedasız yaşamış bir insandım.

Hayır, hayır, hayır.

Ne yapacaktım ben şimdi? Düşün Buket, düşün. Zilin çalmasıyla irkildim.

Kağan ayağa kalktı. Beni de kolumdan tutup kaldırdı. O kadar sert bakıyordu ki ağzımı dahi açamadım. Kolumu sıkmaya başlayınca canım çok yandı, kolumu kurtarmaya çalışsam da cılız hamlelerim ona karşı hiç etkili olmuyordu, tedirginliğim artarken ağlamak üzereydim. Hiç böyle bir muameleye maruz kalmamıştım. Çok korkuyordum. Telaşla etrafıma baktım, kimse mi müdahale etmezdi ya?

Sesimi yükselterek hocaya seslendim. "Hocam! Sizinle bir şey konuşmam lazım, vaktiniz var mı?" dedim. O kadar çok bağırmıştım ki sınıftaki çoğu göz bana döndü.

Yanımızdan geçen Emre'yle göz göze gelince bakışlarını kolumu tutan Kağan'ın eline çevirdi. Sonra gözleri tekrar beni buldu ve başını çevirmeden önce gözlerinde anlamlandıramadığım bir şey gördüm. Ah, belki de acımaydı! Kağan'sa hâlâ kolumu bırakmamıştı. Yalvarırcasına bakarak hocaya döndüm. Beni ancak o kurtarabilirdi.

"Tamam. Gel bakalım, biraz yürüyelim seninle," diyerek çantasını toplamaya başladı. Ben gitmek için hamle yapınca Kağan kolumu daha da sıktı. Eminim, parmaklarının izi çıkmıştır, öküz herif!

Kulağıma eğilerek her zamanki buz gibi sesiyle konuştu. "Benden kurtulabileceğini mi sanıyorsun?" dedi bir hışımla beni sarsarsak.

Sıcak nefesini yüzümde hissedebiliyordum. Gözleri koyulaşmıştı, çok korkutucuydu. Hiçbir şey diyemedim, sadece devam etmesini bekledim.

"Şimdilik git bakalım. Benimle ilgili söylediklerinin hesabını soracağım. Sana öyle şeyler yapacağım ki durmam için yalvaracaksın!" diyerek kolumu bıraktı.

Seslice yutkunarak apar topar çantamı toplayıp hızla onun yanından ayrıldım. Diğer derslere kalmaya hiç niyetim yoktu açıkçası.

Hocayla koridorda yürümeye başladık.

"Ne konuşacaktın benimle canım?" dedi.

Ben de o an aklıma gelen ilk şeyi söyledim, bunu zaten yapmam gerekiyordu.

"Derste olanlar için sizden özür dilemek istedim. Bir anlık sinirle söylenmiş şeylerdi. Çok üzgünüm," deyince hoca hemen yumuşadı, sıcacık gülümsemesiyle bana anlayışla baktı.

"Önemli değil canım, ama lütfen bir daha olmasın. Kağan gibilerin seni sinirlendirmesine izin verme."

"Peki, hocam" dedim ben de utanmış gibi yaparak. Bir an önce kimseye görünmeden buradan ayrılmalıydım.

"Hadi, şimdi sınıfına git Buketçiğim," diyerek yanımdan ayrıldı.

Sınıfa gidip de işkence görmeye hiç niyetim yoktu. Hemen kendimi tuvalete attım, kabinlerden birine girip zilin çalmasını bekleyecektim. Sonra ne yapacağımı düşündüm. Aslında Kağan'ın beni takip etmemesi bile büyük bir şanstı. Onu bir daha görmeden okuldan kaçabilirdim. Acaba Cansu' dan yardım mı isteseydim? İsteyemezdim ki kızın telefon numarasını almamıştım, nasıl ulaşabilirdim ki ona? Telaştan titreyen ellerimi saçlarıma geçirip geriye doğru ittim ve titremesini durdurmak için ellerimi alnımda tuttum. Tamam, şu an sakin olmam gerekiyordu, endişelenmemeliydim, tek başıma halledebilirdim bunu. Evet, yapabilirdim. Ayrıca Cansu'yu gördüğümde ilk iş numarasını almalıydım, ne olur ne olmaz. Tabii bugün buradan sağ çıkabilirsem. Of!

Ders zili çaldıktan sonra bir süre daha bekledim ve tuvaletten çıktım. Derin bir nefes alarak çıkışa doğru koştum. Merdivenleri ikişerli üçerli atlayarak iniyordum. Bahçeye ulaşınca okul çıkışındaki banklarda Kağan ve arkadaşlarını gördüm.

Kahretsin!

Yanında Emre, Serkan ve Mert'in dışında tanımadığım iki kişi daha vardı. Gözlerimi devirdim, ah, hadi, ama hepsi de korkutucu görünmek zorunda mıydı? Onlar oradayken hayatta okuldan çıkamazdım. Acaba dersten kaçtığımı anlayınca o da mı girmedi derse? Şu an pusuya yatmış bir avcı gibi avını mı bekliyordu yani? Ondan böyle bir şey beklenirdi. Olanları sineye çekecek birine hiç benzemiyordu.

En iyisi kütüphaneye gitmekti sanırım. Çıkış saatine kadar kütüphanede kalabilirdim. Herkes çıktıktan sonra eve dönerdim. Sabaha kadar beni bekleyecek halleri yoktu ya, elbette sıkılıp giderlerdi, değil mi?

Kütüphaneye gittiğimde etraf bir mezar kadar sessiz ve boştu. Bitsin artık bu işkence, rahat nefes almak istiyorum diye düşündüm. Sürekli bir tedirginlik vardı üzerimde. Malum, düşmanınız Kağan gibi biri olunca bu derece tırsmak gayet normaldi. Sinir ve stresten kütüphanenin nasıl bir yer olduğuna bile bakmadan, gözüme kestirdiğim en kuytu köşeye gidip bir masaya oturdum. Biri gelse dahi beni burada asla göremezdi. Bunun verdiği rahatlıkla telefonumu çıkarıp İzmir'den en yakın arkadaşım Gazel'i görüntülü olarak aradım.

Beni ekranda görünce, "Buket!" diye bağırdı heyecanla. Gazel... hiç değişmeyen güzel arkadaşım, her zamanki heyecanlı halini görünce kıkırdadım.

"Ne haber?" diye sordum özlemle.

"Süperim, alışveriş yapıyorum. Sana bomba haberlerim var," diye cevap verirken ekrana bir yüz daha girdi. "Işıl?" dedim, onu gördüğüme de çok sevinmiştim.

"Kızım ya, seni çok özledik. Yokluğun çok fena hissediliyor, bunu bil," dediğinde Gazel de başını sallayarak Işıl'ı onayladı. "Çok çok çok özledik."

Güldüm. "Ben de sizi özledim kızlar."

Işıl, "Yeni okulun nasıl, umarım bizi başka kızlarla aldatmıyorsundur kankacığım?" diye sordu şakaya vurarak.

Memnuniyetsizlikle omuzlarım düştü. "Berbat. Buradaki kızlar çok kaba. Hiç arkadaş canlısı değiller. Sadece bir tane arkadaş edinebildim."

Gazel yüzünü buruşturdu. "Lütfen, hiç değilse sınıfında taş gibi çocuklar olduğunu söyle. Bununla avunmak istiyorum."

Başımı iki yana salladım. "Maalesef!" derken Kağan'ı düşündüm ve yine içimde büyük bir öfke kabardı. "Sınıfta daha çok azılı suçlu gibi görünen tipler var." Evet, bu tam da Kağan'a uygun bir benzetmeydi.

Işıl iç çekti. "İzmir'e dönsen keşke."

Onun bu sözlerine karşılık ben de iç çektim. "Keşke öyle bir imkânım olsa. Biliyorsunuz, en iyi ihtimal İzmir'de üniversite kazanmam. Bunun dışında geri dönebileceğimizi sanmıyorum."

Gazel üzüldüğümü görünce hemen lafa girdi. "Ya kızım, asma suratını, tatilde yanındayım ben ya da sen bize geleceksin. Bütün yazı birlikte geçireceğiz. Ben en yakın arkadaşımı oralarda yalnız bırakmam."

Güldüm. "Seni seviyorum," dedim onun bu içten haline karşılık. "Sen de seviliyorsun şekerim."

"Eee, siz ne yapıyorsunuz?" diye sordum.

Gazel, "Bil bakalım, ne oldu!" diye sorup tahmin etmeme fırsat vermeden, "Yiğit bana çıkma teklifi etti," diye bağırdı heyecanla.

"Sonunda!" diyerek heyecanına ortak oldum. Gazel ve Yiğit birbirinden hoşlanıyordu, ama Yiğit bir türlü açılamıyordu. Gazel'se sabırla onu bekliyordu, Ankara'ya taşınmadan önce konuştuğumuzda artık bu durumdan ötürü üzüldüğünü söylemişti. Karşılıklı bir sevgi vardı ve bir türlü sevgili olup birbirlerine sarılamıyorlardı. Usandırıcı bir durum gerçekten.

Işıl kıkırdayarak lafa girdi. "Ben olmasam bunlar hayatta çıkamazdı. Üstün çöpçatanlık yeteneklerimle bu ikisinin başlarını bağladım," dediğinde kahkaha attım.

"Geç bile kalmışsın, iyi olmuş olaya dahil olman," dedim hâlâ gülerken.

Gazel şen şakrak sesiyle araya girdi. "Bu akşam sevdiceğimle ilk randevumuza çıkıyoruz. Çok heyecanlıyım!"

Işıl, "Heyecanıyla korkutup kaçıracak çocuğu yemin ederim," diyerek başını iki yana salladı.

Gülerken gözlerim ellerindeki alışveriş poşetlerine takıldı. "Neler aldınız peki, Yiğit'i nasıl büyülemeyi düşünüyorsun?" diye takıldım.

Gazel'in gözleri parladı. Alışverişe asla dayanamazdı. Yepyeni kıyafetler almak onun için nefes almak gibi vazgeçilmezdi. Elindeki poşetlerden çıkardığı oldukça şık duran kısa siyah bir elbiseyi ekrana tuttu.

"Bu akşam bunu giyeceğim."

"Vay canına, bunun içinde harika görüneceksin eminim," dedim beğeniyle. Gazel zaten çok güzel bir kızdı, bu elbiseyle göz kamaştırıcı olacaktı.

Siyah rugan topuklu ayakkabıları da gösterip, "Bunlar da bu gece için seçtiğim ayakkabılarım," deyip hızını alamadan başka bir poşete geçti. Bu kez Victoria's Secret çantasını kaldırıp ekrana tuttu. Kendimi içten içe kötü hissettim, benim de sürekli alışveriş yaptığım bir yerdi burası, ama ne yazık ki artık sadece rüyalarımda görebilirdim bu markayı.

"Ayrıca çok güzel çamaşırlar da aldım, görsen bayılırsın. Hatta dur, göstereyim," diyerek çantadan iki kat dantelli mor renk bir takım çıkardı. Işıl hemen araya girip elindekileri kaptığı gibi tekrar poşete soktu. "Ne yapıyorsun kızım, kafayı mı yedin! Açık alandayız," diye uyardığında Gazel dışarıda olduklarını yeni fark etmiş gibi etrafına bakındı.

"Ya tamam, bir anlık unuttum," diye mırıldanıp mahcup bir bakışla ekrana baktı.

"Eve gidince fotoğrafını çekip atarım tatlışım."

Işıl onun bu haline gözlerini devirirken ben de üzüntümü unutarak kendimi tutamadım ve kıkırdadım. "Merakla bekliyor olacağım," dedim gülmeye devam ederek.

"Hem sana hediye aldım, onu da gösteririm. Aslında sürpriz yapacaktım, ama dayanamıyorum. Şeker bir rengi var, pembiş pembiş, acilen göstermem lazım sana. Çok seveceksin."

Sağ tarafta rafların arasında bir hareketlilik fark edince Gazel'i dinlemeyi bırakıp hemen o tarafa doğru döndüm. Yüzümdeki gülüş yavaşça kaybolurken tanımadığım bir çocukla göz göze geldim. Hararetli bir şekilde telefonda konuşuyor, gözlerini benden ayırmıyordu. Sonra telefonu kapatıp cebine atarak rafların arasında gözden kayboldu.

Işıl, "Buket, ne oldu, neye bakıyorsun?" diye sorunca bakışlarımı tekrar telefonun ekranına çevirdim.

"Yok bir şey," diyerek geçiştirdim, fakat aklım giden çocuğa takılmıştı. "Sonra görüşürüz kızlar, olur mu?"

Gazel, "Olur, arayı fazla açma," derken Işıl, "Evet," diyerek onu onayladı. Birlikte, "Seni seviyoruz!" diye bağırıp el salladıktan sonra telefonu kapattılar. Onlarla konuşmak bana çok iyi gelmişti.

Aradan beş dakika bile geçmemişti ki derinden gelen sert bir sesle olduğum yerde sıçradım.

Kağan, "Demek kaçak kızımız burada saklanıyormuş," derken ses tonu insanı çileden çıkaracak kadar alaycıydı.

Bakışlarım onu bulduğunda kalbimin hızla attığını hissettim. Kağan yanında duran Mert, Serkan ve Emre'yle kütüphanedeydi. İşte, şimdi sonum gelmişti. Beni burada nasıl buldular ki şimdi? O telefonda konuşan çocuk yerimi söylemişti anlaşılan.

Kağan bir gözünü kısarak başını yana eğip bana doğru yürüdü. Bakışlarındaki kızgınlığa rağmen ürpertici bir sakinlikle, "Sınıftaki o şovundan sonra benden kurtulabileceğini mi sandın?" diye sordu. Ardından, "Seni küçük aptal," dedi aşağılayan bir sesle.

Tedirginliğim artarken Emre'yle göz göze geldim. Kağan'ın aksine daha yumuşak bakıyordu bana. Ama ne yazık ki Emre, benim değil, Kağan'ın arkadaşıydı, onun tarafında olurdu. Bana asla yardım etmezdi. Ama o gün sokakta bana yardım etmişti, değil mi? Yine yardım eder miydi acaba?

Kağan, "Ne o, dilini mi yuttun? Az önce derste olduğu gibi rahatça atıp tutamıyor musun?" diyerek kollarımdan sertçe tutup beni sarstığında düşüncelerimden çirkin bir şekilde uzaklaştım. Bu kaba hareketi karşısında dudaklarım şaşkınlıkla aralanırken beni geriye doğru itti. Düşmemek için hafifçe yalpaladım ve neyse ki dengemi sağlayabildim.

Tekrar üzerime doğru geldiğinde, "Söyleyecek hiçbir sözün yok mu? Benimle ilgili başka neler düşünüyorsun, çok merak ediyorum," dedi sert bir ses tonuyla. Kağan'ın merhametsiz gözlerine çaresizce bakarken ona belli etmeden derin bir nefes alıp içimde kalan son cesaret kırıntısına tutunmaya çalıştım. Aksi halde her an dağılıp panikten ağlamaya başlayabilirdim.

"Sen söylediklerimi hak ettin," dedim titrek bir sesle.

Kağan'ın dudağının bir kenarı zalimce kıvrıldı. "Hâlâ asiliğe devam ediyorsun ha, güzel, çabucak pes etmeni istemem zaten. Hemen yalvarmaya başlaman sıkıcı olurdu," dedi küstah bir bakışla.

Mert ve Serkan'ın alaycı gülüşlerini duyunca Kağan'a bakmayı bırakıp onlara doğru döndüm. Emre'nin gülmediğini gördüm, gözlerini kısmış, ifadesiz bir şekilde bana bakıyordu.

Bakışlarımı tekrar Kağan'a çevirdim. Karşımda böylesine kendini beğenmiş ve heybetli dururken her yanından güç akıyordu ve bu hali beni daha da geriyordu.

Kağan, "Şimdi, sana nasıl bir ceza versek?" deyip düşünüyormuş gibi yaparak üzerime doğru geldi, bir elini yanıma koyup kitap rafına yasladı ve başını eğerek gözlerimin içine yakıcı bir nefretle baktı. Aramızdaki gerilim artarken korkudan nefesim ciğerlerimde tıkanıp kaldı. Aniden gelen bir panikle ellerimi göğüslerine koyarak onu bütün gücümle ittim. "Uzak dur benden psikopat!" diye bağırdım yüzüne doğru.

Çarpık bir sırıtış dudaklarında belirdiğinde kaşlarımı çattım.

"Uzak durmazsam ne olur, ne yaparsın?" diye sordu alay ederek.

Bu hareketim onu eğlendirmişti. Aman Allahım! Çok büyük bir tehlikedeydim.

Emre, "Tamam, Kağan, üzerine gitme artık. Yeterince korktu," dedi.

Kağan, Emre'yi hiç umursamadan eğlendiğini belli eden

Psikopat

bakışlarını bana dikerek, "Ben daha yeni başladım," dedi.

Bakışlarım ikisi arasında gidip geldi. Biri beni mahvedecekti, diğeriyse kurtaracaktı. Kötü polisler her zaman yanlarında bir de iyi polis mi gezdirirlerdi acaba?

Emre, "Sen bilirsin dostum, ama seni tanımıyordu, bu seferlik siktir et. Şimdi seni tanımıştır, ona göre davranır," diye diretti.

Kağan bir anlık düşünür gibi olduysa da beni huzursuz edecek bir şekilde bakmaya devam ediyordu. Sonra karar vermiş olacak ki karanlık bir yüz ifadesiyle bana iyice yaklaştı. Burunlarımız neredeyse birbirine değecek şekilde başını eğerek gözlerimin içine beni cayır cayır yakan bir derinlikle baktı. Teninden yayılan ona has erkeksi kokusuyla karışık parfümünün kokusunu alabiliyordum. Tedirginlikten kuruyan boğazımı ıslatmak için yavaşça yutkundum.

"Bu seferlik gidiyorum, ama bir daha beni sinirlendirecek bir şey yaparsan, canını çok fena yakarım," dedi alçak bir sesle.

Ardından geri çekilip bana son kez küçümseyerek baktı. "Vermek istediğim mesajı aldığını düşünüyorum," deyip dudaklarına yayılan küstah gülüşle kapıya doğru yöneldi. Beni korkudan ve bir o kadar büyük olan öfkeden titrer halde bırakıp gitti. Arkasından çıkan Mert ve Serkan da bana alaycı bir bakış atmayı ihmal etmediler. Emre'yse bana hiç bakmadı.

Kütüphanede yalnızca ben kalınca bir süre ayakta durdum ve sırtımı duvara yaslayıp aşağı kayarak yere oturdum. Artık gözyaşlarımı tutamıyordum. Bir hıçkırık boğazımdan kurtulduğunda usul usul ağlamaya başladım. Çok korkmuş ve hiçbir şey yapamamıştım. En çok da acizliğime ağlıyordum şu an.

Bugünlük ucuz kurtulmuştum, ama içimden bir ses her şeyin yeni başladığını söylüyordu.

Ben nasıl bir belaya bulaşmıştım böyle?

Sakinleşmek için bir süre kütüphanede kaldıktan sonra ödünç birkaç kitap alıp okuldan çıktım. Hafif çiseleyen yağmurda yürümeye başladım. Gün boyu yağmur yağmış olmalıydı. Yerler ıslak, çoğu yerde küçük gölcükler oluşmuştu. Ankara'nın havası hep böyle kapalı, yağmurlu, puslu diye düşündüm ve yine İzmirim'i özledim.

Üzgün ve dalgın bir şekilde yürürken yanımdan hızla geçen araba kaldırım kenarındaki bütün çamurlu su birikintisini üzerime sıçrattı. Ah ne büyük kibarlık! Nezaketini kaybetmiş insanların tüm günü somurtarak geçirdiğini düşünmeye başladım. Kendileri mutsuz olduğu için çevrelerindeki insanları da hiç umursamıyorlardı. Umursamadıkları için de davranışlarına dikkat etmiyorlardı belli ki! Aklımdan bu düşünceler geçerken üstüme başıma baktım. Lanet olsun ki bütün kıyafetlerim, çantam, ayakkabılarım çamur içinde kalmıştı.

Araba ağır ağır geriye doğru gelip tam önümde durdu. Siyah film kaplı camlar içeride kimin olduğunu bir sır gibi saklıyordu. Cam yavaşça aşağıya doğru açılırken beni ıslatan pisliği görmek için başımı eğdim.

Sürücü koltuğunda oturan Kağan'ı fark etmemle kaşlarım çatıldı. "Sen..." diye mırıldandım öfkeli bir sesle.

Buz gibi bakışlarla bana bakarken, "Islandın mı çakma prenses?" diye sordu.

"Neden yaptın bunu!" diyerek feryat ettim. "Senin yüzünden baştan aşağı çamur içinde kaldım, bütün her şeyim mahvoldu," derken beni ne kadar ıslattığını göstermek istercesine kollarımı iki yana açtım.

Büyük bir umursamazlıkla omuz silkti. "Yanlışlıkla oldu," dediğinde gözlerimi kıstım.

"Yalancının tekisin! Özellikle suyun üzerinden geçmek için kaldırıma yanaştın, değil mi? Beni bilerek ıslattığına eminim."

Kağan'ın dudaklarında varla yok arası bir tebessüm oluşurken bakışları karanlıklaştı. "Belki de" dedi dalga geçen bir ses tonuyla.

Öfkeyle soludum. Nasıl olurdu da başıma gelen tüm felaketlerin altından bu çocuk çıkardı? Hayır, Ankara'ya taşınmamıza sebep olan kişi de Kağan mı acaba diye düşünmeye başlayacaktım. Belki de babamın iflas etmesine bile bu çocuk sebep olmuş olabilirdi. Bir insan nasıl bu kadar acımasız davranabilirdi ki?

"Derdin ne senin benimle ya! Kütüphanede yaptıkların yetmedi mi?"

"O sadece basit bir uyarıydı. Beni sinirlendirdiğinde başına geleceklerin küçük bir fragmanı olarak düşün."

"Neden bana karşı böyle zalimsin? Neden benimle uğraşıyorsun? Sen bana iyi davrandın da ben mi sana taktım sanıyorsun, anlamadım ki!"

Gözlerini kıstı. "O kadar sinir bozucu ve şımarıksın ki sana dair hiçbir şey samimi değil, varlığından rahatsız oluyorum," derken yüzünde yargılayıcı bir ifade vardı.

İncinmişlikle gözlerimi kırpıştırdım. Aslında hiç de sandığı gibi bir insan değildim. Boğazımda acı bir düğüm oluştu, yutkunamadım. "Ben şımarık değilim," dedim gücenerek. "Beni hiç tanımadan sürekli hakkımda önyargılara varmaktan, bu tarz yakıştırmalardan vazgeç."

Israrla bana bakarken, "Öylesin," dedi üstüne basa basa.

Delici bakışları karşısında huzursuz olurken, gözlerimi ondan kaçırdım ve elimde sıkıca tuttuğum çantama odaklandım.

"Çantamı da mahvettin zaten," diye mırıldanarak üzerindeki çamurları silmeye çalıştım. Yüzümde hiçbir ifadeden eser olmamasına uğraşsam da aslında alınmıştım ve bunu Kağan'ın fark etmesini istemiyordum.

"Sence bunu umursuyor gibi mi görünüyorum?" diye sordu kayıtsız bir sesle.

Bakışlarımı tekrar ona çevirdim. "Umursamalısın, hatta kahrolmalısın, normal, nazik bir insan başkasına zarar verdiği zaman üzülür," diye çıkıştım. Sesim normalden yüksek çıkmıştı. İncinmişliğim, kızgınlığımın ardına saklanarak öfkemi körüklüyordu. Neden bilmiyordum, ama sözleri beni hem çok üzmüş hem de çok kızdırmıştı.

"Sen bu çantanın ne kadar değerli olduğunu biliyor musun? Bu markayı %90 indirime girse bile alamazsın! Şimdi senin yüzünden çamur içinde kaldı canım çantam. Salak!" diye bağırdım küçümseyen bakışlar atarak.

Dudaklarında kötücül bir tebessüm oluştu. "Biraz daha çamura ihtiyacı varmış gibi görünüyor," deyip el çabukluğuyla vitesi değiştirdiğinde gözlerim dehşetle iri iri açıldı.

"Hayır, hayır. Sakın!" demiştim ki hızla geriye doğru gitti ve aynı hızla tekrar önümden geçip yine üzerime su sıçratarak gitti.

Yumruklarımı öfkeyle sıkarken arabasının arkasından tüm gücümle bağırdım.

"PSİKOPAT!"

6

Sabah güne, "Hadi, bebeğim, uyan artık," diyen annemin sesiyle uyandım. Gözlerimi hafifçe aralayınca odamın perdelerini sonuna kadar açtığını gördüm. Güneşin ışıltısının vurmasıyla yüzümü buruşturup örtüleri kafama kadar çektim.

Yataktan çıkmak istemiyordum. Evden çıkmak istemiyordum. Okula gitmek istemiyordum. Dün olanlardan sonra okula gitmek yerine, kaybolmak, yok olmak istiyordum. Yaşadığıma, hayatta olduğumu dair yeryüzünde tek bir iz bile kalmamasını diliyordum. Olan bunca şey yetmezmiş gibi üzerine bir de bu baş belası çocuk çıkmıştı. Her şey bu kadar kötüye gitmek zorunda mıydı? Sanki her yer, her şey zifiri bir karanlığa bürünmüş ve tek bir ışık bile yoktu tutunabileceğim. Bilmediğim, yabancısı olduğum bir dünyada gittikçe daha da dibe batıyordum. Ben alışmaya çalıştıkça, daha da bir uçurumun kenarına doğru sürükleniyordum. Her şey bu kadar kötü olmak zorunda mıydı? Azıcık da olsa nefes alacağım bir şey, bir yer olsa, olmaz mıydı? Bir köşeye çekilip etrafımı duvarlarla örmek istiyordum, bunun her koşulda şu anki halimden çok daha iyi olacağına emindim.

"Hadi, ama Buket, kalk artık, okula geç kalacaksın."

Örtünün altında kalmaya devam ederek, "Kendimi iyi hissetmiyorum, bugün gitmesem olmaz mı?" diye sızlandım anneme.

Acınacak haldeydim, ama bu umurumda bile değildi. Tek bildiğim, o okula gitmek ve Kağan'ı görmek istemiyor olduğumdu. Ondan tiksiniyordum. Hayatımda hiç kimseden böylesine çok nefret etmemiştim. Dün tam da ondan kurtulduğumu sandığım anda, beni nasıl da gafil avlamıştı? Her şeyden habersiz, savunmasız bir şekilde kaldırımda yürürken, iç çamaşırlarıma kadar beni ıslatmış, kıyafetlerimle çantam baştan sona çamura bulanmıştı. Hayvan herif!

Annem sesli bir şekilde iç çekip, "Olmaz, daha yeni başladın okula, şimdiden böyle yapamazsın! Canım, hadi, kalk hazırlan," dedi yumuşak bir ses tonuyla.

Yüzümdeki örtüyü açıp dirseklerimin üzerinde doğrularak anneme baktım. "Gitmek istemiyorum, lütfen, anne!" diyerek inledim.

Annem bu durumdan sıkıldığını belli edercesine kafasını iki yana salladı. "Beş dakika içinde hazırlanıp kahvaltıya geliyorsun Buket! Konu kapanmıştır!" deyip odamdan çıktı.

Homurdanarak yatağımla vedalaştım. Örtüleri üstümden atıp yataktan çıktım ve isteksizce okul için hazırlanmaya başladım. Lanet olasıca okul! Esneyerek mutfağa girdiğimde, annemin masada yalnız başına oturduğunu ve babamın olmadığını gördüm. Annemin karşısına oturarak portakal suyumdan hızlıca büyük bir yudum aldım. Susamıştım. Ağzıma bir peynir dilimi atarken, "Babam nerede?" diye sordum merakla.

"Baban çıktı tatlım, bu aralar çok çalışıyor. Bugün kendin gideceksin okula," deyince masaya dikmiş olduğum gözlerimi anneme çevirdim. Sesinden çok üzgün olduğu anlaşılıyordu. Bu duruma ben de çok üzülüyordum. Babam artık eskisi gibi bizimle vakit geçiremiyordu.

Annem sonra iç çekerek devam etti. "Ben de bugün babanın yanına gideceğim. Artık işlerinde ona yardım etmeye karar verdim."

Şaşkınlıkla kaşlarımı kaldırdım. "Ne yani, çalışacak mısın?" diye sordum sesimde saklayamadığım hayretle. Durumumuz o kadar kötü müydü yani?

"Evet," diyerek masadan kalkıp kahvaltılıkları toplayarak dolaba koymaya başladı.

İşte, buna cidden şaşırmıştım. Hatta şoka girmiştim. Annem bildiğim kadarıyla üniversiteden mezun olduktan sonra hiç çalışmamıştı. Okulunu bitirince hemen babamla evlenmiş, ihtiyacı olmadığından çalışmayı da hiç düşünmemişti. Annem rahat yaşamayı severdi. Boş zamanlarında hiç evde durmaz, sürekli gezer, arkadaşlarıyla yurtdışına alışverişe gider, ara sıra vakıf işleriyle ilgilenirdi. Yoğun bir şekilde çalışmak hiç ona göre değildi. Şaka mı yapıyordu acaba?

Şüpheyle onu süzerken, "Sen ciddi misin?" diye sordum.

"Evet, neden olmasın? Baban çok çalışıyor, ona yardım etmeliyim. Neyse, hadi, sen çık artık, geç kaldın zaten. Ben de hazırlanıp çıkacağım," diyerek beni kapı dışarı etti.

Onun aceleci tavırları karşısında başımı sallayarak apartmandan çıkıp okula doğru ağır adımlarla yürümeye başladım. Hâlâ annemin söylediklerini düşünüyordum. Hayatımızın bir anda bu derece altüst olmasına inanamıyordum. Ne zaman bunu düşünsem, canım iyice sıkılıyor, içimi bir kasvet kaplıyordu. Ben bunları düşünürken omzuma atılan bir elin varlığını hissederek korkuyla irkildim.

"Naber canısı?" diyen sıcacık sesi duymamla rahatlamam bir oldu. Ona döndüm, gelen Cansu'ydu.

"Eh, işte, senden naber?"

"Beni bırak şimdi, dün ne yaptın kızım sen öyle? Sonra da kaçıp kayıplara karıştın? Bütün gün aklım sende kaldı."

"Kendimi iyi hissetmiyordum. Eve gittim," diye mırıldandım. Utanç duyduğum o korku dolu anı Cansu'ya anlatacak değildim yani.

Bana inanmamış olacak ki kuşkuyla gözlerini kısıp, "Kağan yüzünden gittin, değil mi?" diye sordu.

Tiksindiğimi belli eder bir sesle, "Hayır! O geri zekâlı umurumda bile değil," dedim. Berbat bir yalancıydım.

"Dün sınıfta söylediklerin bomba etkisi yaptı. Herkes resmen şoka girdi, kiminle karşılaşsam seni konuşuyordu," diyerek güldü. "Cesaretine hayran kaldım doğrusu. Birinin Kağan'a haddini bildirmesi iyi oldu."

Kendimi tutamayarak ben de güldüm. Cansu'nun yaptığım şeyi onaylaması kendimi daha iyi hissettirmişti.

Gülmeyi bırakınca ciddi bir ses tonuyla sözlerine devam etti. "Kağan çok tehlikeli biri Buket. Dün olanlardan sonra kurtulmuş olabilirsin, ama biraz daha üzerine gidersen sana gerçekten zarar verebilir. O belanın teki, bütün okulu korkutan bir ünü var. Kimse karşısında durmaya cesaret edemiyor. Ondan uzak dur!" diye uyardı.

Lütfen, bilmediğim bir şey söyle! Anlayışla tebessüm ettim. "Merak etme, ona bulaşmaya niyetim yok," dediğim anda birlikte sınıfa giriyorduk.

İlk iki ders matematikti ve daha sonrasında da edebiyat dersine girdikten sonra öğle arasında Cansu'yla kantine indik. Sınıfta Kağan'ı görmediğim için artık o kadar da gergin hissetmiyordum kendimi. Keşke hiç okula gelmese, hatta okuldan atılsa da ondan kurtulsam dedim içimden büyük bir umutla. Evet, çok büyük hayallerim vardı!

Derslerin verdiği yorgunluğu üzerimizden atmak için Cansu'yla birlikte dumanı tüten sıcacık kahveyle yanına da çikolata aldık. Kahve çok sıcak olduğundan bardağı tutar tutmaz elim yanınca, elimi sallayarak geri çektim. Cansu bu halim karşısında gülümseyip, "Ben hallederim," diyerek kahvelerimizi aldı. Kendisine minnettarlığımı ifade edecek şekilde, "Teşekkürler," dedim.

"Önemi yok. Kanka olmak her daim yardım etmek demektir," deyince kıkırdadım.

"Bu bir kural mı?" diye sordum gülmeye devam ederken.

O da gülüp, "Evet. Az önce uydurdum," dedi takılarak.

Bahçeye çıktığımızda pırıl pırıl bir hava bizi karşıladı. Hafifçe esen meltem yüzüme vuruyordu. Güneş açık renkli bulutların arasından neşeyle süzülerek kendisini gösteriyordu. Bu güzel havanın içimi ısıtmasına izin verdim. Kendimi gerçekten mutlu hissediyordum. Bu hava bana İzmir'i anımsatıyordu.

Okuldaki öğrencilerin yarısı bu güzel havanın keyfini çıkarmak için dışarı çıkmış, etrafa dağılmıştı. Fakat okul gibi, bahçesi de fazlasıyla harabeyi andırıyordu bu güzel havaya inat. Okul binasının çatlamış boyaları yer yer taşların çıktığı zemine dökülmüştü. Bahçenin etrafı boyuma kadar gelen beton setin üzerine konulan, koyu renk parmaklıklarla çevrelenmişti, sanki hepimiz hapisteymişiz de bahçe iznine çıkarılmışız gibi. Beton avlunun üç yanında çiçekler için ayrıldığını düşündüğüm, ama onların yerine toz toz olan kuru toprağın üzerinde uzun süredir biçilmediği belli olan uzunlu kısalı çimlerle aralarından tuhaf otların fışkırdığı alanlar vardı. Bahçenin etrafına özensizce serpiştirilmiş banklar ise o kadar perişan görünüyordu ki kimisinin tahtası çıkmış, kimisinin de kazınmaktan artık rengi belli olmuyordu. Eski okulumun bahçesini düşününce, burası gerçekten bir okul bahçesi gibi değildi, çok tuhaf bir yerdi!

Cansu beton zemindeki çatlaklara aldırmadan, hızla taş avlunun sağ tarafındaki çimlere doğru yöneldi; hafif bir şaşkınlıkla onu takip ettim. Biz de mi bu çimlere oturacaktık? Ama bu hiç hijyenik değildi ki! Ben bunları düşünürken Cansu çimlere oturup kahveleri yanına, yere koydu ve benim hâlâ ayakta dikildiğimi görünce güneşten korunmak için ellerini gözlerine siper ederek, "Otursana," dedi.

"Buraya mı oturacağız?" dedim memnuniyetsiz bir ifadeyle. "Yerde böcek olabilir. Hem eteğimiz kirlenir, çimen lekesinin zor çıktığını duymuştum, neden banklara gitmiyoruz?" diye düşüncelerimi tek tek sıralamaya başlamıştım ki Cansu abartılı bir ifadeyle gözlerini devirdi. "Çök şuraya!" deyip kolumdan tutarak beni yere doğru çekti. Popom sertçe yerle buluşurken hissettiğim acıyla yüzümü buruşturdum.

Gözlerimi kısıp, "Acıdı," diye inlediğimde Cansu hafifçe gülümsedi. "Elimin ayarı yoktur, çok özür," deyip çikolatasını açıp bir ısırık aldı. Ben de kahveme uzanıp bir yudum aldım. Kahvenin yoğun tadı dilimde dans ederken bu anın keyfini çıkardım. Sabahki derslerden sonra kahve gerçekten iyi hissettiriyordu.

Cansu hevesle konuşunca ona baktım. "Bu akşam okuldan bir çocuğun partisi var. Gidelim mi, ne dersin?"

"Olabilir, ama okul çıkışı cezalıyım, müdürün yanına gideceğim," dedim. Sabahleyin o günün nöbetçi öğrencileri bu harika haberi benimle paylaşmayı ihmal etmemişti. Bana uygun olan cezayı çekmem için okul çıkışı müdürün odasına gitmem gerekiyordu.

Cansu yüzünü astı. "Akşama kadar kalmazsın herhalde," dediğinde omuz silktim. "Hiçbir fikrim yok, nasıl bir ceza vereceğine bağlı."

"Geç gideriz, sorun olmaz. Ayrıca yarın da buluşur bir şeyler yaparız, arkadaşlarımla tanıştırırım seni. Harikadırlar. Onları çok seveceksin," deyip bir ısırık daha alarak çikolatasını bitirdi.

Bu iyi bir fikir olabilir diye düşündüm, hafta sonunu

evde geçirmek istemiyordum. Hem de yeni arkadaşlıklar kurmaya ihtiyacım vardı. Ayrıca buna annem de çok sevinirdi.

"Tamam," dedim onaylayarak.

Cevabıma o kadar sevindi ki hemen boynuma sarıldı. Başta verdiği bu tepkiye şaşırsam da sonra ben de ona ayak uydurup kollarımla onu sardım. Cansu çok sıcakkanlı ve samimiydi. Onunla arkadaş olduğum için çok mutluydum.

"Çok eğleneceğiz," dedi heyecanla. Yüzümde oluşan gülümsemeye engel olamayarak heyecanına ortak olup kocaman gülümsedim. Bu sırada az ilerimizden bir grup geçiyordu, dikkatimi o yöne verdim. Kağan'ı görmemle yüzümün asılması bir oldu. Onsuz günüm gayet güzel geçiyordu oysaki!

Kağan banklardan birine geçince Mert'le Serkan da başka bir bankı sürükleyerek o tarafa götürdü ve karşılıklı olarak oturdular. Her birinin insafsız ve tehlikeli tipler olduğu çok bariz ortadaydı. O kadar çok kendilerinden emin duruyorlardı ki sanki buranın sahibi kendileriymiş gibi. Hiçbir şeyden çekinmeden korkusuzca hareket ediyorlar, etrafta olan biten hiçbir şeye aldırmadan rahatlıklarıyla insanları korkutuyorlardı. Oturuşları bile öylesine rahattı ki sanki "Bu okul bizim," der gibi bir eda içindeydiler. Neden kimsenin onlara bulaşmak istemediğini ya da onlardan birini görünce telaşla yol verdiklerini çok iyi anlıyordum. Çünkü başlarına bela almak istemiyorlardı. Hele ki bu belanın adı Kağan'sa!

Bakışlarımı Kağan'dan alamayarak onu incelemeye başladım. Darmadağınık olan siyah saçları alnına dökülmüştü. Gömleğinin kollarını dirseğine kadar kıvırmıştı ve dikkatli bakınca kollarındaki dövmeler bu mesafeden bile görülebiliyordu. O kadar çok dövmesi vardı ki yakından bakma isteğiyle dolup taştım. Gerçekten merak etmiştim, acaba ne tarz dövmeler yaptırmayı tercih etmişti? Bir elini saçlarından geçirip zaten dağınık olan saçlarını iyice dağıtırken, kolu da ortaya çıktı. Konuşurken kollarını ileri geri götürdükçe, kol kasları okuldaki ününün hakkını verircesine gücünü haykırıyordu adeta. Çok sert görünüyordu, benzersiz bir şekilde çekici biriydi. Saatlerce bakılası, kusursuz bir yüzü vardı. Lanet olsun, çocuk inanılmaz derecede yakışıklıydı!

Kağan'ı seyrederken adeta eriyip bittim, ta ki içimdeki bir başka ses ki büyük ihtimalle mantığım, "Ama bir o kadar da öküzün teki," diye araya girene kadar. *'Ama bir o kadar da öküzün teki'* diye hatırlatmayı ihmal etmedi. Evet, maalesef ki öyleydi!

Emre, Kağan'ın yanına geçip cebinden bir sigara paketi çıkararak içinden bir dal aldıktan sonra, diğerlerine de tuttu. Gözlerim büyüyerek hemen etrafıma bakındım. Bahçede sigara içiyorlardı! Hem de gayet rahat bir şekilde, hiç mi hocadan çekinmezdi bunlar yahu? Bu okul cidden garip bir yerdi.

Yanlarına siyah saçlı bir çocuk gelince dikkatimi ona verdim. Acaba onları uyarmaya mı gelmişti? Bir sigara da ona uzattıklarında bu zavallıca düşünceyi zihnimden kovdum. Kabullen kızım, dedim kendi kendime, onları uyarmak için kimse gelmeyecekti. Kağan gerçekten de bu okulun sahibiydi anlaşılan.

Yeni gelen çocuk sigarasını uzun uzun içine çekip başını yana çevirerek üflerken, yüzünde bir kaşından yanağına doğru inen derin bir yara izi olduğunu fark ettim. Yara oldukça belirgindi, ama bu yakışıklılığından hiçbir şey kaybettirmiyordu. Siyah saçlarıyla uyumlu koyu renk gözleri ve açık tenine yayılmış belli belirsiz kirli sakalıyla kapak modelleri gibi görünüyordu. Fakat ne duruşunda ne yüzünde ne de bakışlarında hiçbir ifade yoktu; sanki bir heykel ya da fotoğraf gibi sadece bakılmak için vardı; sanki insana dair duygular onda yokmuş da ne yaparsanız yapın hiçbir şey hissetmeyecek gibiydi. Çelikten bir zırh kuşanmışçasına sert ve dimdik bir duruşu vardı.

"Bahçede nasıl bu kadar rahat sigara içebiliyorlar, anlamıyorum," diye mırıldandım merakımı dile getirerek.

Cansu'nun sıkıntılı bir şekilde nefesini verdiğini duyunca ona döndüm. "Çünkü onlar dokunulmaz. Sana Kağan'ın tehlikeli biri olduğunu söylemiştim, bütün okul, o ve çetesinden korkuyor derken hocalar da buna dahil. O yüzden bu kadar rahatlar."

Kaşlarımı çattım. Tam, "Hocalar mı? Ama bu nasıl olur?" diyecektim ki Kağan ile müdür beyin konuşması aklıma geldi. Müdür bile ondan çekinmiş, fazla bir şey söyleyememişti.

"Geçen hafta iki hocanın arabası çizilmiş ve lastikleri patlamış bir halde bulundu. Kimin yaptığına dair delil yok, ama hepimiz biliyoruz ki bunun sorumlusu onlar. Ayrıca yasal olmayan işler de yaptıklarını duydum. Özellikle de Kağan, Emre ve Hakan."

"Hakan hangisi?" diye sordum.

Cansu, Kağanların olduğu tarafa dönerek, "Bak, şu yüzünde yara izi olan Hakan," dedi. "Duygusuzun teki, çok soğuk biri. Asla güldüğünü göremezsin."

Gerçekten de öyle görünüyordu. Gözlerinde donuk bir ifadeyle buz gibi bakıyordu. Yüzü karamsarlıkla gölgelenmiş gibiydi.

Ama Emre farklıydı. Beni iki kez Kağan'ın elinden kurtardığı aklıma gelince onun iyi biri olduğunu düşündüm. Nedense bana hiç tehlikeliymiş gibi gelmiyordu. Ona karşı iyi veya kötü bir şey hissetmiyordum, ama bana güven veren bir yanı vardı.

"Emre hiç tehlikeli birine benzemiyor, ama!" diyerek düşüncelerimi dile getirdim.

Cansu'nun yüzünde bir anlık afalladığını beli eden bir ifade gördüm, fakat anında tepkisini gizleyerek bana, "Ah, çok safsın bebeğim!" bakışıyla baktı.

"Emre de Kağan kadar kötü," dedi sert bir ses tonuyla. "Acımasız pisliğin teki!" diye devam ederken nefretle Emre'ye bakıyordu.

Ondaki bu ruh değişimine şaşırmış olmama rağmen, "Bana pek öyle gelmiyor..." deyince, bakışlarını bana çevirip sözümü kesti.

"Sen onu gerçekten tanımıyorsun Buket. Bu konuda bana güvenebilirsin. Emre'nin nasıl duygusuz bir piç olduğunu en iyi ben biliyorum."

"Ne yaptı ki?" diye sordum tedirgin olarak. Acaba Cansu'ya zarar mı vermişti?

Cansu derin bir nefes aldı. "Bir arkadaşım geçen yıl Emre'yle çıkmıştı. Her şey çok güzel gidiyordu, kız çok mutluydu. Emre'nin hayatının aşkı olduğunu düşünüyordu. Her gün el ele okula gelirlerdi, görsen gerçekten âşık olduklarına inanabilirdin. Fakat Emre bir anda hiçbir sebep yokken ilişkiyi bitirince, kız perişan oldu ve o pislik bunu umursamadı bile. Tek istediği zaman geçirmekmiş. Kızı resmen kullandı, sonra da işi bitince duygularını hiçe sayarak onu terk etti."

Öğrendiklerimi hazmetmek için yutkundum. Nasıl bir kızın duygularıyla oynayabilecek kadar rezil ve acımasız biri olabilirdi?

Cansu kaşlarını çatarak oldukça sinirli bir şekilde sözlerine devam etti. "Görüyorsun, işte, o da çok kötü biri," dedi sertçe. Ardından ciddi bir ifadeyle gözlerimin içine bakarak iç çekti. "Biliyorum, Kağan seni çok kızdırıyor Buket, ama ne kadar kızdırırsa kızdırsın, görmezden gel. O, kavga etmenin peşinde, ona istediğini verme."

"İnan, görmezden gelmeye çalıştım, ama bazen o kadar sinir bozucu oluyor ki delirtiyor beni. Sanki okulun patronu kendisiymiş de herkesin sahibiymiş gibi davranıyor. Buna boyun eğmek istemiyorum."

"Seni öyle iyi anlıyorum ki fakat ne yazık ki alttan almalıyız. Kağan ve çetesi hem okulu hem de tüm mahalleyi abluka altına aldı, her yerde ağızlarından çıkan söz bir emirmiş gibi kabul ediliyor."

"Saçmalık!" deyip iğrendiğimi gösterircesine yüzümü

buruşturdum. "Ben kabullenemiyorum bu durumu. Kağan'ın küstah tavırlarını kaldıramıyorum. Ondan ne kadar korksam da kendime engel olamayıp onu sinirlendirecek bir şeyler yapıveriyorum."

"Haksızlığa gelemiyorsun," deyip beni anladığını belirtti.

Başımı "evet" anlamında salladım. "Aynen öyle. Onu durdurmak istiyorum. Zıt iki kutup gibiyiz resmen. İstemdışı olarak ona doğru çekildiğimi hissediyorum." Gerçekten de öyleydi; Kağan ödümü koparıyordu, ama ona kafa tutmaktan da kendimi bir türlü alamıyordum.

Cansu kahvesini yudumlarken etrafa bakındı. Dalgın dalgın, "Görünüşe göre o da aynı şeyleri hissediyor," diye mırıldandı bir noktaya gözlerini dikerek.

Gözlerini diktiği noktaya bakınca Kağan'la göz göze geldim. İnsan sıcaklığından yoksun, duygusuz bir ifadeyle bana bakıyordu. Hiç değilse dünkü gibi beni öldürmek istiyormuşçasına öfkeli görünmüyordu. Fakat yine de bakışlarının ardında yatan nefreti hissettim, sanki nefreti dalgalar halinde yayılıyor, bana kadar ulaşıyordu. Bir an için ürperdim, bakışlarından ve içimde oluşturduğu histen hiç hoşlanmadım. O kadar rahatsız ve tedirgin ediciydi ki!

Cansu ciddi bir ses tonuyla, "Kağan'dan da, Emre'den de uzak dur, tamam mı? Sana da zarar vermelerini istemem," dedi.

Cansu'nun bu tedirginliğinin altında başka şeyler de var gibiydi, sanki bir şeyler gizliyordu, ama kurcalamadım. Belki ilerleyen günlerde kendisi anlatmak isterdi. "Tamam. Onlar-

Psikopat

dan uzak duracağım," dedim hafif bir tebessümle. Özellikle de Kağan'dan.

Ardından canımızı sıkan bu konuyu kapatmak için farklı bir konuya geçtim. "Ee, yarınki planın nedir, ne yapacağız tüm gün?" diye sorarak konuyu değiştirdim. Neyse ki bu işe yaradı. Cansu hiçbir şey olmamış gibi yarın için neler planladığını hevesle anlatmaya başladı.

Öğle arasından sonra Kağan'ı da, Emre'yi de bir daha görmedim. Dersi yine asmışlardı.

Aman ne güzel, çok havalı!

Okul çıkışı Cansu'yla vedalaşıp akşamki parti için sözleştikten sonra, müdürün yanına gitmek üzere çantamı topladım. Bugün cezalıydım ve okulda kalacaktım, hem de Kağan pisliğiyle birlikte! Bundan daha büyük bir ceza olmazdı zaten. Ben ondan köşe bucak kaçıp onu görmeye bile tahammül edemezken onunla birlikte zaman geçirmek mi? Of, Allahım, of! Bir an önce hiçbir sorun çıkmadan zamanın akıp gitmesini ve akşamki partiye gitmiş olmayı diledim. Bu durum fazlasıyla canımı sıkıyordu.

Müdürün odasının olduğu koridorda yürürken kapının önünde duran Kağan'ı görünce nefretle yüzümü buruşturdum. Benden önce gelmişti. Ona doğru yürürken elini geçirdiği dağınık siyah saçlarının daha da dağılmasına neden oldu, oldukça sıkılmış görünüyordu. Oysaki o bu tarz cezalara eminim ki alışıktı.

Serseri pislik!

Yanına vardığımda karanlık gözleri gözlerimi buldu ve yüzünde yine varla yok arası kibirli bir tebessüm oluştu. Beni sinirlendirmesine izin vermeyecektim. Onun bu halini hiç takmayarak kapıya yanaştım, fakat varlığını yok saymak imkânsız gibiydi. Delici bakışlarını sırtımda hissedebiliyordum.

Müdürün kapısını çalmak için elimi kaldırmıştım ki odanın kapısı açıldı ve müdür dışarı çıktı.

Kaşlarını çatmış, bize kınadığını belli eden bir ifadeyle bir Kağan'a, bir bana bakıyordu.

"Seren Hanım'ı kızdıran sizler misiniz?" diye sorup Kağan'a döndü. "Neden hiç şaşırmadım Kağan?"

Kağan cevap olarak gözlerini kısıp müdüre tehlikeli bir şeye dokunmuş gibi bakmakla yetindi.

İç çeken müdür bakışlarını bu kez bana yöneltti. "Sen yeni gelen kız değil misin?" diye sorunca içimde bir utanç hissettim.

Mahcup bir ifadeyle, "Çok özür dilerim hocam, ben çok üzgünüm. Bir daha asla böyle bir şey olmayacak. Söz veriyorum," dedim güçlükle.

Kağan'dan alay ettiğini gösteren bir homurtu duyunca öfke saçan gözlerle dönüp dik dik ona baktım. O ise kaşlarını yukarı kaldırıp alay ederek bakışlarıma karşılık verdi.

Geri zekâlı!

Müdür, "Size gayet uygun bir ceza vermeyi düşünüyorum, umarım bu size büyük bir ders olur. Bir dahaki sefere öğretmenlerinizi sinirlendirirken iki kez düşünürsünüz," dedi bir bana, bir Kağan'a bakarak.

Kesinlikle düşüneceğim, hatta iki kez değil, çok kez düşüneceğim. Bir daha asla Kağan pisliğine uymayacağım. Ben derslerine önem veren, öğretmenlerine saygıda kusur etmeyen iyi bir öğrenciyim ve bu şekilde devam edeceğim diyerek kendi kendime söz verdim.

"Spor salonunu temizleyeceksiniz," deyince iyi kız olma düşüncelerimden hızla sıyrılarak uzaklaştım.

"Ne! Temizlik mi!" diye inledim üzüldüğümü gösterircesine.

Kağan bu halime karşın usulca güldü. Ona doğru bakmaya tenezzül etmeden müdüre odaklandım.

"Hocam, ne olursunuz başka bir ceza verin. Ben hayatımda hiç temizlik yapmadım," diyerek yakınmaya başladım. "Nasıl yapılacağını bile bilmiyorum."

Müdür yüzünde beliren hafif bir gülümsemeyle, "Öğrenirsin kızım, merak etme, çok zor değil," dedi.

"Hocam, lütfen, yapmayın!" dedim şansımı zorlayarak. Belki vazgeçerdi.

İç çeken müdür, "Hadi, bakalım, temizlik malzemeleri spor salonunda sizin için hazırlandı. Akşama kadar tertemiz görmek istiyorum bütün salonu. Eğer kaytarırsanız cezanız iki misline çıkar, ona göre," diye uyarıp odasına girdi.

Yaa, offf! Of, ama offf! Ben nasıl temizlik yapacağım, hem de bu aşağılıkla!

Kağan spor salonuna giderken ben de isteksizce onu takip ettim. Salonun olduğu tarafa değil de başka bir yere doğru dönünce, ona doğru koşup kolunu tutarak gitmesini engelledim.

Aniden durup gözlerini kısarak bir bana, bir kolunun üzerindeki elime baktı. Bakışlarındaki karanlık ifadeden tedirgin olarak, sanki ateşe değmişim gibi hemen elimi çektim.

"Şey... nereye gidiyorsun sen?" diye sordum çekingen bir tavırla.

"Sana ne?" diye yanıt verdi soğuk bir sesle.

Kaşlarımı çattım. "Ne demek sana ne! Spor salonu bu tarafta," diyerek sağ tarafı işaret ettim başımla.

"Biliyorum," dedi sakince bana bakarak.

Sabrımı korumak adına derin bir nefes aldım. "Cezalıyız Kağan, bunu da biliyorsun, değil mi? Az önce müdürle konuştuk, hatırlıyor musun, eğer gidersen cezamız iki katına çıkar."

"Benim cezam değil, senin cezan iki katına çıkar."

"O nedenmiş?"

Bana doğru gelip aramızda neredeyse hiç mesafe kalmayacak kadar yaklaştı ve yüzüme doğru eğildi. Bu ani yakınlığı karşısında dudaklarım hafifçe aralandı.

"Bana kimse istemediğim bir şey yaptıramaz," dedi derinlerden geliyormuş gibi çıkan bir sesle.

Koyu mavi gözlerindeki karanlık bakış tüylerimi ürpertti. Boğazım düğüm düğüm olurken korkuyla yutkundum. Pekâlâ! Bence de kimse Kağan'a bir şey yaptıramazdı. Bu konuda hemfikirdik artık!

Geri çekilip, "Şimdi çakma prenses..." diyerek spor salonunun olduğu tarafı işaret etti. "Acele etsen iyi olur, malum, bütün işi sen yapacaksın. Salonun ne kadar büyük olduğunu hatırlatmama gerek var mı?"

"Ben bütün temizliği tek başıma nasıl yapabilirim, söyler misin, hayatta bitiremem."

"Bunu takıyormuş gibi mi görünüyorum sana? Senin nasıl yapacağın umurumda bile değil."

Gözlerimi nefretle kıstım. "Sen çok kötü birisin!"

Dudaklarında belli belirsiz bir tebessüm oluştu. "Çok konuşuyorsun," diyerek kolunu kaldırıp saatini gösterdi. "Zaman senin aleyhine işliyor. Bir an önce başla derim."

Yumruklarımı öfkeyle sıktım. "Müdüre gideceğim!" deyip başımı salladım. "Evet. Senin kaçtığını söyleyeceğim, eğer beni bırakıp gidersen bunu cidden yaparım," diyerek Kağan'ı tehdit ettim. Biliyorum, çok gereksizdi söylediklerim, bir faydası olmayacaktı, ama bir anda ağzımdan çıkıvermişti işte.

Gür bir şekilde kahkaha attı. Boş koridorda yankılanan bu şahane ses onun bütün öküzlüklerini unutturacak kadar güzeldi. Lanet olsun, gülmek ona çok ama çok yakışıyordu!

Gülmeyi kesince, "Sen az önce beni tehdit mi ettin?" diye sordu alaycı bir ifadeyle sırıtırken.

Çenemi yukarı kaldırarak güçlü görünmeye çalıştım. "Evet," dedim meydan okuyarak, "Bütün temizliği üzerime yıkarsan yaparım bunu. Giderim müdüre."

Bana doğru gelmeye başladı, ta ki sırtım duvara değene kadar gelmeyi sürdürdü. Beni duvarla kendi bedeni arasında resmen sıkıştırdı. İki kolunu yan tarafıma uzatarak yüzünü bana doğru eğdi. Korku bir virüs gibi bütün bedenime ağır ağır yayıldı, sanki kalbim kan yerine adrenalin pompalıyordu.

"Senin boş tehdidinden etkileneceğimi mi sanıyorsun çakma prenses?" diye sordu alçak, tehlikeli bir sesle.

Tedirgin olsam da "Boş değil, gerçekten giderim," dedim içimde kalan son, minicik bir cesaret kırıntısıyla.

Kaşlarını çattı, çelik gibi koyu mavi gözleriyle sanki gözlerimi delip geçiyordu. Karanlık bir okyanusa doğru çekiliyormuş gibi hissediyordum, dünya durmuştu adeta. Kağan dışında her şey benim için o an kayboldu. Neden böyle hissettiğime dair en ufak bir fikrim yoktu, sanırım korktuğum için böyle tepkiler veriyordum.

"Git, tabii," dedi yumuşak bir ses tonuyla. "Ama olacaklara da hazır ol, bu kez seni kimse elimden alamaz. Sana okulu cehenneme çeviririm. Eğer arkamdan iş çevireceksen bunu düşün."

Bir an için donup kaldım. Endişe içinde güçlükle yutkundum.

Sessiz kaldığımı görünce, "Anladın mı beni?" diye sordu sert bir tavırla.

Ona bildiğim bütün küfürleri sıralamak istememe rağmen nefret dolu bakışlarımla karşılık vermekle yetindim. Kaşlarını hafifçe kaldırıp, "Cevap bekliyorum," der gibi ısrarla gözlerimin içine baktı.

Konuşamayacak kadar sinirli olduğum için usulca başımı salladım.

Dudağının bir kenarı ne kadar insafsız olabileceğini gösterircesine kıvrıldı. "Güzel," dedi alay eder bir ses tonuyla ve yanımdan uzaklaştı.

Arkasından bakarken iki yanımda duran yumruklarımı sıktım. Kağan'dan her geçen gün daha çok nefret ediyordum! Cinayet keşke suç olmasaydı diye düşündüm, çünkü Kağan'ı öldürmek geçiyordu içimden, hem de dünyanın en dayanılmaz acılarını çektirerek öldürmek!

Memnuniyetsizliğin verdiği kötü hisle birlikte omuzlarım düşmüş bir halde çaresizce spor salonuna yürümeye başladım. Kapıyı açarak içeri girip devasa salonu görünce şaşkınlıktan donakaldım. Dudaklarımdan bir "Oha" nidası döküldü. Böyle küçük bir okulun ne diye bu kadar büyük bir spor salonu olurdu ki! İçimde patlamaya hazır bekleyen öfkeyi bertaraf ederek ofladım, ben burayı tek başıma nasıl temizleyecektim? Ellerimi alnıma götürüp bir süre öylece spor salonuna baktım. Ardı ardına derin nefesler alarak sakin kalmaya çalıştım. Her an sinirden ağlayabilirdim. Gözlerimi kapatıp, "Sakin ol, sakin ol!" diye mırıldandım kendi kendime.

"Hey, sen iyi misin?" diyen bir ses duyduğumda hızla sesin sahibine döndüm.

Gözlerindeki endişeli ifadeyle, bana bakıyordu. Kıvırcık koyu renk saçları rasgele alnına dökülmüştü. Küçük, kahverengi gözlerinde bir çekiklik vardı. Bakışından duyduğu kaygı belli oluyordu. Kirpikleri gür ve yukarı kıvrıktı. Esmerdi, ipek gibi pürüzsüz bir teni vardı ve yüzünde neredeyse hiç tüy yoktu. Üzerine giymiş olduğu bol formanın içinde vücut hatları yine de belli oluyordu. Biscolata reklamındaki o baştan çıkarıcı adamlara benzer yapılı vücuduyla oldukça atletik görünüyordu. Güçlü kol kaslarını açığa çıkarırcasına elinde bir basketbol topu tutuyordu. Oldukça havalı ve kendinden emin bir duruşu vardı ki sporcu olduğu anlaşılıyordu.

Bana doğru birkaç adım atarak, "İyi misin?" diyerek sorusunu yineledi.

Gözlerimi kırpıştırarak öfke dolu düşüncelerimi geri plana attım. "İyiyim, teşekkürler," dedim.

Gülümsedi. "Bir an için beni korkuttun. Yüz ifadenden cinnet geçirdiğini sandım."

Buruk bir şekilde tebessüm ettim. "Benim yerimde kim olsa aynı durumda olurdu."

Yanıma gelip, "Ben Timuçin," diyerek boştaki elini uzattı. "Seni daha önce hiç görmemiştim."

"Okulda yeniyim," diyerek elini sıktım. "Adım Buket."

"Peki, Buket. Ne oldu, anlatmak ister misin, neden kötüsün?"

İç çektim. "Cezaya kaldım ve bu gördüğün dev gibi salonu temizlemem gerekiyor," diye açıkladım üzüntümü saklamayarak.

Anlayışla başını salladı. "İstersen yardım edebilirim," dediğinde hafif bir şaşkınlık yaşadım.

"Çok teşekkürler, ama senden böyle bir şey isteyemem," diyerek teklifini geri çevirdim. Sonuçta onu tanımıyordum, hem de Kağan'ın sorumluluğunu, onun yapması gereken işi ona yükleyemezdim.

"Hiç önemli değil, ben zaten antrenman yapmak için gelmiştim. Her halükârda seni beklemem gerekecek. Bu bekleme sürecinde de sana yardım etmek istiyorum," deyip elindeki topu köşeye bıraktı.

İçtenlikle gülümsedim. "Çok iyisin."

"Başlayalım öyleyse," diyerek su dolu kovaların başına gitti. Hissettiğim minnettarlıkla onu takip ettim.

Timuçin çok iyi biriydi. Temizlik boyunca sohbet ederek birbirimizi daha yakından tanıdık. Aynı yaştaydık ve aynı mahallede oturduğumuzu öğrendik, tesadüfün böylesi! Farklı bir sınıfta olması her ne kadar canımı sıkmış olsa da onu tanıdığıma çok sevinmiştim. Düşününce, önce şehir değiştirmek zorunda kalıp her şeyimi geride bırakarak köksüz bir ağaç gibi bu şehre fırlatılmıştım adeta. Bu şehirde, bu okulda kök salmak bir tarafa, sanki olan dallarımı da koparmak için uğraşıyordu insanlar. Yeni yaşantımı gözden geçirdiğimde, eski arkadaşlarım gibi bana destek olup her şeyimi paylaşabileceğim, bana yardım edecek, hatta varlığıyla beni mutlu edecek hiç kimse yoktu Cansu dışında ki onunla da yeni yeni yakınlaşıyorduk. Sanki dilini bilmediğim bir ülkede yapayalnız kalmış gibi nereye gideceğimi, kiminle konuşman gerekeceğini bile bilmiyordum. Okuldaki ilk günümü, yaşadığım onca talihsiz olayı, baş belası Kağan ve arkadaşlarını, kaba ve küstah insanları ve beni çileden çıkaran davranışlarını düşününce bir yakın arkadaşımın daha olması ilaç gibi gelecekti resmen.

Saatler sonra temizliği bitirip yere oturarak sırtımızı duvara dayadık. Camdan içeriye süzülen sıcak güneş ışınları salonun ışıl ışıl görünmesini sağlıyordu.

Timuçin bacaklarını öne doğru uzatıp bir ayağını diğerinin üzerine koydu. Ben de aynı şekilde bacaklarımı uzatıp eteğimi düzelttim.

"İyi iş çıkardık," dedi gururlu bir ifadeyle. "Hem çabucak da bitti."

"Evet, ama çok fena da yorulduk," diyerek onun cümlesini tamamladım.

"Benim için sorun değil. Antrenman öncesi ısınmış oldum."

Gülümseyerek gözlerinin içine baktım. "Gerçekten çok teşekkür ederim Timuçin. Temizlik dışında çok eğlendim. Seni tanımak güzeldi," dedim içtenlikle.

"Seni de öyle," diye karşılık verdi aynı şekilde. "Tanıştığımıza memnun oldum. İyi ki bugün antrenman için buraya gelmişim diyorum," deyip mahcup bir şekilde bana baktı.

"Gelmeseydin eğer yarın beni salonun ortasında ölü gibi yatar bir vaziyette bulabilirlerdi. Yorgunluktan bayılmış olurdum herhalde," derken kıkırdadım. "Şu an bile kendimi inanılmaz yorgun hissediyorum," deyip kendimi bırakarak Timuçin'in omzuna başımı koydum. Bu hareketimle yüzünü bana çevirip sıcacık gülümsedi.

Gözlerim kapanırken, "Şuracıkta uyuyabilirim," diye ekledim yorgunluğumu ele veren bir sesle.

Aradan birkaç saniye geçmeden duyduğum hiddet dolu sesle irkilerek gözlerimi açtım.

"Ne oluyor burada?"

Kağan ürkütücü bir öfkeyle bize bakıyordu. Sinirden şakaklarındaki damarlar belirginleşmiş. Yüzü kararmış, sıktığı elinin eklem yerleri bembeyaz olmuştu. Tedirgin olarak hemen toparlanıp ayağa kalktım. Timuçin de yavaşça kalkıp yanımda durdu.

Kağan imalı bir sesle, "Sen cezalı değil miydin Buket?" diye sordu. "Yapman gereken bazı işler olduğunu hatırlıyorum," dedi.

Bu hödüklüğünden dolayı kaşlarımı çattım. "Ben de o işleri birlikte yapmamız gerektiğini hatırlıyorum. Yani sen beni bırakıp gitmeden önce," diyerek cevabı yapıştırdım.

Gözlerini kıstı. "Bu konuyu halletmiştik. Yanılıyor muyum yoksa?" dedi tehdit edercesine.

Hoşnutsuzluğumu belli ederek iç çektim. "Merak etmeyin Kağan hazretleri, işimi bitirdim," diye cevap verdim sertçe.

Kuşkuyla bana bakarak, "Nasıl?" diye sorunca Timuçin araya girdi. "Ben yardım ettim," diyerek sorusunu yanıtladığında, Kağan karanlık bakışlarını yavaşça Timuçin'e çevirdi.

Soğuk bir tavırla, "Seninle konuşan mı var?" deyip tersleyince, Timuçin rahatsızca yerinde kıpırdandı.

Kağan'ın bu derece öfkeli olmasına bir anlam veremiyordum. Bu kadar kızacak ne vardı ki? Sonuçta temizliği bitirmiştim, öyle değil mi?

Bakışlarım ikisi arasında gidip geldi. Ortamdaki gergin hava tenimi yalayıp geçiyordu adeta ve bu durum beni rahatsız ediyordu.

"Her neyse, sonuçta işimiz bitti," diye belirtme gereği duydum. "İstersen kontrol et. Etraf tertemiz, pırıl pırıl oldu.

Hatta her yeri hijyen sardı," deyip elimi sallayarak salonu işaret ettim.

Kağan öfke saçan gözlerini Timuçin'den ayırıp bana çevirdi. Öyle kötü bakıyordu ki yüzümdeki bütün kanın çekildiğini hissettim. Donup kaldım. En ufak bir hareketimle un ufak olacakmışım gibi taş kesildim. Güçlükle yutkunduktan sonra, yüzüm hayalet görmüş gibi bembeyaz olmuş mudur diye düşünmeye başladım. Korktuğumu anlamasını istemiyordum. Bu bakışlarla beni ne kadar korkuttuğunu biliyor muydu acaba?

İğrenirmiş gibi bir ifadeyle, "Görebiliyorum," deyip bana sonsuz gelen birkaç saniye boyunca gözlerimin içine baktı. Sonra arkasına dönerek çıkışa doğru yürümeye başladı. Adımları öfkesini vurgularcasına hızlı ve aceleciydi. Spor salonunun kapısından çıktığındaysa kapıyı sert bir şekilde ardından çarptı. Çıkan ses irkilmeme sebep olurken, şaşırmadan da edemedim.

Timuçin, "Bu neydi böyle?" diye sorunca derin bir nefes aldım. "Ben de anlamadım."

7

Okuldan eve geldikten sonra kendimi direkt banyoya attım. Bütün yorgunluğumu üzerimden atmak istercesine sıcacık, köpüklü bir banyo yaptım. Birkaç saat dinlenip televizyon izledikten sonra odama geçip parti için hazırlanmaya başladım.

Süt beyazı rengindeki ince askılı elbisemi giydim. Bel kısmına kadar daracık inen ve etek kısmı bol duran elbisem incecik uzun bacaklarımı ortaya çıkaracak kadar kısaydı. Elbise üzerimde o kadar güzel durmuştu ki gayet güzel göründüğüme karar vererek makyajımı yapmak için aynanın karşısına geçtim. Kahverengi gözlerimi öne çıkarmak adına gözümün üstüne kalem çekip kirpiklerimi daha da dolgun göstermek için rimel sürdüm. Dudaklarımı kan kırmızısı rujumla iyice belirginleştirip makyajımı tamamladım. Fön çektiğim saçlarımın gelişigüzel bir şekilde çıplak omuzlarıma dökülmesine izin verdim. Açık siyah saçlarım ve süt rengindeki elbisemle adeta Mısır kraliçeleri gibi görünüyordum.

Evden çıkıp Cansu'yla buluşacağımız yere gittiğimde

onun çoktan geldiğini gördüm. O da çok şık görünüyordu. Siyah pileli etek ve ona uygun beyaz üzerine siyah çizgileri olan bir gömlek giymişti. Kalın bir örgü yaptığı saçlarını omzunun sağ tarafından sarkıtmıştı. İncecik halka küpeleri kulaklarında sallanıyordu.

    Birlikte sohbet ederek partinin yapıldığı eve gittik. Ev okul civarında olduğu için fazla yürümek zorunda kalmamıştık. Eve girdiğimiz an yüksek sesli bir müzik bizi karşıladı. Ortam aşırı kalabalık ve gürültülüydü. Salonun her yerinde insanlarla eşyalar vardı. Kimisi ayakta, kimisi modern oturma grubu üzerinde deliler gibi eğleniyordu. Oturma grubunun hemen karşısında dev ekran bir plazma vardı; duvardaki plazma televizyonun yanına üç adet raf asılmıştı ve bu raflarda da insanı dehşete düşürecek ilginç objeler sıralanmıştı. Salonun balkona açıldığını tahmin ettiğim kapının sağ tarafındaki köşesinde yeşil, çiçeksiz ev bitkileri duruyordu. Bitkilerden yer yer aşınmış parke zemine kurumuş yapraklar dökülmüştü, bunların hemen yanında da boş kola kutularıyla cips poşetleri vardı.

    Cansu tanıdığı arkadaşına selam verirken onu takip ettim. Sınıftan birkaç kızla daha tanıştım. Hepsi de çok sıcak davrandı bana. Müzik gümbür gümbür evi sallarken, biz de daha fazla dayanamadık ve Cansu'yla dans etmeye başladık. Gecem gayet güzel geçiyordu. Bir süre sonra telefonu çalınca Cansu gruptan ayrılıp daha sakin bir yere gitti. Ben de dinlenmek adına oturacak bir yer bulup tembelce kendimi koltuğa bıraktım.

Psikopat

Bir çocuk yanıma gelip karşıma oturdu. Yüzündeki çarpık gülüşle, "Naber?" diye sorunca bakışlarımı ona çevirdim.

"İyidir," dedim gülümseyerek.

"Nasıl, eğleniyor musun?"

Başımı hafifçe salladım. "Evet, oldukça. Bu partiyi kim düzenlediyse ona teşekkür etmek isterdim, çok güzel vakit geçiriyorum," diye belirttim. Kendini beğenmiş bir edayla gülmeye başladı birden. "Tam karşında duruyor," dedi kibirli bir sesle.

Şaşkınlıkla kaşlarımı kaldırdım. "Bu parti senin mi?"

"Evet. Evime hoş geldin," derken elini bana doğru uzattı. "Ben Melih."

"Hoş buldum," dedim ve elini sıktım. "Ben de Buket."

"Memnun oldum Buket," dedi oyuncu bir tavırla gülümseyerek. Bu çocuk kesinlikle çok çapkın biriydi, bunu görebiliyordum. Ben de onunla birlikte güldüm. Bu sırada Cansu ileriden bana el sallayınca Melih'ten müsaade isteyerek Cansu'nun yanına doğru yürüdüm. Yüzü biraz asık görünüyordu. "Çok üzgünüm. Yeni geldik, biliyorum, ama benim gitmem gerekiyor," derken üzüntüsü sesine de yansımıştı. Ardından Melih'e kısa bir bakış atıp, "Sen istersen kal," dedi muzip bir tebessümle.

Gözlerimi devirdim ve kararsızlıkla etrafa bakındım. "Bilmiyorum, ben de mi seninle çıksam acaba? Sensiz burada kalmak nasıl olur ki, pek kimseyi tanımıyorum sonuçta."

"İstiyorsan kal canım, Melih iyi çocuktur. Onunla takılabilirsin," dedi yine muzipçe.

Usulca güldüm ve Melih'e küçük bir bakış attım. Onunla konuşmayı sevmiştim. Her ne kadar benimle flört etmeye çalışsa da bundan çok da rahatsız olmamıştım. Bana Ankara'ya taşınmadan önce ayrıldığım eski sevgilim Berk'i hatırlatmıştı. O da sürekli sanki bir oyuncuymuş da rol yapıyormuş gibi bana takılırdı. Melih ona baktığımı fark edince bana göz kırptı.

Düşüncelerimden sıyrılarak Cansu'ya döndüm. "Tamam, ben biraz daha kalayım öyleyse," dedim.

Cansu'ya kapıya kadar eşlik edip vedalaştıktan sonra eve geri döndüm. Melih'i bulmak için etrafa bakınırken duyduğum o tanıdık sesle içimden lanetler okuyarak derin bir nefes aldım.

Kağan, "Bak sen... çakma prenses de buradaymış," deyip alay ederek gözlerimin içine baktı. "Seni hangi salak davet etti acaba?" deyince gözlerimi kısıp zihnimde onu işkenceyle öldürdüğüm birçok cinayet planı yaptım. Aklımdan geçenleri anlaması için de yüzümü tiksintiyle buruşturup ona kötü bir bakış atarak yanından ayrıldım. Zira yanında kalmaya devam etseydim ayakkabımı çıkarıp kafasına geçirebilirdim.

Susadığımı fark ederek içeceklerin olduğu masaya doğru yöneldim. Melih'i daha sonra arayabilirdim. Ne alsam diye düşünerek içecekleri inceliyordum ki Kağan yine yanıma geldi.

Sıkıntıyla iç çekerek ona döndüm. "Bütün gece beni takip mi edeceksin?"

"Evet. Sen gidene kadar," dediğinde şaşkınlıkla, "Ne?" diye sordum.

"Yeterince açık değil mi? Kovuyorum seni!"

Sinirlenerek kıkırdadım. "Sen kimsin ki beni kovuyorsun?" dedim karşı çıkarak. "Hiçbir yere gitmiyorum. Kendi işine bak ve uzak dur benden."

"Seni saçından sürükleyip çıkarmamı istemiyorsan kendi isteğinle gitmeni öneririm," dedi rahatsız edici bir sakinlikle.

Sahte bir tebessümle gözlerinin içine baktım. "Bugün senin yüzünden yeterince yoruldum zaten. Git, gecesini mahvedeceğin başka birini bul. Ben buraya eğlenmeye geldim ve eğleneceğim. Bana engel olamayacaksın," dedim meydan okuyarak.

Kaşlarını öfkeyle çattı. Çenesindeki kaslar seğiriyordu, ama hiç aldırmadım. Sonuçta kalabalık bir ortamdaydık, bana zarar veremezdi. Her ne kadar bunu deli gibi istese de ki ellerini sıkıca yumruk yapmıştı, kendini tuttuğunu görebiliyordum.

"Lütfen, parti boyunca görüşmeyelim," dedim en tatlı sesimle ve ardımda sinirden kuduran bir Kağan bırakıp Melih'in yanına gittim.

"Dans edelim mi?" diye sordum. O sırada gümbür gümbür David Guetta'nın *Where Them Girls At* şarkısı çalıyordu. "Bu şarkıya bayılırım."

Güldü. "Tabii ki, benim için büyük bir zevk olur," diyerek elini uzattı. Elimi avucuna bıraktım ve birlikte dans edenlerin arasına karıştık. Şarkının ritmine uyum sağlayarak dans etmeye başladık. Melih gayet iyi dans ediyordu. Ben de Kağan'ın etkisiyle oluşan bütün gerginliğimi unutup ona eşlik ettim. Şarkının ritmi hızlanınca Melih elimden tutup beni kendi etrafımda çevirdiğinde kahkaha attım. Ardından sırtımı göğsüne yasladım ve yavaşça sallanmaya başladık.

    Bu sırada bakışlarım tam karşımda duran Kağan'a kaydı. Kollarını göğsünde birleştirmiş, duvara yaslanmıştı. Tüm dikkatini vermiş, ısrarla beni izliyordu. "Güzel!" diye düşünürken dudağımın bir kenarı hafifçe kıvrıldı. Direkt gözlerine bakarak tehditlerine aldırmadan nasıl eğlendiğimi ona göstermeye karar verdim. Melih'ten ayrılıp Kağan'ı daha rahat görebilmek için öne doğru yürüdüm. Saçlarımı sol tarafıma doğru savurdum ve neşeli bir tempo tutturup dans etmeye başladım. Kalçamı kıvırıp ona sırtımı döndüm ve omzumun üzerinden kısa bir bakış attım. Yüz hatlarının her bir noktasına yayılan öfkeyle kaşlarını çatmış, kötü kötü bana baktığını gördüm. Tekrar ona doğru döndüm ve gözlerimi ondan ayırmadan dans etmeye devam ettim. O da nefretle parlayan gözlerini benden çekmeden beni izlemeyi sürdürdü. Kağan'ı kızdırdığımı bilmek beni korkutmaktan çok heyecanlandırıyordu ve bu duygu daha büyük bir heves ve keyifle dans etmemi sağlıyordu.

    Evet, ateşle oynuyordum, ama cayır cayır yanan ateşe yakın olmak çok hoşuma gitmişti. Belki de bu yüzden istemsizce Kağan'ın çekimine kapılıyordum. Sonunda yanıp kül olacağımı bile bile ateşin etrafında dolanmaktan kendimi alamıyordum. Bu ne kadar tehlikeli olsa da, ateşin içimi yakıp kavurması gerçekten yaşadığımı hissettiriyordu.

Şarkı bitince Melih'le serinlemek amacıyla bir şeyler içmeye karar verip içeceklerin olduğu masaya gittik. Bana meyveli bir soda verdi nazik bir edayla. Gecem umduğumdan da güzel geçiyordu!

Melih'le bir köşeye çekilip sohbet etmeye başladığımızda Kağan yanımıza geldi. "Sana gitmeni söylemiştim," dedi. Bastırmaya çalıştığı öfkesi sesine yansıyordu.

Hâlâ beni kovmaya mı çalışıyordu? Ah, büyü biraz!

Onu görmezden gelerek Melih'le konuşmaya devam ettim. Sonuçta bu ev Melih'indi, onun değil.

Kağan, Melih'i iterek önüme geçti. "Sözlerimi bir daha tekrar etmeyeceğim. Hemen gidiyorsun bu evden," dedi. Son cümlesinin her bir kelimesine sert bir şekilde vurgulamıştı.

"Hayır," deyip dişlerimi sıkarak sakin kalmak için içimden ona kadar saymaya başladım.

Kaşlarını çattı. "Kızım, sen ne kadar yüzsüzsün. İstenmiyorsun burada. Daha ne kadar açık anlatabilirim, defol git!" diye bağırınca çoğu kişi bize döndü ve kavgamızı izlemeye başladı. Üzerime değen bu gözlerde acıma görünce yanaklarımın yandığını hissettim. Öfkem yerini yakıcı bir utanca bırakmıştı, aşağılanma hissi bir yumru gibi boğazıma oturmuştu. O an o gözlerden kaçmak için yer yarılsa da içine girsem diye düşündüm.

Bir hışımla Kağan'a döndüm. "Gitmiyorum. Bu ev senin değil, sen buraya kimin geleceğine karar veremezsin."

Tehlikeli bir sesle yavaşça, "Karar veremem, öyle mi?" diye sordu.

Korktuğumu belli etmemeye uğraşarak, sakince, "Öyle," diye cevap verdim.

"Pekâlâ," deyip bakışlarını benden çekip Melih'e döndü. "Melih?" dedi tehdit ettiğini gösterir bir ifadeyle.

Melih tedirgin olarak yutkundu ve bir bana, bir Kağan'a baktı. Gözlerindeki korkuyu fark ettiğim an Kağan'ın kazandığını anladım. Neden sanki kimse ona karşı gelemiyordu ki? Ah, bu çok sinir bozucu bir şeydi!

Melih iç çekip, "Gitsen iyi olur," dedi üzülerek.

Öfkenin damarlarımda dolaştığını hissettim ve kaşlarımı çatıp bakışlarımı Kağan'a çevirdim.

"Pisliğin tekisin!" diye çıkıştım. Sesim çelik kadar sert bir tonda çıkmıştı. Sinirden kuduruyordum. Beni resmen kapı dışarı ettirmişti, hem de sadece bir bakışıyla bunu yapmıştı!

Yüzündeki kibirli ifadeyle dudakları bir gülümsemeyle kıvrıldı. "Kapıya kadar eşlik etmemi ister misin?" diye sordu alaycı bir sesle.

Ona doğru bir adım attım ve önünde durup meydan okuyarak, "Hiçbir yere gitmiyorum," diye karşılık verdim.

Gözlerini kıstı. "Uzatma kızım, az önce kovuldun. Şimdi yaylan," diyerek beni tersledi.

Kaba tavrı karşısında yüzümü buruşturdum. Bu ne kadar da çirkin bir üsluptu böyle! "Terbiyesiz! Git de medeniyet öğren biraz, belki karşında bir kız varken nasıl konuşman gerektiğinin farkına varırsın!" dedim kınadığımı belli eden bir sesle.

Küçümseyen bir bakışla gözlerimin içine baktı. "Sana baktığımda gördüğüm tek şey ne, biliyor musun?" diye sordu usulca. "Her hareketinden sahtelik akan bir kız," diyerek düşüncelerini sertçe dile getirdi.

Sözleri karşısında gözlerimi kırpıştırdım. Bu kadarı yeterdi artık!

"Pisliğin tekisin!" diye bağırıp sabrımın sonuna gelerek patladım ve yapmamam gereken aptalca bir şey yaptım. Elimde tuttuğum bardağımı Kağan'ın yüzüne doğru kaldırıp içeceğimi yüzüne boşalttım.

O an kızgınlığımdan eser kalmamış, rahatlamıştım, ama tam o sırada ne yaptığımın farkına vararak içimi inanılmaz bir korku kapladı. Aman Allahım, ben ne yapmıştım! Hem de okuldaki hocalarla müdürün bile söz geçiremediği, herkesin bulaşmamak için köşe bucak kaçtığı Kağan'a... insanı yaşamı zindan eden tam bir baş belasıydı ve ben az önce bu belaya bulaşarak çok ama çok büyük bir hata yapmıştım. Ve bu hatamın bedelini düşünmek... Bunu düşündüğüm an tüylerim ürperdi. Aman Allahım, gerçekten ben ne yapmıştım? Korkudan ellerimle bacaklarım titremeye başlamıştı. Kalp atışlarım o kadar hızlanmıştı ki sanki oradaki herkes duyuyor gibiydi. Aklıma hiçbir şey gelmiyordu, büyüyen gözlerimle Kağan'dan gelecek hamleyi bekliyordum adeta.

Kağan iki elini yavaşça yumruk yapıp dişlerini öfkeyle sıktı. Çenesindeki kaslar seğiriyordu. Her an patlamaya hazır bir bombayı bekliyormuş gibi dehşetle ona baktım. Derin bir nefes alıp gözlerini kısarak, "Bu yaptığını çok kötü ödeyeceksin," dedi alçak bir sesle.

Endişeyle altdudağımı ısırarak birkaç adım geriledim. Acaba kaçmaya çalışsam bu işe yarar mıydı?

Kağan yüzünü sildikten sonra bana doğru uzanarak parmaklarını sertçe koluma geçirdi. O kadar çok sıkıyordu ki kolumun morardığına emindim. Beni çekiştirip arkasından sürüklemeye başladığında bir an dengemi kaybedip öne doğru yalpaladım.

"Bırak kolumu, ne yapıyorsun?" diye bağırdım, ama beni dinlemek yerine, "Kes sesini!" deyip tersledi ve adımlarını daha da hızlandırdı.

Beni öldürmeye mi karar vermişti yoksa? Bunu kesinlikle hak etmiştim, uzak durmam gereken yerde, resmen arının kovanına çomak sokmuştum. Kağan'ın suratına bardağı boşaltmak da neyin nesiydi, hem de onlarca kişinin önünde. Kabul ediyorum, bazen düşünmeden hareket ederek saçma sapan davranabiliyordum.

Kağan önünde durduğumuz kapıyı açarak beni içeri doğru fırlattı. Kendisi de içeri girerek kapıyı ardından sertçe kapattı. Öfke saçan gözleri üzerimde, bana doğru yürümeye başlayınca, ben de korku dolu gözlerimi ondan bir saniye bile ayırmadan geri geri gittim. Sırtım duvara çarpınca Kağan'la burun buruna geldim. Bana vuracaktı, kesin. Bana vuracağı anı bekleyerek gözlerimi sıkıca kapadım. Lanet olsun, acınası bir haldeydim!

Hiçbir şey olmayınca gözlerimi yavaşça açtım. Aman Allahım! O da ne? Kağan'ın elinde bir duş başlığı vardı.

Gözlerim elinde salladığı duş başlığını görünce dehşetten daha da açıldı. Yapacağı şeyi anlayarak, "Hayır," diye inledim, fakat çok geçti! O suyu açıp çoktan üzerime doğru tutmuştu bile.

Ellerimle yüzümü kapatıp sudan korunmaya çalıştım. "Ne yapıyorsun?" diye bağırdım tüm gücümle. "Kafayı mı yedin?"

"Az önce yaptığın ahmaklığın bedelini ödetiyorum," deyip duş başlığını üzerime doğru tutmaya devam etti. Bedenimi ısırıyormuş gibi gelen buz gibi sudan kurtulmak adına sırtımı Kağan'a döndüm. Boşuna uğraşıyordum, çoktan her yerim sırılsıklam olmuştu bile. Yüzüme yapışan saçlarımı elimle güçbela çekmeye çalışırken, "Yapma! Geri zekâlı! Beyinsiz!" diye bağırmaya başladım.

Güldü. "Beni kızdırmaya devam et," deyip suyu daha fazla açtı.

"Yeter!" diye feryat ettim. "Su çok soğuk."

"Senin için üzülmeli miyim?" dedi kayıtsız bir sesle.

"Dur!" diye bağırdım, fakat suyu üzerime tutmaktan bir an için bile vazgeçmedi.

Artık daha fazla dayanamayarak Kağan'a doğru döndüm. Ellerimi öne uzatıp gelen sudan korunmaya çalışarak, "Lütfen, yeter artık. Donuyorum!" dedim ağlamaklı bir sesle. "Su buz gibi, çok üşüyorum. Dur artık."

Kağan gözlerimin içine bakarken yüzünde aniden tuhaf bir ifade belirip kayboldu. Bir an için sanki benim için üzülmüş gibi geldi, tam anlayamadığım bir ifadeydi, daha önce hiç bu şekilde baktığını görmemiştim, sanki yaptığı şeyden dolayı pişman olmuş da bana acımış gibiydi... Suyun etkisiyle kendimi kaybetmiş, hayal görüyor olmalıydım. Tekrar kafamı kaldırdığımda, gözlerini kısmış, ifadesiz bir yüzle bana bakıyordu. Hayal görmüştüm, Kağan gibi duygusuz birinin böyle hissettiğini düşünmek aptallıktı!

"Özür dile," dedi.

Başımı iki yana salladım. "Hayır. Ben özür dileyecek bir şey yapmadım," diyerek reddettim.

"Peki," deyip suyu yüzüme doğru tuttu. Ellerimle yüzümü kapatarak yana doğru döndüm. "Tamam. Özür dilerim. Oldu mu, tatmin oldun mu?" diye tüm gücümle bağırdım.

Kendini beğenmiş bir tavırla, "Evet," deyip musluğa uzanarak suyu kapattı. "Bu sana ders olsun. Bana karşı gelmemeyi öğren," diye belirti acımasızca.

Yüzüme yapışan saçlarımı kulağımın ardına koyarken, "Tek öğrendiğim şey ne, biliyor musun? Senin insafsız bir pislik olduğun!" dedim nefretle. Dişlerim artık birbirine çarpıyordu. Suyun soğukluğu etkisini göstermiş, titremeye başlamıştım.

Dudaklarında pis bir tebessüm oluştu. "İnsafsız halimi henüz görmedin," derken ses tonunun altında sakladığı tehdidi hissettim. "Ama böyle asi davranmaya devam edersen yakında ne kadar insafsız olabileceğime de şahit olursun."

Onun karşısında çaresiz kaldığım için çığlık atmak, deli gibi bağırmak istedim. İçimde yanan öfkeyle ona bakarken, "Senden nefret ediyorum," dedim alçak sesle.

Yüzüne yerleşen küstah bir ifadeyle, "Ne tesadüf, ben

de senden nefret ediyorum," diye karşılık verdi meydan okuyan bir tonla.

Dişlerimi sıktım. "Defol git!"

Gözlerimin içine bir süre baktıktan sonra beni orada titrer vaziyette bırakıp banyodan çıktı.

Arkasından, "Psikopat" diye bağırıp hızımı alamayarak kenarda duran sabunlardan birini kapıya doğru fırlattım. "Geri zekâlı! Öküz!" diye bağırmaya devam ediyordum.

Hırsımı alamayıp hızla banyonun kapısını kapattım. İçimdeki nefretin büyüklüğü beni nefessiz bırakırken, lavabonun önüne geçip aynadaki yansımama baktım; baştan aşağı sırılsıklam olmuştum. Kahretsin! Makyajım akmış, rimelimle gözkaleminin siyahlığı yüzüme bulaşmıştı. Üzerimdeki beyaz elbise tamamen vücuduma yapışarak bütün bedenimi gözler önüne sermişti. Etek kısmı ıslanınca daha da yukarı çıkarak bacağımı iyice sarmış, bacağımın üzerinde bir ağırlık varmış gibi hissetmeme neden oluyordu. Çıplak gibiydim sanki, sutyenimle külotumun beyaz ve açık sarı rengindeki çiçekli dantel desenine kadar bütün detayları bile belli oluyordu.

Dudaklarım soğuktan morarmıştı ve dişlerimin takırdamasına engel olamıyordum. Sinirli bir şekilde nefes alarak küvetin kenarına oturdum. Ne yapacaktım şimdi? Bu halde banyodan hayatta çıkamazdım. Resmen burada köşeye sıkışmış, banyoya tıkılıp kalmıştım.

O anda Cansu'yu aramak aklıma geldi. Biraz olsun rahatlayarak cebimden telefonumu çıkardım. Ekranındaki su damlalarını elimle silerek bozulmamış olmasını diledim. Eğer telefonum da çalışmazsa her an gözyaşlarına boğulabilirdim, hatta oturup küçücük bir çocuk gibi hüngür hüngür ağlayabilirdim.

Tuş kilidini açarken telefonun çalıştığını görüp rahat bir nefes aldım. Allahım, şükürler olsun! Cansu'nun numarasını tuşlayarak telefonu kulağıma götürdüm ve sabırsızca telefonu açmasını bekledim. Çalıyor, çalıyor, çalıyordu, ama Cansu telefonu açmıyordu. Pes etmeden tekrar tekrar aradım.

Yaklaşık on aramadan sonra yüzüm düştü, aramaktan vazgeçip telefonu cebime attım. Umutsuzlukla iç çektim. İyice üşümeye de başlamıştım. Üzerime yapışan elbise daha çok soğukmuş gibi hissettiriyor, daha da üşümeme neden oluyordu. Soğuk, tenime sanki binlerce iğne batırıyormuş gibi merhametsizce yakmaya başladı. Çaresizliğe kapılarak ellerimi saçlarımdan geçirip alnımda birleştirdim. Acilen bir şeyler yapmam gerekiyordu, yoksa bu soğuk banyoda donarak ölecektim!

Banyonun kapısı hızla açılınca ellerimi başımdan çekip gelen kişiye baktım. Kağan içeri bir adım atıp kapının kasasına yaslandı. Gözlerini kısarak küçümseyen bir bakışla bütün bedenimi ağır ağır süzdü, bakışları altında ezildiğimi hissettim. Beni bir tabloymuşum gibi dikkatli bir şekilde incelemesi bittiğinde, bakışlarını gözlerime yöneltti.

Sessizce beni izlerken, "Ne istiyorsun?" diye sordum kızgınlıkla. "Eserinin ne halde olduğunu görmek için mi geldin, bakıp bakıp dalga mı geçeceksin?"

Psikopat

Onun karşısında aciz görünmemek için gayret ediyordum, ama hem üşüdüğüm için hem de sinirden titriyordum.

Sözlerimi hiç umursamadan, "Titriyorsun," dedi ne düşündüğünü, ne hissettiğini hiçbir şekilde ele vermeyen tekdüze bir sesle.

Kaşlarımı çattım. "Tabii ki de titriyorum," dedim onu onaylayarak. "Çünkü deli gibi üşüyorum. Az önce buz gibi dondurucu suyla yıkadın beni," dedim yakınarak.

Omuz silkti. "Bir dersi hak ediyordun," dedi sakin bir tavırla. "Bana bulaşmaman gerektiğini kaç kez söyleyeceğim sana?" diye sordu ciddi bir şekilde.

"Sen başlattın," diye çıkıştım. "Hiç hakkın yokken beni evden kovdun, nereye gidersem gideyim, bana kötü davranacak bir neden buluyorsun," derken sanki yenilgiyi kabullenmişim gibi omuzlarım düştü.

"Çünkü her seferinde sinirlerimi bozacak bir şey yapıyorsun," deyince kendimi kötü hissettim. Gece, yaşadığım onca şeyin ağırlığı ve duyduğum bu sözler beni tuhaf bir duygusallığa itti. Kendimi o kadar yalnız ve kaybolmuş hissettim ki gözlerim yanmaya başladı, onun karşısında ağlamaktan korkarak başımı önüme eğdim.

"Git buradan!" dedim pes ettiğimi gösteren bir sesle. Ardından gitmediğini görünce gözlerimi yerden kaldırıp yüzüne çevirdim. "Neden gitmiyorsun? Çaresizliğimi izleyip bundan keyif mi alıyorsun?" dedim kırılgan bir şekilde. Bir titreme nöbeti geçirirken kollarımla vücudumu sararak bu lanet olası titremenin geçmesini umdum. Ama maalesef bu hiçbir işe yaramadı. Tüylerim soğuktan diken diken olmuş, dişlerim zangır zangır birbirine vuruyordu. Islak saçlarımdan bacağıma damlalar düşüyor, yüzüme yapışan saçlarım nefes almamı daha da zorlaştırıyordu. Kesik kesik nefesler alıyor, nefes alıp verişimi düzenlemeye çalışıyordum.

Sesli bir şekilde soluk alıp üzerine giymiş olduğu siyah deri ceketini çıkarıp bana uzattı. "Giy bunu," dedi sakince.

Bakışlarım Kağan'la uzattığı ceket arasında gidip geldi. Bu an gerçek miydi? Yani Kağan bana gerçekten ceketini mi uzatıyordu? Üzerime su tutarken bir anda ortaya çıkıp kaybolan o ifadesi geldi aklıma. Şaşkın şaşkın, "Ne?" dedim kaşlarımı kaldırarak.

"Giy dedim Buket!" dedi itiraz etmeme izin vermeyen bir ses tonuyla.

Kaşlarımı çattım. "Hayır," diye mırıldandım. Bu çok garipti, Kağan benim üşümemi umursuyor muydu? O psikopat gerçekten birini umursayabilir miydi?

Ben hâlâ durumun garipliğinin etkisindeyken, Kağan sabırsızca iç çekip yanıma geldi. Gözlerim şaşkınlıkla iri iri açılırken yavaş hareketlerle ceketini omuzlarıma koyuşunu izledim. Bana kırılmaması gereken bir şeymişim gibi o kadar özenli davranıyordu ki! İnanamıyordum ya da soğuğun etkisiyle bayılmıştım ve başka bir âlemdeydim. Acaba rüyada falan mıydım? Şaşkınlıktan elim ayağım birbirine dolanmış, söyleyecek sözcük bulamıyordum. Söyleyecek bir sözcük bulmak bir tarafa düşünemiyordum bile. Kesin kafamı falan çarpmıştım. Bana kibar diyebileceğim şekilde davranan gerçekten Kağan olamazdı, bu imkansızdı.

Kağan işini bitirince kolumu tutarak beni oturduğum yerden kaldırdı. "Yürü, seni eve bırakacağım. Böyle ıslanmış vaziyette burada kalmanı istemiyorum," dedi.

Yine şaşkın bir şekilde, "Ne?" diye mırıldandım. Bu denli özenli davranan kişi benim tanıdığım öküz Kağan mıydı? Beni az önce acımasızca ıslatan?

"Yürü," deyip bileğimi sıkıca tuttu.

Kendime gelerek, "Hayır," deyip kolumu çekerek ondan uzaklaştım. "İstemiyorum."

"Buket," dedi sabırsızlandığını belli eden bir sesle. "Kıyafetlerin ıslak ve üşüyorsun. Biraz daha bu şekilde kalırsan hasta olursun," diye uyardı. "Bir an önce eve gidip kuru kıyafetler giymen gerek."

Bu sözleri duymamla ağzım bir "o" yapacak kadar açıldı. Acaba üşütüp ateşli bir hastalığa mı yakalanmıştım? Fark etmeden kafamı falan mı çarpmıştım? Şimdi de halüsinasyonlar mı görüyordum?

"Hadi, yürü!" deyip tekrar kolumu tuttu.

Kaşlarımı çattım. "Çok güzel ya! Önce ıslat, sonra da hasta olursun uyarısı yap. Sağ ol, ama almayayım, sana ihtiyacım yok, kendim gidebilirim," derken dişlerim hâlâ birbirine vuruyordu.

İçinden sabır çekiyormuş gibi gözlerini kapatarak derin bir nefes aldı. Gözlerini açtığında, "Seni zorla götürmemi istemiyorsan yürü," dedi.

"Olmaz diyorum, anlamıyor musun? Seninle gelmeyeceğim."

"Evet, geleceksin."

"Hayır," dedim inat ederek. "Sana güvenmiyorum. Bana zarar vermek için plan yapmışsındır. Senin pis tuzağına düşmeyeceğim."

"Ne planıymış o, ne yapabilirim ki?" diye sorarken bu sözlerim karşısında şaşırdığı aşikârdı.

"Bilmiyorum," deyip kollarımı göğsümde birleştirdim. "Belki az önceki duş yetmemiştir. Beni daha fazla ıslatmak için götürüp göle atmak istiyorsundur."

Kaşlarını hafifçe yukarı kaldırdı. "Göle atmak mı?"

"Evet," dedim çenemi hafifçe kaldırıp, "hatta göle atmışken beni boğarak öldürmek istediğine de eminim. Ama boşuna hayaller kurma, seninle hiçbir yere gelmiyorum."

Dudaklarında belli belirsiz bir tebessüm oluşurken başını iki yana salladı. "Sen anlaşılan kafayı da üşütmüşsün," dediğinde kötü kötü baktım ona. "Hadi, çok konuşma da yürü."

"Hayır!" diye yanıt verdim büyük bir kararlılıkla. Onunla hiçbir yere gitmeyecektim. Nokta.

"Pekâlâ," derken sabrının sonuna gelmiş gibiydi. "İkna edilmeye ihtiyacın var gibi görünüyor," deyip bileğimi sıkıca tutarak beni kendine doğru çekti. Ardından kapıyı açıp dışarı çıktı. Hızla yürürken beni de peşinden sürüklemeye başladı.

"Bırak," dedim, ama beni hiç umursamadı. "Kağan, bırak diyorum sana!" Hızını daha da artırdığında düşecek gibi oldum. "Tamam! Bırak. Kendim yürüyeceğim," diye feryat ettiğimde durdu ve yüzüne yerleştirdiği küstah bir sırıtışla bana dönüp kolumu bıraktı. Sıkıca tuttuğu yeri elimle ovalarken kaşlarımı çatarak gözlerinin içine dik dik baktım.

"Önden yürü o zaman," diyerek eliyle işaret ettiğinde iç çekerek ona boyun eğdim ve ben önde, Kağan ardımda, yürümeye başladık.

Herkesin meraklı bakışları üzerimizdeyken evden çıkıp park yerine doğru yürüdük. Dışarı çıktığım anda soğuk hava tokat gibi bedenime çarptı ve beni tir tir titretti. Kağan'ın ceketine sımsıkı sarılarak titrememin geçmesine çalıştım. Fakat Kağan'ın ceketine sinmiş olan kokusu burnuma dolunca sıkıca sarınmayı bıraktım, çünkü lanet olsun ki çok hoş bir kokusu vardı ve ben böyle hissetmek istemiyordum!

Ben kendi içimde bir savaş verirken Kağan elindeki anahtarla arabanın kilidini açtı. O ara dikkatimi arabaya verdim. "Bu, benim üzerime çamur sıçrattığın araba," dedim yüzümü asarak.

Kağan kayıtsız bir tavırla, "Bin," dedi emir veren bir ses tonuyla ve sürücü koltuğuna geçti.

Yüzümü duyduğum hoşnutsuzlukla buruşturdum ve daha fazla oyalanmadan arabaya bindim. Kağan ısıtıcıyı açınca arabanın içi anında sıcacık oldu. Isındığımı hissederken bedenim gevşedi ve koltukta ardıma yaslandım.

Kağan'la sadece evimin adresini sorduğunda konuştuk. Bunun dışında yolculuğumuz sessizlik içinde sürdü. Ne o konuşuyordu ne de ben. Ama bu sessizliği sevmiştim, onunla konuşmak zorunda kalmadığım için memnundum. Hızdan araba beşik gibi sallanınca başımı cama yaslayıp evime varana kadar gözlerimi kapattım. Araba durunca başımı camdan kaldırıp etrafa bakındım. Eve gelmiştik.

Kağan'a fark ettirmeden derin bir nefes aldım ve üzerimdeki ceketi çıkarıp çekingen bir ifadeyle ona döndüm. O da başını çevirip bana baktı. Gözlerinde hiçbir ifade yoktu, boş boş bakıyordu, ne düşündüğünü anlamak imkânsızdı. Aramızda rahatsız edici bir gerginlik asılı kalınca bundan huzursuz oldum.

Bir an önce arabayı terk etmem gerektiğini düşünerek, "İyi geceler," diye mırıldandım. Ceketi oturduğum yere bırakıp kapıyı açarak arabadan indim. Kağan'ın cevabını beklemeden hızlı adımlarla apartmana doğru koşturdum.

Eve girdiğimde annemle babamın çoktan yatmış olduğunu görmenin verdiği rahatlamayla omuzlarım düştü. Beni böyle ıslanmış, saçı başı dağılmış bir halde görüp bir ton soru sormalarını istemiyordum. Kendimi hızlıca banyoya atıp sıcacık, uzun bir duş aldım. En kalın pijamalarımı giyerek yatağıma gömüldüm. Hâlâ hafiften üşüyordum, bir türlü tam olarak ısınamıyordum. Üzerimdeki örtüyü omuzlarıma kadar çekip sıkıca sarınarak kendimi uykunun kollarına bıraktım.

8

Ertesi sabah uykumdan hapşırarak uyandım. Yatağımda doğrulurken hafif bir üşüme tüm bedenimi sardı. Hava soğuk herhalde diye düşünüp banyoya giderek yüzümü yıkadım. Annemle babam erkenden kalkıp işe gitmişti. Hâlâ deli gibi uykum vardı, kendimi bitkin hissediyordum. Fakat bu halime hiç aldırmadım, geçer dedim kendi kendime ve Cansu'yla öğlen buluşacağımız için hazırlanmaya başladım. Bugün dışarı çıkıp bir şeyler yapacağız diye okula bile gitmemiştim, ufak bir bitkinliğin beni buluşmaya gitmekten alıkoymasına izin verecek değildim.

Odama geçip Model'in *Şey... Belki* şarkısını açtım son ses. Bu şarkıya bayılıyordum, saatlerce dinleyebilirdim. Müzik gümbür gümbür çalarken dolabımın karşısına geçtim. Sanırım bir yarım saat kadar dolabımdaki kıyafetlerle bakışmama rağmen hâlâ ne giyeceğime karar verememiştim. Yatağımın üstü askısından çıkarıp kararsızca incelediğim elbiselerle doldu.

Sonunda etek kısmında siyah detayların olduğu sarı,

spor mini elbisemi askıdan çıkardım. Üzerime tutup aynada kendime bakarak biraz düşündükten sonra kararımı vermiştim; bu elbiseyi giyecektim. Dolabın kapısını kapattım.

Hâlâ biraz da olsa üşüdüğüm için elbisemin üzerine siyah yarım kollu ceketimi geçirdim, gayet uyumlu ve şık görünüyordum. Hafif bir makyaj yaptıktan sonra da saçlarıma maşa yapıp açık bıraktım. Siyah çantamı omzuma atıp siyah botlarımı giyerek evden çıktım.

Cansu'yla sokak başında buluşacaktık. Yürürken acımasız soğuktan bacaklarım titremeye başlayınca adımlarımı hızlandırdım. Başımı kaldırıp havanın ne kadar aydınlık ve güneşli olduğunu görünce, bu durumu tuhaf bularak kaşlarımı çattım. Böylesi pırıl pırıl bir havada ben neden üşüyordum?

Cansu'yu görünce sevecen bir şekilde el salladım. O da aynı şekilde karşılık verdi. Bugün siyah pantolon ve kırmızı bir tişört giymişti. Sohbet ederek arkadaşlarının bizi beklediği yere doğru yürümeye başladık. Sinemanın önüne ulaştığımızda Cansu kenarda duran bir kızla çocuğa heyecanla el salladı.

İkisine de sıkıca sarılıp geri çekildi ve beni tanıttı. "Sizi yeni en yakın arkadaşım Buket'le tanıştırmak istiyorum," diyerek omzuma kolunu attı. "Kendisi buraya İzmir'den geldi. Aynı sınıftayız," diye ekledi heyecanlı bir sesle.

Cansu her daim enerjikti ve bu hem hareketlerine hem de sesine yansıyordu.

Gülümseyerek, "Merhaba," dedim onlara doğru.

Kız samimi bir şekilde bana bakarken elini uzattı. "Ben

Sare," dedi ve sonra yanındaki çocuğun koluna girerek ona yaslanıp sözlerine devam etti. "Sevgilim Ali."

Ali, Sare'nin bu tatlı haline gülüp bana döndü. Sıcak bir şekilde, "Merhaba," dedi. Onunla da el sıkıştıktan sonra ikisinin ne kadar çok birbirine yakıştığını düşündüm. Sare kısa sarı saçlarıyla çok tatlı görünüyordu. Gözleri açık yeşildi ve bembeyaz bir teni vardı. Ali'yse bu ten rengine tezat oluşturacak kadar esmerdi. Saçlarıysa asker tıraşıydı. Koyu kahverengi gözleri vardı.

Cansu'yla Sare konuşurken Ali kolunu Sare'nin omzuna atarak onu kendine doğru çekip saçlarından öptü. Sare'yse kıkırdadı. Çok şirinlerdi, birbirlerine deli gibi âşık oldukları gözlerinden okunuyordu. Ben de bir gün birine bu derece âşık olacak mıyım acaba diye düşündüm. Bunu çok isterdim. Daha önce sevgilim olmuştu, ama hiç âşık olmamıştım. Hiç o insanların söylediği gibi karnımda kelebekler uçuşmamış, gece gündüz birini deli gibi düşünmemiştim. Ya da birini görünce sanki kalbim yerinden çıkacakmış gibi küt küt atmamış, ayaklarım yerden kesilmemişti hiç. Acaba ben de bir gün âşık olup bir Leyla olur muydum? Öyle yanar mıydım ya da gözüm aşkımdan başka bir şey görmez hale gelir miydim? Âşık olup kendimden geçer miydim? Birini kendinden çok sevmenin ne demek olduğunu anlar mıydım?

Cansu omzumun üzerinden bir noktaya bakıp, "Geç kaldın seni sorumsuz!" dedi ve yalandan kaşlarını çatarak kızgın görünmeye çalıştı.

"Çok özür dilerim, trafik vardı," diyen tanıdık sesi duymamla ona doğru döndüm.

"Timuçin?" dedim şaşkın bir ses tonuyla.

O da aynı şaşkınlıkla karşılık verdi. "Buket?" derken kaşlarını yukarı kaldırdı. "Bu ne güzel bir tesadüf!" dedi sıcacık bir tebessümle.

Güldüm. "Aynen öyle. Seni gördüğüme sevindim."

"Benim kadar olamaz," dediğinde utandığımı hissettim, yanaklarım yanıyordu.

Cansu kuşkuyla gözlerini kısıp araya girdi. "Siz tanışıyor musunuz?" diye sordu merakla.

"Evet," diyerek Cansu'ya döndüm. "Dün cezaya kaldığımda tanıştık, Timuçin koca salonu temizlememde bana yardım etti."

Timuçin bir elini kıvırcık saçlarından geçirip mahcup bir ifadeyle, "Önemli değildi. Kim olsa aynısını yapardı," dedi. Gözlerim saçlarına kaydı. Çok hoş görünen kısa kıvırcık saçları açık kahveydi. Her zaman saçlarımın kıvır kıvır olmasını istediğim için kıskanmadan edemedim. Timuçin bu konuda doğuştan şanslıydı.

Cansu dostça Timuçin'in koluna vurdu. "Benim arkadaşım çok yardımseverdir," dedi gururla.

Hep birlikte gülüşerek içeri girdik. Seçtiğimiz film *Need for Speed*'di. Cansu ve Sare bu seçimden dolayı sızlansalar da ben çok memnundum. Araba yarışlarına bayılırdım! Bilet alırken Timuçin araya girip Cansu'yla benimkini de ödedi. İçeri girmeden önce bize mısır ve içecek almayı da ihmal etmedi. Birkaç kez hapşırdığımda ilgilendiğini açık eden bir

Psikopat

tavırla neyim olduğunu ve bir şeye ihtiyacım olup olmadığını sordu. Benim için oldukça endişelenmişti. Bunlar hoş jestlerdi ve Timuçin bana karşı aşırı özenliydi.

Sinema salonunda Cansu'nun yanına oturdum, diğer yanımdaysa Timuçin vardı ve onunla sık sık göz göze geliyorduk. Bir an düşündüm. Fena çocuk değildi aslında, ama duygusal anlamda bir şeyler hissetmiyordum. Fakat yine de göz göze geldiğimiz her an utanarak bakışlarımı kaçırdım. Neden böyle utangaç olduğum konusundaysa hiçbir fikrim yoktu.

Film tek kelimeyle harikaydı. İkinci bir seansa dahi kalabilirdim. Sinemadan çıktıktan sonra bir şeyler yemeye karar vererek bir kafeye gidip oturduk. Siparişlerimizi söyleyip sohbet etmeye başladığımızda, ben yine hapşırdım ve bütün gözler bana döndü.

Cansu endişelenerek, "Bu kaçıncı oldu, hasta mısın?" diye sordu ve elini alnıma koydu. "Ateşin de var," dedi kaşlarını çatarak.

Dün buz gibi suya maruz bırakıldığım aklıma geldi. "Üşüttüm herhalde," diye cevap verdim yorgun bir sesle. Boğazım da hafif hafif yanmaya başlıyordu.

Timuçin, "Doktora gitmek ister misin, ben götürürüm seni," dediğinde minnettarlığı ifade eden bir bakışla ona döndüm.

"Önemli değil," dedim endişelerini gidermek için. "Eve gidince sıcak bir ıhlamur içerek yatıp uyurum, sabaha hiçbir şeyim kalmaz," dedim güven verici bir şekilde. İkisi de rahatlayıp yemeğine döndü.

Yemeklerimizi yerken Ali ve Sare'nin esprileri bizi kahkahalara boğuyordu. Yine onlar için birbirini tamamlayan bir çift diye düşündüm. Cansu fark ettirmeden kulağıma eğildiğinde, dikkatimi Sare ve Ali'den Cansu'ya verdim.

"Fark etmediğimi sanma. Timuçin sürekli sana bakıyor ve aşırı ilgili davranıyor," deyince gözlerimle hemen Timuçin'i buldum. Utanarak gülümsedim. O da bana gülümseyip içeceğini yudumladı.

Cansu'ya, "Sadece çok düşünceli," diye belirttim fısıldayarak.

"Bana pek öyle gelmedi. Dün aranızda ne geçtiyse artık Timuçin'in dikkatini üzerine çekmişsin," deyip usulca güldü.

"Abartma, çocuğun dün de bugün de tek yaptığı şey kibarlık etmek."

Cansu'nun yüzünde muzip bir sırıtış belirdi. "Sen öyle diyorsan," diye karşılık verip geri çekildi.

Akşamüzeri olunca hepimiz gitmek için ayaklandık. Bugün benim için harika geçmişti. Ankara'nın da güzel bir yer olabileceğine inanmaya başlıyordum artık. Sare ve Ali'nin başka planları olduğu için onlarla vedalaşıp ayrıldık. Timuçin'se ısrarla Cansu'yla beni eve bırakmayı teklif etti, fakat kibarca teklifini reddettik.

Ben ona bu nazik teklifi için teşekkür ederken Cansu sadece benim duyabileceğim şekilde, "Eee, asılmayı abartma istersen Timuçin," diye mırıldandı. Dirseğimi çaktırmadan Cansu'nun karnına geçirdim. Cansu kıkırdarken Timuçin'le vedalaştık.

Timuçin gözden kaybolur kaybolmaz Cansu abartılı bir

şekilde iç çekti. "Kahretsin Buket! Timuçin'in aklını başından aldın! Onu daha önce hiç böyle görmemiştim," diyerek kahkaha attı. Sonra kahkahalarının arasından devam etti. "Seni şanslı kız!" Ben de daha fazla dayanamayarak onun kahkahalarına eşlik ettim.

Eve gittiğimde ne kadar dirensem de yorgunluk beni esir almıştı, kendimi odama zor attım. Hapşırıklarıma ve yanan boğazıma ek olarak burnum da akıyordu artık. Gözlerimi güçlükle açık tutabiliyordum, elimi kaldıracak mecalim yoktu. Gözlerimden istemsizce ardı ardına yaşlar süzülüyor, burnumun kenarlarını yakıyordu. Burnum silmekten iyice kızarmaya başlamıştı. Bunlar yetmezmiş gibi başım da deli gibi zonkluyor, sanki içinde davullar çalıyordu. Kıyafetlerimi değiştirip yatağıma uzanarak içimden Kağan'a küfürler ettim. Beni buz gibi suyla ıslattığı için hasta olmuştum! Onun yüzünden!

Ertesi gün yataktan hiç çıkmadım. Annemin sıcak içeceklerini ve yaptığı mercimek çorbasını içerek hastalığımı atlatmaya çalıştım, ama bu illet hastalık geçmek bilmiyordu. Annem de işe gitmedi ve başımda kalıp beni rahat ettirmek için uğraştı. Benim için oldukça endişeleniyordu, bir anda bu derece üşütmüş olmama bir türlü inanamıyordu. Kağan'ın beni buz gibi suyla ıslattığını bilse ne düşünürdü acaba?

İki gün hasta bir şekilde yattıktan sonra zamanla soğuk algınlığım geçti. Hastalıktan kurtulduğum için şükrediyordum, bir günü daha yatakta geçirmeye sabrım yoktu doğrusu. Bu çok sıkıcıydı. Etrafı kaplayan kullanılmış peçeteleri saymıyordum bile!

Okul için hazırlanıp evden çıktım. Üzerime hırkamı almayı da ihmal etmedim. Sokak başında Cansu'yla buluşup okula birlikte yürüdük. Akşam izlediği dizilerin bölümlerini anlatıp çoğu karakterin taklidini yaparak beni yol boyunca güldürdü.

Okula girip merdivenleri ağır ağır çıkarken hâlâ kıkırdıyordum. Sınıfımızın olduğu katta ilerlerken kapının önünde Kağan'ı gördüm. Arkadaşlarının anlattığı bir şeye gülüyordu. Yüzünün kusursuzluğunu daha da ortaya çıkaran ışıltılı gülüşü, gözlerinin içine yansıyarak içtenlikle parlıyordu. Onu daha önce hiç böyle görmemiştim. Vay canına, gülmek ona cidden yakışıyordu!

Hayran hayran ona baktığımı fark edince, *'Aman, ne diyorum ben ya, Kağan'dan etkilenmek mi, kafayı yedim herhalde'* diye kendime kızarak başımı salladım ve onu beğendiğim yönündeki bu düşünceleri kafamdan silip attım.

Ama bu gülümseme... Oof!

Kağan'ın bizi görmesiyle yüzündeki gülüş kayboldu ve bana ifadesizce bakmaya başladı. Gözleri donuk, yüzü ne düşündüğünü ele vermeyecek kadar ifadesizdi. Israrla bana bakıp bakışlarını kaçırmaması da içimi ürpertiyordu doğrusu.

Dün onun yüzünden hastalanarak gün boyunca yatağa hapsolduğum aklıma gelince kaşlarımı çattım ve gözlerinin içine dik dik bakarak karşılık verdim. Nasıl da acımasız bir şekilde ıslatmıştı beni! Sonra da benim için endişelenerek eve bırakmıştı beni. Çift kişilikli psikopat!

Öfkem kanımda ılık ılık gezinmeye başladı. Kağan'a

olan kızgınlığım beni ele geçirdi ve onu sinirlendirmek için ne yapabilirim diye düşünmeye başladım. İntikam isteğim Kağan'ı görmezden gelip sessizce sınıfa girmeme engel oluyordu.

Yanından geçerken alaycı bir tavırla gülümsedim ve elimi kaldırıp ortaparmağımı gösterdim.

Kağan benden böyle bir şey beklemiyor olsa gerek ki hafif bir şaşkınlık geçti gözlerinden. Ardından bu şaşkınlık yerini alev alev yanan bir öfkeye bıraktı. Yüzünde bir an için başka bir şey daha gördüğümü sandım, ölümcül bir şey, ama çoktan gözlerimi ondan alıp sınıfa girmiştim.

Cansu yanımda kahkaha atmamak için dudaklarını ısırıyordu. Gözlerini kocaman açmış, gülmemeye çalışıp bana bakarken onun aksine ben usulca güldüm. "Ne yaptın sen?" dedi. Sesi hem hoşuna gitmiş gibi heyecanlı hem de yaptığımı onaylamıyormuş gibi kınayıcı bir tondaydı.

Omuz silkip sıramıza doğru yürüdüm, yaptığımdan birazcık bile pişman değildim. Kağan çok daha fazlasını hak ediyordu!

İlk ders o kadar sıkıcıydı ki Cansu'yla ders boyunca yazıştık ve ona partide o gittikten sonra Kağan'ın bana yaptıklarını anlattım. Cansu, Kağan'a kızarken, "Keşke gitmeseydim, seni yalnız bırakmasaydım," diyerek hayıflandı.

Sonunda sıkıcı dersimizin bittiğini haber veren zil çaldı. Cansu tuvalete gideceğini söyledi ve bahçede buluşmak üzere sözleştik. Ben de ikimize yiyecek bir şeyler almak düşüncesiyle çantamdan cüzdanımı alıp kantine gitmek için sınıftan çıktım.

Sınıfın kapısından geçip koridora adım attığım an, karşımda yüzlerine yerleşen pis sırıtışlarla iki kişinin bana baktığını gördüm. Bu beni rahatsız ederken kuşkuyla gözlerimi kıstım. Sanki beni bekliyor gibiydiler. Ardından üzerime doğru atılan, ama tam olarak göremediğim şeylerden sakınmak için kollarımı kaldırıp yüzümü kapattım. Çok geç de olsa bana neden öyle bakıp sırıttıklarını anlamıştım! Koridor boyunca duyulan kahkahalar eşliğinde kollarımı yüzümden yavaşça indirdim. Saçlarım ve gömleğim yapış yapış koyu kıvamlı boya içinde kalmıştı. Lanet olsun, bana boya balonu atmışlardı! Avazım çıktığı kadar bağırma isteğime karşı koymak için dudaklarımı birbirine bastırdım. Bakışlarımı bana gülenlere doğru çevirdiğimde onlarca kişi arasından görebildiğim tek bir kişi vardı: Kağan.

Sırtını duvara yaslamış, rahat bir tavırla dikilirken bir eli cebindeydi ve alaycı gözlerle bana bakıyordu. Göz göze geldiğimizde dudağının bir kenarı sinir bozucu bir ifadeyle kıvrıldı. Küstahlığı yüz ifadesinden anlaşılıyordu; "Benimle asla baş edemezsin, her zaman ben kazanırım," diyordu.

Ellerimi yumruk yapıp ona duyduğum nefretle dişlerimi sıktım. Bunu Kağan planlamıştı. Şimdi de karşıma geçmiş, zafer gülüşü atıyordu. Beni rezil etmenin keyfini yaşıyordu psikopat!

Kulaklarımı dolduran kahkaha sesleriyle perişan bir şekilde ayakta dururken omuzlarım düşmüştü. Onu kızdırmamam gerektiğini, kızdırırsam kötü şeyler olacağını söylemişti. Neden her seferinde bunu unutuyordum ki sanki, sabah ona hareket çekerken bir karşılığının olmayacağını mı düşünmüştüm? O anda kendimi öyle kötü hissettim ki Kağan'ı asla alt edemeyeceğim gerçeği bir tokat gibi yüzüme çarptı.

Gözlerim utançla karışık öfkeden biriken gözyaşlarıyla yanmaya başladı, ama akmamaları için çabaladım. Yanaklarım hissettiğim yenilgi ve utançtan yanıyordu. Ağlamamak için direndim, Kağan'ın tüm dikkati üzerimdeyken ağlayamazdım. Dağıldığımı görmesine izin veremezdim.

Onun alaycı bakışlarına karşılık son bir kez kötü kötü baktım ve koşar adımlarla en yakın tuvalete doğru gittim. İçeri girdiğimde kapıyı sertçe arkamdan çarptım. Bütün sinirimi kapıdan çıkarmak istedim. Lanet olasıca Kağan pisliği!

Aynanın karşısına geçtiğimde ne kadar kötü durumda olduğumu gördüm. Saçlarım masallardan fırlamış bir cadı gibi hem birbirine girmiş hem de kırmızı boyayla kaplanmıştı. Bir kısmı yapış yapış olmuş, sanki yağ tenekesinin içine düşmüşüm gibi duruyordu. Gözümün önüne gelen saçlardaki boya yüzüme de bulaşmıştı. Kirpiğime değen mavi renkten dolayı da baktığım yerleri bulanık karaltı şeklinde görüyordum. Gömleğimin önü kırmızı renkli iğrenç bir boyayla kaplanmıştı. Yüzümde benekler halinde boya lekeleri vardı; sanki sürrealist ressamların tablolarına modellik yapmak için hazırlanıyormuşum gibi duruyordu.

Saçlarımı yıkayabilirdim, ama ya gömleğim ne olacaktı, gömleğimi çıkarsam ne giyecektim?

Kağan'a içimden bildiğim bütün küfürleri ederken tuvaletin kapısı çaldı. Hızla kapıya doğru döndüm.

"Buket? Müsaitsen içeri gelebilir miyim?"

Timuçin'in sesini duymamla rahat bir nefes aldım. Kapı kolunu tutup açtım ve perişan halimle Timuçin'in karşısına dikildim.

Kaşlarını kaldırıp beni şöyle bir süzdü. "Ne bu halin böyle?" diyerek içeri geçti ve kapıyı arkasından kapattı. "Seni sinirli bir şekilde buraya girerken gördüm. Neler oldu?" diye sordu endişeyle.

Üzgünce iç çektim. "Üzerime boya attılar."

"Bu nasıl bir şaka anlayışı böyle," diyerek kaşlarını çattı.

"Şaka olduğunu sanmıyorum, bilerek yaptılar."

"Kim?" diye sorunca, "Önemli değil, sınıftan birkaç çocuk," diye mırıldandım. "Saçlarımı yıkamaya çalışacağım, yanında ödünç alabileceğim giyecek bir şeylerin var mı?" diye sordum.

"Tabii," diyerek koluna astığı spor çantasını karıştırdı. İçinden forma çıkarıp mahcup bir şekilde gülümsedi ve bana doğru uzattı. "Bu olur mu?"

Yeni yıkanmış olduğunu vurgularcasına sabun kokan formanın omuz kısımlarından tutup yukarı kaldırdım. Beyaz üzerine mavi yazılar vardı. Kocaman harflerle yazılmış "Timuçin" ismini görünce gülümsedim.

"Eğer istersen başka bir şey de bulabiliriz," deyince bakışlarımı ona çevirdim.

"Hayır, bu gayet iyi," dedim.

"Tamam, ben o zaman..." derken utangaç bir şekilde

Psikopat

eliyle ensesini kaşıdı, "kapıdayım. Bir şeye ihtiyacın olursa seslen olur mu?"

Güldüm. "Tamam."

Timuçin beni yalnız bıraktıktan sonra saçlarımdaki boyadan kurtuldum ve gömleğimi de çıkarıp dikkatle katlayıp elime aldım. Neyse ki boya iç çamaşırıma kadar işlememişti. Timuçin'in formasını üzerime giyip saçlarımı topladım ve tepemde dağınık bir topuz yaptım. Bu şekilde ıslaklığını saklamaya çalıştım.

Timuçin, Cansu'yu bulmak için bahçeye çıktı, ben de boyaya bulanmış gömleğimi çantama koymak için sınıfa gittim. Daha sonra onlarla buluşmak için bahçeye inecektim.

Kapıdan girdiğim anda gözlerim her zaman olduğu gibi bakmamam gereken kişiye doğru çevrildi ve Kağan'ı gördüm. En arka sırada oturmuş, gayet rahat bir tavırla arkadaşlarıyla sohbet ediyordu. Israrlı bakışlarımı hissetmiş olacak ki göz göze geldik.

Meydan okuyan gözlerle ona baktım. Ağlayarak eve gideceğimi sanmıştı galiba çünkü beni görünce yüz ifadesi sertleşti. Ona olan öfkemi kontrol etmek adına derin bir nefes alıp sakinleşmeye çalıştım.

Duygusuz bir tavırla ağır ağır bedenimi süzdü ve giydiğim formayı fark edince kaşlarını çattı. Gözleri tekrar gözlerimi bulduğunda, orada gördüğüm tek şey yakıcı bir öfkeydi.

Bakışlarını benden ayırmadan arkadaşlarına usulca bir şeyler söyledi. Hepsinin yüzü bana dönerken, oturdukları yerden kalkıp teker teker sınıftan çıktılar. Kağan da kalkmış, en arkalarından yürüyordu, fakat o sınıftan çıkmadı. Kapıyı kapatıp bana doğru döndü. Bu yaptığına bir anlam veremedim, ama şaşkınlığımı saklamayı başardım.

Timuçin'in formasına iğrenerek bakarken, "Bu ne?" diye sordu buz gibi bir sesle.

Dudak büktüm. "Neye benziyor?"

Gözlerini kısarken dilini altdudağının iç kısmında gezdirdi. "Birazdan yırtılacak olan bir formaya," dediğinde bu kez şaşkınlığımı gizleyemedim.

"Ne?"

"Çıkar o tişörtü," diye cevap verdi gayet sakin bir tavırla.

Kaşlarımı çattım. "Hayır."

Sinirli bir şekilde nefes aldı, sakin kalmaya çalışıyor gibiydi. "Çıkar dedim."

Hırçın bir tavırla, "Ben de hayır dedim," diye karşılık verdim.

"Eğer sen çıkarmazsan Buket, ben çıkarırım," dedi tehlikeli bir şeyler olacağını ima eden bir sesle. "Zorla."

Kaşlarım daha da çatıldı. "Sen neden sürekli benimle uğraşıyorsun, ne istiyorsun benden?" diye sordum çaresizliğimi vurgulayan bir sesle. "Üstümü başımı mahvederek beni herkesin önünde rezil ettin, şimdi de ne giyeceğime mi karışacaksın yani, ne yapmaya çalışıyorsun sen ya, derdin ne senin?" diye feryat ettim.

Bir süre sessizce bana bakarken yavaşça yutkundu. Yüzünden huzursuz bir gölge geçti, tatsız bir şeyler yemiş gibi yüzünü buruşturdu. Sanki bir an için bir şeyler söylemek istemiş de söylerse dünya yıkılacakmış gibi tuhaf bir ifadesi vardı. Bir an için yumuşamıştı. Pişman mı olmuştu, üzülmüş müydü? Olabilir miydi? Tekrar yutkundu. Ardından hemen kendini toplayıp eski soğuk haline geri döndü ve ağır ağır, "Hiçbir şey," deyip tişörtü işaret etti. "Şimdi söylediklerimi yap."

Pes ederek, "Giyecek başka bir şeyim yok, çıkaramam," dedim, ortada olan gerçeği anlamasını umuyordum.

"Evet, var," diyerek gömleğinin düğmelerini açmaya başladı. Ardından gömleğinin altına giydiği metalik gri tişörtünü ense kısmından tutup çekerek çıkardı.

Karşımda çırılçıplak kaldığında gözlerim iri iri açıldı ve bakışlarım yavaşça Kağan'ın göğsüne doğru indi. Nereden geldiğini çözemediğim bir heyecan dalgası tüm bedeni yavaş yavaş sardı ve nefesim o an boğazımda düğümlendi. Müthiş bir vücudu vardı, öyle ki tüm dikkatimi dağıttı. Kağan'a karşı koyulmaz bir çekim hissettim.

Daha önce gördüğüm kollarındaki dövmelere ek olarak göğsünün bir kısmı da büyük bir dövmeyle kaplanmıştı. Bakışlarım biraz daha aşağı doğru kaydı. Karın kasları feci halde gelişmişti. Devamlı spora gittiği çok belli oluyordu, vücudu kusursuzdu. Göbeğinden başlayan koyu renkli tüyler ince bir çizgi halinde pantolonunun beline gelince gözden kayboluyordu. Yanaklarım kızarırken kendimi zorlayarak tekrar Kağan'ın yüzüne bakabildim. Bu durumda tişörtünü bana vermesine mi şaşırsam, yoksa kas dolu vücuduyla karşımda çırılçıplak ve şahane bir şekilde durmasına mı şaşırsam, bilemedim. Ama her şekilde ağzım bir karış açık bir halde aval aval Kağan'a bakakaldığıma emindim.

Midem garip bir hisle kasıldı. Neydi bu, yoksa ondan hoşlanıyor muydum? Ah, hayır!

"Bunu giyeceksin," diyerek tişörtünü bana uzattığında, şaşkınlığımdan kurtulmak istercesine gözlerimi kırpıştırdım.

"Ne?" diye fısıldadım dalgın dalgın.

Gür bir sesle, "Giy," dedi emir vererek.

Kaşlarımı çattım. "Hayır," dedim ve tişörtünü almayı reddedip bir adım geri çekildim. Buradan hemen çıkıp gitmem gerekiyordu, belki bu şekilde Kağan'ın etkisinden kurtulabilirdim. Evet, bu kesinlikle işe yarardı.

Gözlerini tehdit dolu bir ifadeyle kıstı. "Ya benim tişörtümü giyersin ya da üzerindeki tişörtü zorla çıkarırım ve tüm gün çıplak dolaşmak zorunda kalırsın."

Dudaklarım aralandı. "Bunu yapamazsın!" dedim hayret ederek.

"Beni sakın deneme. Bir şey söylüyorsam yaparım," derken tişörtünü bana doğru fırlattı. Göğsüme vuran tişörtü tuttum ve kötü kötü Kağan'a baktım.

"Son kez söylüyorum Buket," dedi üstüne basa basa. "Giy."

Elimde tuttuğum tişörtü bütün gücümle sıktım. "Senden nefret ediyorum!" diye bağırdım.

Dudağının bir kenarı kibirle yukarı doğru kıvrıldı. "Acele et."

Ayağımı sinirle yere vurdum. "Çık dışarı o zaman!"

Alaycı bir tavırla tek kaşını kaldırdı. "Nedenmiş?"

"Senin karşında kıyafet değiştirecek değilim herhalde, çık."
Büyük bir umursamazlıkla omuz silkti. "Hayır. O tişörtü giydiğini görene kadar burada kalacağım."
Gözlerim hayretle büyüdü. "Yok artık, daha neler!" desem de eğer isterse yapacağından emindim.
"Evet, yaparım ve çok ciddiyim," diye cevap verdi sakin bir sesle. "Şimdi çıkar şu siktiğim formayı."
Küfürbaz hali karşısında yüzümü buruşturdum. "Ağzını bozma!" diye mırıldandım rahatsız olarak.
"Buket!" dedi sesindeki kontrollü bir öfkeyle. "Son kez söylüyorum. Çıkarıyor musun, ben zorla mı çıkarayım?"
"Arkanı dön o halde!" diyerek çıkıştım sinirle.
Yüzüne halinden memnun bir gülüş yayılırken yavaşça arkasını döndü.
Sakin kalmak için derin bir nefes aldım ve el mahkûm Timuçin'in formasını çıkarıp hızlıca Kağan'ın tişörtünü giydim.
"Giydin mi çakma prenses? Dönüyorum artık," dedi eğlendiğinin belli olduğu bir sesle.
"Dön Allah'ın cezası, dön. Giydim," diye cevap verdim sertçe.
Gözlerindeki kendini beğenmiş parıltılarla yanıma doğru yanaşarak tişörtünün yakasını düzeltti. "Böylesi çok daha iyi."
Bana dokunan elini iterek, "Bırak. Serseri pislik!" dediğimde çarpık bir şekilde güldü.
Suratındaki sinir bozucu gülüşü yumruğumla yok etmek istedim, onu deli gibi hırpalayıp dövmek istiyordum. Belki bu şekilde sinirim biraz olsun geçerdi.

Kağan gömleğini tekrar üzerine geçirip düğmelerini ilikledi. Ardından masanın üzerinde duran Timuçin'in formasını kaptığı gibi çöpe attı. O kibrini ele veren bakışlarıyla gözlerimin içine bakarken, "Şimdi gidebilirim artık," dedi ve sınıftan çıkıp gitti.

Gömleğimi çantama koyduktan sonra bahçeye çıktım. Cansu'yu görünce yanına gittim, Timuçin antrenmanı olduğu için spor salonuna gitmişti. Okulun basketbol takımındaydı ve Cansu'nun söylediğine göre içlerinde en iyisi oydu.

Cansu üzerimdeki tişörtü görünce şaşkınca, "Gömleğine ne oldu?" diye sordu. "Timuçin anlatmadı mı?" derken yanına oturdum.

"Bir işin olduğunu, birazdan geleceğini söyledi sadece," dediğinde Timuçin'in sır tutabilecek, güvenilir biri olduğunu fark ettim. Ardından başıma gelen talihsizliği bütün detaylarıyla Cansu'ya anlattım.

Cansu yumruklarını sıkarak anlattığım her şeyi kızgınlıkla dinledi. Kağan'a karşı bir yandan küfür savururken bir yandan da tişörtünü bana vermesine oldukça şaşırmıştı. Eh, ben de şaşırmıştım, ama öfkem her şeyin üstündeydi ve odaklandığım tek duygu Kağan'a olan nefretimdi.

Ben de Cansu'ya katıldım ve Kağan'a saydırmaya devam ederek son ders için sınıfa çıktık. Cansu daha önce hiç duymadığım küfürleri Kağan'a savururken kıkırdayarak sıramıza geçtik ve dersin başlamasını bekledik.

Hoca sınıfa girince ayağa kalktık. Dersimiz coğrafyaydı ve Ahmet Hoca çok disiplinli, sinirli biriydi. Onun dersinde konuşmaya dahi korkuyordum. Kağan arkadaşlarıyla hocanın ardından sınıfa girdi. Yanımdan geçerken onunla göz göze geldim. Bakışları aşağı inip tişörtünde durdu ve dudağının bir kenarı usulca kıvrıldı. Yüzümü buruşturarak gözlerimi ondan çekip önüme döndüm. Kağan arkamızdaki sıraya geçince bir an huzursuz oldum ve yerimde rahatsızca kıpırdandım. Yine ne planlıyordu acaba!

Hoca, "Herkes kitaplarını çıkarsın, bugün soru çözeceğiz," dediğinde çantamı karıştırıp coğrafya kitabımı aradım. Ama lanet olasıca kitap ortalıklarda yoktu!

"Yirmi beşinci sayfayı açın. Listeden seçtiğim şanslı kişiler oyalanmadan soruları çözecek. Soruyu yapanlara artı vereceğim, yapamayanlarıysa eksi ile ödüllendireceğim," dedi pis pis sırıtarak. Gözlerimi devirmeden edemedim. Bu tarz hocaları hiç anlamıyordum, resmen öğrencilere işkence edip kıvranmalarından zevk alıyorlardı. Bu bana göre çok adice bir şeydi.

Kahretsin ki kitabım yoktu ve bugün bu işkencenin hedefi olma ihtimalim vardı. Umarım soru çözmek için beni seçmez diye iç çekerek Cansu'ya döndüm. Onun da kitabının olmadığını gördüm. Ama o benim aksime gayet rahattı ve defterine garip desenler çiziyordu. Sanırım öğretmenlerden azar işitmeye alışıktı. Ben bunları düşünürken ismimin söylenmesiyle yerimde sıçradım.

"Buket, ilk soruyu oku ve çöz."

Ah, işte, başlıyoruz! Lanet olsun! Fark ettirmeden derin bir nefes aldım ve azar işitmek için kendimi hazırladım. Bu hocanın nefretini kazanmak istemiyordum, ama yapabileceğim bir şey yoktu. Arkadan önüme atılan bir kitapla hafifçe irkildim. Cansu'yla şaşkınca birbirimize bakakaldık.

Arkamı döndüm ve Kağan'ın koyu mavi, derin bir okyanusu andıran gözleriyle karşılaştım. Sıraya yayılmış, yüzünde kendini beğendiğini gösteren ifadeyle bana bakıyordu. Bakışı hiç dostça veya yardımseverliğini vurgular nitelikte değildi, ama bana kitabını vererek bir nevi yardım etmişti.

Bir dakika, burayı geri alalım. O bana cidden yardım mı etmişti? Önce ısrarla tişörtünü giymem için beni zorlamıştı, şimdi de bir kahraman edasıyla imdadıma yetişmişti. Hem şaşkın hem de inanamıyordum. Bu iki duygu gerçeklik algımla oynuyordu adeta.

Hocanın sertçe, "Buket! Saatlerce seni bekleyecek değiliz, soruyu okumaya başla. Ya da eksiye hazırlan," demesiyle hızla önüme döndüm. Bu adam bu kadar kaba olmak zorunda mıydı? Biraz kibarlık fena olmazdı yani.

Kağan'ın kitabını açıp soruyu okumaya başladım. Soruyu çözdükten sonra üst köşeye yazılmış not dikkatimi çekti.

"Bana borçlandın çakma prenses. Bu iyiliğimin karşılığını alacağım," diye yazıyordu.

Ah, ne sanmıştım ki! Kağan'ın birden iyilik meleğine dönüştüğünü mü?

Cansu da gözlerini iri iri açmış, yazan nota bakıyordu. Gözlerini merakla bana çevirip, "Acaba ne isteyecek?" diye fısıldadı.

Kaşlarımı çattım. "Umurumda değil, o salak için bir şey yapacak değilim," diye mırıldandım dalgınlıkla. Fakat içten içe benden ne isteyeceğini düşünüyordum. Bir şey istediğinde bunu kesinlikle yaptıracak biriydi ve Kağan'a borçlu kalmak hiç hayra alamet değildi. Kahretsin! Kitabı alarak kendi sonumu mu hazırlamıştım acaba?

İsteksizce arkamı dönüp Kağan'a baktım. Karanlık ve gizemli bakışlarla gözlerimin içine baktı. Gözlerinin çelik gibi sert koyu maviliği öyle derindi ki adeta beni delip geçiyor, nefessiz bırakıyordu. Ona fark ettirmeden usulca yutkundum. Hiç etkilenmemiş gibi yaparak memnuniyetsiz bir şekilde kitabını önüne koydum.

En ciddi ses tonumla, "Teşekkür ederim," dedim.

Kağan'ın dudaklarında kibirli bir tebessüm belirirken yavaş hareketlerle öne doğru eğildi. "Karşılığını yakında alırım," deyip bana göz kırptı ve halinden hoşnut bir tavırla arkasına yaslandı.

Yüzümü buruşturarak önüme döndüm ve sinirle kollarımı göğsümde kavuşturdum. Boş gözlerle tahtaya odaklandım.

Kağan az önce bana göz mü kırpmıştı? Lanet olsun, göz kırpışı hiç de masumane değildi, beni rahatsız eden büyük bir ima taşıyordu. Ah! Yılışık piç!

9

Ertesi gün çalan alarm odamı doldurduğunda somurtkan bir ifadeyle uzanıp saati kapattım. İç çekerek bir elimi yastığın altına koydum ve karşımdaki boş duvarı izlemeye başladım. Geçen haftaya kadar annem odama girip beni uyandırır ve kahvaltıya çağırırdı, şimdiyse ölüm sessizliğini andıran evde sabaha yalnız başıma merhaba diyordum. Aylar öncesini düşündüğümdeyse kendimi daha kötü hissettim. İzmir' deydik ve biz daha uyanmadan kahvaltımız hazır olurdu. Her sabah mutlaka annem ve babamla birlikte masaya otururduk.

Eski günlerime olan özlemim içimi acıtırken içerleyerek yataktan kalktım ve okul için hazırlanmaya başladım. Formamı giydikten sonra güzel eğlenceli bir müzik açarak üzerimdeki kasvetli havayı dağıtmaya çalıştım. Müziğin coşkulu melodisi gerçekten iyi geldi ve kendimi daha iyi hissetmeye başladım. Bir yandan şarkıya eşlik edip bir yandan da aynanın önüne geçip hafif bir makyaj yaparak saçlarımı düzleştirdim.

Çantamı omzuna attım ve kapının yanında duran boy aynasından bakıp kendimi kontrol ettikten sonra evden çıktım.

Sokağın başına vardığımda Cansu'nun beni beklediğini gördüm. Onu gördüğüm anda yüzüme engelleyemediğim bir gülüş yayıldı. Aynı gülüşü Cansu'da da görebiliyordum.

Artık her gün buluşup okula birlikte gidiyorduk. Cansu'yu tanıdığım için çok mutluydum, onsuz ne yapardım, bilmiyorum. Ankara'da bana yalnızlığımı unutturuyordu, burayı sevmemi sağlıyordu. Cansu benim gerçek dostumdu.

Yanına vardığımda birbirimize sıkıca sarıldık. "Çok güzel görünüyorsun," dedi geri çekilip beni incelerken. "Timuçin bu haline bayılacak. Sana ölüp bitiyor," deyip kahkaha atmaya başladı.

Gözlerimi abartılı bir şekilde devirdim. "Timuçin ne alaka şimdi?" dedim ben de gülerek. Cansu beni bu konuda hep utandırıyordu.

Yürümeye başladık. "Şöyle ki arkadaşım... dün ne oldu, bil bakalım?" diye sordu neşeyle.

Gözlerim açılarak, "Ne olmuş?" dedim sahte bir merakla.

"Ciddi olsana, yaa!" deyip bana yandan sanki kınıyormuş gibi bir bakış attı. "Neyse, tam yatmaya hazırlanıyordum ki Timuçin aradı."

"Eee, bunda ne var?"

"Off Buket, Timuçin benim eski arkadaşım, sürekli telefonda konuşuyoruz. Ama sana şu an bundan bahsediyorsam bil ki farklı bir olay olmuştur."

İlgiyle gözlerine baktım. "Ne oldu?" diye sordum bu kez ciddi bir ses tonuyla.

"Şimdi merakını uyandırdım, değil mi?" deyip devam etti. "Seni sordu. Sevgilisi var mı dedi."

"Vay be, çok hızlı çıktı Timuçin," dedim gülerek. Cidden yani, ne bu hız şimdi?

"Aynen tatlım, ben de öyle söyledim. Ayrıca sevgilin olmadığını ve tekliflere açık olduğunu da ekledim," derken sırıtıyordu.

Başımı iki yana sallayıp gülerek önüme baktım. Cansu'nun ne düşündüğünü biliyordum. Ama buna hazır olup olmadığımdan emin değildim. Daha yeni sevgilimden ayrılmıştım ve şu an bir ilişki yaşamak bana çok uzak geliyordu. Önce buraya, yeni okuluma ve arkadaşlarıma alışmam gerekiyordu. Timuçin tanıdığım kadarıyla iyi biriydi, ama ona sevgili gözüyle bakabilir miydim? Kafam iyice allak bullak olduğundan düşünmeyi bıraktım, Timuçin konusunu daha sonra detaylı olarak düşünecektim.

Konuyu kapatmak için Cansu'ya döndüm, "Benimle uğraşacağına neden kendine bakmıyorsun sen?" diye sordum.

"Bırak şimdi sen beni," diyerek sorumu geçiştirdi ve konuşmaya devam etti. "Söyle bakalım, İzmir'de sevgilin var mıydı?"

"Evet, vardı, bir yıllık ilişkimi buraya taşındığımız zaman bitirmek zorunda kaldım."

Cansu iç çekerek, "Üzüldüm. Ayrılmak senin için çok zor olmuştur. Onu özlüyor musun?" diye sorunca ciddi ciddi düşünmeye başladım.

Psikopat

Aslında hiç zor olmamıştı. Ardından Berk zihnimde canlandı. Bana karşı çok ilgiliydi, sürekli dışarı çıkar, birlikte vakit geçirirdik. Aynı okulda okuduğumuz için de her an dipdibeydik. Annemle babam onu seviyor ve potansiyel damat adayı olarak görüyordu.

O an Ankara'ya taşınmamıza iki gün kala Berk'le Alsancak La Sera'ya eğlenmeye gittiğimiz geceyi hatırladım.

Gece boyunca ayrılacağımızı ona nasıl söylesem diye düşünüp durmuştum. Sonunda deniz manzarası eşliğinde faytonla kordon gezmesi yaparken geleceğe dair planlarından bahsetmeye başladığında, bu anın doğru an olduğunu düşünerek ayrılmak istediğimi söylemiştim. Çünkü bütün planlarında ben vardım. Berk o an bana pek belli etmese de daha sonra kuzeni ve en yakın arkadaşım Gazel'den öğrendiğime göre, tam anlamıyla yıkılmıştı. Ben de kendimi kötü hissetmiştim, ama ayrıldığımız için değil, Berk'i kırdığım için.

Ayrıldığımızı duyan annem benden çok üzülmüştü. Bu anı beni gülümsetti ve aslında Berk'i hiç özlemediğimi fark ettim.

"Pek özlüyor sayılmam," diye itiraf ettim ağır ağır. "Ona âşık değildim, ilişkimiz güzel gidiyordu, Berk çok iyi biriydi, fakat hep bir şeyler eksikti. Onunla olmak eğlenceliydi, bunu inkâr etmiyorum, ama benim için önemli olan tutku, aşk veya heyecan yoktu ilişkimizde. Aramızda hep bir heyecan olmasını, filmlerdeki gibi en ufak bir bakışta heyecandan mideme kramplar girmesini bekledim, ama hiç olmadı. İşte, bu yüzden ayrılmak benim için kolaydı, çok üzülmedim," dedim içimi dökerek.

Cansu uzaklara dalmış gibi iç çekti. "Gerçek aşk cidden öyle, heyecandan başın dönüyor ve ayakların yerden kesiliyor. Her saatini, her dakikanı onu düşünerek geçiriyorsun," dedi dalgın dalgın.

Kuşkuyla gözlerimi kısıp Cansu'ya baktım. "Âşık olmuş gibi konuşuyorsun," dedim takılarak.

Bunu söylememle gözlerini kırpıştırıp dalıp gittiği düşüncelerden çıktı ve eski enerjik Cansu'ya dönüştü. Bir gözünü kısıp alaycı bir tavırla bana baktı. "Sadece çok film izliyorum, o kadar," dedi kıkırdayarak. Fakat ne kadar gülmeye çalışsa da bunun zoraki bir gülüş olduğunu anlamıştım.

Merakıma yenik düşerek, "Peki, senin sevdiğin veya hoşlandığın biri yok mu, hiç böyle şeylerden bahsetmiyorsun?" diye sordum bu kez.

"Yok," diyerek kestirip attı. Sesi nedense hırçın çıkmıştı. Bu konulardan hep kaçınıyordu. Ayrıca erkeklere karşı güven problemi olduğunu da hissediyordum. Bu tarz konularda hiç kendiyle ilgili konuşmuyordu. Birisi kalbini çok fena kırmış olmalıydı. Onun için üzülerek yolun geri kalanı boyunca farklı şeylerden bahsetmeye özen gösterdim.

Okula girip bahçede yürürken arkamdan gelen tanıdık sesi duymamla gözlerimi devirmemek için kendimi zor tuttum.

Kağan, "Hey, çakma prenses," dedi sert ve buyurgan bir tonda. "Bekle."

Yine ne istiyordu bu çocuk benden!

"Ne var?" diye söylenerek Kağan'a döndüm.

"Bak ki şu tesadüfe ben de senden ne isteyeceğimi düşünüyordum," dedi dudaklarına yerleştirdiği küstah bir sırıtışla.

"Unut bunu, senin için bir şey yapacak değilim," dedim ve sağa doğru bir adım atıp gitmeye yeltenince o da adım attı ve yine tam önümde durdu.

Bıkkın bir ifadeyle gözlerinin içine baktım. Sert bakan koyu mavi gözleri fırtınalı bir gecenin okyanusu gibi griye çalıyordu. Öyle bir bakıyordu ki bana ister istemez ürperdim ve aniden gelen bir heyecanla boğazım kururken yutkunma isteği duydum. Kalp atışlarım hızlanmaya başladı. Kağan'ın üzerimdeki etkisi böyleydi işte, hem korkudan hem de heyecandan nabzımı hızlandıracak güçte oluyordu.

Bu kadar yakınımdayken ona bakmak beni büyülüyordu resmen, hipnotize olmuş gibi ona bakakaldım, çünkü gözlerinin rengi çok güzeldi. Bu derin mavi gözlerin şefkatle bakarken nasıl bir tona bürüneceğini merak ettim. Sıcacık bir maviye dönüşür müydü acaba?

Kağan, "Neden öyle bakıyorsun, seni etkiliyor muyum yoksa?" diye sorduğunda derin düşüncelerimden irkilerek uzaklaştım.

Ne? Aptal düşüncelerim yüzüme yansımış olmalıydı. Hay, lanet olsun!

Kendinden emin bir ifadeyle usulca güldü.

Bir utanç dalgası hızla tüm yüzüme yayıldı. Nasıl bu kadar piç olabilirdi? Ne yazık ki bir kez daha kendimi tutamadım. Utancım sessiz kalmamı engelleyerek beni konuşmaya zorladı.

"Hiç ilgimi çekmiyorsun. Bu tavırların sadece midemi

bulandırıyor, havalı göründüğünü sanarak kendini kandırmaya devam et," dedim hiddetlenerek.

Üzerime doğru geldiğinde geriye doğru adım atmamak için direndim. Yüzü, yüzüme çok yakındı. "Hiç ikna olmadım," diyerek bana tepeden bir bakış attı. "Biraz daha çabala," derken sesinden alaycılık akıyordu.

Kaşlarımı çattım. "Ne yaparsan yap. İstediğin kadar tehlikeli görünmeye çalış. Seni ciddiye almıyorum, zerre kadar umurumda değilsin yani," dedim üstüne basa basa.

Tek kaşını kaldırarak, "Çakma prensesimiz, bugün biraz cesur mu davranıyor?" diye sordu.

Bakışlarındaki küçümseme beni kızdırdı. "Benimle konuşurken sözlerine dikkat et, bıktım artık bu kibirli tavırlarından! Ayrıca benim bir adım var, kullansan iyi edersin," diye uyardım ve sesim titremediği için şükrettim.

Dudağının bir kenarı hafifçe kıvrıldı. "Hâlâ konuşuyorsun ve bu benim canımı sıkıyor. Her defasında canımı sıktığında başına gelenleri hatırlatmamı ister misin, uygulamalı olarak?" diye sordu korkunç ve ürkütücü bir sakinlikle.

Bana karşı üstünlük taslamak, korkutup kaçırmak istiyordu, fakat asla kaçmaya niyetim yoktu. Cesaretimin son kırıntısına kadar Kağan'la mücadele etmeye kararlıydım.

Ona bütün nefretimi kusarcasına, "Canının sıkılması umurumda değil, seni ego yığını sersem herif. Bu saçma sapan tehditlerin de beni korkutmuyor. Şimdi beni rahat bırak, çıkıp durma karşıma," dedim sesimi sertleştirerek.

Vay canına! Bunları söyleyen gerçekten ben miydim?

Hayır, hayır, ben olamazdım. Aksiyon filmlerindeki güçlü kadın karakterlerden biri içime kaçmış olmalıydı.

Kağan bu sözlerimle kaşlarını çatıp koyulaşan gözlerle bana dik dik bakmaya başladı. Bakışlarında tekinsiz parıltılar vardı. Bana ne tür işkenceler yapacağını düşünüyor gibiydi.

Ops! Kaçsam mı acaba?

Birden bileğimden yakalayarak, "Bu asiliğini fena ödeyeceksin!" dedi alçak sesle ve okulun arkasına doğru çekiştirmeye başladı beni. Bileğimi o kadar çok sıkıyordu ki gücünün etkisiyle bileğimde parmak izlerinin çıktığına emindim.

Arkamdan Cansu'nun bağırışlarını duyduğumda, başımı ona doğru çevirdim. Emre'nin Cansu'yu belinden tuttuğunu ve onu zapt etmeye çalıştığını gördüm. Arkadaşımla aynı kaba muameleye maruz kalıyorduk.

Okulun arkasına geldiğimizde sigara içen iki kişiyi gördüm. Tam yardım isteyecektim ki Kağan onları bağırarak kovdu. "Siktirip gidin lan buradan!" dedi sertçe.

İkisi de aceleyle sigarasını yere atıp kaçarcasına yanımızdan uzaklaştı. Kağan'ın ağzından çıkan her söz bir emirdi anlaşılan. Kağan beni duvara doğru savurunca sırtım duvara sertçe çarptı, bunu yapmak zorunda mıydı?

Ona kötü kötü bakmaya başladım, ama içimde saklamaya çalıştığım ciddi bir panik duygusu vardı. Ağzımı sımsıkı kapatıp ona karşı çıkmaktan çekindim. Çünkü bu, şu an hiç iyi olmazdı. Kağan gözlerimin içine bakarken ben de gözlerimi onun acımasız yüzünden alamadım. Yüz ifadesi insanın kanını donduracak türdendi. Dudaklarında hafif bir alay olsa da tam anlamıyla tehlikeli görünüyordu.

"Neden beni buraya getirdin?" diye sordum ürkekçe.

O ise cevap vermeden üzerime doğru yürüyerek bana iyice yaklaştı. Bir kolunu yanıma, duvara yaslayarak başını bana doğru eğdi. Alınlarımız birbirine değecek kadar yakındı. Nefeslerimiz birbirine karışıyordu adeta. Yakınlığı beni korkuturken kalbim, bir kuşun kanat çırpışı gibi göğsümde hızla atmaya başladı.

Hissettiğim tedirginlikle altdudağımı ısırdım. Kağan kaşlarını hafifçe çattı, bakışları bir an dudaklarıma kaydı, gözleri daha da koyulaştı.

"Bana olan borcunu nasıl ödeyeceğini buldum," dedi boğuk bir sesle.

"Nasıl yani?" diye fısıldadım.

10

Cevap vermek yerine, aramızda uzun bir sessizlik olmasına izin verdi. Sanki zaman bizim için durmuştu. Dünyada sadece biz vardık. Kağan ve ben. Bizim dışımızdaki her şey donup kalmıştı. Bütün sözcükler zihnimden uçup gitmiş, sanki bambaşka bir yerde, hiç hayal edemeyeceğim bir rüyadaydık. O an yine bütün duyguları bir arada yaşadım; sadece Kağan'la ikimiz ve baş etmeye çalıştığım onca his... öfke, korku, şaşkınlık ve o çekim... beni bir mıknatıs gibi kendine çeken o çekim...

Gözlerimin içine öyle derin bakıyordu ki hiçbir şey yapmadan bakışlarına ürkek bir şekilde karşılık vermekle yetindim. Ne kadar korktuğumu yüzümden okuyabiliyor muydu acaba?

Kağan'ın buz gibi sesi ortamdaki sessizliği nihayet bozdu. "Yarın akşam bana geleceksin," dedi ve beni heyecanlandıran bir dokunuşla saçımı kulağımın ardına itti. Saçımı bırakırken parmaklarını yanağımdan çeneme doğru yavaşça gezdirdi. Dokunuşu beni kandıracak kadar yumuşak, ama gözlerindeki bakış bir o kadar sertti. Bu teması nefesimi kesmeye ve içimi titretmeye yetti. Yanaklarım yanıyor, kızarmasına engel olamıyordum. Midem ardı ardına sıcak bir hisle kasıldı, daha önce hiç tatmadığım bir duygu bedenimi yakıp kavuruyordu, heyecandan nefesim kesilecekti neredeyse.

Neler oluyordu bana böyle!?

Ah! Bunun olmaması gerekiyordu! Hem nasıl böyle bir şey isterdi benden?

Böyle hissettiğim için hem kendime hem de beni bu duruma sokup böyle bir şey isteyen Kağan'a sinirlendim.

Öfkenin verdiği güçle adrenalin damarlarımda dolanırken, "Hayır!" diye bağırdım.

Ardından tüm gücümü kullanarak ellerimi göğüslerine koydum ve onu geriye doğru ittim.

Kağan bir iki adım gerilemek zorunda kalsa da istifini hiç bozmadan benimle göz temasını koruyarak alay edercesine gülümsedi.

Bu gülümsemenin altında, "Seni şu an bile bitirebilirim" sözleri yatıyordu.

Ellerini ceplerine atıp sigara paketi çıkardı, bir dal alıp dudaklarına koydu. Çakmağı çakıp eliyle siper ederek sigarasını yakıp derince içine çekti. Gözlerini kısıp dumanını ağır ağır üflerken bakışlarını bir an olsun benden ayırmadı.

"'Hayır'ı bir cevap olarak kabul etmiyorum. Ya söylediklerimi yaparsın ya da beni hafife aldığın için sonuçlarına katlanırsın," deyip sigarasından derin bir nefes daha aldı. Bu kez dumanını yüzüme doğru üfledi.

Rahatsız olarak elimi sallayıp dumanı dağıtmaya çalıştım. "Beni buna zorlayamazsın, senin için hiçbir şey yapmayacağım," diyerek ayak direttim.

"Sana herhangi bir seçenek sunmuyorum çakma prenses, yapman gerekeni söylüyorum," diyerek sigarasından bir nefes daha çekti.

Beni bu şekilde çıkmaza sokmasına ve inatla söylediklerini yapmam için tehdit etmesine katlanamıyordum. Ondan uzaklaşmaya çalıştım, ama beni durdurdu. Sanki ben bir kuklaymışım gibi, onun emirlerine uymak zorundaymışım gibi sürekli bir şeyler istiyor, emirler yağdırıyordu. Bu durumdan nefret ediyordum. Bunu hazmediyordum.

"Hayır dedim sana! Neden uzatıyorsun, anlama problemin mi var?" dedim hırçınlaşarak.

Kağan kaşlarını çatarak hızla üzerime geldi ve çenemi avuçlayarak sıkmaya başladı. Tutuşu o kadar sertti ki canım acıyordu. Beni öldürmek istiyormuş gibi vahşi bir ifadeyle gözlerime bakarken, "Ne dedin?" diye sordu usulca. Kısık olan sesinde büyük bir öfke vardı.

Korkum gitgide artarken, "Bırak!" deyip onu itmeye çalıştım, ama faydasızdı, o çok güçlüydü. Bir eliyle sıkıca çenemi tutarken, birden diğer eliyle sigarasını boynuma doğru yaklaştırdı.

Dehşete düştüm. "Ne yapıyorsun? Yapma," dedim korkudan titreyerek.

Elinden kurtulmak için çırpındım, ama başarılı olamıyor, onu itmeye çalışmaktan başka ileri gidemiyordum. Bunu gerçekten yapar mıydı, o sigarayı boynuma bastırır mıydı?

O anda ilk defa Kağan'dan deli gibi korktum, ilk defa onun nasıl insafsız olabileceğini anladım. Korku dolu gözlerle ona bakarken ağlamamak için direndim. Fakat bir damla yaş bütün çabama rağmen yanağıma düştü. Devamı da gelecekti, biliyorum, çünkü kendimi daha fazla tutamıyordum. Gözyaşlarım yanaklarımdan ağır ağır süzülmeye başladı.

"Lütfen," diyerek yalvarırcasına fısıldadım. "Bırak beni."

Kaşlarını çatarak, sanki ne yaptığını yeni fark etmiş gibi derin bir nefes alıp elleri ateşe değmişçesine beni hızla bıraktı. Gözlerini benden ayırmadan bir iki adım geriledi. Yüzü garip, çözemediğim bir ifadeyle gölgelendi. Elimin tersiyle gözyaşlarımı silip kaskatı kesilmiş bir vaziyette boş gözlerle ona baktım.

Kağan'sa elindeki sigarayı bir hışımla yere atıp sertçe ayağıyla ezdi. Sonra yine bana döndü. Yüzü bu kez ifadesiz, bakışları donuktu. İki elini birden saçlarından geçirdi. Sıkıntılı bir şekilde nefes alıp, "Yarın akşam bir işim var. Benim yerime bu işi sen yapacaksın," dediğinde, ağzımı açıp reddedecektim ki konuşmama izin vermeyerek, "Unutma, bana borcun var ve bunu ödemeden benden kurtulamazsın," dedi buz gibi bir sesle.

Endişeyle yutkunurken çaresizce pes ederek omuzlarım düştü. Ne işinden bahsediyordu? Kendi gibi tehlikeli ve korkutucu işler mi? Ben böyle şeylerden anlamazdım ki! Yapamazdım. Gittikçe karanlığa çekiliyor gibiydim. Ama şu an tek istediğim şey bir an önce buradan kurtulmaktı. Kağan'dan olabildiğince uzaklaşmak istiyordum. "Yapamam, lütfen!" diye mırıldandım. Kaç kez daha yalvaracaktım acaba?

Aniden, "Yapacaksın!" diye bağırdı. Olduğum yerde sıçradım.

Üzerime doğru gelerek öfkeyle yüzüme baktı. "Yarın akşam sekizde sokağın başında ol," dedi tehditkâr bir sesle ve o da bir an önce buradan ve benden uzaklaşmak istiyormuşçasına hızla arkasını dönüp yanımdan ayrıldı.

Dizlerimin üzerine çökerek sırtımı duvara verdim ve sakinleşmeye çalıştım. Fakat gözyaşlarım yanağımdan usul usul süzülüyordu. Orada yalnız başıma ne kadar süre durdum, hiçbir fikrim yoktu. Yanıma gelen Cansu'nun sesiyle kendime geldim.

"Buket, iyi misin?" dediğinde ona döndüm, yüzünde dehşet ve endişe izleri vardı. Ben de hiç iyi değildim. Kendimi öfkeli ve üzgün hissediyordum. Sıkıca bana sarıldı. Ben de ona sarıldım. Şu an birinin desteğine ihtiyacım vardı.

"Ne yaptı?" diye sordu, ama sesi tereddütlüydü. Kötü şeyler duymaktan korkuyordu.

"Bir şey olmadı, merak etme. Sadece biraz hırpaladı," dedim arkadaşıma burukça gülümseyerek. Ona Kağan'ın yaptıklarını ve benden istediği şeyden şimdilik bahsetmeyecektim. Önce kafamı toplamaya ihtiyacım vardı.

İlk dersi zaten kaçırmıştık. Ben de eve gitmeye karar verdim. Eve gidip yatağıma girecek ve saatlerce ağlayacaktım.

"Ben eve gitsem iyi olacak Cansu, kendimi iyi hissetmiyorum," dedim halsizce. Sanki bütün hayat enerjim çekilmiş gibiydi.

"Hayır! Seni yalnız bırakmayacağım, ben de derse girmiyorum. Kafamızı dağıtacak bir şeyler yapalım."

"Hiç havamda değilim," dedim bitkin bir sesle. "Başka zaman takılsak?"

"Hayır, olmaz, hadi, bize gidiyoruz. Hiç iyi görünmüyorsun, seni hayatta böyle bırakmam," dedi. Cansu çok ilgili bir arkadaştı, hasta olduğum zaman bile beni sürekli arayarak nasıl olduğumu sormuştu. Bu konuda da beni şaşırtmadı, onu çok az zamandır tanısam da böyle yapacağını tahmin etmiştim.

Nitekim arkadaşımın peşine takıldım ve okuldan birlikte çıktık. En yakın markete giderek iki poşet dolusu atıştırmalık alıp Cansu'nun evine gittik. İki katlı eski bir binanın girişinde oturuyorlardı. Eve girince Cansu anahtarını vestiyerin üzerine bırakıp beni içeri doğru yönlendirdi.

İki odalı evlerinin küçük olmasına rağmen inanılmaz şirin bir havası vardı, sanki daha önceden defalara gelmişim gibi kucaklıyordu adeta beni. Küçük kare bir holden mutfak ve iki odaya giriliyordu. Odalardan birinde kendi yatağıyla eski püskü bir dolap vardı. Tek kapısının kapanmadığı çift kapaklı bir dolaptı. Oturduğumuz odadaysa iki tane üçlü kanepe L şeklinde yerleştirilmişti. Tam karşısında küçük bir vitrin ve üzerine yerleştirilen televizyon, hemen yanında parkeyle kaplı yerde telefonun üzerinde bir sehpa bulunuyordu. Vitrinin formikasında çizikler anında fark ediliyordu, sanki yaşanmışlıkları gösterircesine sıralanmıştı. Ortaya serilmiş olan halının çiçek desenleriyle demir parmaklıklı ufak pencereleri örten perdeler morun en açık tonuydu ve evi bu çiçeklerle perdeler daha sıcak bir yer haline getiriyordu. Pencerenin hemen altındaysa ufacık bir masayla derme çatma üç sandalye vardı. Bu haliyle maketten yapılmış bir odayı andırıyordu.

Çantamı bir kenara koyup televizyon karşısındaki üçlü koltuğa attım kendimi.

"Annen yok mu?" diye sordum etrafa bakınırken.

Cansu da yanıma oturup yayılarak arkasına yaslandı. "Annem iştedir," dediğinde ona döndüm. "Bir otelde temizlik görevlisi olarak çalışıyor," diye belirtti.

Başımı salladım. "Benim annem de yeni çalışmaya başladı," dedim hafifçe gülerek. "Eskiden hiç umursamazdım, ama annem evde yokken onu özlediğimi fark ettim. Babamı da çok özlüyorum. Ankara'ya taşındığımızdan beri ikisinin de yüzünü doğru düzgün göremiyorum," diye hayıflandım.

"Neden taşındınız?" diye sorduğunda üzgünce iç çektim.

"Babam iflas etti," diye cevap verdim kırılgan bir sesle. "Bütün her şeyimizi kaybettik."

Anlayışlı bir ifadeyle, "Üzüldüm, senin için çok zor olmalı," dedi.

İç çekerek burukça gülümsedim. "Alışmaya çalışıyorum. Şu ana kadar hiç fena gitmediğimi söyleyebilirim," dedim takılarak.

Güldü. Ardından bakışlarında bir hüzün belirdi. "Hiç değilse ailenle birliktesin. Annen ve baban yanında, bence buna şükretmelisin," dediğinde sesindeki keder içimi acıttı ve yüzümdeki gülümseme kayboldu.

Nasıl soracağımı bilemeyerek, "Senin..." diye söze başlamıştım ki Cansu araya girdi. "Benim babam yok, onu hiç hatırlamıyorum. Annem bizi terk ettiğini söylüyor."

"Cansu, çok üzgünüm. Bu konuyu açtığım için affet beni," diyerek özür diledim.

"Önemli değil," dediğinde merak ederek, "Hiç aramak istedin mi babanı?" diye sordum.

"Tabii ki. Ama annem babamı bulmamı istemiyor. Ne zaman bu konuyu açsam, ona babamla ilgili bir soru sorsam beni susturuyor. Aralarında büyük bir olay geçmiş olmalı, neden bu kadar kızgın, anlayamıyorum."

Kaşlarımı çattım. "Çok ilginç," diye mırıldandım.

İç çekerek başını salladı. "Artık babamdan vazgeçtim. Annemi üzmemek için bu konuyu açmıyorum. Babasız olmayı kabullendim."

"Canım benim," deyip Cansu'ya sıkıca sarıldım. O da kollarını bana doladı. Bazen bir dokunuş, bir sarılış bile dağılmakta olan birini güçlü hissettirirdi. Cansu için üzülürken bütün gücümü ona vermek istedim ve içimden hep iyi şeylerle karşılaşması için dua ettim. Çünkü bunu çok fazla hak ediyordu.

Geri çekilirken yüzünde sıcak bir gülümseme vardı. "Film keyfi yapalım ve kusana kadar abur cubur yiyelim," dedi heyecanla. Ben de heyecanına eşlik ettim ve mutfağa gidip aldıklarımızı tabaklara boşalttık. Televizyonun karşısındaki koltuğa gömülerek Pers Prensi'ni izledik.

Film harikaydı ve günüm gayet eğlenceli geçiyordu.

Sabah okulda yaşadığım kötü anlar geçirdiğim güzel dakikalarla silinip gitmişti. Kağan pisliği yine aklıma gelince onun için bir şey yapmayacağımı hatırlattım kendi kendime. Ne yaparsa yapsın, onun pis işlerine bulaşmaya hiç niyetim yoktu. Gerekirse polise gider, onu şikâyet ederdim. Böylece sonsuza dek ondan kurtulmuş olurdum. Bu fikir hoşuma giderken rahatladığımı hissettim ve tüm dikkatimi filme verip Kağan'ı zihnimden kovdum.

Film bittiğinde ekranda bir yazı belirdi: "Derler ki bazı hayatlar zaman içinde bağlıdır birbirine, çağlar içinde yankı bulan eski bir çağrıyla zincirlidir ötekine."

"Ne güzel bir söz. Çok hoşuma gitti," dedim büyük bir beğeniyle.

"Evet, gerçekten güzelmiş," diye karşılık verdi Cansu da beğenerek.

Cansu'ya döndüm. "Acaba bizim bağlı olduğumuz kişiler kim?" diye sordum alaycı bir sesle.

"Valla benimki zincirini koparıp kaçmış olmalı, hâlâ karşıma çıkmadığına göre," dedi gülerek.

Kahkaha attığımda Cansu muzip bir bakış attı. "Seninki kesin Timuçin'dir," dedi dalga geçerek.

Gözlerimi devirdim. "Yaa, tabii."

Sonra aklına bir şey gelmişçesine gözleri parladı. "Buldum," dedi heyecanla, "Seninki Kağan olmasın, sürekli dibinde bitiyor."

Yüzümü buruşturdum. "Kağan mı?" dedim tiksinerek.

Hevesle başını salladığında yanımda duran yastığı kaptığım gibi Cansu'nun kafasına indirdim.

"O hödüğü bana layık gördüğüne inanamıyorum. Seninle artık arkadaş olamayız. Bence ölmelisin," diyerek bir kez daha vurdum. Cansu vuruşlarımdan sakınırken kahkahalara boğuldu. Ben de kendimi tutamadım ve kahkahalarına eşlik ettim. Deli gibi gülmeye başladık.

Cansu'yu çok seviyordum, herkesin hayatında böyle birinin olması gerekiyordu bence. O gerçek bir dosttu, kardeş gibi olanlardan.

Akşam hava kararınca geç olduğunu düşünerek eve gitmek için ayaklandım. Kapıdan çıkarken Cansu'ya sevgiyle sarıldım.

"İyi ki varsın, bugün çok eğlendim," dedim içtenlikle.

Geri çekilirken, "Ah, ne demek tatlım, bilirsin, arkadaşlar bugünler içindir," diyerek göz kırpıp kibirli bir şekilde güldü.

11

Cansulardan çıktım, eve doğru yürümeye başladım. Akşam olduğundan dolayı hava iyice soğumuştu. Keskin soğuk içime acımasızca işlerken üşümemek için ceketimin yakalarını kapattım. Durmadan ellerimi birbirine sürtüyordum ısınmak için. Sıcacık ev özlemiyle daha sık ve uzun adımlar atmaya başladım, sanki soğuktan kaçıyordum. Ankara'nın havasına hâlâ alışamamıştım. Serin İzmir akşamlarını düşününce burası Kutuplar gibiydi adeta. Bir gün sıcacık olurken, bir an hava aniden buz kesebiliyordu. Neyse ki evlerimiz aynı mahalledeydi ve fazla yürümek zorunda kalmayacaktım. Tek isteğim bir an önce eve ulaşıp evimin sıcaklığını içimde hissetmekti.

Hava kararınca evimin olduğu mahalle inanılmaz korkutucu geliyordu, kaldı ki gündüz bile yeterince korkutucuydu. İçimde hafif bir tedirginlik oluşunca adımlarımı daha da hızlandırdım. Sokakta sadece kendi ayak seslerim yankılanıyordu, bunun dışında sessizlik bir mezar gibi sokağı esir almıştı. Bir süre yürüdükten sonra sokağın sonuna gelmiştim ki sinirli bir tavırla birinin konuştuğunu duyup olduğum yerde öylece donakaldım. Çünkü bu sesi çok iyi tanıyordum.

Kağan köşeyi dönünce önüme çıktı ve o da benim gibi böyle bir karşılaşmayı beklemediğinden olduğu yerde kalakaldı. Telefon kulağındayken kaşlarını çatarak yavaş yavaş beni süzdü ve bakışlarını gözlerime sabitleyerek, "Seni sonra ararım," deyip telefonunu kapattı.

Üzerinde bol duran koyu renk bir kot vardı ve üstüne de kotundan çok daha koyu olan siyah renginde, üzerinde hiçbir renk ve desenin olmadığı bir tişört giymişti. Sanki fotoğraf çekimine gidermiş gibi onun üzerine deri bir ceket geçirmişti. Ceketini kapamamıştı, tişörtünün altından vücut hatları belli oluyordu. Baştan aşağı siyaha bürününce ateş kadar yakıcı ve tehlikeli görünüyordu.

Bugün olanların acı hatırası aklıma düşünce sabahki üzüntüm, korkum ve öfkem geri geldi. Üzüntümse hepsinin üstünde içimi kavuracak kadar büyüktü. Kağan'a bakarken gözlerimin dolduğunu hissettim. Onu tekrar görmek ve onunla muhatap olmak istemiyordum. Telaşla etrafıma bakınarak bir çıkış aradım. Sokak tamamen ıssız ve karanlıktı. Kafamda panikten ziller çalarken *hemen arkamı dönüp koşmalıyım ve başka bir yoldan eve gitmeliyim* diye düşündüm.

Fakat Kağan konuşunca planımı uygulayamadım ve bakışlarımı ona çevirdim.

Sert ve öfkeli bir sesle, "Ne işin var senin burada?" diye sordu, fakat cevap vermek yerine boş boş yüzüne bakmakla yetindim. Zihnimde beliren bir sürü kelime vardı, ama tek biri bile dilimin ucuna gelip dudaklarımdan çıkmıyordu, bir kelime dahi söyleyecek gücüm yoktu. İçimde büyük bir duygu karmaşası vardı.

Kağan sabırsızca bir nefes verip üzerime doğru yürüyünce ben de geriye doğru adım atmaya başladım. Tedirginliğimden boğazım düğümlendi.

Nihayet titreyerek de olsa bir ses çıkarmayı başararak, "Uzak dur benden," diyebildim. Kalp atışlarım öylesine hızlanmıştı ki kalbim yerinden çıkacak sandım. Soğuktan ziyade korkudan titriyor, titrememi bir türlü kontrol etmeyi başaramıyordum.

Kağan sözlerime aldırmadan üzerime doğru gelmeye devam etti. Kimselerin olmadığı bu tekinsiz sokakta köşeye sıkışıp kalmıştım ve ne yapacağımı bilemiyordum, Kabul etmek istemesem de burada Kağan ile yalnızdım. Bana yardım edebilecek kimse yoktu. Karanlık daha da artıyor, sessizlik daha da büyüyordu. Tamamen çaresizdim ve köşeye sıkışmıştım.

Ellerimi kaldırarak onu engellemek istercesine önümde tutup siper ettim. "Beni rahat bırak, yoksa çığlık atarım," diye uyardım kaygılı bir tavırla, ama yine aldırmadı.

Omuz silkti. "Umurumda olmaz," diye karşılık verdi gayet sakin bir sesle.

Gözlerim dehşetle açılırken bütün gücümü toplayarak arkamı ona dönüp koşmaya başladım. Fakat Kağan peşimden gelip hışımla beni kolumdan yakaladı ve kendine doğru çevirdi. Göğüslerimiz birbirine çarptı. Yüzünü yüzüme iyice yaklaştırarak buz gibi soğuk bir ifadeyle gözlerimin içine baktı. Kolumu öyle sıkı bir şekilde tutuyordu ki hayretle ona bakakaldım. Yarın kesinlikle moraracaktı.

"Benden kaçamazsın!" dedi yavaşça. Sonra da gözlerini şüpheyle kısıp, "Sana bir soru sordum. Ne işin var burada senin, nereden geliyorsun?" diye sordu öfkeli bir sesle.

Neden umurundaydı ki?

"Bu seni ilgilendirmez," diyerek kolumu ellerinden kurtarmaya çalıştım. O ise tehditkâr bir şekilde kolumu daha da sıkarak nafile çabama karşılık verdi. "Cevap ver bana. Kiminleydin?" diye tısladı yüzüme doğru. Nefesinin sıcaklığını yüzümde hissedebiliyordum. Bu çocuk cidden psikopatın tekiydi.

Bir anda sinirlenebiliyordu. Öfkesi çok yakıcıydı ve öfkesinin sebebi şu an bendim. Bana çok kötü şeyler yapabilirdi. Anında mideme giren krampla korku bir virüs gibi damarlarımdaki kana yayılarak içimi asit gibi yaktı. Sabah okulda olanları tekrar yaşamak istemiyordum. Bu düşünceyle daha da çok titremeye başladım.

"Bırak," diyerek tüm gücümle kolumu çekip kendimi ondan kurtarmak istedim, fakat başaramadım. "Canım yanıyor," diye inledim acıyla.

Yüzünü yüzüme iyice yaklaştırdı. Yavaşça dudaklarını yalayıp tehlikeli bir ifadeyle gözlerimin içine baktı. "Bir daha sormayacağım Buket, nereden geliyorsun?" dedi.

Pes ederek yutkundum. "Cansu'yla beraberdim," dedim. Sesim, sanki her an ağlayacakmışım gibi titriyordu.

"Eğer yalan söylüyorsan seni kimse elimden kurtara-

Psikopat

maz," diyerek beni duvara doğru itti. Kolumun acısına bir de sırtımın acısı eklendi. O an Kağan'a *sen nasıl bir manyaksın* diye avazım çıktığı kadar bağırmak istiyordum.

Bana dik dik bakarak elini cebine attı, telefonunu çıkarıp bir iki numara tuşlayıp kulağına götürdü.

"Cansu?" dedi sertçe.

Yok artık! Kağan, Cansu'yu mu aramıştı? Neden bu kadar umurundaydı ki? Bu duruma inanamayarak şaşkınlıkla onu izledim.

"Kes. Soruma cevap ver. Okuldan sonra Buket'i gördün mü?" diye sordu kaba bir sesle. Benimle göz temasını koruyarak Cansu'nun söylediklerini dinleyip hiçbir şey söylemeden telefonu kapattı.

Bana doğru yaklaştı. Ne yapmaya çalıştığını anlamıyordum. Bileğimi sıkıca tutarak beni kendisine doğru çekti.

"Yürü, gidiyoruz," dediğinde gözlerimi kırpıştırdım. "Nereye götürüyorsun beni?" diye sordum büyük bir korkuyla.

"Seni evine bırakacağım. Yalnız yürümeni istemiyorum," dedi itiraz etmemin faydasız olacağını ima eden bir ses tonuyla.

Söylediklerini anlamaya çalışarak gözlerimi kırpıştırdım. Kağan benim için endişeleniyor muydu? Bir yerlerde kamera falan olmalıydı, şaka olmalıydı! Ağzım bir karış açık, gözlerim şaşkınlıktan büyümüş bir halde söylediği şeyi tekrar edip duruyordum kafamın içinde. Dili falan sürçmüş olamazdı, değil mi? Öyle hayrete düştüm ki korkumu bile unuttum ve Kağan'ın beni çekiştirmesine izin verdim.

12

Sabah güneşi incecik perdeleri aşarak odama dolduğunda, esneyerek yatakta döndüm. Bugün tatildi, okul olmadığı için mutluydum, tüm gün uyuyabilirdim. Yumuşacık yastığıma sıkıca sarılarak gözlerim kapalı bir şekilde iç çektim. Tatil günlerine bayılıyordum. Hem okul yoktu hem de annemle babam tüm gün evde oluyorlardı. Yaşasın tatil günleri! Bugün akşama kadar keyif yapacaktım.

Dün gece olanlar zihnimde belirince yastığımı bırakıp yatağımda döndüm ve boş boş tavana bakmaya başladım. Her şey çok garipti. Kağan önce bana çok kaba ve sert davranmıştı, ama sonra yalnız yürümeyeyim diye eve kadar bana eşlik etmişti. Hatta apartmanın kapısından içeri girene kadar da beni beklemişti. Bunu zorla ve kaba bir şekilde yapmış olsa da iyi niyetli davrandığına şüphem yoktu, çünkü oturduğumuz mahalle tekin olmayan bir yerdi ve etrafta tehlikeli insanlar vardı. Kağan bir nevi beni korumak istemişti. Bu cidden tuhaftı. Olanlara bir anlam veremesem de Kağan'ın beni umursamış olması hoşuma gitmişti.

Bu anının hayaliyle derince iç çektim. İçimde garip bir sıcaklık gezinirken yüzümde aptal bir gülümseme oluştu. Sonra içimden bir ses *Kağan psikopatın teki, dengesiz bir ruh hali var, sana çektirdiklerini ne çabuk unuttun, ona gerçekten güveniyor musun* deyince gülümsemem yüzümde kayboldu.

"Of, o salak umurumda değil," diyerek yastığa yumruğumu geçirdim. "Onu ciddiye almıyorum!"

Annemin sesiyle düşüncelerimden sıyrılarak yatağımda doğruldum. "Efendim?" diye cevap verdim.

"Kahvaltı hazır tatlım," diye mutfaktan seslendi.

"Tamam," dedim ve odamdan çıkıp banyoya yöneldim. Yüzümü yıkadıktan sonra odama geçip pembe şortumla askılı beyaz bluzumu giydim. Hava bu aralar biraz serin olduğu için ince hırkamı da omuzlarıma aldım.

Mutfağa girdiğimde kahvaltı masasının yarısını dosyalar ve anlamadığım yazılarla dolu kâğıtlarla kaplanmış bir halde buldum. Babam anneme işle ilgili bir şeyler anlatıyordu. Ses tonu oldukça ciddi geliyordu kulağa, sandalyeyi çekip karşısına oturduğumda dahi beni fark etmedi. Maddi durumumuzun kötü olması aile ilişkilerimize de yansımıştı. Babam hem bana hem de anneme karşı çok ilgisizdi. Biz yokmuşuz gibi davranması beni üzüyordu, eski babamı özlüyordum.

Dalgın dalgın çayını içerken tüm dikkatini elindeki kâğıtlara vermişti. Saçlarının yan tarafları hafifçe kırlaşmaya başlamış, ön tarafındaysa açıklıklar vardı. Gözlüklerinin ardındaki ela gözleri çok yorgun bakıyordu. Dosyaları incelerken alnındaki kırışıklar daha da belirginleşiyor. Sanki o eski genç hali gitmiş, yerine daha yaşlı ve daha yorgun bir adam gelmişti. Omuzları yeni yaşamımızın yükü altında ezilip çökmüş, babamı fazlasıyla yormuş ve onu daha yaşlı, daha suskun bir adam yapmıştı.

"Günaydın," dedim en sevecen sesimle. Babam okuduklarından başını kaldırıp gülümsedi. "Günaydın kızım," diye karşılık verdi.

"Nedir onlar?" diye sordum merak ederek. Başını hafifçe salladı. "İşle ilgili birkaç dosya, pazartesiye kadar bitirmem gerekiyor," deyip yine kâğıtlara döndü. Bu sırada annemle göz göze geldik ve üzüldüğümüzü gösteren bakışlarla birbirimize baktık. Zoraki bir şekilde tebessüm edip bakışlarımı önümde duran tabağıma çevirdim. Ardından içim burkularak sessizce kahvaltımı yapmaya başladım. O an aklımdan geçen tek düşünce *keşke eskisi gibi olabilseydik* oldu.

Öğle vakti odama geçip yatağıma sereserpe oturdum ve son ses Skillet'tan *Hero*'yu dinleyip birkaç dergi karıştırarak kafamı dağıtmaya çalıştım. Muhteşem renk ve modellerde çok şık, harika ötesi giysiler, ayakkabılar, çantalar vardı. Uzun zamandır alışveriş yapmamıştım. Yapsaydım bile bunlardan tekini dahi alacak param yoktu ne yazık ki! Hoşnutsuzlukla yüzümü buruşturdum ve dergiyi sertçe kapatıp yere doğru fırlattım. Of!

Bu sırada telefonumun melodisi, odamda çalan müziğin

sesine karıştı ve telefonuma uzanarak elime aldım. Ekrana bakınca numaranın rehberimde kayıtlı olmadığını görüp merak ettim. *Kim bu* diye düşünürken telefona cevap verdim.

"Efendim?" dedim zayıf bir sesle.

Diğer uçtan gürleyen kaba bir ses, "Benim, Kağan," dedi.

Kaşlarım şaşkınlıkla yukarı kalktı. Kağan beni niye aradı ki şimdi? Hem numaramı nereden buldu? Ne diyecekti acaba? Nabzım niye hızlanmaya başladı? Benim derdim neydi böyle? Aklımda bir sürü soru ardı ardına dizilirken olabildiğince sakin olmaya çalıştım. "Ne istiyorsun?" dedim umursamaz bir sesle.

"Bu akşamki işimizi unutmadın umarım," dedi kibirli bir sesle.

Gözlerimi devirdim. "Numaramı nereden buldun?" diyerek konuyu değiştirmeye çalıştım.

Sorumu hiç umursamadı. "Akşam geç kalma, bekletilmekten hoşlanmam," dedi soğukça.

Tereddüt ederek, "Bu akşam bana yaptırmak istediğin iş tam olarak nedir?" diye sordum.

"Özel bir iş," diye kestirip attığında kaşlarımı şüpheyle çattım. "Bu özel işten biraz bahsetmek ister misin?"

"Gerek yok. Akşam göreceksin nasıl olsa," dedi kulağa küstahça gelen bir ses tonuyla.

"Akşam seninle bir şey yapmak istemiyorum," dedim onun küstah çıkan sesini taklit ederek.

"Evet, yapacaksın," dedi emir veren bir tavırla. "Gönüllü değilse zorla!"

"Bana emir verme," diye çıkıştım. "Bu şekilde konuşmandan nefret ediyorum." Sinirlenmiştim artık.

Usulca güldü. "Evet, veririm," diye karşılık verdi alaycı bir sesle.

Sinirli bir şekilde kıkırdadım. "Yok ya, sana bunu düşündüren nedir acaba?"

"Bana borçlu olduğunu hatırlatırım," dedi rahat bir tavırla.

Öfkeyle bir soluk aldım. "Sadece bir kitap verdin. Büyütmesene, gören de dünyayı hediye ettin sanır."

"Seni azar işitmekten kurtardım çakma prenses. Sınıfta rezil olmak istemezdin, değil mi, senin gibi birinin bunu kaldırabileceğini sanmıyorum. Kendini tuvalete kapatıp saatlerce ağlardın herhalde," diye karşılık verdi alaycı bir şekilde.

"Ah, tabii ya, sen olmasan ne yapardım ben. Ne kadar yardımsever bir insansın, teşekkür ederim!" dedim iğneleyici bir ses tonuyla.

Alay etmeye devam ederek, "Senden böyle sözler duymak büyük bir şeref," deyip güldü.

Gözlerimi devirdim. "Ya tabii. Eminim öyledir."

"Her neyse," dedi ciddileşerek. "Akşam, sokağın başında ol," derken sesi yine emir verir bir tınıya bürünmüştü.

Şakacı Kağan buraya kadardı demek ki! "Senin için bir şey yapmayacağım, unut bunu. Ben yokum," diyerek karşı çıktım. Telefonda fazla mı cesur davranıyordum? Kesinlikle!

"Beni karşına mı almak istiyorsun, sana istediklerimi yaptırmak için zor mu kullanmalıyım?" dediğinde yavaşça yutkundum.

"Beni tehdit edemezsin."

Güldü. Rahatsız eden türden alaycı bir gülüştü bu. Gülmeyi bırakınca ciddi bir sesle devam etti. "Ben tehdit etmem. Bunu anlamış olman gerekir. Bir şey söylüyorsam yaparım."

Kendini beğenmiş budala! "Ya gelmezsem?" dedim ağır ağır.

"Benimle oynamamanı öneririm. Sabrımın zorlanmasına tahammülüm yoktur," derken sesi tüylerimi diken diken edecek kadar tehlikeli çıkmıştı.

Tedirginliğimi kontrol etmeye çalışarak o an olabilecek en sakin ses tonuyla, "Umurumda değil Kağan!" dedim.

"Kes!" dedi sert bir tavırla. "Bu kadar gevezelik ettiğin yeter. Akşam geleceksin ve ben bir şey istiyorsam yapacaksın, aksi halde..."

Konuşmasının devamını duyamadım, çünkü telefonu öfkeyle yüzüne kapatmıştım. Onun şiddet içerikli tehditlerini tahmin edebiliyordum. Ama nedense pek umursamıyordum. Sanırım evdeyken bana hiçbir şekilde ulaşamazdı ve ben buna güveniyordum. Sonuçta ailem yanımdayken bana ne yapılabilirdi ki? Ondan uzaktaydım, evde, kendi odamda güvendeydim... Ne yaşadığımız sıkıntılar ne okuldaki tatsız olaylar ne de Kağan, ne kadar zorlayıcı ve korkutucu olursa olsun, umurumda olmazdı. Onunla buluşmayacaktım. Onun ayağına kendi isteğimle gidecek kadar aptal değildim.

Telefonum tekrar çalınca yine Kağan'ın aradığını gördüm. Asla cevap vermeyecektim. Telefona bakarak sanki Kağan karşımdaymışçasına dil çıkardım. "Boşuna arama, salak!"

Telefonum dört kez daha çaldıktan sonra Kağan sıkılmış olacak ki artık aramayı bıraktı. Mesaj sesiyle telefonu elime aldım. Kalp atışlarım hızlanarak mesajı açıp okudum.

Telefonu yüzüme kapatmak, ha? Benden kurtulabileceğini mi sanıyorsun, seni küçük aptal!

Mesajı öfkeyle silip telefonu kızgınlığımı gösterircesine sıktım! Ondan nefret ediyordum!

İkinci bir mesaj sesiyle irkilerek hemen yazdıklarını açıp okudum. Ellerim sinirden titriyordu.

Bu yaptığının hesabını çok kötü ödeyeceksin. Sana yapabileceklerimin farkında bile değilsin. Akşam gelmezsen kendi sonunu hazırlamış olursun.

Seni saçından sürükleyerek o evden dışarı çıkarırım.

Kaşlarım hayretle havaya kalktı ve büyük öfkeyle mesaja bakakaldım. Psikopat! Kağan'a karşı hissettiğim nefret bütün bedenime yayılırken sinirle telefonu yatağa doğru fırlattım. Bu akşam onunla buluşmayacaktım!

Asla!

13

Kağan'ın aptal işi için buluşmamıza neredeyse üç saat kalmıştı, bu durum beni tedirgin etmeye başlamıştı. Öğlenki rahatlığım ve umursamazlığım akşama doğru azalarak kaybolarak yerini büyük bir korkuya bırakmıştı.

Odamda sağa sola sebepsizce yürüyüp endişeyle dudaklarımı ısırıyor ve ara sıra camdan dışarı bakarak sokağı kontrol ediyordum. Sanki gelişine dair bir ses duyacakmışım gibi sessiz olmaya çalışıp etrafa kulak kabartıyordum. Her an bir şey olacakmış gibiydi. İçim daha da sıkılıyor, zaman geçtikçe sanki peşimde bir katil varmış gibi hissediyordum. Işığı kapatıp perdenin ardından sokak lambalarının güçlükle aydınlattığı sokağa, o karanlık boşluğa bakıyordum. Tırnaklarımı kemirmemek için kendimi zor tutuyordum.

Aptalca bir şey yapmazdı herhalde, değil mi? Evime gerçekten gelir miydi acaba? Bir an Kağan'ın kapımıza dayandığını hayal ettim ve bu korkunç hayali zihnimden kovmak istercesine başımı hızla iki yana salladım. Ne yapacağımı düşünmekten başıma ağrılar girmeye başlamıştı artık.

Bu işten kurtulmak için bir şeyler yapmam gerekiyordu. Hem de hemen!

Telefonumun çalmasıyla aniden sıçradım. Ekrana baktığımda Timuçin'in aradığını gördüm ve rahatlayarak cevap verdim. "Efendim?" dedim kendimi yatağa atarak.

"Merhaba Buket, nasılsın?" dedi.

"İyidir, ne olsun, sen nasılsın?" dedim geçiştirerek.

Konuşmanın hemen bitmesini istiyordum. Başımda Kağan belası vardı ve acilen onunla ilgilenmeliydim.

"Ben de iyiyim," dedikten sonra bir süre tereddüt edip konuşmaya devam etti. "Şey diyordum…"

"Ne?"

"Bu akşam işin yoksa birlikte bir şeyler yapalım mı? Güzel bir bar biliyorum, birlikte gidebiliriz," dedi.

Sonunda baklayı ağzından çıkarmıştı. Gülümsedim. Çekingen tavırları çok tatlıydı.

İç çektim. "Bu akşam dışarı çıkamam Timuçin," diye inledim.

"Hımm… peki," dedi üzülerek.

Bir dakika! Bir dakika! Bu akşam dışarı çıkarak Kağan belasından kurtulabilirdim! Süper bir fikirdi bu!

Heyecanla konuşmaya başladım. "Tamam! Düşündüm de dışarı çıkabiliriz Timuçin. Süper olur, hem evde canım sıkılıyordu. Sen harikasın!" dedim hızlıca konuşarak.

İçimden kahkahalar atıyordum. Boşta olan elimi kıvırarak küçük bir dans gösterisi bile yapmıştım. Kağan evime gelse de beni bulamayacaktı! Ha ha!

Timuçin, "Beni gerçekten şaşırtıyorsun Buket, çok şirinsin," diyerek güldü.

Sanırım Timuçin aşırı heyecanlı halimi yanlış anlamıştı. Neyse, şimdilik önemli değildi bu.

"Ne zaman çıkmak istersin? Akşam dokuz olur mu?" diye sorunca, "Hemen," diye atladım lafa.

Kendime kızarak elimle alnıma vurdum. Of, sakin olmam gerekiyordu. Bazen heyecanımı abartabiliyordum. "Dokuz çok geç. Bence bir saat sonra buluşabiliriz Timuçin," diyerek toparlamaya çalıştım.

"Tamam, seni evinden alabilirim istersen," dedi.

Tabii ki isterim! "Olur, ben sana adresi mesaj atarım," dedim ve Timuçin'le vedalaşıp telefonu kapattık.

Derin bir nefes aldım. Şimdi de annemle babamı evden çıkarmalıydım. Ama nasıl? Aklıma gelen şahane fikirle hemen bilgisayarımın başına geçtim ve birkaç restoran baktım. Restoranların pahalı olmamasına dikkat ederek içlerinden şık ve uygun fiyatlı olanlardan birine karar kılıp numarasını tuşladım. Akşam için iki kişilik rezervasyon yaptırdım. Telefonu kapatırken bu yemek fikri için kendimi tebrik ettim. Bu akşam yemeği annemle babama çok iyi gelecekti, baş başa kalmaya ve birlikte vakit geçirmeye ihtiyaçları vardı.

Bu akşam ben de evde yoktum. Neşeyle, "Beni daha çok beklersin Kağancığııııım," dedim eğlenerek. Ha ha! Yüksek sesle kahkaha atarken kendimi sırtüstü yatağıma bıraktım ve en sevdiğim şarkıyı mırıldanmaya başladım.

Akşam saat altı olunca annemle babamı dışarı çıkmaları

için ikna etmeyi başardım. Annem sürprizimi duyunca büyük bir sevinçle boynuma sarılıp teşekkür etti. İnanılmaz istekliydi, ama babam biraz tereddütlüydü. Neyse ki annemle birlik olup babamı ikna ettik ve evden mutlu mesut ayrıldılar. Umarım akşamları güzel geçerdi.

Ben de hazırlanarak Timuçin'in gelip beni almasını beklemeye koyuldum. Buluşma için yarım olan kolları dantel işlemeli, etek kısmı dizlerimin bir karış yukarısında biten, üzerime oturan siyah renkli bir elbise seçtim. Elbiseme uygun olduğunu düşündüğüm topuklu siyah ayakkabılarımı giydim. Saçlarımı da düzleştirip açık bıraktım. Ardından kırmızı bir ruj sürerek gözlerime de hafifçe siyah kalem çekip makyajımı bitirdim.

Girişte telaşla bir sağa bir sola doğru yürüyüp arada aynada kendimi bilmem kaçıncı kez kontrol ederken telefonum çaldı.

Lütfen, Kağan aptalı olmasın diye mırıldanarak telefonu elime aldım. Tabii, azıcık da olsa nabzımın hızlandığını itiraf etmeliyim. Numarayı görünce rahat bir nefes aldım. Arayan Cansu'ydu.

Selam dahi vermeden, "Bu akşam bir şey yapalım mı?" diye sorarken kıtır kıtır bir şey yiyordu.

"Çok isterdim tatlım, ama bu akşam Timuçin'le çıkacağım," dedim.

Cansu yüksek sesle bir sevinç çığlığı attı. Telefonu kulağımdan uzaklaştırmak zorunda kaldım.

"Şaka yapıyorsun!" diye bağırdı.

Bu haline gülmeden edemedim, çok komikti.

"Siz çıkıyor musunuz?" dedi hemen ekleyerek. Sesinden inanılmaz heyecanlandığı belliydi.

Cansu'nun Timuçin'le bir ilişkimin olmasını benle Timuçin'den çok daha fazla istediği kesindi.

"Hayır," dedim gözlerimi devirerek. "Sadece bu akşam bir yerlere davet etti, ben de kabul ettim. Sen de gelmek ister misin?" dedim.

"Hayır. Geleceğin mutlu çiftine engel olmak istemem. Bu gece itiraf edebilir."

"Abartma, sadece dışarı çıkıp birazcık eğleneceğiz, hepsi bu. İtiraf edilecek bir şey yok," dedim. Ama ben de Timuçin'den emin olamıyordum. Bana karşı aşırı bir ilgisi vardı.

"Bence var. Neyse, gecenin sonunda konuşuruz. Akşamla ilgili bütün gelişmeleri bana anlatacağına söz ver."

Gözlerimi devirdim. "Tamam," dedim ve vedalaşıp telefonu kapattık.

Timuçin'in gelmesini beklerken Kağan aklıma geldi yeniden. Hâlâ tedirgindim. Bir an önce evden çıkmak istiyordum. Telefonuma gelen mesaj sesinin sessizlik içindeki girişi doldurmasıyla ben de düşüncelerimden uzaklaştım.

Mesaj Timuçin'den gelmişti. Geldiğini ve apartmanın önünde olduğunu yazmıştı. Ve bir de mesajına gülücükler eklemişti. Tatlı çocuk!

Hiç oyalanmadan kendimi dışarı attım. Sonuçta bu geceki kurtarıcımı bekletmemeliydim, değil mi?

Bahçeye çıktığımda Timuçin'in siyah bir Honda'ya yaslanıp beni beklediğini gördüm. Araba modifiyeliydi. Kırmızı jantları uzaktan fark ediliyordu. Çok havalıydı! Arabalarla uğraşmayı seviyordu anlaşılan.

Saçlarını düzgün bir biçimde jölelemişti. Açık renk bir kot pantolon giymesine rağmen çok şık görünüyordu. Yine pantolonuyla uyumlu, neredeyse aynı tonlarda olan ve esmer ve pürüzsüz tenini daha da ortaya çıkaran, kısa kollu açık mavi bir gömlek giymişti. Gömleğinin altını pantolonun dışında bırakmıştı. İlk kolundaki saate takılsa da gözlerim, kol kaslarını fark etmem çok zamanımı almadı. Bir an için gömleğinin altındaki vücudunu hayal ettim. Sonuçta çocuk sporcuydu, böylesi bir vücuda sahip olması şaşırtıcı olmasa gerekti. Altında da üzerinde en ufak bir toz zerresinin olmadığı siyah, spor bir ayakkabı vardı. Bu haliyle sanki Timuçin'i ilk kez görüyor gibiydim, ya da başka bir gözle bakıyordum.

Beni fark ettiğinde sıcak bir gülümseme yayıldı yüzüne.

"Merhaba," dedim sevecen bir sesle.

"Merhaba. Çok güzel olmuşsun," dedi içten bir iltifatla.

"Teşekkür ederim,"

"Gidelim istersen," derken arabanın kapısını açıp oturmamı bekledi.

Kibar şey! Benden artı puan aldı.

Arabaya binmeden önce derin bir nefes alıp etrafıma bakarak sokağı inceledim, kimseler yoktu. Gözlerim özellikle Kağan'ı aradı. Sanki her an bir yerlerden çıkacakmış gibiydi. Neyse ki ortalıklarda görünmüyordu. Bu gecelik Kağan'dan kurtulmuştum. Öyle değil mi?

14

Barın önüne geldiğimizde Timuçin arabasını uygun bir yere park etti ve arabadan indik. Mavi ve beyaz neon ışıklarla aydınlatılmış barın tabelasını görünce yolun karşısına geçmemiz gerektiğini anladım. Sarımsı taşlarla örülü duvarın ortasına ön mekâna giriş için biraz ara bırakılmış ve sigara içenlerle dışarıda oturmak isteyen insanlar için geniş bir yer ayrılmıştı. Kısacak duvarın üstündeki küçücük lambalar ortamı aydınlatıyor, bir yığın masa ve sandalyede gölgeler oluşturuyordu. Ardından direkt iç mekâna geçiliyordu ki burası dışarıya göre çok daha karanlık ve rengarenk ışıkların yansımasıyla doluydu.

Uzun zamandır bara gitmemiştim. En son İzmir'deyken Gazel'in doğum gününü kutlamak için büyük bir parti düzenlemiştik. Eski sevgilim Berk, kuzeni için barı kapatmıştı. Sadece yakın arkadaşlarımız vardı ve o gece deli gibi eğlenip sabaha kadar dans etmiştik. Harika bir doğum günü partisi olmuştu.

İzmir'deki arkadaşlarım aklıma gelince yüzümde hafif

bir tebessüm oluştu. Özlemle iç çektim. Onları çok özlemiştim. Ben bunları düşünürken Timuçin elimden tuttu ve birlikte geniş girişten geçip içeri girdik.

Elimi tutması beni oldukça şaşırtmıştı, çünkü benim için çok ani olmuştu. Başımı eğip birleşen ellerimize bakınca Timuçin'in ihtiyatlı bir ifadeyle beni izlediğini gördüm. Sanırım tepkimi merak ediyordu. Yüzünde sıcacık bir gülümseme vardı, ama gözleriyle mahcup mahcup bakıyordu.

Ona bir şans vermeli miydim? Bu konuyu daha sonra detaylı bir şekilde düşünmek için aklımın bir köşesine not ettim. Ama elimi Timuçin'in elinden çekmedim ve ben de ona gülümsedim.

Loş görünen barın içine ulaştığımızda, arkaya kısma doğru genişlediğini fark ettim. Arka tarafta sanki ayrı ayrı odacıklar şeklinde düzenlenmiş, masaların olduğu bölümler vardı. Masadakiler yüksek sesli müziğe ayak uydurup ya içkilerini yudumluyor ya da ritim tutuyorlardı. Barın olduğu kısmın hemen sağında da geniş bir alan vardı, burada da insanlar deli gibi kendilerini kaptırdıkları müzik eşliğinde dans ediyordu.

Kırmızı kanepelerin olduğu tenha odacık şeklindeki bölmede bir köşeye geçtik. Barın bu bölümünün ışığı daha cılızdı, sarı bir ışık masamızı aydınlatıyordu. Timuçin benim oturmamı bekledikten sonra bize içecek bir şeyler almak için yanımdan ayrıldı. Ben de ardından bakarak onu düşündüm. Çok yakışıklı değildi, ama sürdüğü jöleye rağmen kıvırcıklığından çok da bir şey kaybetmemiş olan siyah saçları ve sıcacık bakan gözleriyle sevimli bir yüzü vardı. Sürekli gülümsüyordu ve çok düşünceliydi. Bu çok hoşuma gidiyordu, çünkü erkeklerde nadir bulunan bir özellikti. Belki de sadece bana karşı böyleydi. Bilemiyorum. Her ne kadar baş döndürücü şekilde yakışıklı olmasa da yanındaki mutlu etmeyi bildiği kesindi ki önemli olan da bu değil miydi?

Timuçin içeceklerimizle geri dönüp yanıma yerleşti. Elindeki bardaklardan birini bana uzatırken, "Bugün beni kırmayıp geldiğin için teşekkür ederim," dedi nazik bir sesle.

"Asıl ben teşekkür ederim, burası bir harika," deyip içeceğimi dudaklarıma götürüp içimi serinleten bir yudum aldım.

Merak ederek, "Okulda seni hiç görmüyorum," dedim.

"Doğrudur. Sizin sınıfın etrafında pek takılmam. Hoşlanmadığım insanlar var."

"Kimler?" diye sordum kaşlarımı yukarı kaldırıp.

"Kağan denen varoş ve onun pislik sürüsü işte. Boş ver," derken elini salladı ve içeceğinden kocaman bir yudum aldı. Sonra hızlıca ekledi. "Affedersin, senin yanında kötü sözler söylemek istemezdim."

Hafifçe gülümsemekle yetindim. "Önemli değil," diyerek devam etmesini bekledim.

"O serseriden nefret ediyorum. Kendisini okulun sahibi sanıyor. Tam bir baş belası," diyerek başını iki yana sallayıp Kağan'ı ve davranışlarını hiç onaylamadığını belirtti.

Bu sırada yanımıza bir kız gelerek sohbetimizi böldü. Uzun, omuzlarından aşağı inen sarı saçları pırasa gibi dümdüzdü, inanılmaz bakımlı görünüyordu. Beyaz teni gözlerini daha da ortaya çıkarmış, deniz yeşili gözleri insanı kendisine çekiyordu sanki. Tamamen bir estetik harikası denebilecek kadar düzgün bir burnu vardı. Kalın dudaklarındaki kırmızı rujunun üzerine sürdüğü parlatıcı yüzünün soluk beyazlığını alıyordu. Kalçalarını açığa çıkarmaktan çekinmediğini gösterircesine vücudunu sımsıkı kavrayan siyah deriden kısacık bir etek giymişti. Eteğinin kemerinin hemen üzerinde biten askısız kırmızı büstiyeriyse dolgun göğüslerini saklamakta başarısız gibi görünüyordu. "Timuçin!" derken sesi cilveli çıkmıştı.

Timuçin ona doğru dönüp, "Selam Gül. Dönmüşsün," dedi şaşırmış bir ses tonuyla.

Şımarıkça, "Evet, dün döndüm, ama öyle yorgundum ki okula gelemedim," deyip başını bana çevirdi.

Bunu gören Timuçin, "Seni Buket'le tanıştırayım," dedi.

"Merhaba," dedim en sevecen sesimle, o da elini uzatıp, "Ben Gül," diye karşılık verdi kibirli bir tavırla.

"Memnun oldum," diyerek elini sıktığımda bana tepeden bir bakış attı. "Cansu senden çok bahsetti."

"Umarım iyi şeyler söylemiştir," dedim şakaya vurarak.

Gözlerini devirdi. "Ah, merak etme, seni övüp durdu," diye cevap verdi. Sesi daha ne kadar hoşnutsuz çıkabilirdi acaba? Tamam! Düşman alarmı!

Timuçin aramızdaki kötü elektriği hissetmiş olacak ki hemen söze girdi. "Gül de sizin sınıfta," diye belirtti kibarca.

"Hımm," deyip geçiştirdim. Gül'ün beni küçümseyerek süzdüğünü fark edince gözlerimi hafifçe kıstım. Ben de aynı şekilde ona baktım. Ona bakarken *Bas geri kızım* mesajı vermeyi de ihmal etmedim tabii.

İlk dakikada bu düşmanlık da neyin nesiydi böyle! Yoksa Timuçin'den mi hoşlanıyordu?

Arkadan biri "Gül?" diye seslendi. Gül omzunun üstünden geriye bakıp el salladı. Sonra bize dönüp, "Neyse, pazartesi okulda görüşürüz, ben arkadaşlarımın yanına döneyim. Size iyi eğlenceler," diyerek yine şımarıkça yanımızdan uzaklaştı.

Abartılı bir şekilde gözlerimi devirdim. "Beni öldürmek istediğine bahse girebilirim," diyerek yüzümü buruşturdum.

Timuçin kocaman bir kahkaha atıp, "Aldırma. Seni merak ediyordu ve bu akşam sonunda seni gördü. Gül her zaman ilgi odağı olmayı sever," dedi ve ciddileşerek devam etti. "Sen çok güzel, zarif ve dikkat çekici bir kızsın, sadece seni kıskandı."

Utanarak hafifçe gülümsedim. Ne diyebilirdim ki?

"Hem ben senin yanındayken sana dokunamaz."

Yanaklarımın yandığını hissettim. "Teşekkür ederim," diye mırıldandım.

Aniden bu utangaçlık nereden gelmişti şimdi?

"Gülümseyince çok daha güzel oluyorsun," derken başını yana yatırıp derin bir şekilde yüzüme bakmaya başladı. "Buket," dedi koltukta bana biraz daha yanaşarak, "Merak ediyordum da..."

Ah! Kesin teklif edecek! Bu şimdi konuşmak istediğim bir şey değildi. O anda en sevdiğim şarkılardan biri olan Amy

MacDonald'dan *This is the Life* başlayınca bu fırsatı değerlendirmeye karar verdim.

"Bu şarkıya bayılıyorum, haydi, dans edelim," deyip ayağa kalktım.

Timuçin'in dudağının bir kenarı kıvrıldı. "Konuşuyorduk ama."

"Bu şarkıyı hayatta kaçırmak istemem, kalk hadi," dediğimde iç çekerek içeceğini masaya bırakıp, "Peki, seni kırmayayım," dedi. Sesi *şimdilik kaç bakalım* der gibi çıkmıştı.

Anlamamazlıktan geldim ve dans pistine geçerek şarkı boyunca dans ettik. Ardından oturmayıp yeni çıkan şarkılarda da dans etmeye devam ettik. Bu gece umduğumdan da güzel geçiyordu. "Gül" kısmı hariç tabii!

Ara sıra telefonumu kontrol edip Kağan'dan bir iz var mı diye bakmaktan kendimi alamıyordum. Fakat Kağan'dan ne arama vardı ne de bir mesaj. Galiba hâlâ şoktaydı. Ne de olsa buluşmaya gitmeyerek ona meydan okumuştum. Bunu hazmetmesi zaman alabilirdi. Bu düşünceyle hissettiğim tatminle yüzüme zafer dolu bir gülümseme yayıldı.

Yavaş bir müzik başlayınca kollarımı Timuçin'in boynuna dolayarak başımı omzuna yaslayıp gözlerimi kapattım. Kendimi müziğin ağır ağır çalan hoş ritmine bıraktım. Şarkı bitince gözlerimi açtığımda, karşımda gördüğüm kişi sayesinde dudaklarım şaşkınlıkla aralandı. İşte, bunu kesinlikle beklemiyordum!

Birkaç metre ötemizde Kağan duruyordu ve öfkeyle cayır cayır yanan gözlerini üzerime dikmişti. Gözlerimi kır-

Psikopat

pıştırdım. Bunun zihnimin bana oynadığı bir oyun olmasını diledim, ama hayır, zihnim bana kesinlikle oyun oynamıyordu. Bir halüsinasyon falan görmemiştim. Kağan kanlı canlı gerçekten de tam karşımda duruyordu. Kuruyan boğazımı ıslatmak için güçlükle yutkundum. Kalbim o kadar hızlı atıyordu ki yeni başlayan müziğin sesini bile bastırıyordu sanki. Titrememek için kendimi zor tutuyordum. Kağan ne kadar süredir oradaydı ve bizi izliyordu?

15

Donup kalmış bir şekilde Kağan'ın öfkeli yüzüne bakmaya devam ediyordum. Hareket etmeye bile cesaretim yoktu. Nefes almaya dahi korkuyordum. Beni buraya kadar takip etmesi korkunçtu. Aniden durmam ve kaskatı kesilmemi gören Timuçin, "Ne oldu?" diye sordu şaşkın bir sesle.

"Yok bir şey," dedim başımı sallayarak.

Timuçin kuşkuyla gözlerini kıstı ve bakışlarımı takip edince Kağan'ı gördü.

"Bu pisliğin burada ne işi var?" dedi. Rahatsız olmuştu. "Ve neden bize bakıyor?" diye ekledi bana dönerek.

Gözlerimi zar zor Kağan'dan çekip Timuçin'e döndüm. "Gidelim mi?" dedim telaşla.

"Neden?"

"Gidelim Timuçin, geç oldu zaten," diye geveledim.

"Kağan yüzünden değil yani," dedi şüphe duyduğunu ima eden bir sesle.

Tekrar Kağan'ın olduğu yere döndüm. Hiç kıpırdamadan olduğu yerde duruyordu. Sanki çeliktendi de kimse onu

Psikopat

ezip geçemez gibiydi. Sinirden çenesi kasılmış, tek kaşı tehlikeli bir ifadeyle yukarı kalkmış, öfkeyle bana bakıyordu. Dudakları bile oynamıyordu. Sıktığı yumruğundan ne kadar sinirli olduğu açıkça görülüyordu.

Hemen buradan gitmemiz gerekiyordu! Kağan'la sonumun kötü olabileceğini bildiğim bir karşılaşma için hazır değildim.

Zoraki bir neşeyle, "Hayır, Timuçin, o salak umurumda değil. Çok yoruldum, saatlerdir dans ediyoruz. Ayrıca burası çok sıcak, bunaldım. Temiz havaya ihtiyacım var," diye saçmaladım.

Timuçin şüpheli bir bakış attı ve derince iç çekti. İnanmıyordu bana. Eh, ben de olsam bu kadar kötü yalan söyleyen birine inanmazdım. Berbat bir yalancıydım. Kabul ediyorum.

Elini kollarıma koyarak önüme geçti. "Buket, bana karşı dürüst olmanı istiyorum, seni rahatsız mı ediyor o pislik?" dedi yumuşak bir sesle.

Ah, beni önemsiyordu.

"Hayır," dedim gözlerimi ondan kaçırarak. İleride dans eden çiftleri izlemeye başladım.

Nefesini sıkıntısına açığa vuracak şekilde dışarı verdi. "Buket, Kağan'ı gördüğünde kaskatı kesildin. Korktun. Beni kandıramazsın, bunu gördüm," dedi sabırla.

Bu sözlerinden sonra gözlerimi tekrar Timuçin'e çevirdim. Beni çok iyi okumuştu.

"Sonra konuşabilir miyiz? Sadece gitmek istiyorum."

İç çekti. "Tamam," dedi yumuşak bir sesle.

Timuçin'in yanımda olmasının verdiği güven hissiyle omuzlarının üzerinden Kağan'ın olduğu yere bir bakış attım, fakat orada değildi.

Gitmişti!

Hemen etrafıma bakınarak Kağan'ı aradım. Yoktu. Hiçbir yerde göremiyordum onu.

Timuçin hesabı ödedi ve birlikte bardan çıktık. Ben sürekli etrafıma bakmaya devam ediyordum, Kağan her an önümüze çıkacakmış gibi hissediyordum. Endişe zehirli bir sarmaşık gibi içimde büyüyor, her dakika beni biraz daha korkunun kollarına itiyordu.

Arabaya vardığımızda rahatlayarak nefesimi bıraktım. Şimdi sadece eve gitme kısmı kalmıştı. Aniden gelen kötü bir düşünce beni rahatsız etti. Kağan gitmemize izin mi vermişti? Bu nasıl bu kadar kolay olabilirdi ki?

Her neyse, umurumda değildi, sonuçta ondan kurtulmuştuk, şimdilik önemli olan tek şey buydu.

Timuçin'le arabaya geçip yolda sessizce ilerlemeye başladık. Bana yandan bir bakış atarak, "İyi misin?" diye sordu. Sesindeki endişeyi hissedebiliyordum.

Ona döndüm ve bu konuda rahatlaması için gülümseyerek cevap verdim. "İyiyim, Timuçin, merak etme."

"Neler olduğunu anlatacak mısın, ne var aranızda?" dedi.

"Tabii ki hiçbir şey," diye çıkıştım.

"Peki, bu akşam olanlar neydi?"

Bu sorusu karşısında duraksadım. Bir şeyler uydurmam gerekiyordu. "Hiç, sadece tedirgin oldum. Zaten sınıfta her gün görüyorum onu ve ondan hiç hoşlanmıyorum. Varlığı beni rahatsız ediyor," dedim yalan söylediğim için tutuk tutuk.

Rahatsız olduğum kısmı doğruydu, ama diğer konu üzerinde henüz karar veremiyordum.

"Anladım, güzelim, fakat herhangi bir durum olursa bana söylemekten çekinme," dedi hafifçe tebessüm ederek.

Timuçin çok iyiydi. Onun hakkında ne düşünmem gerektiğini bilemiyordum. Bana güven veren bir yanı vardı, ama onu sevgili olarak görmem başkaydı. Mesela ona baktığımda kitaplarda yazdığı gibi, içimde kelebekler ya da başka şeyler uçuşmuyordu. Kalp atışlarım hızlanmıyordu, büyük bir heyecan dalgası beni ele geçirmiyordu.

"Tamam, teşekkürler," dedim gülümseyerek ve başımı cama yaslayıp dışarıyı izlemeye başladım.

Yol boyunca müzik eşliğinde sohbet ettik. Konuşurken gözüm sürekli telefona kayıyordu. Kağan'dan şiddet içerikli tehdit mesajları ya da arama bekliyordum. Fakat telefonum sessizce duruyordu. Bu sessizlik karşısında rahatlasam mı, yoksa korksam mı, bilemedim, ama içimde, derinlerde bir yerde bana rahat vermeyen felaket bir his vardı.

Eve vardığımızda Timuçin arabadan inip dolandı ve nazik bir şekilde kapımı açtı. Ya çok tatlı bir şey bu çocuk! Apartmanın kapısına kadar benimle geldi. "Bu gece harikaydı, tekrarlamayı çok isterim," dedi bir eliyle ensesini ovarak.

Utanmış mıydı o?

"Tabii, olur. Benim için de harika bir geceydi, çok eğlendim," dedim.

"Peki, o zaman... şey... seni aramamda bir sıkıntı olmaz, değil mi?" diye sordu çekinerek.

"Hayır, istediğin zaman arayabilirsin," dedim sevecen bir şekilde.

Bu sırada sokağın başından bir arabadan gelen yüksek motor sesi duyuldu ve ani frenle az ötemizde durdu. Timuçin ile arabanın olduğu yöne doğru baktık. Araba siyahtı ve karanlıkta doğru dürüst seçilmiyor, sanki karanlığın bir parçasıymış gibi duruyordu.

Sonra Timuçin umursamadan tekrar bana dönerek bir şeyler söylemeye başladı, ama onu dinlemedim.

Aklım siyah arabadaydı, gözlerimi arabadan ayıramadım. Araba çalışır halde, farları gözleri kör edecek şekilde parlarken öylece duruyordu. Sanki izleniyorduk. İçimdeki felaket his bunun üzerine tavan yaptı.

Sürücüsü hızla gazı kökledi ve yüksek motor sesi yine boş sokakta yankılandı. Araba hızla uzaklaşıp önümüzden geçerken açık olan camdan onu gördüm: Kağan.

16

Eve girdiğimde rahatlamış hissettim, kötü ruh halim yavaş yavaş değişmeye başladı. Evde yalnız olduğumu görünce annemlerin hâlâ yemekte olduğunu düşünüp sevindim. Sanırım geceleri güzel geçiyordu ki henüz bitirmek istememişlerdi.

Benim gecem de gayet güzeldi, ama erken bitirmek zorunda kalmıştım. Neden peki? Kağan yüzünden! Hem o araba da nereden çıkmıştı, bu çocuğun kaç arabası vardı böyle? Geçen gün acımasız bir şekilde üzerime çamur sıçrattığında başka bir araba kullanıyordu. Bu oldukça garipti, ama umursamadım. O aptalı düşünerek zamanımı harcamak istemedim ve annemi arayıp akşamlarının nasıl geçtiğini sordum. Annemin sesi oldukça mutlu geliyordu. Sık sık böyle baş başa dışarı çıkabilselerdi keşke. Beş dakika konuştuktan sonra bir saate kadar döneceklerini öğrenip telefonu kapattım.

Çok yorgun olduğum için hemen yatağıma girip uyumak istedim. Omuzlarımda hissettiğim gerginlikle odama girip kıyafetlerimi çıkarırken telefonumun çaldığını duydum. Koşar adımlarla çantamı bıraktığım yere gittim. Çantamı salonda büyük beyaz koltuğun üstüne atmıştım. Telaşla çantamı elime alıp telefonumu çıkardım.

Kağan'ın aradığını düşünüyordum. Ya da bekliyor muydum demeliydim.

Of! Bu düşünce neydi şimdi! Zaten kesinlikle cevap vermeyecektim. Kesinlikle!

Telefonun ekranındaki ismi görünce ani telaşım yerini yüzüme yayılan gülümsemeye bıraktı. Cevaplama tuşuna basıp telefonu kulağıma götürdüm.

"Efendim Cansu?" dedim eğlendiğimi ima eden bir sesle.

"Kızım, öldüm meraktan, insan bir mesaj atar. Neler yaptınız, geceniz nasıl geçti diye düşünmekten kafayı yedim," dedi yalandan mızmızlanarak.

"Tamam, tamam," dedim gülerek. "Daha yeni geldim, eve mesaj atmaya fırsatım olmadı," diye devam ettim.

"Eeee?"

"Ne eee?" diye sordum onu taklit ederek.

"Neler oldu, anlatsana," dedi beklentiyle.

"Bütün gece dans ettik, bir şeyler içtik, sohbet ettik. Timuçin'i çok sevdim. Eğlenceli biri. Keşke sen de gelseydin."

"Ah, kesinlikle bir dahaki sefere orada olacağım," diye inledi.

"Gül diye biriyle tanıştım bu arada," deyip Cansu'nun tepkisini beklerken kendimi koltuğa attım ve bacaklarımı ortadaki sehpaya uzattım. Annem burada olup bunu görseydi eminim bana çok kızardı.

"Aa, dönmüş mü o? Bak hiç söylüyor mu..." derken

sesi dalgınmış gibi geliyordu. Sonra kendini toplayarak, "Artık üçümüz birlikte takılırız. Gül de bizim sınıfta ve çok kafadır. Onu seveceksin," dedi.

Cansu göremese de yüzümü buruşturdum. Bu sözünden sonra Gül hakkındaki düşüncelerimi kendime saklamaya karar verdim.

"Neyse, bırak şimdi Gül'ü. Timuçin teklif etti mi, onu söyle sen," diye sordu meraklı bir sesle.

"Hayır. Biz sadece arkadaşız Cansu ve arkadaşça eğlendik. Hepsi bu." Arkadaşça kelimesine vurgu yaptım.

"Öyle olduğuna emin misin? Yani Timuçin'den bahsediyoruz burada. Benim kaç yıllık arkadaşım ve senden deli gibi hoşlandığını biliyorum."

İç çektim. "Hiçbir şey olmadı diyorum sana, sıradan basit bir geceydi."

"Peki, teklif etseydi cevabın ne olurdu?"

"Bu konu hakkında pek emin değilim. Tamam, çocuk süper tatlı ve çok iyi biri, ama... bilemiyorum... kararsızım," deyip yüzümü buruşturdum.

Cansu abartılı bir şekilde iç çekti. "Timuçin gerçekten iyi biridir. Bir kızı asla üzmez, karşısındakini önemser ve daima mutlu eder, çok düşüncelidir. Bence bir şansı hak ediyor."

Ben de derince iç çektim. Cidden kararsızdım. Bunu düşünecektim, ama şimdi değil, daha sonra.

"Biliyorum," diye mırıldandım.

"Yüz yüze bu konuyu daha detaylı konuşuruz. Seni öyle daha çabuk ikna ederim," deyip gülmeye başladı.

Ben de güldüm. "Çok kötüsün Cansu."

"Ben sadece sevdiğim iki arkadaşımın birlikte mutlu olmasını istiyorum, tek amacım bu. Bence birbirinize çok yakışıyorsunuz."

"Okuldan artakalan zamanlarda çöpçatanlık yapabilirsin. Bu işte oldukça iyi olduğunu düşünüyorum," derken kahkaha attım. Cansu da bana eşlik etti.

"Bu dostlarıma özel bir şey akıllım," dediğinde yorgunluğun verdiği ağırlıkla esnedim.

Cansu, "Esniyorsun. Hadi, yat artık, yarın görüşürüz," dedi anlayışla.

"Tamam," derken yine esnedim. "İyi geceler."

"İyi geceler," diyerek telefonu kapattı.

Telefonumu odama bırakıp banyoya doğru yürüdüm. Kendime sıcak köpüklü bir banyo hazırlayıp bunun keyfini çıkardım. Su beni rahatlatmıştı, bütün gecenin hem fiziksel hem zihinsel yorgunluğunu üzerimden atmıştım. Omuzlarımdaki gerginlik uçup gitmişti. Banyodan çıktıktan sonra pembe ipek pijamalarımı giyip kendimi rahatlamanın verdiği uyuşuklukla yatağıma attım. Gözlerimi boş boş tavana diktim ve bu geceyi düşündüm.

Timuçin ve Kağan… birbirlerinden o kadar farklılardı ki! Biri huzur verirken, diğeri korku veriyordu. Tehlike ve heyecan… heyecan ve tutku... tutku ve… of, ne diyorum ben ya! Son zamanlarda iyice kafayı yedim. Timuçin'den nasıl buraya geldim? Ben ne yapıyordum, Kağan'la Timuçin'i karşılaştırıyordum. Korkunun yanından duyduğum o heyecan da neyin nesiydi o zaman? Neden benimle ilgilenen Timuçin yerine, gördüğüm andan beri hayatımı kâbusa çevirmeye çalışan Kağan'ı düşünüyordum? İki farklı kutup gibiydiler, biri insanın içini ısıtırken, diğeri bir bakışıyla buz kestiriyordu.

Kendime kızarak sinirle gözlerimi kapattım ve hızla gelen uykuya kendimi teslim ettim. Gece aniden dışarıdan gelen gürültülü motor sesiyle yatağımdan sıçrayarak uyandım. Saate göz attığımda saatin üçü çeyrek geçtiğini gördüm. Üzerimdeki örtüleri iterek hızla yataktan kalktım. Aklıma yine Kağan geldi, endişelenmeye başladım birden. Tamam, çok da tekin olmayan bir yerde oturuyorduk, ama gecenin bir yarısı hiç bu şekilde uyanmamıştım. Gözlerimi ovuşturarak cama doğru yürüdüm. Perdeyi tedirginlikle yavaşça kaldırıp karanlık sokağa göz atmaya başladım. Evet, bu akşamki gördüğüm siyah arabaydı. Hala rüya mı görüyorum deyip tekrardan gözlerimi ovuşturduktan sonra çok daha dikkatli bir şekilde yeniden sokağa baktım. Gerçekten oydu; o siyah araba, yani Kağan.

Evimizin önünde öylece duruyordu. Kağan beni pencereden görmüş olacak ki motoru durdurup arabanın kapısını yavaşça açtı. Kendinden emin, sert bir şekilde arabadan indi.

Bir adım öne gelerek arabanın kapısını hızla kapattı. Başını kaldırıp hafif kısık gözlerle ve ifadesiz bir yüzle gözlerini dahi kırpmadan pencereye doğru dik dik bakmaya başladı. Kesinlikle beni fark etmişti, ben her ne kadar dikkatli olmaya çalışsam da beni fark ettiği kesindi. Baştan aşağı yine siyahlar içinde, hiç kımıldamadan orada duruyordu. Sanki onun izni olmadan rüzgâr bile esmeye korkuyordu.

Endişeyle yutkundum. Boğazım düğümlendi. Kalp atışlarım yine aniden hızlanmaya başladı. Tek yapabildiğim onun bakışlarına korkuyla karşılık vermek oldu. Yine aynı şey gerçekleşti ve sanki zaman bizim için durdu. Bana bakan gözleri o kadar koyuydu ki onun dışında her şey silindi benim için. Dünyada sadece ikimiz kaldık. O ve ben...

Gecenin bu vaktinde karanlık ve ıssız sokakla bütünleşmiş gibiydi, öyle ki karanlığın içinden gelen bir ölüm meleği gibi duruyordu. Benim ölüm meleğim...

Görünüşe göre yaptıklarımın cezasını ödeyecektim ve cezam Kağan'ın elinden olacaktı. Beni yakaladığında bu geceyi fena ödeteceğine emindim. Onu kızdırmak istemiyordum, ondan ölesiye korkuyordum, ama istediğini asla yapamazdım. Kağan'la daha fazla yakın olmak istemiyordum.

17

Kağan bakışlarını benden ayırmadan, elini cebine sokup telefonunu çıkardı ve bir iki tuşa basıp kulağına götürdü. O anda telefonumun zil sesi bütün odayı doldurdu. Başımı telefonuma doğru çevirdim, ekranda Kağan'ın ismini görebiliyordum, beni arıyordu. Onunla konuşmak istemediğim için cevaplamayı düşünmüyordum. Hele de şimdi! Hem çok öfkeli görünüyordu hem de şu durumda ölesiye ondan korkuyordum. *Acaba cevap vermezsem daha çok sinirlenir mi* diye düşünerek altdudağımı ısırdım.

Telefonum sustu. Fakat Kağan'ın bu kez ne yapacağını merak ederek onu izlemeye devam ettim. Yine mi arardı? Yoksa bu kez mesaj mı atardı? Ya da en korktuğum şeyi yapar mıydı, kapıma dayanır mıydı? Hiçbiri olmadı.

Telefonu sinirle cebine atarak öfkeyle son kez bana bakıp başını hafifçe iki yana salladı ve bir hışımla arabasının kapısını açıp içine oturdu. Gazı yüksek sesle kökleyip sokağı gürültülü motor sesine boğarak hızla uzaklaştı.

Kaşlarımı çattım. Bu gidişini büyük bir tehdit olarak

gördüm. Perdelerimi sinirle kapatıp kendimi sırtüstü yatağıma attım. Salak Kağan! Salak! Salak! Salak! Bu sözcükleri tekrarlayarak uykunun gelip beni almasını bekledim.

Sabah telefonumun ısrarla çalması üzerine uyandım. Gözlerim yarı kapalı bir vaziyette telefonumu alıp ekrana dahi bakmadan cevapla tuşuna dokundum. "Efendim?" dedim uykulu uykulu.

"Günaydın!" diyen enerjik sesi duyunca arayanın Cansu olduğunu anladım. Beni bu saatte başka kim arardı ki zaten! Esneyerek cevap verdim. Hâlâ uyanamamıştım.

"Sen uyuyor musun?" diye sordu azarlayarak.

"Evet, çünkü saat sabahın körü. Normal olarak bu saatte uyunur Cansu," diye mırıldandım.

Telefonun diğer ucunda gözlerini devirdiğini görebiliyordum. "Hiç umurumda değil, hemen kalkıp hazırlanıyorsun. Bugün kızlar günü yapacağız," dedi.

"Ne?"

"Ne, ne?"

"Bunun için çok erken değil mi?" diyerek yumuşacık yastığıma daha da sarıldım.

"Ne olmuş yani, erkenden başlarsak kız günümüz daha uzun sürer," diyerek kendini beğenmişçesine güldü.

Memnuniyetsiz bir şekilde inledim.

"Bir saat sonra sendeyim, acele etsen iyi olur."

İtiraz ederek, "Ama Cansu..." dememle telefonu yüzüme kapattı.

Bir süre boş boş telefona bakıp Cansu'nun arkasından

söylendim, ardından sıcacık yatağımla vedalaşarak hazırlanmaya başladım. Dolabımın kapağını açıp kıyafetlerimi gözden geçirdim. Ne giysem diye düşünürken elimi elbiselerimin üzerinde gezdirdim. Hepsi ünlü markalara ait kıyafetlerdi. Yumuşacık kaliteli kumaşlara dokunmak bile beni mutlu ediyordu. Artık her ne kadar bunların en ucuzunu bile alamayacak olsam da kıyafetlerimden vazgeçemezdim.

O an gözüm dolabın altındaki Kağan'ın mahvettiği çantama gitti. Çantamı elime aldım ve üzgünce iç çektim. Temizlemeye çalışmış olmama rağmen üzerindeki çamur izleri geçmemişti. Oysaki bu çantamı çok seviyordum, babam doğum günü hediyesi olarak yurtdışından getirmişti ve bu çantamın anısı vardı. Ani bir sinir dalgası beni ele geçirirken çantamı yerine koydum ve Kağan'a içimden küfürler ettim. Pislik herif!

Günümü berbat etmesine izin vermeyerek başımı iki yana salladım ve Kağan'a ait düşünceleri zihnimden kovdum. Kıyafetlerimi incelemeye devam ederek özel tasarım olan açık mavi, göğüs altından büzgülü, mini elbisemi giydim. Üzerine de açık renk kot ceketimi aldım. Ayakkabı olarak da beyaz Converse giymeye ve beyaz küçük çantamı takmaya karar verdim.

Siyah uzun saçlarıma maşa yaptım ve açık bırakarak omuzlarıma dökülmesine izin verdim. Kahverengi gözlerimi ortaya çıkarmak için gözkapaklarıma aynı renk kalem çektim. Pembe dudak parlatıcımı da sürdüm ve aynada kendime bakıp gülümsedim. Çok şeker görünüyordum.

İşim bitince annemin yanına gittim. Mutfakta kahvaltı hazırlıyordu. Onu böyle görmek her seferinde canımın sıkılmasına neden oluyordu. Eskiden hiçbir işe elini sürmeyen annem şimdi evin işlerine tek başına koşturuyor, bütün sorumluğunu üstleniyordu.

"Anne, ben bugün Cansu'yla dışarı çıkacağım," dediğimde gülümseyerek bana baktı. "Harika olur, çık tabii, değişiklik olur senin için de" dedi.

Çekinerek, "Biraz para verebilir misin?" diye sordum. "Belki beğendiğim bir şey olursa alırım."

"Tabii," dedi anlayışla ve çok olmasa da bir miktar para verdi.

Yanağından öptüm. "Sen bir tanesin!" dedim neşeyle. "Akşama çok geç kalmam, yemekte evdeyim."

Güldü. "Tamam. Bir ara Cansu'yu eve getir de tanışalım. Merak ettim arkadaşını."

"Olur," diye cevap verdim ve evden çıktım.

Apartmandan çıktığımda Cansu'yu kaldırıma oturmuş, beni beklerken buldum. Üzerinde krem rengi bir tişört ve dar kot pantolon vardı. Çok güzel olmuştu. Derin bir nefes alarak Cansu'nun yanına gittim. Dün geceki fiyaskodan sonra bugünün güzel geçmesi için içimden dua ettim.

Cansu, Gül'le buluşacağımızı söylediğinde, ufak çaplı bir şok yaşasam da kendimi hemen topladım. Hiç istemesem de bugün için Gül'e bir şans vermeye karar verdim. Belki aslında iyi biridir, biz yanlış bir zamanda karşılaşmışızdır diye düşünmek istedim.

Cansu'yla birlikte sohbet ederek otobüs durağına vardık. İlk gelen otobüs önümüzde durunca korku dolu bir ifadeyle otobüsün içine göz gezdirdim. İnanılmaz kalabalıktı, insanlar neredeyse cama yapışmış bir vaziyette duruyordu. Böyle bir duruma katlanıp saatlerce nasıl yolculuk yaptıklarını merak ettim.

Cansu binmek için yeltenince kolunu tutarak onu durdurdum. Ne olduğunu merak edercesine şaşkın şaşkın bana baktı.

"Buna binmeyeceğiz, değil mi? Çok kalabalık bu otobüs," dedim.

Cansu da otobüse şöyle bir baktı ve yüzünü buruşturdu.

"Evet. Haklısın," deyip beni onayladı. "Bir sonrakine bineriz o halde."

Rahatlayarak gülümsedim. Umarım ikinci otobüs boş gelirdi de biz de rahat bir yolculuk yaparız diye düşündüm.

Fakat her zaman istediğimiz şeyler olmuyor, öyle değil mi? Çünkü ne ikinci otobüs ne de üçüncü otobüs boş geldi. Ne yazık ki hepsi de dopdolu geldi. Ne düşünmüştüm ki bana özel otobüs olacağını falan mı!

Artık Cansu da sabırsızlandığı için söylenmeye başladı. "Buket, bu kaçırdığımız üçüncü otobüs. Hadi, ama böyle giderse çok gecikeceğiz ve oraya vardığımızda Gül'ü beklemekten deliye dönmüş bir halde bulacağız. İnan bana, onun o halini görmek istemezsin. Tüm günü bize kâbusa çevirir."

Aslında Gül'ü hiçbir şekilde görmek istemiyordum. *Keşke beklemekten sıkılsa da evine dönse* diye geçirdim içimden. Böylece biz de Cansu'yla yalnız takılırdık Gül olmadan! Ah, gerçekleşmeyen hayaller...

"Biraz beklesin Cansu, böyle kalabalık otobüslere nasıl binebiliriz ki! Nefes alabileceğimizden dahi şüphe ediyorum."

"Abartma Buket. Bak bir dahakine biniyoruz, tamam mı? Yoksa tüm günümüz burada geçecek."

Yüzümü buruşturarak karşılık verdim. "Başka bir seçeneğimiz yok mu?" diye sordum çekinerek.

İç çekerken başını iki yana salladı. "Seni cidden anlayamıyorum. Gören de daha önce hiç otobüse binmediğini sanır."

Yanaklarım kızarırken onun bakışlarından gözlerimi kaçırarak çantamın fermuvarıyla oynamaya başladım.

Cansu'nun heyecanla, "Yok artık! İnanmıyorum!" diye bağırmasıyla bakışlarımı tekrar gözlerine çevirdim. "Daha önce hiç otobüse binmedin, değil mi?" diye sorarken gözleri büyümüştü.

Utanarak hafifçe başımı iki yana sallayarak, "Hayır," diye cevap verdim.

Cansu kocaman bir kahkaha attı. "Demek bu yüzden ilk defa otobüs görmüş gibi davranıyorsun," deyip yeni bir kahkaha daha attı.

Biraz utanmış, biraz bozulmuş bir halde ona bakarken, "Bu kadar komik bir şey olduğunu sanmıyorum," diye mırıldandım.

"Doğru söylüyorsun, affedersin," derken hâlâ güldüğünü görünce ona kötü bir bakış attım.

Ellerini teslim olurcasına havaya kaldırdı. "Tamam, tamam. Gülmüyorum. Söz," deyip gülmemek için altdudağını ısırdı. "Pekâlâ, bu özel ve ilk deneyiminde yanında olacağım, korkmana hiç gerek yok," deyip yeni bir kahkaha krizine girince ofladım.

"Yaa Cansu!" derken ben de hafiften gülmeye başladım.

"Merak etme, bunu atlatacağız. Sana öğreteceğim çok şey olacak küçük çekirge," deyince gözlerimi devirdim.

Bir araba kaldırıma yanaşıp yanımızda durunca dikkatimizi o yöne verdik. Sonuna kadar açık olan camdan tanımadığım bir çocuk bize dönüp rahat bir şekilde sırıtarak, "Selam," dedi.

Cansu, "Ne istiyorsun?" diye sordu aksi bir sesle.

Çocuk, "İsterseniz gideceğiniz yere bırakabilirim, daha fazla beklemeyin," deyince içimden şükrederek sevinç çığlıkları attım. Zira ağzına kadar dolu bir otobüse binmekten cidden çekiniyordum, kalabalıkta yolculuk etmek beni korkutuyordu.

Cansu, "Hayır," diyerek kestirip atınca çocuk ısrarla gözlerinin içine baktı. Aralarında anlayamadığım bir bakışma geçti. "Neden, ama korkma, seni yemem," dedi.

Cansu'nun gerildiğini hissedince ona doğru döndüm. Kaşlarını çatarak dik dik çocuğa bakıyordu. "Bas git Deniz!" dedi kızgın bir sesle.

Deniz güldü ve bakışlarını indirip Cansu'nun bedeninde gezdirdi. "Çok güzel olmuşsun. Her zamanki gibi, bayıldım."

Cansu, "Ağzının ortasına bir tane geçireceğim şimdi,

gerçekten bayılacaksın," diyerek bir elini yumruk yapıp Deniz'e doğru salladı.

Adının Deniz olduğunu öğrendiğim çocuk, "Hiç değişmeyeceksin, değil mi?" deyip pis pis güldüğünde Cansu, "Deniz, defol git!" diye bağırdı öfkeyle.

Deniz, "Peki," dedi sırıtışı tüm yüzüne yayılırken. "Sonra görüşürüz," deyip gaza sonuna kadar yüklenerek hızla yanımızdan ayrıldı. Motorun yüksek sesi arkasından yankılanırken Cansu'ya döndüm.

"Kimdi o?" diye sordum meraklı bir sesle. Cansu hâlâ kızgın gözlerle arabanın arkasından bakıyordu. "Cansu, kimdi o?" diyerek sorumu yineledim.

Derin bir nefes alarak gözlerini bana çevirdi. "Önemli biri değildi. Okuldan aptalın teki işte," dedi, ama önemli olmadığına pek inanmadım. Çünkü ikisinin de birbirine olan bakışı çok fazla anlam taşıyordu. Özellikle Cansu'nun bakışları nefret yüklüydü.

"Çok itici biriydi," dedim.

Beni onaylayarak başını salladı. "Aynen öyle. Neyse, boş verelim artık Deniz'i," dediğinde bakışlarım omuzlarının üzerinden yola kaydı. "Bir otobüs geliyor," dedim heyecanla. Allahım, lütfen dolu olmasın!

Cansu otobüse döndü. "Buna binemeyiz," dedi.

"Neden ama," diyerek surat astım. "Baksana, fazla dolu da değil, binelim hadi," deyip otobüse doğru adım attığımda Cansu beni durdurdu. "Bu kartlı otobüs kuşum, kartımız yok binemeyiz."

Kaşlarımı çattım. "Kart mı, nasıl yani?" diye sordum kafa karışıklığıyla.

"Bazı otobüslere kart basarak biniyorsun, bazıları da paralı canım."

Omuzlarım düşerek ofladım. "Ne zor bir şeymiş ya!" dedim somurtarak.

Cansu kıkır kıkır güldü. "Sen böyle davrandıkça ilk otobüs maceramızı çok merak ediyorum."

Gözlerimi devirdim, ama Cansu'nun yine şen şakrak haline dönmesine sevinmiştim. Deniz onu hem sinirlendirmiş hem de tedirgin etmişti.

"Benimle dalga geçiyorsun," dedim yalandan gücenerek.

"Hayır, iftira atıyorsun resmen," dedi benim gücenen sesimi taklit ederek. "Sadece birazcık eğleniyorum tatlı arkadaşım benim," diyen Cansu kolunu omzuma atıp beni kendine doğru çekti.

"Şimdi ilk gelen otobüse bineceğiz ve korkunç bir kalabalık arasında kendimize yer bulacağız. Ardından bu bilinmezlikle dolu tehlikeli yolda birbirimize kenetlenip yolculuğumuza başlayacağız. Sana destek olacağım, sakın endişe etme, bunu yapabilirsin Buket. Kendine güven," deyip yine yüksek sesle kahkahalara boğuldu.

"Cansu!" diye bağırarak tekrar sitem etmiştim ki otobüs çoktan gelmiş ve önümüzde durmuştu.

İç çektim ve Cansu'nun beni çekiştirmesine izin vererek otobüse bindim. Haydi, bakalım, yolculuk başlasın!

Buluşma yerine vardığımızda Gül'ün başını eğerek telefonuyla uğraştığını gördüm. Koyu renk kot şort ve ip askılı, göbeği açık bir tişört giymişti.

Cansu, Gül'e seslenince Gül başını hemen telefondan kaldırdı ve kocaman bir sırıtışla Cansu'ya baktı, fakat beni görünce sırıtışı anında yüzünden kayboldu. Yüzünü hafifçe buruşturdu. *Bunun burada ne işi var* diye düşünüyor gibiydi. Ah, lanet olsun, Gül benden kesinlikle nefret ediyordu!

Cansu hızla Gül'e sarıldı. Gül'ün bakışları hâlâ bende olduğu için başta tepkisiz kaldı, ama sonra toparlanıp o da Cansu'nun sarılışına karşılık verdi.

Cansu geri çekilirken bana baktı. "Buket'le tanışmışsın," dediğinde Gül, "Evet, barda karşılaştık," dedi dudak bükerek.

"Selam Gül," dedim.

O da bana soğukça selam verdi. Cansu beni çekiştirerek koluma girdi ve Gül'ün de koluna girerek, "Çok süper bir kız günü bizi bekliyor," diye bağırdı.

Yalandan gülümsedim. Ne yapacaktım ki başka?

Gül'ün bende ne gördüğünü, bana neden böyle nefret dolu baktığını bilmiyordum, fakat bugün ne olursa olsun, sabırlı olmam gerektiğini kendime hatırlattım ve derin bir nefes aldım.

Üçümüz birlikte vitrinlere bakarak dolaşmaya başladık. Gül her hoşuna giden vitrinin olduğu mağazaya girmek istiyordu. Cansu'ysa indirimli yerlere bakmaktan yanaydı.

Bir mağazaya girdik ve farklı taraflara doğru dağıldık. Herkes zevkine göre olan yerleri seçti. Askıdaki kıyafetleri incelerken Gül'le sürekli aynı kıyafetleri incelediğimizi fark ettim, model olsun, renk olsun, zevklerimiz aynıydı. *Belki birbirimizi tanısak severdik* diye düşündüm bir an. Ama onun böyle bir şeye izin vereceğini sanmıyordum.

Cansu, "Hadi, çıkalım, karşıdaki ayakkabı mağazasına girelim. Yüzde elli indirim yazdığını gördüm," dedi.

Gül de "Evet, benim de birkaç çift ayakkabı bakmam lazım," diye karşılık verdi şımarıkça.

"Ben buraya biraz daha bakacağım, işiniz bitince buluşsak olur mu?" diye sordum. Bu mağazayı sevmiştim. Çok güzel şeyler vardı.

Cansu itiraz etmek için ağzını açmıştı ki Gül araya girdi. "Tamam, biz gidelim öyleyse. Sen keyfine bak," diyerek Cansu'yu çekiştirerek götürdü.

Gözlerimi devirmemek için kendimi zor tuttum. Geri zekâlı!

Elbiseler arasında dolaşırken bir an camın dışındaki bir hareketlilik dikkatimi çekti. Dikkatli bir şekilde bakınca hızla yürüyüp giden birini gördüğümü sandım. Bir an izlendiğim hissine kapılarak ürperdim ve kıyafetlerin arasından çıkarak ağır ağır cama doğru yanaştım. Kaşlarımı çatarak dışarıya göz gezdirdim, fakat etrafta kimseler yoktu, mağazanın önü bomboştu.

Bu durumu garip bulurken az önce incelediğim kıyafetin başına geri döndüm. Aralarından hoşuma giden kırmızı, mini gece elbisesini askısından tutup çıkardım. Çok şık bir modeli vardı, tek bakışta beni büyülemişti. Bu elbise harikaydı! Denemek için kabinlere doğru yürüdüm.

Elbiseyi giyip aynaların olduğu yere gittim ve üzerimde nasıl durduğunu inceledim. Göğüs kısmında hafif bir dekoltesi vardı, aşağı doğru inerken belimi tamamıyla sarıyor, kalça kısmından aşağı doğru da kiloş bir şekilde inerek bacaklarımı açığa çıkarıyordu.

Yüzümde kocaman bir sırıtışla bir sağa bir sola dönerek aynada kendime bakarken, elbisenin bana ne kadar yakıştığını ve bu elbiseyi kesinlikle almam gerektiğini düşündüm.

"Seni alacağım güzel elbise," diye şarkı söyler gibi mırıldanarak etiketi kontrol ettim. Mutlu halim anında yok olurken yüzüm asıldı. Bu kadar param yoktu ki benim! Annemin verdiği para bu elbiseye yetmiyordu. Üzülerek etiketi bıraktım. Alt tarafı bir elbiseydi, evet, ama sorun elbiseyi alamamam değildi. Eskiden hiçbir şeyi düşünmez, etikete bile bakmazdım. Her şey o kadar kolaydı ki tek yapmam gereken beğenmek ve istemekti. Şimdiyse beğensem de, istesem de bir şey yapamıyordum. Gerçek yüzüme vuruyordu: Artık eski yaşamın yok. Gözlerim doldu; yaşadığım şehri, eski okulumu, eski arkadaşlarımı, kısaca tüm geçmişimi hatırlayınca çok uzaklarda kalmış gibiydi, gözyaşlarıma engel olamamaktan korkarak elimle gözlerimi sildim. Ağlamamak için çenemi sıktım ve kabinlere doğru gittim. Üzerimden çıkardığım bu harika elbiseyle vedalaştım.

Satıcı kız yanıma gelip, "Alıyor musunuz efendim?" diye sordu.

Derince iç çektim. "Hayır," derken burukça tebessüm

ettim ve elbiseyi ona verdim.

    Mağazadan çıkınca karşıda Cansu ve Gül'ün hâlâ mağazada ayakkabı denediğini gördüm. Beni esir alan kasvetli halimden biraz olsun kurtulabilmek için derin bir nefes alarak kızların yanına doğru yürümeye başladım. Bugünkü alışveriş hiç umduğum gibi gitmiyordu. İstediğim şeyi alamamak moralimi çok bozmuştu. Eskiden Gazel ve Işıl'la saatlerce yaptığım alışverişi şimdi Cansu ve Gül'le yapamıyordum. İçimdeki 'keşke'ler artarak boğazımda bir yumruya dönüşüyordu.

    Önümde ani fren yaparak duran siyah bir BMW beni kederli düşüncelerimden çekip çıkardı. Araba tam bana çarpacakken önümde durmuştu. Korkuyla kenara çekilip kaldırıma çıktım. Sürücü camını sonuna kadar açıp gözlerini yüzüme dikti.

    "İyi misin?" diye sordu endişeli bir sesle.

    Başımı olumlu anlamda sallamakla yetindim.

    Adam otuzlu yaşlarında görünüyordu. Dağınık duran kabarık saçları esmer yüzünü ortaya çıkaracak şekilde geriye doğru taranmıştı. Gür kaşlarının altındaki kısık, mavi gözleri buğulu ve gizemliydi. Burnuysa oldukça belirgindi. Hafifçe çıkmış sakallarıyla keskin yüz hatlarını düşününce fazlasıysa erkeksi bir havası vardı.

    "Bir şey olmadı değil mi?"

    Donuk bir sesle, "Olmadı, iyiyim. Gerçekten," diye cevapladım onu. Az daha trafik kazasına kurban gidecektim!

    "Önüne bakmadan yürüyecek kadar ne düşünüyordun,

merak ettim doğrusu." Sesinde hafif bir alaycı ton vardı.

"Üzgünüm, bir an dalıp gitmişim. Fark etmedim sizin geldiğinizi," dedim utanarak.

Dudaklarında küçük bir tebessüm oluştu. "İstersen seni gideceğin yere bırakabilirim."

"Yok. Teşekkürler. Karşıya, arkadaşlarımın yanına geçiyordum zaten."

Gözlerinden gizemli bir parıltı geçti. "Pekâlâ, görüşmek üzere," deyip hızla yanımdan ayrıldı.

Şaşkınlıkla kaşlarımı kaldırıp arabanın arkasından bakakaldım. Görüşmek üzere derken?

Cansu'yla Gül o anda yanımda bittiler. Geldiklerini fark etmemiştim. Gül şüphelendiğini belli eden bir sesle, "Kimdi o, ne konuşuyordunuz?" diye sordu.

Sana ne meraklı!

Cansu'ya dönünce onun da yüzünde soru işaretleri gördüğüm için bir açıklama yapma gereği duydum. "Sadece adres sordu. Ben de bilmediğimi söyledim," dedikten sonra gülerek devam ettim. "Yeni taşındım Ankara'ya, nereden bilebilirim ki adres filan," dedim gözlerimi açarak. Aman Allahım, iyice yalancının teki olup çıktım.

İkisi de bana inanmış olacak ki daha fazla üstelemedi. Cansu, "Merak etme, bizimle takıla takıla Ankara'da bilmediğin yer kalmayacak kuşum," dedi içtenlikle.

Güzel, bana inanmıştı.

Gül homurdanarak etrafına bakındı. Onlarla takılmam fikri hoşuna gitmiyordu anlaşılan. Ben bayılıyorum sanki sana! Ne kadar itici ve kötü kalpli bir kızdı bu böyle!

İkisinin elindeki alışveriş poşetlerini görünce *eh, benim aksime birileri bir şeyler almış* diye düşündüm. **Moralimi bozmamalıyım** diye içimden geçirdim. Ben de güzel şeyler alabilirdim. Sadece bütçeme uygun şeyler bakmalıydım. Ya da eski sezon şeylere. Bu düşünceyle kendimi teselli ettim.

Cansu'nun elinde sadece bir poşeti vardı. Gül'ünse sayamayacağım kadar çok poşeti vardı. Mağazaları kaldırdı herhalde!

"Ne aldın?" diye sordum Cansu'ya.

Gülümseyerek, "Ayakkabı aldım, yüzde elli indirimliydi. İstersen sana da bakalım, çok şık modeller var," dediğinde gülüşüne eşlik ettim. Düşünceli arkadaşım benim.

"Teşekkürler, ayakkabıya ihtiyacım yok," diyerek konuyu kapattım.

Başka mağazalara doğru ilerledik. Girdiğimiz mağazada bir gömlek dikkatimi çekti ve hemen gidip gömleği elime aldım. Üzerime tutup ayna karşısına geçtim. Gül de arkamdan geldi.

Gözleri gömlekteyken, "Çok güzelmiş," dedi. Sanki daha önce koşup neden kendisinin kapmadığını düşünüyor gibiydi.

Evet, kesinlikle harikaydı bu gömlek.

"Alacak mısın?" diye sordu kıskançlıkla.

"Olabilir," dedim dudak bükerek.

Çaktırmadan etiketine baktım. Ve yıkıldım! Yüz ifademi bozmamaya çalışarak, "Imm, beğenmedim," dedim.

Şaşırdı. "Emin misin? Bence çok güzel."

"Almayacağım, çok basit duruyor. Sen al istersen, sana yakışır," diyerek gömleği göğsüne attım ve yanından ayrıldım.

Gül'ün öfkeli ve yakıcı bakışlarını sırtımda hissedebiliyordum. Üzgünüm, güzel gömlek, sana hakaret etmek istemezdim.

Cansu'nun yanına gittiğimde mağazanın içindeki koltuklardan birine sereserpe oturduğunu gördüm. Yorulduğunu söyleyip duruyordu. Ben de kendimi yanına attım, zira ben de dolaşmaktan yorulmuştum. Bir süre sonra Gül de yanımıza geldi. Evet, gömleği almamıştı. İçten içe gülümsedim.

Sonunda alışverişi bitirip bir şeyler içmeye karar verdik. Gül'ün ısrarla övdüğü bir kafeye gidip oturduk. Gül'den mümkün olduğunca uzağa oturmaya çalıştım ve onun da bu oturma düzenine dikkat ettiğini gördüm. Sanırım asla arkadaş olamayacaktık.

Cansu sıcak bir gülümsemeyle bize baktı. "Eee, kızlar, ne içmek istersiniz? Ben sanırım sütlü kahve alacağım," dedi. Ben muzlu cappuccino istedim, Gül'se latte istedi. İçeceklerimizi sipariş ettikten sonra sohbet etmeye başladık.

Gül beni muhatap almayarak alışveriş hakkında uzun uzun konuşmaya başladı. Cansu arada bana sorular sorup beni sohbete katmaya çalışsa da ben pek konuşmadım. Kollarımı masaya koymuş, sıkılarak bardağımdaki kaşıkla oynuyordum.

Cansu bir daha buluşalım derse Gül'ün olmamasına dikkat edeceğime dair kendime söz verdim.

Gül birden, "Aman Allahım!" diye inleyip oturduğu yerde doğruldu. Bu tavrını garipseyerek başımı bardaktan kaldırıp Gül'e baktım.

"Saçım başım nasıl, iyi mi? Makyajım nasıl?" diye sordu heyecanla.

Cansu'yla anlamayarak göz göze geldik.

Gül, "Ya of, söylesenize nasıl görünüyorum?" diye tısladı bu kez.

Kaşlarımı çatarak Gül'ün hayranlık dolu bakışlarını takip ettim ve omzumun üzerinden arkaya doğru bakınca gözlerim bir an fal taşı gibi açıldı. Aman Allahım, o olamazdı. Kahretsin!

Kağan burada da beni bulmuştu. Gül ne kadar kendisini ona göstermek istiyorsa, ben de aksine saklanacak bir yer arıyordum. Korkudan oturduğum sandalyede öyle bir sindim ki, o an yok olup kaybolmak istedim.

Lütfen, beni görmesin. Lütfen... lütfen!

18

Cansu, "Harika görünüyorsun da kime bu telaş?" diye sordu Gül'e.

"Kağan burada şekerim," dedi gözlerini açarak.

Ne yani, şimdi bu kız Kağan'dan mı hoşlanıyor! Tüm bu saç makyaj kontrolü Kağan için mi! Yoksa Kağan da...

"Kağan'dan hoşlanıyor musun?" diye sordum. Sözcükler ben bile ne olduğunu anlamadan dudaklarımdan dökülüvermişti. Of, kahrolası ben ve tutamadığım çenem! Bana ne ki şimdi bundan!

Gül soruma başta şaşırsa da bunu umursamayıp, "Evet," dedi ve bakışlarını Kağan'a çevirerek, "Çok yakışıklı, değil mi?" diye sordu hülyalı bir sesle. Gözleri delercesine Kağan'ın üzerine kilitlenmişti. Sanki onu oracıkta yemek ister gibi bakıyordu, şu an Gül'ün zihninden kim bilir nasıl sakıncalı düşünceler geçiyordu? Yüz ifadesine bakılırsa insanın yüzünü kızartıcı türden şeyler olmalıydı. Kusmak istiyordum. Omzumun üzerinden geriye doğru bir kez daha baktım.

Kağan'ın siyah saçları dağınıktı ve dalgalar halinde al-

Psikopat

nına dökülmüştü. Mavi gözleri uzaktan bile belli olacak kadar koyu bir tondaydı. Gözleri sürekli beni büyülemek zorunda mıydı? Kendime engel olamadım ve usulca iç çektim. Üzerinde mavi kot, kaslarını belli etmek istercesine lacivert dar bir tişört vardı. Kahretsin, çok hoş görünüyordu. Gül'le ilk kez aynı fikirdeydim, haklıydı, Kağan gerçekten de nefes kesiciydi. Ama bunları Gül'e söyleyecek değildim tabii ki de.

"Bence öküzün teki!" dedim iğrenerek ve sandalyemde sertçe arkama yaslanıp kollarımı göğsümde birleştirdim. "Hatta duyguları olduğundan da şüpheliyim," diye eklemeyi de ihmal etmedim.

Cansu, "Aman, Gül, hâlâ mı aklın onda, bitirmiştin hani, ne oldu şimdi?" dedi sinirli bir bakışla.

Gül ikimize de inanamıyormuş gibi başını sallayarak baktı. "Siz şaka mısınız ya?" dedi ve kibirli bir sesle devam etti. "Tabii, ikiniz de onun yatakta nasıl olduğunu bilmiyorsunuz. O yüzden böyle konuşuyorsunuz. Bir keresinde üç kez..."

Cansu kahvesini dışarıya püskürtünce Gül konuşmasına devam edemedi. "Ne yapıyorsun?" diye çıkıştı yüzünü buruşturarak.

Dudaklarım şaşkınlıkla aralandı. Kağan ve Gül? Derinlerde bir yer aniden tarif edemeyeceğim, çözemediğim bir yığın duyguyla doldu. Beni fena halde sarsan yoğun duygular! Sinirlenerek, "İğrençsin!" dedim Gül'e bakarak. Kağan'a mı sinirlenmiştim, yoksa Gül'e mi, çözemedim. Sanırım ikisine de.

Cansu da beni onaylayarak konuştu. "Cidden Gül, derdin ne senin şimdi, özel hayatını bilmek istiyoruz gibi mi görünüyor? Bazı detayları kendine saklasan hiç fena olmaz."

Gül omzunu silkmekle yetindi sadece.

Kağan ve Gül! Kafamda sürekli bu isim yan yana dönmeye başladı. İkisine dair malum olan görüntüler tüm zihnimi sarıp bana bir görüntü ziyafeti sundu! Evet, hayal gücüm çok fena çalışıyordu. Iyk! Sanırım kusacağım!

Gül, "Kağan!" diye bağırarak heyecanla el salladı ona doğru.

"Hayır," diye inledim. Midem korkuyla kasılmaya başladı. Oturduğum yerde daha da sindim. O buraya gelmeden masanın altına girebilir miydim acaba? Ne yapacaktım şimdi ben?

Gün boyunca unuttuğum her şey tek tek gözümün önüne gelmeye başladı. Ben köşe bucak Kağan'dan kaçarken, Gül sayesinde burnumun dibinde bitiverdi. En iyisi tuvalete gitmek diye düşünürken Kağan'ın o erkeksi sert sesini duydum ve yerimde donakaldım.

"Selam."

Ne ara yanımıza gelmişti bu şimdi? Hem de tam benim yanımda duruyordu. Kıpırdamaya dahi cesaretim yoktu. Lütfen, aptalca bir şey yapmasın, lütfen, lütfen!

Gül seksi çıkarmaya çalıştığı sesiyle, "Naber?" diye sordu. Ayrıca parmağına doladığı saçıyla oynuyordu.

Gözlerimi kıstım. Seni sürtük!

Cansu'nun kuşku dolu bakışları Kağan'la benim üzerinde gidip geldiğinde, dikkatimi ona verdim. Yüzünde *burada ne haltlar dönüyor* ifadesi vardı.

Yutkunarak olacaklara kendimi hazırladım ve başımı Kağan'a doğru yavaşça cevirdim. Bakışları üzerimdeydi, yine fırtınalı gökyüzünü andıran karanlık gözleriyle karşı karşıya geldim. Yüzü ifadesizdi, ne düşündüğünü anlamak imkânsızdı, fakat hiç de sinirli bir hali yoktu. Böyle durmasına inanamadım, hiçbir şey olmamış gibi davranıyordu.

Bu tavrı karşısında daha da endişelenmem mi gerek, yoksa benim de onun gibi rahatlamam mı gerekti, bir türlü karar veremedim. Acaba şirince tebessüm etsem karşılık verir miydi? Şansımı zorlamanın hiç sırası değil, diye düşünerek azarladım kendimi.

Kağan birkaç saniye bana yüzünde hiçbir ifade olmaksızın bakmaya devam etti ve sonra Gül'e dönüp, "İyidir, senden naber?" dedi çenesini hafifçe kaldırıp. Gül'e karşı sesi soğuk ve mesafeliydi.

Ne yani, hepsi bu muydu? Sadece birkaç saniye kötü kötü bakmak mı? Tehdit yok mu ya da herhangi bir fiziksel şiddet? Tabii, bunların olmasını kesinlikle istemiyordum, ama onca tehdidin ve peşimden hem bara hem de evime kadar gelmesinin ardından bana bir yerde patlayacağını düşünmüştüm. Ama Kağan'ın tek yaptığı beni görmemezlikten gelmekti. Kafasına saksı mı düştü acaba?

Gül, "İyiyim ben de" diyerek göz kırptı Kağan'a.

Tiksintiyle Gül'e baktım, bu kadar sürtük olmak zorunda mıydı?

Kağan, Gül'ün bu flört girişimini umursamadı. "Sonra görüşürüz," diyerek geldiği gibi yanımızdan uzaklaştı.

Gül ağzını açmış, bir şey diyecek olmuştu ki Kağan'ın çoktan gittiğini fark etti. Morali bozulmuş bir şekilde omuzları düştü. Gül'ü ilk kez böyle üzgün görüyordum. Yüzü asılmıştı.

Cansu, Gül'e harıl harıl bir şeyler anlatarak onu azarlamaya başladı. Gül de itiraz ederek karşılık veriyordu. Fakat ben onları dinlemiyordum. Aklım Kağan'daydı. *Neden beni görmemezlikten geldi acaba* diye derin düşüncelere daldım. Bu gerçek olamazdı, beni sürekli tehdit eden, hatta bana resmen okulda işkence eden Kağan gitmiş, yerine beni hiç umursamayan biri mi gelmişti yani? Bu hiç olacak iş değildi.

Kendimi tutamadım ve omuzlarımın üstünden arkaya doğru bir bakış attım. Kahretsin! Gitmemişlerdi. Köşede bir masaya geçmiş, bir şeyler içerek sohbet ediyorlardı. Kağan koltuğuna yayılarak oturmuş, bir kolunu koltuğun arkasına atmıştı. O anda başını bizim masaya doğru çevirdi ve büyüleyici mavi gözleriyle karşı karşıya geldim. Gözlerini kısıp bakışlarıma sertçe yanıt verdi. Duruşunu ve ifadesini hiç bozmadı, yalnızca ürkütücü ve delici bakışlarla bakmakla yetiniyordu. Tedirgin olarak hemen gözlerimi kaçırdım ve önüme döndüm. Bir daha arkaya doğru bakmayacaktım! Asla!

Kendimi Cansu ve Gül'ün konuşmalarına verdim. Belki bu şekilde Kağan'ın varlığını unutabilirdim. Gül'ün üzüntüsü geçmişti. Cansu'ysa sinirle başını iki yana sallıyordu. "Cidden Gül, seni anlamıyorum. Kağan ve onun aptal çetesindekiler hiçbir kızla ciddi ilişki düşünmezler, bunu herkes biliyor!"

Gül, "Kağan öyle değil," dedi. Sesinden inat ettiği belli oluyordu.

Kağan'la ilgili bir şeyler öğrenmek üzere olduğum için tüm dikkatimi Cansu ve Gül'e verdim. Kabul ediyorum meraklı bir kızdım.

Cansu, "Kendini kandırmayı bırak. Hepsi aynı," diyerek gözlerini kıstı. Cidden sinirlenmişti.

"Kağan seçicidir, okuldaki kızlarla çok nadir çıkar. Onunla konuşabilmek bile zordur," derken yüzünde kendini beğenmiş bir gülümseme belirdi. "Ve o kızlardan biri bendim," diyerek büyük bir özgüvenle arkasına yaslanıp içeceğinden bir yudum aldı.

Cansu gözlerini devirdi. "Aman, ne büyük şeref!" dedi tiksinerek.

Gül kahkaha attı. "Bir zamanlar sen de o gruptan çok hoşlanıyordun," diye karşılık veren Gül'ün sesi fazlasıyla imalıydı.

Bakışlarım ikisi arasında gidip geldi. Benim bilmediğim bir şey dönüyordu ortada.

"Hiçbiri umurumda değil!"

"Emin misin? Eski..."

Cansu oturduğu yerde sinirle öne doğru eğildi. "Kes sesini Gül!" diye bağırdı. Onu ilk kez böyle sinirli gördüğüm için çok şaşırmıştım.

Burada benim bilmediğim felaket şeyler dönüyordu.

"Ne?" dedi Gül yalandan şaşırmış rolü yaparak. "Yeni

arkadaşından mı çekiniyorsun?" Gül halinden oldukça memnun görünüyordu, hatta eğlendiğini bile söyleyebilirdim. Cansu'nun benden sakladığı bir şeyler vardı. Hem de çok, ama çok büyük şeyler!

Cansu cevap vermeyince masada uzun süren bir sessizlik yaşansa da sonra farklı konulardan sohbet etmeye başladık. Fakat kimsenin konuşmaya niyeti yoktu, dudaklarımızdan dökülen her kelime zoraki çıkıyordu. Herkes bir an önce kaçıp gitmek istiyor gibiydi. Buna ben de dahildim, kafam karmakarışık düşüncelerle doluydu. Aklımın bir köşesini Kağan, diğer köşesini Cansu meşgul ediyordu.

Sonunda kızlarla günü sonlandırmaya karar verip kalkmak için hazırlandık. Ayağa kalktığımda arkaya doğru kaçamak bir bakış attım. Kimseler yoktu. Bunun üzerine etrafa daha dikkatli bakıp Kağan'a dair bir iz aradım. Neyse ki gitmişlerdi, *şükürler olsun* diye geçirdim içimden.

Hesaplarımızı ödeyip kafeden çıktıktan sonra Gül'le vedalaşıp ayrıldık, Gül bu kez beni şaşırtarak Cansu'nun ardından bana da sarılmıştı. Pek dostane değildi, ama sonuçta bir girişimde bulunmuştu.

Akşamın geç vaktinde Cansu'yla otobüs durağına doğru yürümeye koyulduk. Birkaç kez Gül'ün kafede söylediği şeyler hakkında konuşmak için hamle yapsam da Cansu bir konudan diğerine atlayıp duruyordu. O kadar çok konuşuyordu ki bana sadece dinlemek kalıyordu. Bu konuyu uygun bir zamanda –kesinlikle– konuşmak üzere aklımın bir köşesine not ettim.

Otobüsümüz geldikten sonra tüm yol boyunca aynı telefondan müzik dinledik. Cansu bana son zamanlarda keşfettiği şarkıları dinletiyordu. Bazıları cidden süperdi.

Eve geldiğimde beni kapıda annem karşıladı. Birlikte salona geçip yumuşak koltuklara yerleştik. "Anlat bakalım, günün nasıl geçti?"

"Gayet iyiydi, biraz alışveriş yapıp bir kafede oturduk."

"Ellerin boş geldin, ama neden sen de alışveriş yapmadın?" diye sorduğunda, "Beğendiğim bir şey olmadı," dedim yalan söyleyerek. Ardından bazı noktaları atlayarak günümden detaylıca bahsettim. Annemin tek istediği şey benim mutlu olmam, buraya uyum sağlamamdı. Anlattıklarımdan tatmin olmuş olacak ki yüzü gülmeye başladı.

Odama gidip üzerimi değiştirmek üzere annemin yanından kalkmıştım ki annem, "Canım, az önce sana bir kutu geldi. Odana bıraktım, yatağının üstünde," diyerek kumandaya uzanıp televizyonu açtı.

Şaşkınlığımı el veren bir sesle, "Ne kutusu?" diye sordum.

"Bilmiyorum, bakmadım, ama İzmir'den arkadaşların göndermiş olabilir," dedi gözlerini televizyondan ayırmadan.

Gazel'in bana hediye aldığı aklıma geldi. "Tamam. Gazel'dendir," dedim ve odama doğru yürüdüm.

Yatağın üzerinde kırmızı kurdelelerle süslenmiş siyah bir kutu duruyordu. Oldukça şık bir görüntüsü vardı. Yatağıma oturup kutuyu kucağıma alıp açtım. Adeta nutkum tutulmuştu. Bu nasıl mümkün olabilirdi? Şaşkınlığımı ifade edecek hiçbir kelime yoktu o anda. Gözlerim hayretle büyüdü. Sevinmeliydim, ama şaşkınlıktan sevinmeye sıra gelmedi. "Bu nasıl olur?" diye mırıldandım. Şaşkınlığımı bir türlü üzerimden atamıyordum. Bu oydu, o âşık olduğum kırmızı gece elbisesi! Elbiseyi omuzlarından tutup kutusundan çıkararak aval aval uzunca bir süre elbiseye baktım. Sonra aklıma gelen ilk düşünceyle elbiseyi hemen kutusuna geri bırakıp kart var mı diye hızla bakındım. Alt kısma gizlenmiş siyah küçük bir kart buldum. Üzerinde dore renkle yazılmış bir not vardı.

"Bu elbise senden başkasının üzerinde olmamalı."

Hemen kartı çevirip isim var mı diye baktım. Fakat hiçbir şey göremeyince kaşlarımı çattım. Kim göndermiş olabilirdi ki, ayrıca bu ne demek oluyordu?

Şimdi benim bir hayranım mı vardı, yoksa sapık bir takipçim mi?

19

Ertesi gün okula büyük bir tedirginlikle gittim, çünkü Kağan'ı onca şeyden sonra ilk kez görecektim. Okula gitmememe güvenip elimden geleni ardıma koymamış, Kağan'a resmen rest çekmiştim. Ama bugün, bugün... bunun bedelini fazlasıyla ağır bir şekilde ödeyeceğimden emindim. Kağan'ı görme düşüncesi bile mideme sancıların saplanması için yeterli oluyordu. Okula gitmesem mi diye düşündüm, ama eninde sonunda korkumla yüzleşmem gerekecekti. Yapabileceklerinden korkuyordum, evet, ama daha fazla da kaçamazdım. İçimden sürekli tekrarladığım tek şey *okuldaki günümün olaysız geçmesiydi*. Başka bir dileğim yoktu.

Dün Kağan'ın beni görüp umursamaması kafamda deli soru işaretleri bırakmıştı. Ne yani, ondan kurtulmak bu kadar kolay mıydı? Hiç sanmıyorum. Eğer bir şey planlıyorsa bugün ortaya çıkacaktı ve bu çok büyük bir şey olacaktı. Bunu hissedebiliyordum.

Kağan'ı okula girerken sınıfın önünde gördüm, ama

yine ben yokmuşum gibi davranıp bakışlarını benden çekti. Öylece yanından geçip sınıfa girmem için yol bile verdi. Bu çok tuhaftı, umursamaz tavrıyla tedirginliğim her saniye daha çok artıyordu. Derste birkaç kez arkama doğru kaçamak bakışlar attım ve her seferinde Kağan'ı bana bakarken yakaladım. Fakat göz göze geldiğimizde hemen başını başka bir yöne çeviriyordu. Belki de gerçekten benimle uğraşmayı bırakmıştı. Ah, umarım gerçekten de durum böyledir. Yoksa benimle ilgili başka bir planı mı vardı? Bu yüzden mi böyle umursamaz davranıyordu? Ne olursa olsun, her zamanki Kağan olmadığı çok açıktı. Peki, o psikopat Kağan'a ne olmuştu?

Okulun bitmesine son iki ders kala olaysız bir gün geçirdiğim için yavaş yavaş rahatlamaya başladım. Kağan'ın bana hiçbir şekilde bulaşmamasının verdiği huzurla resmen gevşedim.

Ders arasında atıştıracak bir şeyler almak için kantine indim. Cansu'yla kendime birer çikolata ve su alarak sınıfa geri döndüm. Koridorda ilerlerken yine Kağan'ı gördüm. Arkadaşlarıyla köşede küçük bir grup oluşturmuşlar ve sohbet ediyorlardı. Önlerinden geçerken Kağan ile göz göze geldik, fakat bakışlarımız buluştuğu an gözlerini çekti benden. Yine!

Bu durum canımı sıkmaya başlarken hoşnutsuzlukla iç çektim ve sınıfa girdim. Cansu'yla çikolatalarımızı yedikten kısa bir süre sonra hocamız da sınıfa girdi. Dersimiz coğrafyaydı ve oldukça sıkıcı geçiyordu. Sıkıntıdan bayılmak üzereydim. Cansu'ya dönüp baktığımda onun da benden farklı bir durumda olmadığını gördüm.

Yanağımı avucuma yaslayarak öğretmenimizi incelemeye başladım. Emekli olma yaşı çoktan gelmiş gibi görünüyordu. Kafasının iki yanındaki yama gibi duran saç tutamları kar gibi bembeyazdı; kafasının ön tarafıyla tepesiyse tamamen açılmıştı. Uzun boylu ve incecik olmasına rağmen, omuzları düşmüş, kamburlaşmıştı. Hareketleri o kadar yavaştı ki sanki elini kaldıracak hali yok gibiydi. Yüzündeki ve göz kenarlarındaki kırışıklıklarsa mimikleriyle birlikte bir artıp bir azalıyordu. Masasında oturup mırıl mırıl ders anlatmaktansa bizlere farklı etkinlikler, sınıfın daha aktif olacağı uygulamalar yaptırsa dersler çok daha eğlenceli ve bizim açımızdan verimli geçebilirdi.

Cansu bana doğru eğilip, "Daha fazla dayanamıyorum," diye fısıldadı.

"Aynen," dedim yüzümü buruşturarak.

"Diğer dersi asıp bize gitsek mi, ne dersin?"

Aslında süper olurdu. Ama bizimkilerin kulağına giderse benim için hiç iyi olmazdı.

"Dersi maalesef ki asamam," dedim üzülerek.

"Ben daha fazla coğrafya çekemeyeceğim, valla kanka, diğer dersi eve gidip televizyon karşısında pinekleyerek değerlendireceğim."

"Zekice," diyerek onayladım.

"Diğer derste özle beni."

Birlikte sessizce gülüştük ve bu sıkıcı dersin bitmesini bekledik. Zil çalınca Cansu çantasını toplamaya başladı.

"Gidiyor musun cidden?" dedim gitmekten vazgeçmesini umarak.

"Evet, bir ders daha çekemem kanka, yarın görüşürüz," dedi ve bana sıkıca sarıldıktan sonra devam etti. "Kimseye yakalanmadan kaçayım hemen," diyerek göz kırptı ve koşar adımlarla sınıftan çıktı.

Arkasından derince iç çekerek baktım. İşkence gibi sıkıcı bir ders beni bekliyordu. Sırama oturup telefonumu çıkardım. Kulaklığımı takıp son ses Skillet'tan *It's not Me It's You*'yu dinleyerek son dersimizin başlamasını bekledim.

Bu aralar sürekli bu şarkıyı dinliyordum ve dinlerken başka dünyalara gidiyordum sanki. Öğretmenimizin gelmesiyle telefonumu kaldırıp çantama attım. Bunu yaparken yan gözle Kağan'a baktım. Gözlerini tahtaya dikmiş ifadesizce duruyordu. Yüzünden hiçbir şey okunmuyordu. Onu umursamayıp dersi dinlemeye başladım. Hatta not bile tuttum! Evet, yanınızda sıra arkadaşınız olmayınca sıkıntıdan ciddi bir şekilde not tutabiliyorsunuz. Cansu olsaydı fısıldaşır ya da abuk sabuk yazışırdık. Sıkıcı, geçmek bilmeyen dakikalardan sonra dersimiz bitince rahatlayarak nefesimi bıraktım. Eve gitme zamanıydı!

Çoğu öğrenci hocanın ardından sınıftan uçarmışçasına çıktı. Evet, sınıfça coğrafya dersini sevmiyorduk. Ben de sıramdan kalkıp çantamı toplamaya başlamıştım ki Mert'in sesiyle başımı kaldırıp ona baktım.

"Herkes hemen dışarı!" diye bağırdı öndeki masaya vurarak. Sonra devam etti. "Hadi, hadi, hadi."

Kaşlarımı çatarak ne oldu acaba diye düşünürken etrafa bakındım. Herkes hızla sınıfı terk ediyordu. Ben de toplanmamı hızlandırdım ve kalemlerimi rasgele çantama attım. Çantamın fermuvarını çekerken bir erkek eli elimin üstüne kapandı.

"Sen kalıyorsun," dedi buz gibi bir sesle biri. Hemen elimi karşımdaki kişinin dokunuşundan çekip gözlerimi gözlerine diktim. Sertçe bakan koyu mavi bir çift gözle karşılaşınca irkildim. Birkaç adım geriledim. Titrememek için kendimi zor tutuyordum.

Kağan donuk bir yüz ifadesiyle bana bakarken korkuyla yutkundum. Karanlık bakan gözlerinde anlamlandıramadığım bir kızarıklık vardı. Daha dikkatli bakınca gözbebeklerinin de büyümüş olduğunu gördüm. Masmavi gözleri buz tutmuş gibi soğuk bakıyordu. Bu hali korkumu daha da körükledi ve beni nefes alamaz noktaya getirdi.

Kağan beni kandırmıştı. Beni umursadığı kocaman bir yalandı, hepsi şu an için yapılan bir hazırlıktı ve ben onun tuzağına acınası bir şekilde düşmüştüm. Sınıfta kapana kısılmıştım. Burada savunmasız bir haldeyken yapabileceğim hiçbir şey yoktu. Ah! İmdat!

20

Korku damarlarımda dolaşırken bakışlarımı sınıfın kapısına çevirdim. Herkes hızla sınıfı terk etmişti. Kapıda, girişte Mert ve adının Hakan olduğunu öğrendiğim yüzünde yara izinin olduğu çocukla Serkan duruyordu. Hakan duygusuz bir şekilde bana bakarken Mert'in yüzündeki iğrenç sırıtış mide bulandırıcıydı. Bu çocuktan nefret ediyordum. Kağan onlara dönüp başıyla kapıyı işaret ederek, "Siz çıkın!" dedi düz bir sesle.

Mert ve diğerleri çıkana kadar gözlerimi onlardan ayıramadım. Kapının sertçe kapanma sesiyle yutkundum ve bakışlarımı Kağan'a çevirdim. Kaşlarını çatmış dikkatlice beni izlerken nefes almaya dahi korktum. Hareketsizce kalakaldım. O an gelmişti, artık işim bitmişti. Aklıma üzerimde sigara söndürmeyi düşündüğü o an geldi, neler yapabileceğini düşünürken içimdeki panik büyüdü. Sanırım Cumartesi olanları geç de olsa konuşma zamanıydı.

Hafif alaycı bir tonla "Biraz gergin görünüyorsun," diyerek bir kaşını kaldırdı

"Ne istiyorsun benden?" diye sordum. Ses tonumun sakin çıkması için tüm enerjimi kullanmıştım.

Derince iç çekip, "Seni kaç defa uyardım Buket, kaç kez beni karşına almamanı söyledim?" deyip arkasındaki masaya yaslandı. "Neden bana ısrarla kafa tutuyorsun?"

Sesimin titrememesi için derin bir nefes aldım. "Çünkü yaptıkların doğru değil, insanları tehdit ederek korkutamazsın, istediklerini yapmadılar diye kimseyi cezalandıramazsın. Bu yanlış," dedim içimdekileri dökerek.

"Demek yanlış," deyip sözlerimi tekrar etti ve kollarını göğsünde buluşturup bana dik dik bakmaya başladı. "Bu fikrini değiştireceğim, sen de bana itaat edeceksin, herkes gibi."

Başımı iki yana salladım. "Asla!"

Gözlerini kısıp hiç bitmeyecekmiş gibi gelen bir an boyunca yüzüme baktı. "Cesaretine hayran kaldım doğrusu, ama cesaretinin temelinde aptallık var. Seni, sonunda pişman eden de bu olacak," dedi beni küçümsediğini belli eden bir sesle.

Güçlükle yutkundum. Korkumu belli etmemek için, "Ben de tehditler ne zaman başlayacak diye merak ediyordum," dedim onu umursamadığımı göstermeye çalışarak.

Dudağının bir kenarı usulca kıvrıldı. "Her zaman beni sinirlendirmek zorundasın, değil mi, bunun sende alışkanlık haline geldiğini düşünüyorum."

Omuz silktim. "Bence senin öfke problemin var, olmadık şeylere sinirleniyorsun," dedim cılız bir sesle.

Kaşlarını çatarak derin bir nefes aldı. "Bugün neden buradayız sence?" diye sordu duygusuz bir ifadeyle.

Tereddüt ederek, "Neden?" dedim.

"Cumartesi günü beni ekmen hiç hoşuma gitmedi. Bunun elbette bir bedeli olacak," dedi. Bakışlarındaki soğukluk ve sertliğin aksine sakince konuşuyordu. "Sana o gün benimle oynamaman gerektiğini, sabırlı olmadığımı söylediğimi hatırlıyorum. Ama sen benim uyarımı dikkate aldın mı? Hayır."

"Gelmek istemediğimi söylemiştim," diye karşılık verdim cılız bir sesle.

Yaslandığı masadan doğruldu ve karanlık bir ifadeyle gözlerimin içine baktı. "Beni kimin için ektin Buket?" diye sordu yine sakince. Kağan'ın bu sakin halleri tüylerimi diken diken ederek öfkeli halinden daha çok korkutuyordu.

Konuşamayarak sessiz kaldım.

"O akşam benimle buluşmak yerine doğruca Timuçin piçine koştun. Benim öfkeleneceğim detayını atladın herhalde!" diye sinirle bağırarak kendi sorusunu cevapladı ve ardından yandaki sırayı sertçe iterek devirdi.

Korkarak birkaç adım geriledim. Onu ektiğime mi, yoksa Timuçin için ektiğime mi daha çok kızmıştı? Sanırım ikincisiydi.

O kadar kızgın görünüyordu ki kaşlarını çatmış ve ellerini yumruk yapmıştı. Biraz önceki sakin halinden eser yoktu. Şimdi tün sınıftaki masa, sıra ve sandalyeyi yerle bir edip bir harabeye çevirecek kadar kızgın görünüyordu. Her an bir şeylere saldıracak, sanki o duvarları yıkıp geçecek gibiydi. Gözleri öfkeden dönmüştü adeta.

Hemen buradan kaçmam gerekiyordu. Bir kaçış yolu var mı diye gereksizce etrafıma bakındım hızla. Ama tabii ki de buraya kısılıp kalmıştım. Bakışlarım tekrar Kağan'ın sert ve korkunç bakışlarını buldu. Hızla sıraların arasında saklanacak bir yer bulmaya çalıştım, bana saldırması an meselesiydi. Elimde bir şeyler olsa diye düşündüm telaşla. Yavaşça kıpırdanmıştım ki Kağan konuşmaya devam etti.

"Tüm gece ikinizin sarmaş dolaş boktan halinizi izledim lan! Onun sana dokunması hoşuna mı gidiyor ha?" diye bu durumdan iğrenmiş gibi bağırmaya devam etti.

Ne cüretle bana böyle bir şey söylerdi. Ne sanıyordu beni! "Sen ne diyorsun be! Seninle buluşmak zorunda mıyım ben? İstediğimi, istediğim kişiyle yaparım, sen kimsin ki gelmiş bana hesap soruyorsun! Beni rahat bırak, üstümde hâkimiyet kurmaktan vazgeç artık! Senin benim için önemin yok. Sen bir hiçsin!" diye bağırdım. Çok ama çok sinirlenmiştim.

Kağan da sinirlenmişti. Sabrının taştığını belli eden bir ses çıkarıp kaşlarını büyük bir öfkeyle çattı. Bakışları adeta burada fırtına çıkaracak gibi karardı. Sinirden çenesindeki kas seğiriyor, yumruk yaptığı ellerinin eklem yerleriyse bembeyaz görünüyordu. Siniri zirve yapmıştı. Benim tutamadığım çenem sayesinde!

Bir anda üzerime doğru atıldı. Bir elini saçlarıma geçirip eline doladı ve beni geri geri yürütmeye başladı.

"Bu söylediklerine seni pişman edeceğim!" diye tısladı yüzüme.

"Bırak," dedim her ne kadar beni dinlemeyeceğini bilsem de. "Canımı acıtıyorsun."

Onunla mücadele etmeye çalıştım, elini itip ondan kurtulmak istedim, ama bir işe yaramadı. Kağan çok kuvvetliydi. Ellerimle rastgele beline, omzuna, koluna doğru vursam da yine kendimi kurtaramadım. Ne kadar direnirsem direneyim, onun karşısında güçsüz ve çaresizdim. Saçımı kabaca çekmesiyle saç diplerimde hissettiğim acı gözlerimi yaşarıyordu. Daha önce hiç hissetmediğim boğucu bir panik kalbimi sıkıştırdı ve tüm bedenim korkuyla titremeye başladı. Kağan'ın kafamdaki serseri profiline artık cani olduğu da eklenmişti. Ve ben bu caninin damarına basmıştım.

Beni duvara sertçe yaslayıp ellerini üzerimden çekti. Korkudan zangır zangır titrerken Kağan'ın cebinden metal bir şey çıkardığını gördüm. Gözlerim dehşetle büyüdü. Elinde bıçak vardı! Delicesine bir dehşete kapıldım. Mideme kramplar giriyordu, korkudan sesim bile çıkmıyordu. Şimdi beni kesin öldürecekti.

"Bırak bıçağı," dedim titrek bir sesle. Arkamdaki duvarla bütünleşmiştim. Gidecek bir yerim yoktu.

Çenesi kasıldı. Kaşlarını çatıp öfkeyle gözlerimin içine baktı. Gözbebekleri aşırı büyümüştü ve yüzündeki donuk ifade insanın kanını donduracak türdendi.

Kısık sesle, "Bir daha bana meydan okuyamayacaksın," dediğinde korkudan başım döndü. "Kağan, lütfen... saçmalıyorsun şu an," dedim ihtiyatlı bir sesle.

Başını ağır ağır iki yana salladı. "Bu kez beni çok sinirlendirdin. Beni tanımamışsın, sana 'HİÇ' olmadığımı göstereceğim," derken hiç kelimesinin üstüne vurgu yapmıştı.

Bıçağı hışımla boğazıma dayadı. Metalin soğukluğu tenime değince ürperdim. Gözlerim korkuyla büyüdü. Hiçbir şekilde kımıldayamıyordum. Nefes alırsam sanki o keskin metal boynumu delip geçecekti. Gözlerim kızarmış, gözyaşlarıma hâkim olamıyordum. Kaderim, yaşamım onun ellerindeydi ve ben bu gerçek karşısında nefes dahi alamıyordum. Kalbim deli gibi atıyor, en ufak bir haraketimle bana zarar verebilir düşüncesiyle hiçbir şekilde hareket edemiyordum.

"Kağan..." dedim yalvarırcasına. "Bırak beni!"

Sözlerimi duymazlıktan geldi. "Beni hafife almaman gerektiğini anlayacaksın," dedi net bir ses tonuyla.

Gözlerim korku ve acıdan akan gözyaşlarımın etkisiyle yanıyordu. Bıçağı boğazımda tutmaya devam ederken sert bir ifadeyle gözlerini kıstı. "Bakıyorum da sustun. Yine bağırsana. Bana bir 'HİÇ' olduğumu söylediğin kısım gibi?"

"Kağan, lütfen, ben... ben üzgünüm. Bir anlık sinirle bağırdım," diyebildim çaresizce fısıldayarak.

"Az önce hiç de üzgünmüş gibi bir halin yoktu," deyip yüzünü yüzüme yaklaştırarak devam etti. "Artık çok geç."

"Lütfen," dedim korkarak.

Sonra gözleri dudaklarıma kaydı. Kendi dudaklarını usulca dilinin ucuyla ıslattı. Bir süre daha bakışları dudaklarımda kaldı ve sonra gözleri yine gözlerimi buldu. Elinin tersiyle hafif bir temasla boynumu okşadı.

"Buraya küçük bir iz bırakacağım. Sana kime ait olduğunu göstereceğim," dedi kısık bir sesle.

"Kağan, lütfen bırak..." dedim yalvararak. "Yapma." Artık gözyaşlarım yanaklarımdan aşağı süzülüyordu. İçimdeki acıyı yansıtırcasına şiddetle akıyordu.

Cevap vermek yerine dudaklarını yanağıma sürttü. Sıcak nefesini ve yumuşak dudaklarını tenimde hissettim. Vücudumu baştan sona bir panik dalgası sardı. Onu itmek istiyordum, bir şekilde mücadele etmek, ama yapamıyordum. Boğazıma dayanmış bir bıçak vardı.

Gözyaşları içinde tutuk tutuk da olsa konuşmaya çalıştım. "Kağan, ne olursun bırak... lütfen... yalvarırım."

Kağan beni duymuyordu. Kendinde değil gibiydi. Dudaklarını yanağımda ve çenemde gezdiriyordu.

"Tenin çok güzel," dedi ve burnunu boynuma gömüp derince iç çekti. "Çok güzel kokuyorsun. Beni deli ediyorsun," diyerek kendi kendine mırıldandı.

Bir eli boğazımdaki bıçaktayken diğer eli belimdeydi. Beni kendisine sıkıca yasladı. Duvarla onun arasında kalmıştım. Vücudunun sıcaklığını hissedebiliyordum.

"Kağan, lütfen, lütfen, bırak," dedim, artık hıçkırarak ağlıyordum.

Kağan boynumdaki bıçağı çekip cebine attı. Beni bırakacak diye düşünürken yüzümü avuçlarının arasına aldı. Alnını alnıma yasladı. Acı çekiyormuş gibi gözlerini sımsıkı yumdu. Birkaç saniye sonra gözlerini açtığında derin bir ifadeyle bana baktı. "Ben 'HİÇ' olmak istemiyorum," dedi usulca.

Derin bir nefes alıp ellerini yüzümden çekip omuzlarıma

indirdi ve dudaklarını boynuma doğru kaydırdı. Öpmeye başladığında çığlık atmak için nefesimi topladım, fakat Kağan sıkıca ağzımı kapattı.

Elimden geldiğince çırpınmaya başladım. Ağzımdan elini çekmeye, bağırmaya ve onu itmeye çalıştım, ama çok güçlüydü. Diğer eli hâlâ belimdeydi ve beni daha da kendine yaklaştırdı. Hareket edemiyordum.

Kağan, "Birazdan gitmene izin vereceğim," diye mırıldanarak sertçe emmeye başladı boynumu. Tüm gücümle haykırdım, fakat bu da boğuk bir inlemeden öteye gidemedi. Ağzımı o kadar sıkı kapatıyordu ki acıdan attığım bağırışlar elinin altından minik inlemelere dönüşüyordu.

Kimse beni duyamazdı. Kimse bana yardım edemezdi. Bu düşünceyle ağlamam daha da şiddetlendi. Kağan beni hiç umursamadan boynumu sertçe emiyor ve ıslak öpücükler bırakıyordu. Yeniden çırpınmaya, onu itmeye çalıştım. Yaptıklarımdan hiçbiri işe yaramıyordu. Ondan nefret ediyordum! Bu yaptığından iğreniyordum!

Bir süre sonra bedenim iflas edercesine çökmüştü. Her an bayılacak gibiydim. Gözlerim kararmaya başlarken kendimi tamamen bıraktım. Direnmek ve çırpınmak nafileydi. Hiçbir şey hissetmiyordum artık. Bütün hislerim sanki kaybolmuştu, kara bir delikte kalmış gibiydim. Tamamen hissizleşmiştim. Teslim olmuştum.

Sert bir erkek sesi duyana kadar kapının açıldığını ve içeriye birinin girdiğini fark edemedim. Bilincimi kaybetmek üzereydim.

"Lan sen ne yapıyorsun, delirdin mi!?" diye bağırdı Emre ve kapıyı arkasından kapattı.

Kağan beni birden bırakınca sendeledim. Dengemi sağlamak üzere elimi duvara yasladım ve görüşümdeki bulanıklıktan kurtulmak için gözlerimi ardı ardına kırpıştırdım.

Kağan, Emre'ye hızla dönerek, "Siktir git oğlum. Karışma bu işe!" dedi sertçe.

Emre bana baktığında yüzünden bana acıdığı anlaşılıyordu. Bir an için bana doğru yaklaşmak istediyse de cesaret edemedi. Bakışlarını benden kaçırmaya başlamıştı; ya bana gerçekten acımıştı ya da elinden bir şey gelmediği için mahcup hissediyordu? Bilmiyordum, ama bir anda omuzları düştü, bocalayıp bir Kağan'a, bir de bana baktı. Bense hıçkırarak ağlamaya devam ediyordum. Gözlerinde üzgün bir ifade belirdi, bakışları en çok da boynumda oyalandı, çok kötü görünüyor olmalıydım.

Kağan, "Kendi işine bak Emre, burada seni ilgilendiren bir şey yok. Bas git," dedi. Sesi çok netti.

Emre bakışlarını benden çekip Kağan'a döndü. "Ne yapmışsın oğlum kıza, ya biri görse?"

"Lan bi siktir git!" diye bağırdı sertçe.

Emre'nin bakışları tekrar bana döndü. Yüzünde teslim olmuş ve vazgeçmiş bir ifade vardı sanki.

Hayır! Gidecekti!

Beni burada bırakıp gidecekti.

Gözlerimle yalvararak Emre'ye baktım, "Emre... lütfen... gitme... lütfen... beni burada bırakma... lütfen," diye konuşmaya çalıştım hıçkırıklarımın arasından. Ayakta durmakta güçlük çekiyordum. Bir elimle yine duvara yaslandım, gözlerim kararıyor, zihnim yaşadıklarıma isyan ediyordu. Çaresizliğim bedenimden zehir gibi akıyordu. Artık hiç halim kalmamıştı, damarlarımda gezinen kan çekilmeye başlıyor gibiydi.

Emre, Kağan'ı geçip yanıma geldi. Üzgünce beni süzüp Kağan'a döndü. "Oğlum ne yapmışsın lan? Çok kötü görünüyor, bırak götüreyim buradan, hiç iyi değil."

Kağan kısık sesle küfür etti ve ellerini saçlarından geçirip derin bir nefes aldı. Sanki bir rüyadan uyanmış gibi ardı ardına gözlerini kırptı. Biraz önce bilinci yerinde değil de yeni gelmiş gibi, yüzünde ve bakışlarında durumu idrak etmeye çalışan bir ifade belirdi.

Emre tekrar bana dönerek biraz daha yaklaştı. Hem hıçkırarak ağlıyor hem de korkudan titriyordum.

"Tamam, sakin ol. Seni revire götürmemi ister misin?" diye sordu kaygıyla. "Ya da evine götürebilirim."

Başımı olumlu anlamda hafifçe salladım. Beni buradan götürsün de neresi olursa kabulümdü.

Kağan'ın sinirli sesiyle irkilip bakışlarımı ona çevirdim. "Lan siktir git lafının hangi kısmını anlamadın!" diye bağırdı.

Bunun verdiği korkuyla hızla Emre'ye sarıldım.

"Gitme... lütfen, gitme... bırakma beni... Emre... gitme!" dedim şiddetli hıçkırıklarımın arasından.

Emre bu yaptığıma çok şaşırmış olacak ki bir an gerildi, bedeninin kaskatı kesildiğini hissettim.

"Bırakma... ne olursun gitme..." diye konuşmaya de-

vam ettim hıçkırarak.
Bir süre kaskatı kalan Emre kollarını kaldırıp şefkatle bana doladı.
"Şiştt, tamam. Gitmiyorum," diye mırıldanarak sırtımı hafifçe sıvazlamaya başladı. "Seni burada bırakmayacağım."
Minnet duyarken hıçkırıklarım daha da şiddetlendi. Artık Kağan'dan kurtulma şansım vardı. Ayakta duracak gücüm kalmayınca sendeledim ve Emre'ye daha sıkı tutundum. Gözlerimi sımsıkı kapadım ve güvenli kollarına sığındım.
Arkadan bir gürültü koptu, Kağan bir iki masayı daha devirmiş olmalıydı.
Emre, Kağan'a bir şeyler söyledi, ama anlayamadım. Sanırım iyi olmadığımı, gitmeme izin vermesini söylüyordu. Birkaç kelime seçebilmiştim sadece.
Emre kollarını hızla benden çekti. Gözlerimi açtığımda Kağan'ın onu çektiğini gördüm. Emre'yi omuzlarından tutup sertçe bir kenara fırlattı ve öfkeden kararmış bir yüzle üzerime yürüdü, kolumu tutup sıktı.
"Defol git buradan!" diyerek beni kabaca sarstı.
Hareket edemedim, taş kesilmiştim adeta. Zihnim durmuş gibiydi, olanları algılayamıyordum. Boş boş Kağan'a bakmakla yetindim.
"Git dedim!" diye tekrar bağırdı.
İrkilerek gözlerimi kırpıştırdım. Hemen az da olsa kendime gelip var olan gücümü topladım ve masadan çantamı alıp sınıfın kapısına doğru yürümeye başladım. Adımlarım çok yavaştı, bacaklarımı hareket ettirecek kuvvetim yoktu. Gözlerim kararırken sendeledim. Düşecek gibi oldum, ama

yanımda duran masaya tutundum. Kapının koluna elimi uzattığımda titrediğini gördüm. Hareket etmekte, nefes almakta zorlanıyordum. En ufak hareketimde gözlerim kararmaya başlıyor, görüşüm bulanıklaşıyordu. Sanki bir rüyada gibiydim. Hayal ile gerçek arasında bir yerlere sıkışmış, tüm gücüm elimden alınmıştı adeta.

Kağan ve Emre öfkeyle tartışıyorlardı, fakat ne dediklerini anlayamıyordum. Zar zor çıktım sınıftan, duvarlardan tutunup dengemi sağlayarak adım atmaya başladım. Fakat tek yapabildiğim sarsak adımlarla yürümek oldu ama yine de durmadım, bacaklarımı zorlayıp yürümeye devam ettim. Bir süre bu şekilde ilerledikten sonra artık dayanamadım ve bedenimin iflas etmesiyle yere yığıldım.

Betonun soğukluğu vücuduma binlerce iğne misali batarken kalkmak istedim, ama doğrulacak gücüm yoktu. Gözlerimi açık tutamıyordum. Yaşadıklarım o kadar yoğun ve korkunç şeylerdi ki bir nevi şoktaydım sanki. Adeta bilincimi kaybetmemek için savaş veriyordum, kalp atışlarım yavaşlamıştı. Son kez güçlükle titrek bir nefes alıp daha fazla dayanamayarak baygınlık ile uyanıklık arasında gezinmeyi bıraktım ve gözlerimi kocaman bir boşluğa kapattım.

Ne kadar süredir koridorda baygın bir şekilde yattığımı bilmiyorum. Bir ara sırtımda ve bacaklarımda bir el hissettim. Biri beni kucağına almıştı. Gözlerimi açıp bakamadım, buna dahi gücüm yoktu.

Ama bu koku? Bu koku tanıdıktı.

21

KAĞAN

Dondurucu bir kış günü sıcak evimizde ailemle birlikteydim. Hafta sonu için verilen ödevlerimi yapmakla meşguldüm. Bazen bu kadar çok ödev verilmesi beni kızdırıyordu, ama kaçışım yoktu. Sınıf birincisiydim ve bunu devam ettirmeye kararlıydım. Büyüdüğümde hukuk okumak istiyordum. Babamın izinden gidecektim. En büyük hayalim onun bitirdiği üniversiteyi kazanmaktı. Benimle gurur duymasını istiyor, onun yolundan gidip her şeye karşın onun gibi dimdik ayakta durduğumu görmesini, "işte benim oğlum" diyerek gözlerinin parlamasını umuyordum. Annemle ikisinin gurur kaynağı olup ben de babam gibi mücadeleci olacağım deyip duruyordum onlara da.

Annem akşam yemeği hazırlamak üzere mutfağa geçti. Savcı olan babamsa evdeki küçük ofisinde çalışmayı bırakıp salona yanıma geldi ve anlamadığım noktaları usanmadan açıklayarak ödevlerime yardım etmeye başladı. Zil çalınca annem mutfaktan seslendi. "Ben bakarım, siz çalışmaya devam edin," derken sesi çok sevecen gelmişti kulağıma. Kapıda büyük bir gürültü kopunca başımı hızla defterimden kaldırdım. Bu durumu garip bularak babamla göz göze geldik. Babamın gözlerinde hafif bir endişe yakaladım, yavaşça oturduğu yerden kalkıp anneme bağırdı. Fakat annemden cevap gelmedi. Tedirgin olarak ben de masadan kalktım. Üzerinde yakası buruşmuş siyah bir ceketle beyaz gömleğin olduğu yüzü yaralarla dolu esmer bir adam kolunu arkadan annemin boynuna dolamış, içeri doğru getiriyordu. Annem korku ve şaşkınlıktan gözleri açılmış, yüzünde daha hiç görmediğim bir ifadeyle gözleri dolu dolu olmuş bir şekilde bize bakıyordu. Çiçekli elbisesinin yanına serbestçe bıraktığı titreyen ellerini görebiliyordum. Ardından bir adamın daha gelmesiyle annemi rehin alan adamın yalnız olmadığını anladım.

Babam adamlarla konuşmaya başladığında hissettiğim korkuyla kulaklarım uğuldamaya başladı. Annemin yüzündeki panik benim de içime işledi. Henüz on yaşımdaydım ve çok korkuyordum. Babam annemi kurtarmak için hamle yapınca adam annemi yere doğru itip silahını iki el ateşledi. Silahın sesi kulaklarımda çınlarken ben de irkilerek iki defasında da yerimde sıçradım. Adam annemi hiç acımadan vurmuştu. Annemin üzerimde olan bakışları donuklaştı. Bedeninden süzülen kan bembeyaz halıya yayılarak halıda küçük bir göl oluşturana kadar akmaya devam etti. Gözlerim anneme kilitlenip kaldı, hiçbir şey düşünemiyor ve hiçbir şey yapamıyordum. Hareketsiz bir şekilde durup annemin bana bakan boş gözlerine aynı boş ifadeyle karşılık veriyordum. Adamlar babama ısrarla açtığı soruşturmaya ait kanıt, belge ve yazışmaların nerede olduğunu soruyordu. Babam cevap vermeyince onu bunun için dövmeye başladılar, babam mücadele sırasında adamlardan birini yere devirdi. Diğeriyse silahın kabzasını babamın kafasına indirdi ve o da annemin yanına düşüverdi. Diğer adam devrildiği yerden sinirle kalkarak babamın kafasına bir kurşun sıktı.

İçine düştüğüm bu olayın dehşetiyle bir titreme nöbeti beni esir aldı, boğazım düğüm düğümdü. Ne olduğunu anlayamamıştım, her taraf kan içindeydi. Adamlara aldırmadan yavaş adımlarla annemin yanına gittim ilkin, usulca yüzüne dokundum. "Anne?" diye seslendim. Ama annem öylece yerde uzanmış, sadece boş gözlerle bakıyor, hiç kımıldamıyordu. Ardından babamın yanına gidip onun ayağa kalkmasını diledim, ama olmadı. O da kalkmadı. İçimde o kadar çok şey kırıldı ki sanki artık dünyada yapayalnız, kimsesizdim. Beş on dakika içinde dünyada bir başıma kalmıştım. Hayatım avuçlarımdan akıp gitmişti. Gözlerim kararmaya başladı, hayal mi gerçek ayırımına varamıyordum artık. Dönüp dönüp bir anneme, bir babama bakıyordum, sanki her an ayağa kalkacaklarmış gibi... umudumu kestiğim zaman güçlükle yutkunup öylece olduğum yerde kalakaldım. Saatler sonra kendime geldiğimde, adamlar ne zaman gitmişti, onu bile fark edememiştim.

Psikopat

Birkaç yıl benim için berbat geçti. Kaç kez ölmeyi istedim, kaç kez kendimi ölümün kollarına atacak bir eylemde bulundum, bilmiyorum. Bu kötü günlerimde ağabeyim Onur hep yanımdaydı. Birbirimizden başka kimsemiz kalmamıştı. Tek dayanağım oydu artık. Fakat hep bir şeyler eksikti benim için. Annemle babamın yokluğunu iliklerime kadar hissediyordum. Onlarsız hayatın bir anlamı yoktu. *Adamlar beni neden öldürmemişlerdi ki* diye sorgulamaktan kendimi alamıyordum. Ölseydim tüm bu kederi yaşamak zorunda kalmazdım.

O akşam benden sadece ailem değil, geleceğim de çalındı. Umutlarım parçalanıp önüme döküldü. Dünya boş bir yer haline geldi, artık kimseye güvenemiyordum. Herkesten, her şeyden nefret ediyordum. Kontrolsüz öfke ve intihara meyilli davranışlarımdan dolayı bir süre tedavi gördükten sonra öfke nöbetlerimi nispeten kontrol etmeyi başarmıştım. Son yıllardaysa çok daha iyiydim, artık eskisi gibi her an öfkeli değildim. Zamanla geçmişin acısını geride bırakmayı başarmış, düzelmiştim. Fakat son birkaç gündür yaşadıklarım yine eski öfkeli halime dönmeme neden olmuştu.

Cumartesi günü Buket'in telefonu yüzüme kapamasının ardından Mert'i onu izlemesi için evinin önüne gönderdim. Buket'in akşam benimle buluşmaya gelip gelmeyeceğini merak ediyordum. Mert arayıp Buket'in evden çıktığını, üstelik Timuçin'in gelip onu aldığını söyleyince tepem attı. Mert'e takibe devam etmesini ve gittikleri yerin adresini bana atmasını istedim. Nihayet barın adresi telefonuma mesaj olarak geldiği an duyduğum öfkeden dolayı adrenalin damarlarımda hızla dolaşmaya başladı. Buket'in dediklerimi umursamayıp Timuçin piçiyle çıkmasına katlanamadım ve arabama atlayıp bara gittim. İkisini dans ederken görünce Timuçin'i öldürmek istedim. Benim yerimde o vardı sanki, bana ait olan yeri almıştı. Buket'le olması gereken benken, o piç yanındaydı. Buna tahammül edemiyor, adeta nefes alamıyordum. Boğuluyordum. Onları yan yana görmek kıskançlıktan gözlerimin dönmesine sebep oldu. Buket'in beni değil de Timuçin'i seçmiş olması beni delirtti!

Bunlar çok boktan düşüncelerdi, farkındaydım, fakat kendime hâkim olamıyordum. Buket ve Timuçin'in birlikte olması fikri beni içten içe yiyip bitiriyordu. Zihnimden Buket'i bir türlü atamıyordum. Ona karşı kötü davrandığımı kabul ediyordum, ama beni yok sayamazdı, bunu yapmamalıydı. Çünkü aslında niyetim ona zarar vermek değildi. Ona bir şey yaptırmayacaktım, sadece yanımda olsun istedim, birlikte zaman geçirelim istedim.

Buket hakkında neden böyle hissettiğimi bilmiyordum. Beni çok kızdırıyor ve sinirlendiriyordu. Ama bir şekilde de sadece bana ait olmasını istiyordum. Son zamanlarda duygularımı hiç kontrol edemez bir hale gelmiştim. Kafamı toplamak için Buket'ten uzak durmaya çalışıyor, ama başaramıyordum. Okulda sürekli karşılaşıyorduk ve ben bu karşılaşmaları büyük bir hevesle beklediğimi fark ettim. Okula gitmediğim günlerde dahi ne zaman gözlerimi kapatsam güzel yüzü zihnimin derinliklerine süzülerek beni esir alıyordu.

Omuzlarına dökülen siyah ipeksi saçlarına dokunmamak için nasıl kendimi zor tutuyordum. Tutup o saçları okşamamak için! Masumiyetini ele verircesine kızdığı anlarda bile içimi ısıtan o sıcacık bakan kahverengi gözlerine baktığımda, içimde bir şeyler yer değiştiriyordu sanki. Ara ara gülümsediğini görüyordum, gülümserken yanağında oluşan gamzeleri... Bu kız adeta beni büyülüyordu.

Şimdiye kadar hiçbir kıza karşı böyle şeyler hissetmemiştim. Kimse bu derece dikkatimi çekip beni etkilememişti. Buket'in inatla bana kafa tutması merakımı daha da uyandırıyordu. Bana ne kadar karşı çıkarsa, ona o kadar yakınlaşmak istiyordum. Bugüne kadar her zaman ben ne dersem o olmuştu, ama Buket çok farklıydı ve herkesin üzerinde kurduğum hâkimiyeti onda kuramıyordum. Bana karşı gelişi yok muydu? O anlarda korktuğunu belli etmeme çabaları hem hoşuma gidiyor hem de beni sinirlendiriyordu. Fakat beni ne kadar sinirlendirirse sinirlendirsin, yakınımda olmasından hoşlanıyordum.

Son dersten önce aklımdaki bütün rahatsız edici düşüncelerden kurtulmak için okulun arkasına geçtim. Esrarlı bir sigara yakarak kafamı dağıtmak istedim. Sigarayı içime her çekişimde yine Buket'i düşününce ondan asla kaçamayacağımı anladım. Kesinlikle bu konuya açıklık getirmemiz gerekiyordu. Yoksa kafayı yiyecektim.

Zilin çalmasıyla Buket'le yalnız kalıp yüzleşmeye karar vererek sınıfa gittim ve planımı uygulamak için de ders bitişini bekledim. Başlangıçta amacım sadece konuşmaktı, ama düşündüğüm gibi olmadı. Ben ne yapmıştım? Kendimi tutamadım. Lanet olsun!

Bana bir hiç olduğumu söylemişti. Bir hiç! Bunu biliyordum zaten, ama onun gözünde bir hiç olmak istemiyordum. Onun için daha farklı olmak istiyordum. Bu sözü ondan duyunca öfkem beni ele geçirdi ve kendimi kaybettim. Zaten zihnimdeki her şey birbirine girmişti, böylece her şey çok daha kötü bir hal aldı.

Ben piçin tekiydim, kabul ediyordum. Onu mahvettim bugün. Lanet olsun, kafam yerinde değildi, doğru düzgün düşünemiyordum. Çok sinirlenmiştim. Esrar içmeseydim böyle davranmazdım, belki de bilmiyorum. Siktir, ne diye o zıkkımı içmiştim ki sanki? Keşke içmeseydim. Sonunun böyle olacağını bilseydim, ona böyle zarar vereceğimi hissetseydim elime almazdım. Bunu ona nasıl yapmıştım, nasıl, nasıl? Bu kadar ileriye gitmemin tek nedeni esrardı, tamam, bela bir tiptim, ama ona zarar vermek, hem de bile bile... Tamamen aklımı kaybetmeme neden olmuştu bu zıkkım! Sinirle iki elimi birden saçlarımın arasından geçirdim. Hayatıma giren herkesi felakete sürüklüyordum. Acaba bir daha Buket'in masum gülümsemesini görebilecek miydim?

Bunları Emre'nin evinin salonundaki siyah koltuğa sereserpe oturmuş vaziyette, boş boş tavana bakarak düşünüyordum. Çok bitkin, çökmüş bir haldeydim. Esrarın etkisi yavaş yavaş geçiyordu, ama başım fena zonkluyordu. Sanki kafamın içinde keskin uçlu çiviler vardı ve her nefes alışımda bana işkence edercesine beynimde hareket ediyorlardı. Kendimi çok kötü, hatta berbat hissediyordum. Bunun nedeni esrar mı, yoksa Buket'e yaptıklarım mıydı, bilemiyordum. "Lanet olsun, bok herifin tekiyim!" diye tısladım öfkeyle.

"Pişmanlık duymana sevindim," diyen Emre kendini karşımdaki koltuğa attı. "Nasıl bu kadar ileri gidebildin?"

Boğazım düğümlendi. "O nasıl?" diye sordum çekinerek. Bakışlarım yattığı odanın kapısına gitti.

Emre'yle kavgamızdan sonra sınıftan çıkmıştık ki onu gördüm. Buket'i... yerde perişan bir halde yatıyordu. Hemen yanına koştum. Bayılmış gibiydi. Benim yüzümden. Gömleğinin önü açıktı ve boynu olduğu gibi ortadaydı, benim yaptığım izlerle birlikte. Kendime bir kez daha lanet ettim. Onu yavaşça kucağıma aldım ve Emre'yle birlikte onun evine geldik. Aradan saatler geçmişti ve hâlâ baygındı. Endişeleniyordum.

Önce her şeyin içine sıçmış, sonra da nasıl olduğunu soruyordum. Tam bir umutsuz vakaydım!

"Hâlâ uyuyor," dedi Emre, sonra da kafasını olumsuz anlamda sallayarak devam etti. "Bu kez çok fena batırdın."

İç çektim. "Benden nefret edecek," dedim sıkıntıyla ve Emre'ye baktım.

"Bu da hiç yoktan iyidir. Yaptığının nasıl bir hata olduğunu fark etmen güzel," derken sesinde alayla karışık kızgınlık vardı.

"Ben kendimde değildim oğlum," diyerek nefesimi sıkıntıyla verdim. "Kafam dumanlıydı."

Buket'in karşısında esrarın da etkisiyle öfke nöbetlerimden birini geçirmiştim. Derinlerde bir yerlerde pişmanlık beni yiyip bitiriyordu. Ben onu herkesten gözüm gibi sakınırken, nasıl olmuştu da böyle aptalca bir şey yapmıştım? Tamam, onunla uğraşıyordum, bazen asi tavrı, bana diklenmesi beni çileden çıkarıyordu ama bunun yanında bu hallerinden hoşlanıyordum da. Ama yaptığım bu şey! Bunun hiçbir şekilde telafisi yoktu! Ona bunu asla yapmamalıydım.

Yüzümü buruşturarak başımı iki elimin arasına alıp kollarımı dizlerime yasladım. Baş ağrısı beynimi kavuruyordu.

Emre kuşku dolu bir sesle, "Yine mi esrar çektin?" diye sordu onaylamaz bir bakışla.

"Evet," dedim usulca.

Bıkkınla derin bir soluk aldı. "Bunu kendine yapma. Esrar sorunlarını alıp götürecek mi sanıyorsun? Yaptığı tek şey beynini çürütmek."

Omuz silktim. "Umurumda değil," dedim sıkılmış bir tavırla. Nasihat dinleyecek havada değildim. Oysa ben de içmemem gerektiğini biliyordum.

Gözlerini kıstı. "Buket'e kızdığın için mi esrar içtin?"

"Hayır," dedim yalan söyleyerek. "Canım istedi, içtim."

"Beni kandırmaya çalışma. Buket'i önemsediğini biliyorum."

"Ne?" diyerek ellerimi başımdan çekip Emre'ye baktım.

"Yine mi inkâr edeceksin?" diye sordu hafifçe gülerek. "Ne zaman konuyu açsam kapatıyorsun, ama artık eminim. Sen bu kızı önemsiyorsun. Yoksa böyle perişan durumda olmazdın. Sakın inkâr etme."

Kaşlarımı çatarak sessizce ona baktım. Lanet olsun, haklıydı piç!

"Bu kız sana iyi gelebilir," dedi ve tedirgin olarak devam etti. "Sizinkilerden sonra dağıldın, o olay seni mahvetti. Geçmişi geride bırak artık. Gelecek için bir şans ver kendine,"

Tamam! Dinleme limitim çoktan dolmuştu, aile konusu benim için sınırdı ve Emre bunu şu an aşmıştı. Ayrıca bir kez daha Emre'yle Buket hakkında konuşmaya hiç niyetim yoktu. Ne zaman fırsatını yakalasa Buket'le ilgili nasihat edip duruyordu piç. Belki bir fırsatım vardı, ama onu da elime yüzüme bulaştırmıştım. Bunun zaten farkındaydım, başkasının yüzüme vurması hem lüzumsuz hem de sinir bozucuydu.

Koltuktan hışımla kalkıp siyah deri ceketimi elime aldım. Bir an önce buradan çıkmak istiyordum.

"Ben çıkıyorum," dedim sıkıldığımı belli eden bir sesle.

Yalnız kalmaya, kendi pisliğimde tek başıma boğulmaya ihtiyacım vardı. Hak ettiğim şey tam da buydu.

Derince iç çekip oturduğu koltuktan Emre de ayağa kalktı ve konuştu. "Birine güvenme vaktin artık gelmedi mi?"

Yutkundum. Cevap vermedim. Veremedim... buna gerek duymadım. Çünkü benim bir geleceğim yoktu. Geleceğim de geçmişim gibi boktan olacaktı.

Arkamı dönüp kapıya doğru yürümeye başladım. Çıkarken kapıyı arkamdan sertçe kapattım.

Akşamın soğuğu yüzüme vuruyordu. Ceketimin yakalarını kaldırdıktan sonra fermuvarını çekip ellerimi ceplerime soktum. Ruhumda büyüyen çaresizlik hissi ve suçluluk duygusu her yanımı sardı. Yine o bildik, içimde bir yerde sürekli taşıdığım yalnızlığım beni esir almaya başladı. Pişmanlığımla birlikte yalnızlığım ve çaresizliğim de büyüyordu. Uzun bir süre yapayalnız yürümeye devam ettim, her zaman olduğu gibi... Yine yalnız ben, o ucu sonu belli olmayan zifiri karanlığa doğru çekiliyordum.

22

Hafif bir baş ağrısı beynimde gezinirken yüzümü buruşturarak gözlerimi yavaşça araladım. Elim alnıma gitti, terlemiştim. Saçlarımı geriye doğru iterken yattığım yerde doğruldum. Başıma daha şiddetli bir ağrı girdi. Gözlerimi tamamen açıp bakışlarımı etrafta dolaştırdım, tanımadığım bir odada olduğumu fark edince buz gibi bir korku dalgası içime işleyip kalbimin hızla atmasına neden oldu.

Üç duvarında çeşitli posterlerin asılı olduğu, beyaza boyalı küçücük bir odadaydım. Oda o kadar küçüktü ki sanki bir kibrit kutusuna hapsedilmişim gibi hissettim. Tavandan aşağı insanın içini daha da karartan çıplak bir ampul sarkıyordu. Etrafıma bakınca desenli ufacık bir koltuk gördüm. Hemen yanında da neredeyse koltuk kadar eni olan, tavana kadar uzanan kahverengi bir dolap vardı. Dolabın menteşeleri yerinden oynamıştı. Koltukla dolabın hemen karşısında beyaz bir pikeyle örtülmüş ve üzerinde mavi bir yastığın olduğu tek kişilik bir yatak vardı. Yatakla koltuğun arasına da komodin gibi görünen, ama ondan biraz daha büyükçe olan bir masa yerleştirilmişti. Masanın üzerinde de bir bardakla bir sürahi duruyordu.

Neredeydim, burası kimin eviydi? Buraya nasıl gelmiştim ben? Telaşla yataktan çıkıp ayaklarımı yere koydum, hissettiğim korku nefesimi hızlandırdı, soluk alıp verişim sıklaştı. İki elimi saçlarımdan geçirip düşünmeye başladım. Neler olmuştu? Holde yürürken, kendimi kaybetmemek için irademin son noktasına kadar savaşıyordum. Onun öncesindeyse Kağan'la sınıftaydık. Bana yaptıkları... bu düşünceyle bütün yaşadıklarım bir anda zihnime hücum etti.

Kağan'ın beni sınıfta sıkıştırması ve bana zarar vermesi içimi sonsuz bir acıyla doldurdu. Gözyaşlarım yanaklarımdan usul usul akmaya başladı. Hiçbir şey yapamamıştım. Onu engelleyememiştim. En çok da bu beni mahvediyordu. Nasıl çaresiz kalakalmıştım?

Ondan nefret ediyordum. Ona engel olamadığım için kendimden de nefret ediyordum.

Boynumda bir sızı hissettiğimde elim istemdışı boynuma gitti. Bu boynumun daha çok acımasına sebep oldu. Kağan'ın boynumu öpmesi, sertçe emmesi aklıma gelince acıyla gözlerimi yumdum. İçim hissettiğim üzüntüyle ezildi. Bunu bana nasıl yapmıştı? Psikopat olduğunu biliyordum, ama bu kadar nasıl ileri gitmişti?

Odanın dışından gelen konuşma seslerini duyunca gözlerimi açıp endişeyle yutkundum. Telaşa kapıldım ve bakışlarımı kapıya doğru çevirdim. Burada yalnız değildim. Neredeydim? Beni buraya kim getirmişti?

Nefesim yine hızlanırken yavaşça yürüyerek kapıya doğru yanaştım. Kimin konuştuğunu anlayabilmek için sessiz olmaya gayret ederek kulağımı kapıya dayadım.

Sesler boğuk geliyordu. Bir erkek sesiydi. "Sizinkilerden sonra dağıldın, o olay seni mahvetti. Geçmişi geride bırak artık. Gelecek için bir şans ver kendine." Kaşlarımı çattım. Bu Emre'nin sesiydi. Başka bir erkek de "Ben çıkıyorum," dedi. Sert çıkan sesinden bıkkınlığı anlaşılıyordu. Bu sert erkeksi sesi de tanıyordum. Bu Kağan'dı.

Kulağımı kapıdan hızla çektim. Başım dönmeye başlayınca gözlerimi sımsıkı kapadım. Alnımı kapıya yaslayıp güçlükle yutkundum, hissettiğim korku bedenimin titremesine sebep oluyordu. Kapının kolunu bütün gücümle sıktım ve titrememek için derin bir nefes aldım.

Zar zor kendimi biraz olsun topladım, kapının kolunu bırakarak kapıdan uzaklaşıp geriye doğru birkaç adım attım. Acaba bu kapının ardında beni ne karşılayacaktı? Bunun tedirginliğiyle, bir endişe dalgası zehirli sarmaşık misali içimde giderek büyümeye başladı. Düşünemiyordum, panikten düşüncelerim birbirine girmiş, aklım karma karışıktı. Hızlı hızlı nefes almaya başladım, acaba daha da mı kötü şeyler yapacaktı? Neredeydim ben Allahım? Kesik kesik nefes alamaya başladığımı fark edince hemen kendime hakim olmaya çalıştım. Bu sefer daha fazlasına izin vermeyecektim ve bunun için de aklımın başımda olması gerekiyordu. Düşünmem lazımdı, kulaklarımda duyduğum kalp atışlarıma rağmen cesaretimi topladım.

Burası Kağan'ın evi miydi? Beni kucağına alan o muydu? Beni evine mi getirmişti? Burada bana istediği her şeyi yapabilirdi. Bana yine zarar verebilirdi ve ben onu durduramazdım!

Tedirginlikle odada dönüp etrafıma bakındım. Yatağın kenarında duran çantamı görünce rahatlayarak koşup yere çöktüm ve çantamı telefonumu bulmak için karıştırdım. Ellerim korkudan titriyordu.

Telefonumu elime alınca hemen annemi aradım. Fakat anneme ne diyecektim, olanları nasıl anlatacaktım? *Çektiğim ıstırabı aileme de yaşatamam* diye düşünürken büyük bir üzüntüyle telefonu yavaşça kulağımdan indirdim.

O an aklıma Cansu'yu aramak geldi ve hemen numarasını tuşlayıp telefonu kulağıma götürdüm. Açmasını beklerken soluklarımı düzene sokmak için derin bir nefes aldım ve sakinleşmem gerektiğini hatırlattım kendime. Acilen sakin olup bu evden kurtulmam gerekiyordu.

Cansu, "Efendim kanka?" deyince beni duymamaları için kısık sesle konuşmaya başladım.

"Cansu! Başım dertte. Lütfen, bana yardım et!" dedim büyük bir telaşla.

"Ne oldu, neredesin?" derken sesindeki endişeyi hissettim.

"Ben... ben nerede olduğumu bilmiyorum. Bir evdeyim. Kağan burada, yapabileceklerinden korkuyorum. Cansu yardım et bana!" Yardım etmesi için yalvarırken boğazım acıyor, sesim de boğuk çıkıyordu.

"Neler oluyor, ne yaptı sana?" diye sordu sinirle.

"Cansu şu an konuşabilecek durumda değilim. Hemen bir şeyler yapman lazım."

"Tamam. Bana evin etrafında neler olduğunu söyle. Polise gidebilirim." O da korkmuştu artık, sesi çok telaşlı geliyordu.

Hemen ayağa kalkıp pencereye doğru gittim ve gördüklerimi anlatmaya başladım.

"Sokağın başında Bozkır Sokak yazıyor ve tam karşıda küçük bir market görüyorum. Apartmanların hepsi eski bina, çoğu her an yıkılacakmış gibi perişan. Sokaklar çok dar," diye hızla gördüklerimi sayıyordum ki Cansu sözümü kesti. "Aman Allah'ım!"

"Ne oldu?"

"Emre'nin evindesin! Allah aşkına ne işin var senin orada?"

"Ne?" diye sordum şaşkınlıkla. "Emre mi?"

"Az önce Emre'nin evini tarif ettin," dedi garipsemiş bir ses tonuyla.

"Ben, bilmiyorum," dedim afallamış bir ifadeyle. Aslında Kağan'la birlikte Emre'nin de sesini duymuştum. O da evdeydi.

"O pislik sana bir şey mi yaptı Buket?" dedi endişeyle. Sonra inanılmaz bir sinirle devam etti. "Ah, o piçi kendi ellerimle öldüreceğim. Yemin ediyorum, onu gebertoceğim, elimden kurtulamayacak."

"Hayır, dur, Emre bana bir şey yapmadı. Hatta bana yar-

dım etti, o olmasaydı çok daha kötü durumda olabilirdim,"
diye karşılık verdim Cansu'yu sakinleştirmek amacıyla.

"Tamam! Artık cidden kafam karıştı. Neden bahsediyorsun sen, neler oluyor orada?"

"Ben... şey... kötü şeyler oldu Cansu. Sen son ders gittikten sonra Kağan..." deyip konuşamayarak derince iç çektim. Olanları tekrar hatırlamak istemediğim için gözlerimi sımsıkı kapattım. Bir damla gözyaşım yanağımdan aşağı süzüldü. "Lütfen, bana yardım et, bu evde kalmak istemiyorum," diye fısıldadım güçlükle.

Cansu bir küfür homurdandı. "Buket, dayanmaya çalış, tamam mı?" dediğinde endişeden sesi titriyordu. "Hemen şimdi çıkıyorum, on dakikaya yanındayım. Kendine dikkat et, seni o pisliğin elinden kurtaracağım," deyip kapattı telefonu.

Telefonu çantama attım. Burasının Emre'nin evi olması beni rahatlatmıştı. Emre bana yardım etmişti, zarar görmemi istemiyordu, bunu biliyordum. İçime dolan bu rahatlama hissiyle tekrar kapıya doğru yanaştım ve kulağımı kapıya dayadım. Başta uzun bir sessizlik oldu, sonra bir telefon sesi evde yankılandı ve Emre'nin sesini duydum.

"Efendim Ahmet abi?"

...

"Evet, az önce buradaydı, yeni çıktı."

...

"Tamam, ben Kağan'a ulaşırım. Sen adresi söyle. Yazıyorum."

...

"Tamam."

Konuşma sanırım bitmişti. Kapıdan geri çekilirken alt-dudağımı ısırıyordum, Emre yalnızdı anladığım kadarıyla, odadan çıkıp onun yanına gidebilirdim. Ona güveniyordum. Çıkmak için kapının kolunu tutmuş, tam kolu çeviriyordum ki Emre'nin yeniden konuştuğunu duyup olduğum yerde kıpırtısız kaldım.

"Dostum, Ahmet Abi aradı. Neden cevap vermedin?" dedi hafif azarlar şekilde.

...

"Seni üç dört kez aramış."

...

"Silahları geçirmeyi başarmışlar, teslim almamız lazım," derken sesi kısık çıktı.

...

"Evet, haberi olduğunu söyledi."

...

"Sana adresi ve saati mesaj atıyorum."

...

"Ben ikinci depoda olacağım."

...

"Tamam, dostum. Görüşürüz."

Silah mı? Buda neydi şimdi? Bunlar cidden tehlikeli işler yapıyorlardı galiba. Cansu bana söylediğinde pek ciddiye almamıştım, ama gerçekten de yasadışı işlere bulaşmışlardı.

Biraz daha içeriyi dinleyip artık başka ses duymayınca

odadan çıkmanın zamanı diye düşünüp kapıyı açtım. Kapının açılma sesini duyan Emre, elinde uğraştığı telefonundan başını kaldırıp bana baktı.

Göz göze geldiğimizde rahatsız edici bir tedirginlik hissettim. Ama Emre hafifçe gülümseyerek bu tedirginliğimi üzerimden atmamı sağladı. "Uyanmışsın," dedi. Gözlerindeki pişmanlık ifadesiyle devam etti. "Nasılsın?"

Bakışlarımı kaçırarak, "İyiyim," diye mırıldandım. Yaşadıklarım yine aklıma geldiğinde gözlerim dolunca Emre'den utandım.

Emre'nin iç çektiğini duydum. "Olanlar için çok üzgünüm. Seni istediğin zaman evine bırakabilirim," dedi samimi bir sesle.

Gözlerimi tekrar Emre'ye çevirdim. "Teşekkürler," dedim minnettar olarak. "Bana yardım ettiğin için de teşekkür ederim, sen olmasaydın…" Cümlemin devamını getiremedim.

Emre'nin yüzünde acı dolu bir ifade belirdi. "Keşke böyle bir şey yaşamasaydın, ama şunu bil ki Kağan çok pişman."

Dişlerimi öfkeyle sıktım. "Onun pişman olduğunu hiç sanmıyorum Emre, arkadaşın olduğu için onu korumana da gerek yok. Ben Kağan'ı çok iyi tanıyorum, o pişmanlık nedir bilmeyen, insafsız biri. Okula geldiğimden beri onun neler yapabileceğini gördüm, bugün olanlarsa ne kadar ileri gidebileceğini gösterdi bana."

Üzgünce soluğunu verdi. "Sana hak veriyorum Buket,

ama Kağan'ın çok pişman olduğu konusunda yalan söylemiyorum. O kötü biri değil. Sadece zor günler yaşadığını bil, tamam mı? Bunu düşünmeni istiyorum."

Buruk bir şekilde tebessüm ettim. "Evet, kötü biri değil," dedim üzgünce. "Bu tanım Kağan için çok zayıf kalır, o çok ama çok kötü biri. Ne yaşadığı umurumda değil. Ondan nefret ediyorum," diye devam ettim alçak, ama öfkemi ele veren bir sesle.

Emre, Kağan'ın pişman olduğuna beni inandırmaya çalışsa da Kağan hakkındaki fikrim değişmeyecekti.

"Buket..." dediğinde sözünü kestim. "Lütfen, Emre, bu konu hakkında daha fazla konuşmak istemiyorum."

Pes ederek, "Peki, susuyorum," dedi isteksizce.

Derin bir nefes aldım. "Banyoyu kullanabilir miyim?" diye sordum, ne halde olduğumu görmeye ihtiyacım vardı.

"Tabii, göstereyim."

"Teşekkür ederim," dedim ve banyoya doğru gitmek üzere Emre'nin peşine düştüm.

"Burası," diyerek nazik bir tavırla kapıyı gösterip gitmek için arkasını döndü. Ben de kendimi banyoya attım.

Aynanın karşısına geçip yansımamı görünce içim burkuldu. Gözlerim hafifçe doldu, kendimi buğulu gözlerle inceledim. Tek kelimeyle berbat görünüyordum. Saçlarım dağınık bir halde, günlerdir hiç taranmamış gibiydi. Gözlerim ağlamaktan kızarmış, altlarında mor gölgeler oluşmuştu. Bakışlarım yüzümden aşağı doğru kaydığında, nefesimi tuttum. Aman Allahım! O an olanlar her ne kadar netse de boynumda nasıl bir iz bıraktığını bilmiyordum. Boynum morluklarla doluydu. İçimde bir şeyler kırılıp paramparça oldu, kalbim acıyordu. Acım o kadar büyüktü ki üzülmek sözcüğü bile yetersiz kalırdı. Ne olmuştu bana böyle? Bunları hak edecek ne yapmıştım ben? İzmir'deki mutlu Buket hangi ara, nasıl bu hale gelmişti? Bir kez daha Kağan'a lanet ettim, nasıl böyle bir şey yapabilirdi, nasıl bu kadar ileri gidebilirdi?

Suyu açıp yüzümü yıkadım. Avucuma aldığım suyu defalarca yüzüme götürerek soğuk suyun verdiği ferahlama duygusuyla üzerimdeki perişanlığı ve uyuşukluğu atmak istedim. Boynumun içler acısı durumunu gizlemek için saçlarımı öne doğru alarak morlukları kapattım. Son bir kez derin bir nefes alarak banyodan çıktım.

Emre'nin yanına gittiğimde koltukta oturuyordu. Çekinerek yanına geçtim. "Daha iyi misin?" diye sordu. Sesinden hâlâ biraz da olsa endişelendiği belliydi.

"Evet," dedim hafifçe tebessüm ederek. "Bu arada Cansu gelecek. Şey... ben odadayken paniğe kapılıp onu aradım da" dedim utanarak.

Kaşlarını yukarı kaldırdı. "Cansu mu?" dedi. Çok şaşırmıştı.

"Evet. Birazdan gelir herhalde."

Emre'nin dudaklarında gizemli bir tebessüm oluştu. "O küçük cadının buraya geleceğini hiç sanmıyorum," dedi eğlendiğinin belli olduğu bir sesle.

Şimdi şaşırma sırası bana gelmişti. "Neden ki?" diye

sordum merak ederek. Ayrıca Emre, Cansu'ya küçük cadı mı demişti?

Alışverişe çıktığımız gün Gül'ün söylediklerini hatırladım. Cansu'nun da eskiden Kağan'ın çetesinden hoşlandığını söylemişti. Bu bana garip gelmişti, ah Cansu, sen neler karıştırıyorsun!

Emre cevap vermek için ağzını açmıştı ki o anda kapının çalmasıyla ikimiz de kapıya çevirdik bakışlarımızı.

Emre kapıyı açmaya gittiğinde ben de kalkıp çantamı almak için uyandığım odaya geçtim. Büyük ihtimal Cansu gelmişti ve bir an önce bu evden gitmek istiyordum.

Çantamı koluma atmış, odadan çıkmak üzereyken Cansu'nun bağırışlarını duydum. "Seni taş kafa! Ne yaptın Buket'e ha, nerede o? Sen ve o serseri arkadaşın Kağan ne haltlar çeviriyorsunuz!"

Hızla kendimi odadan dışarı attım ve Cansu'ya doğru yürüdüm. "Hey, sakin ol. İyiyim ben," diyerek masumca gülümsedim ona. "Bir şey olmadı, Emre'ye kızma, sana söyledim. O bana yardım etti."

Cansu rahatlayarak derin bir nefes aldı. "Senin için çok endişelendim," diye itiraf etti. Ardından bakışları boynuma doğru kaydı ve rahatlamış hali kaybolurken gözleri korkuyla iri iri açıldı. "Aman Allahım, senin boynuna ne oldu?" diye sordu ve bir hışımla Emre'yi yana doğru iterek yanıma geldi. Gözlerindeki endişe kalbimi ezdi.

Ona güven vermek istercesine, "İyiyim ben, gerçekten," dedim. Elimi boynuma götürüp morlukları gizlemeye çalıştım.

Cansu öfkeyle yumruklarını sıkıp Emre'ye döndü.

"Ne yaptınız ona? Buket'in bu hali ne? Her fırsatta bir kızı mahvetmek zorundasınız, değil mi, bunu yapmadan duramıyorsunuz, pislikler sizi!" diye bağırdı büyük bir nefretle.

Kaşlarımı çattım. Bu ne demekti şimdi?

Cansu'nun bana söylemediği bir şeyler vardı ve buradaki özne kesinlikle Emre'ydi!

Emre sıkıntıyla elini ensesine atarak ovaladı. "Sakin ol. Bir şey olmadı. Gördüğün gibi Buket gayet iyi, büyütme."

Cansu, Emre'yi bütün gücüyle geriye doğru itti. "Büyütme mi! Sen ne diyorsun be, kızın boynu morluklarla dolmuş, bu mu iyi hali? Eğer bunun sorumlusu sensen Emre, bu kez seni öldürürüm. Yemin ederim bunu yaparım."

Emre bıkkınlıkla iç çekti. "Ben yapmadım."

"Sana inanmıyorum, kesinlikle bu işle ilgin vardır senin."

"Nasıl böyle düşünebilirsin?" derken Emre'nin sesinde tuhaf bir gücenme vardı.

Cansu gözlerini kıstı. "Senin de bildiğin, çok iyi nedenlerim var," dedi iğrenerek.

Bakışlarım bir Emre'ye, bir Cansu'ya gidip geldi. Cansu öfkeden kudururken Emre rahatsız olmuşçasına ona bakıyordu.

Kendimi tutamadım ve sordum. "Sizin aranızda ne var?"

23

Cansu afallayarak bakışlarını Emre'den çekip bana döndü. "Hiç, hiçbir şey yok," diye cevap verirken Emre mahcup gözlerle bir elini saçlarına geçirdi. "Biz..." deyip kaldı. Sözlerine devam edemedi, çünkü Cansu hışımla ona dönerek kızgın bakışlarıyla Emre'nin sözünü kesti.

Cansu neden benden bir şeyler saklıyordu, buna anlam veremiyordum. Bu canımı cidden çok sıkmıştı. Onunla dost olduğumuzu sanıyordum. Böyle olduğunu düşünerek sanırım sadece kendimi kandırmıştım.

İçimde canımı yakan bir hayal kırıklığı filizlendi. Kendimi o kadar önemsiz hissettim ki! "Cansu neden bana gerçekleri anlatmıyorsun, bir şey sakladığının farkındayım," dedim. Sesim kırgın çıkmıştı.

Yutkundu. "Anlatacak kadar önemli değil," dedi ve yine sinirle Emre'ye baktı. Bakışlarla birini öldürmek mümkün olsaydı Emre çoktan ölmüştü sanırım.

Cansu'nun kırgınlığımı gördüğü halde hâlâ bana yalan söylemesi beni kızdırdı. "Hadi, ama aptal değilim. Burayı sana tarif ettiğimde anında Emre'nin evinde olduğumu tahmin ettin. Emre'yle bir geçmişin var, değil mi?" dedim hafif öfkeli ve sabırsız bir şekilde.

"Hayır... evet... aslında..." dedi ve ne diyeceğini bilmiyormuş gibi sözlerine devam edemeyerek sustu.

Cansu'nun bana gerçeği söylemesini ve gerçekten dost olduğumuzu göstermesini istiyordum. Şu an buna çok ihtiyacım vardı. Fakat Cansu üzgün bir şekilde bana bakmakla yetindi. Yüzünde acı çekiyormuş gibi bir ifade vardı ve ısrarla susmaya devam ediyordu. İçimde büyüyen hayal kırıklığı kalbimi sıkıştırdı.

Tamam, bu kadarı yeterliydi! Sakladığı olay her neyse, Gül'ün kafede ima ettiği konuyla ilgiliydi. Gün'ün bildiği şeyi ben bilmiyordum. Cansu kesinlikle bana güvenmiyordu. Yoksa neden anlatmasın ki?

Öfkeyle bir soluk aldım. "Biliyor musun, unut gitsin. Umurumda değil," dedim burnumdan soluyarak.

Zaten yaşadıklarım beni hassaslaştırmıştı, Kağan'ın yaptıklarını hiç unutmayacaktım ve Cansu'nun bana böyle davranması duygularımı daha karmaşık bir hale getirmişti.

Emre şaşırmışçasına kaşlarını kaldırmış, bir bana, bir Cansu'ya bakıyordu. Acaba müdahale etsem mi diye düşünüyor gibi bir hali vardı.

"Ne saklıyorsan saklamaya devam et!" dedim ve ikisinin arasından geçip kapıya doğru yürüdüm. Sinirlerim cidden bozulmuştu.

Odadan çıkarken Emre ve Cansu tartışmaya başladı.

Tam kapının koluna uzanmıştım ki kenarda duran masanın üzerinde bir not kâğıdı gördüm. Üzerinde bir adres yazıyordu. Bu Emre'nin telefonda konuştuğu kişiden aldığı adres olmalıydı. Kağan'ın gideceği adres. Arkama baktım, ama kimse gelmiyordu. Cansu'nun sesini duyuyor, ama ne konuştuğunu anlayamıyordum. Kâğıdı almak gibi bir fikir geldi aklıma. Sonra ani bir kararla hemen kâğıdı avucuma alarak buruşturup çantama attım. Ve bu lanet olasıca evden çıktım.

Bugün acımasız bir şekilde hem ruhsal hem de fiziksel olarak yaralanmıştım. Tüm bunların sorumlusu olan Kağan'dan ölesiye nefret ediyordum. Adını aklımdan geçirmek bile, dişlerimi sıkmama, ellerimi yumruk yapmama neden oluyordu. Psikopat!

Eve gidecek ve soğuk bir duş alacaktım, sonra da yatağa girecektim. Açıkçası bir daha yataktan çıkmayı düşünmüyordum. Bu sırada annemle babam aklıma geldi. İşte olmalıydılar. Bu halde nasıl eve girecektim? Annem beni gördüğünde kıyametleri koparır, babamsa hemen polise gitmek isterdi. Az önce de en yakın arkadaşımı kaybetmiştim. Ya da yakın olduğumuzu sandığım kişi mi demeliydim, bilemiyorum. İlk günden beri beni sarıp sarmalayan, ne olursa olsun yalnız bırakmayan, içimde bu şehre, bu okula dair tek "iyi" şey diyebileceğim Cansu beni hayal kırıklığına uğratmıştı. Demek ki düşündüğümüz kadar yakın değildik, demek ki ben birbirimize içimizi açtığımızı düşünürken o beni kandırıyor, benden sürekli bir şeyler saklıyordu. Onun hakkında da yanılmıştım! Kahretsin!

Ah, bugün çok boktan bir gündü! Kafamdaki bütün aptal düşünceleri kovmak istercesine başımı iki yana sallayarak evimin yolunu tuttum.

Sokakta hızlı ve telaşlı bir şekilde yürürken bir anda elim boynuma gitti, en son aynada baktığımda berbat görünüyordu. Cansu da morlukları fark edince çok şaşırmıştı. Birinin daha görmesine katlanamazdım, o acıma dolu bakışların üzerime kilitlenmesine izin veremezdim. Sabah hava soğuk olduğu için yanıma aldığım şalı çantamdan çıkararak boynuma doladım ve boynumu böylelikle sakladım.

Önümden geçen boş bir taksiyi durdurdum ve bindim. Yanımda fazla para yoktu, ama bunu umursamadım, benim için önemli olan tek şey bir an önce eve gidebilmekti. Şoföre adresi tarif ettikten sonra annemle babamın evde olup olmadığını kontrol etmek için annemi aradım.

"Efendim kızım?" dediğinde onun sesini duymak bana çok iyi geldi. Rahatlayarak omuzlarımı düşürdüm. "Anne, ne yapıyorsun, neredesin?"

"Çalışıyorum tatlım. Sen evde misin?"

"Şey..." deyip altdudağımı ısırdım. Bir yalan bulmam gerekiyordu. "Cansu'daydım. Şimdi eve geçiyorum."

"Tamam. Güzel kızım, babanla bir saate kadar çıkarız biz de."

"Anne," dedim tereddütle. "Ben kendimi pek iyi hissetmiyorum, sanırım yine hasta olacağım.

Eve gidince sıcak bir duş alıp yatacağım. Akşam yemeği için beni uyandırma, olur mu?"

Annem hafif bir telaşla, "Çok mu kötüsün, istersen erken çıkabilirim," diye önerdi.

"Hayır," dedim hızlıca teklifini reddederek. "Sen merak etme beni, dinleneyim, geçer yarına."

İç çekti. "Bunlar hep vitamin eksikliğinden oluyor, gelirken markete uğrayıp senin için bol bol meyve alacağım, hepsini yiyeceksin," deyip usulca güldü.

İçim burkularak, "Peki," dedim. "Seni seviyorum," diye eklerken sesim titredi.

"Ben de seni seviyorum güzelim, evde görüşürüz."

Eve varınca planladığım gibi banyoya attım kendimi ve sıcak bir banyo yaptım. Yatağıma girmeden önce ince bir şal alıp tekrar boynuma sardım, annem ya da babamın boynumun perişan halini görmesini istemiyordum.

Sabah annemin sesiyle uyandım. "Hadi, uyan artık tatlım," diyerek perdelerimi sonuna kadar açtı. İnanılmaz derece gözüme parlak gelen güneş ışığı yüzüme vurdu. Rahatsız olarak gözlerimi kırpıştırdım. "Ne yapıyorsun?" dedim anneme sızlanarak.

"Kalk artık, kahvaltı hazır. En sevdiğin yiyeceklerden hazırladım. Bugün geç gideceğim işe, birlikte baş başa anne kız kahvaltısı yapalım," dedi neşeyle ve odamdan çıkıp mutfağa doğru gitti.

İçime dolan ani bir öfkeyle, "Of!" diyerek yumruklarımı yatağa geçirdim. Ben uyanmak istemiyordum ki, günlerce yatağımda yatmak, uykunun güvenli kollarında kalmak istiyordum. Yatağımdan çıkarsam dün olanların bütün acısı bir hançer gibi kalbime saplanacaktı, tüm gün yaşadığım kötü anlar zihnime dolup beni rahatsız edecekti. Kağan'ın yaptığı tüm pislikleri ve Cansu'yu kaybedişimi düşünecektim. Bunlar sadece acı çekmeme neden olacaktı. Ve ben bunu kesinlikle istemiyordum!

Annemin yeniden, "Hadi, ama Buket, " diye sabırsızca mutfaktan seslenmesiyle örtülerimi üzerimden sinirle attım. Boynumu çevirmeye çalıştım, ama çok acıyordu. Yüzüm buruşurken elim boynuma gitti, aynaya bakıp eşarbımı çıkarınca boynumun hâlâ çok kötü olduğunu gördüm. Henüz fondötenle kapatacak kadar iyileşmemişti. Birkaç gün şalla idare edip sonrasında makyaj malzemelerimle kapatmaya çalışacaktım. Eşarbı tekrardan boğazıma sarıp annemin yanına gittim.

"Neden hâlâ hazırlanmadın sen? Okula geç kakacaksın," dedi annem.

"Okula gitmeyeceğim," dedim.

Okula gidip Kağan'ı görmek istemiyordum. Ondan korkuyordum ve bir o kadar da ona öfkeliydim. Bana tüm bunları nasıl yapardı? Dün yaşadıklarım aklıma geldikçe deliriyordum. Ayrıca okula gidip görmek istediğim bir arkadaşım bile yoktu artık. O lanet olasıca okula kesinlikle gitmeyecektim. Hatta ailemi ikna etmem gerekiyordu; bir an önce bu şehirden taşınmalıydık. Burada hiçbir şey yolunda gitmemişti. Tekrar İzmir'e taşınmak istiyordum.

"Saçmalama Buket, üzerini giy. Okula gideceksin. Gördüğüm kadarıyla dün dediğin gibi hasta da değilsin. Hem o şal ne öyle? Hasta olduğuna ikna olmam için mi taktın?"

Annemin sesi çok sert çıktı. İçimde sinirin gitgide şiddetlenerek arttığını hissettim. Neden hayatım benim kontrolümde değildi? Dün Kağan'ın karşısında aciz kalarak onu durduramamıştım ve o da bana istediğini yapmıştı. Bugünse annem benim yerime karar veriyordu. *Hayır, bu kez olmaz* diye düşündüm. Bu kez izin vermeyecektim. O okula gitmek istemiyordum ve gitmeyecektim. Nokta!

Kaşlarımı öfkeyle çattım. "Sana gitmeyeceğim dedim!" diye bağırdım.

Annem bağırmama şaşırarak gözlerini kırpıştırdı. Benden daha önce asla böyle bir tepki görmemişti. Onun bu hali pişman olmama sebep oldu, kalbim hissettiğim pişmanlıkla ezildi. Dün olanların hepsi gereksiz bir şekilde anneme patlamıştı resmen.

Anneme arkamı dönerek odama doğru gittim ve kapıyı arkamdan hızla çarptım. İçimdeki öfkeyi kontrol edemiyordum ve bu öfke beni boğarken çığlık atmak, haykırmak istedim. İki elimi saçlarımdan geçirerek alnımda birleştirdim, odamda sağa sola yürüyüp derin nefesler almaya başladım. Burası, her şey beni boğuyordu. Tahammül edemiyordum hiçbir şeye. Gözlerim çalışma masama kaydı, bütün eşyalarımı duvarlara fırlatarak parçalamak istedim. Aynen kalbim gibi, her şey paramparça olsun istedim. Kimse kalmamıştı zaten, herkes bir şekilde beni yaralamıştı. Eşyalar, bu oda, bu ev, tüm dünya paramparça olsun istedim o an.

Gözlerim öfkeden akan gözyaşlarımın etkisiyle dolarken, kendimi sırtüstü yatağıma bıraktım. Sakinleşmek adına derin derin nefes alıp verdim. Fakat bir işe yaramadı, kendimi tutamadım ve usulca ağlamaya başladım.

Annem kapıyı vurarak içeriye girdi. Hemen ona sırtımı döndüm. Ağladığımı görmesini istemiyordum. "Buket, neyin var tatlım?" diye sordu tedirgince. Yine ona bağırmamdan korkuyor olmalıydı, bu düşünceyle ağlamam daha da şiddetlendi. Anneme bağırdığım için kendimden nefret ettim.

"Git buradan, lütfen" diye cevap verdim. Sesim boğuk çıkmıştı.

Annem beni umursamadan yanıma gelip yatağıma oturdu. Omzuma elini koyup hafifçe sıktı.

"Konuşmak ister misin?" diye sordu yumuşak sesiyle.

"Hayır," dedim. Ne diyebilirdim ki ona? Anne dün sınıfta tacize uğradım ve biliyor musun en yakın arkadaşım bana güvenmiyor!

Bu sırada zilin çalmasıyla annem yataktan kalkarak kapıyı açmaya gitti.

Annemin kapıda biriyle konuştuğunu duydum, ama kim geldiyse bu umurumda değildi açıkçası. Annemin odamın kapısına gelip, "Canım, bak arkadaşın Cansu gelmiş," demesiyle yavaşça ona doğru döndüm. Cansu'nun burada ne işi vardı?

Hemen elimin tersiyle gözyaşlarımı silerek yatakta doğruldum ve hiçbir şey söylemeden kırgın bakışlarla Cansu'ya baktım.

Annem, "Sonunda arkadaşın Cansu'yla tanıştım, daha

iyi koşullarda olmasını tercih ederdim, ama bu da fena sayılmaz. Daha geç olmasından iyidir," dedi takılarak. Beni güldürmek istiyordu, ama gülecek hiç halim yoktu.

Cansu mahcup bir şekilde tebessüm etti.

Annem, "Ben sizi yalnız bırakayım en iyisi," dedi ve yanımızdan ayrılırken de Cansu'nun omzuna dokundu. "Lütfen, kızımı depresyondan çıkar," demeyi ihmal etmedi.

Evet! Sanırım gerçekten depresyona girmiştim. "Ne arıyorsun burada?" dedim Cansu'ya aksi bir sesle.

İç çekti. "Buket ben çok özür dilerim," deyip yanıma oturdu ve şefkatle bana sarıldı. Bense harekesiz bir şekilde öylece durdum.

Geri çekilip gözlerimin içine üzgün bir şekilde baktı. "Seni sürekli aradım, mesaj da attım. Neden cevap vermedin? Ben çok özür dilerim. Hem dün eve tek başına döndüğün için hem de sana her şeyi en başından anlatmadığım için. Emre'yle kavga etmekten senin çıktığını bile anlamadım. Allahım, nasıl bir arkadaşım ben böyle? Tekrardan çok özür dilerim, affet beni," dedi oldukça yumuşak bir sesle.

Sessiz kaldım.

"Lütfen, konuş benimle."

Alındığımı ima eden bakışlar atarken yine sessiz kalmaya devam ettim.

Cansu derince iç çekti. "Pekâlâ. Sana her şeyi anlatacağım. Çok önceden anlatmalıydım, biliyorum, ama yapamadım işte. Ben eskiden Emre'ye âşıktım," deyip tepkimi kontrol edercesine yüzümü inceledi. Ardından derin bir nefes alarak devam etti. "Hâlâ da aşığım," diye fısıldadı biraz çekinerek.

Ah! Söylediklerine şaşırmıştım. Tek taraflı bir aşk mıydı acaba?

"Geçen yıl çok büyük bir yanlış yaptım Buket. Hayatımda ilk defa bir erkeği hayatıma soktum ve güvenmemem gereken Emre'ye güvendim. Onu ne zaman görsem kalbim hissettiğim hayal kırıklığıyla yanıyor. Bu his öyle yoğun ki canım acıyor. Emre'ye inanacak kadar aptal olmam gerçeğine katlanamıyorum, beni kandırmasını kabullenemiyorum. Bu yüzden anlatamadım sana," dedi. Bunları söylerken gözleri buğulanmıştı.

Onun için üzülürken sessiz kalıp devam etmesini bekledim.

"Emre'yle okulun ilk günlerinde aramızda bayağı sürtüşme vardı. Ona acayip sinir oluyordum, ama bir yandan da karşı konulmaz bir şekilde ona kapılıyordum. Sonra biz sevgili olduk. Yani en azından ben öyle olduğumuzu sanıyordum. Ona deli gibi âşıktım Buket, onun için yapmayacağım şey yoktu. Ama o... bir anda her şey çok güzel giderken beni terk etti. Almak istediğini aldı ve gitti. Hiç birlikte olmamışız gibi davrandı. Tek amacı beni kullanmakmış!"

Cansu ağlamaya başladı. Yanında olduğumu göstermek istercesine elimi sırtına koyarak anlayışla sıvazladım. "Ağlama."

"Ben... ben onu hayatımın merkezi yapmıştım," deyip hıçkırdı. "Geleceğimde sadece onu görüyordum. Kimseye güvenmediğim kadar ona güvenmiştim. Şu an öyle pişmanım ki! Bunu senden gizlemek istemezdim, ama ben sadece onu geçmişte bırakmak ve unutmak istedim," dedi.

"Bana anlattığın arkadaşın... hani şu Emre'nin terk ettiği..."

"O bendim," dedi sözümü keserek ve yanakları kızarırken başını öne eğdi.

"Ah, Cansu!"

"Çok üzgünüm Buket. Sana yalan söylemek istemezdim. Ama bir şekilde seni uyarmam gerektiğini hissettim. Sen benim gerçekten dostumsun, seni kardeşim olarak görüyorum ben. Sonra da bütün olanları, yaşadıklarımı açık açık anlatamadım, yapamadım," diyerek elimi tuttu. Bakışlarıyla yalvarıyordu bana.

"Sen de benim kardeşimsin," derken hafifçe gülümsedim. "Önemi yok, üzülme."

"Affettin mi beni?" diye sordu masum bakışlarla. Güldüm. "Affedilecek bir durum yok, o kadar tepki vermemeliydim. Özür dilerim."

Omuzlarını düşürdü. "İçim rahatladı," dedi gülerek. Ardından, "Onun gibi bir pisliğe âşık olduğum için aptalın tekiyim değil mi?" diye mırıldandı yanaklarındaki yaşları elinin tersiyle sildi.

Derince iç çektim. "Öyle düşünmemelisin. Bazen kendimize engel olamayız," dedim. Bu cümleyi Cansu için mi kullandım, yoksa kendim için mi, bilmiyordum.

Kollarımı açarak burukça gülümsedim ve Cansu'ya,

"Gel buraya gerçek dostum," dedim. O da gülümsedi ve bana sıkıca sarıldı.

Ardından Cansu'ya Kağan'la aramızda geçenleri anlattım. Anlatırken Kağan'a yine öfkelendim, tabii Cansu da çok öfkelendi. Böylelikle hayatımda daha önce duymadığım küfürleri Cansu'dan duyma şerefine eriştim.

"Şerefsiz, piç kurusu!" dedi ve kaşlarını çatarak devam etti. "Biliyor musun, aslında hiç şaşırmıyorum, onun hayatı pislik dolu."

"Onu, o pislik hayatında boğacağım. Bu yaptığını ona öyle bir ödeteceğim ki!" dedim sinirle ve ekledim. "Ondan nefret ediyorum!"

"Ne yapacaksın?"

"Önce müdüre gideceğim, sonra da polise."

Cansu şaşırarak kaşlarını yukarı kaldırdı. "Ne? Saçmalama."

"Susup olanları sineye çekemem. Yaptığının cezasını çekecek. Onu yakalayıp hapse atmalılar. Herkes için büyük iyilik olur bu!"

"Bilmiyorum Buket, o cidden tehlikeli, eğer onu şikâyet ettiğini öğrenirse çok daha kötüsünü yapabilir sana."

Yüzüm yavaşça asıldı. "Hiçbir şey olmamış gibi mi davranayım?" diye sordum üzgünce ve boynuma doladığım şalı açtım. "Şu boynumun haline bak."

Cansu'nun bakışları boynuma kayınca kaşlarını çattı ve yüzünde acıdığını gösteren bir ifade belirdi.

"Buket, sana yaptığının cezasını sonuna kadar çekmesini ben de isterim, ama başının daha fazla belaya girmesinden korkuyorum."

Haklıydı. Bunu daha sonra düşünmek üzere zihnimde gerilere attım. Ama Kağan sessiz kalacağımı düşünüyorsa yanılıyordu, elbet bir yolunu bulup ona yaptığının cezasını ödetecektim!

İkimiz de bir süre sessizce yatağımda oturduktan sonra gözucuyla Cansu'ya baktım. Yüzümde engel olamadığım bir sırıtış oluştu. "Demek Emre'ye âşıksın ha?" diyerek sataştım. Aslında bu hoşuma gitmişti. Emre'yi seviyordum, o iyi biriydi.

Cansu'nun yanakları kızardı. "Kes şunu, sana anlatmamam gerektiğini biliyordum. Sürekli yüzüme vuracaksın, değil mi?" derken kıkırdıyordu.

Güldüm. "Cansu bence onunla tekrar konuşmalısın, senin bilmediğin olaylar olmuş olabilir, kimse sebepsizce ilişkisini bitirmez."

Sen kafayı mı yedin der gibi gözlerini büyüterek bana baktı. "Ne, asla!"

"Hadi, ama risk al. Emre iyi biri diyorum sana, bunu gördüm. Beni her defasında Kağan'dan kurtaran o oldu. Dün eğer Emre gelmeseydi neler olurdu, düşünmek dahi istemiyorum. O sanırım benim kahramanım," dedim içtenlikle.

Umutsuzca bana bakarken iç çekti. "Beni kullandı Buket. Ben ilk defa onunla birlikte oldum. Onun için önemli olmayabilir, ama bu benim için çok özeldi. O böyle düşünmediğini, beni sadece yatağa attığı kızlardan biri olarak gördüğünü acı bir şekilde gösterdi. Hiçbir açıklama yapmadan beni terk etti. Birlikteyken yaşadığımız tüm güzel anlar birer yalanmış."

Buna söyleyecek bir lafım yoktu. Yaptıkları iğrençti, ama nedense yine de Emre için kötü düşünemiyordum.

"Üzgünüm tatlım, keşke mutlu olabilseydin, keşke her şey istediğin gibi olabilseydi."

"Keşke," diye cevap verirken üzgün bakan gözleri yine doldu.

Cansu için cidden çok üzülmüştüm. Ama bu konuda elimden geleni yapacaktım. Eğer o Emre'yle konuşamıyorsa o zaman ben konuşacaktım ve iyi sonuç almak için uğraşacaktım.

Annem işe gitmeden önce üçümüz sohbet ederek güzel bir kahvaltı yaptık. Annem, Cansu'ya bayıldı. Daha sonra onu işe uğurladık ve biz de kafamızı dağıtmak için film izlemeye karar verdik. Mısırlarımızı patlatıp salondaki geniş koltuğa yayıldık ve art arda iki komedi filmi izledik. Gülmekten çenemin ağrıdığını hissederken telefonumun çaldığını duydum. Salondan çıkıp odama geçtim ve telefona cevap verdim.

24

"Efendim?" Arayan Timuçin'di.

"Merhaba nasılsın? Bugün okulda göremedim seni, aramak istedim."

"Evet... kendimi iyi hissetmiyordum, gelmek istemedim," derken Cansu odaya girip endişeyle "Kim o, Kağan mı?" diye sordu.

Onu rahatlatmak için başımı iki yana salladım ve dudaklarımı oynatarak, "Timuçin" diye cevap verdim.

Yüzüne yayılan gülümsemeyle yatağıma oturdu.

Timuçin, "Umarım daha iyisindir, çünkü bu akşam arkadaşımla buluşacağım ve seni de davet etmek istiyorum," dedi.

"Ben bugün Cansu'yla birlikteyim. Onu yalnız bırakamam," deyip Cansu'nun yanına geçerek yatağıma bıraktım kendimi.

Timuçin, "Onu da davet ediyorum o zaman," diyerek güldü.

Evden çıkmayı hiç istemiyordum. "Başka zamana ertelesek olmaz mı?" demiştim ki Cansu hışımla telefonu elimden kaptığı gibi konuşmaya başladı. "Naber Timuçin? Evet, takılıyoruz. Süper olur. Sen onu bana bırak. Tamam, mesaj atarız sana. Görüşürüz." Telefonu kapattı ve sırıtarak bana uzattı. "Eğlenceli, süper bir akşam bizi bekliyor," dedi neşeyle.

Telefonu alıp kenara koyarken, "Çıkmak istemiyorum Cansu, evde vakit geçirelim," diye sızlandım.

Kaşlarını çattı. "Ah, hadi ama Kağan yüzünden niye kendini eve kapatarak cezalandırıyorsun ki?"

Bakışlarımı kaçırdım. "Sadece canım istemiyor," diye geveledim.

"Timuçin bizi karaokeye davet etti. Hem şarkı söyleriz kafan dağılır hem de müzik dinleriz. Bu sana iyi gelir."

Yüzümü buruşturdum. "Evde de müzik dinleyebiliriz," dedim faydasız bir vazgeçirme çabasıyla.

Cansu gözlerini devirdi. "Söylediği mekânı biliyorum, önceden gitmiştim. Çok güzel vakit geçireceğiz, güven bana. Hem yanında ben varım, kimsenin sana yaklaşmasına izin vermem. Özellikle de Kağan'ın," derken ses tonu kendinden emin çıkmıştı.

Kağan'ın ismini duyunca hafifçe irkildim. Cansu elini koluma koyup anlayışla sıvazladı. "Kağan'ın sana yaptıkları çok kötüydü, kimsenin katlanamayacağı kadar insafsızca. Ne kadar yaralı, kırgın ve öfkeli olduğunu görebiliyorum. Ama yaşadıklarını geride bırakıp hayatına devam etmek zorundasın Buket."

Minnettar olarak tebessüm ettim, Cansu'nun bana destek olması iyi hissettirdi. Evden uzaklaşmak için can atmasam da onu kırmamak için dışarı çıkmaya karar verdim. Belki de haklıydı, kafamı dağıtmak iyi gelebilirdi. Belki de içinde bulunduğum bu durumdan biraz olsun uzaklaşabilir, kafamdaki her şeyi hiç olmamış gibi bir kenara atabilirdim. Yalnız olmadığımı bilmek bile biraz olsun beni rahatlatmıştı. Şükürler olsun ki Cansu yanımdaydı ve belki biraz farklı insanlar görmek neşemi yerine getirmese bile olanları daha çabuk atlatmamı sağlayabilirdi.

"Tamam, gidelim. Sanırım eğlenceli olabilir," diye mırıldandım.

"Süper!" deyip yataktan kalktı. "Benim eve gidip üzerimi değiştirmem lazım, bir saat sonra dönerim."

"Hiç gerek yok, benim dolabımdan giyinebilirsin," diyerek ben de yataktan kalktım ve elbise dolabımın kapısını sonuna kadar açtım. "İstediğin elbiseyi seç canım."

Cansu'nun gözleri hayranlıkla büyürken kıyafetlerime baktı. "Vay canına, bunlar harika! Buket siz daha önce gerçekten çok zenginmişsiniz. Bunlar aynı zamanda çok pahalı, hepsi marka!" dedi.

Sesindeki şaşkınlık ve hayranlık ifadesi karşısında biraz utanarak tebessüm ettim. O zamanlar durumumuz çok iyiydi ve evet, çok fazla kıyafetim vardı. Çünkü alışveriş en büyük hobimdi, yani eskiden...

Cansu dolabıma uzanıp dökümlü duran mavi bluzumu eline aldı. "Buna bayıldım. Mağazada olsaydık bunu kesinlikle almak isterdim," diyerek inledi.

Bu hali beni güldürdü. "Senin olabilir, zaten hiç giymemiştim."

"Aslında şu an kibar olup, 'Hayır, bunu kabul edemem,' demem gerek, ama ben 'Sen ciddi misin?' diye sormak istiyorum," dedi o da gülerek.

"Tabii ki de beğendiysen senindir. Ayrıca o bluzu siyah, yüksek bel eteklerimden biriyle kombin yap bence," diyerek öneride bulundum.

"Tamam," dedi ve eteklerimden birini seçip üzerini değiştirmeye koyuldu.

Ben de dolabımın karşısına geçtim ve ne giysem diye bakındım. Boynumdaki morlukları gizlemek için hakim yakalı, kısa kollu siyah elbisemi elime alıp üzerime tuttum. Aynada kendimi süzerken bunun iyi bir seçim olduğunu düşündüm, çünkü boynumdaki morlukları kapatabilecektim.

Bütün bunların sorumlusu olan Kağan'a duyduğum nefret dalgası içime yayıldı. Hayvan herif!

Derin bir nefes alarak öfkemin geçmesine uğraştım. Ona dair kafamdaki bütün düşünceleri gerilere attım. Kağan'ın gecemi bozmasına izin vermeyecektim.

Cansu'yla hazırlanmamız bitince Timuçin'e gelip bizi alması için mesaj attık. Ardından sohbet edip gülüşerek bahçeye çıkıp bekledik.

Timuçin yine o harika arabasıyla gelmişti. Arabadan inip yanımıza gelerek bize sarıldı. Bu çocuk dışarıdayken okuldakinden ne kadar da farklıydı! Baklava kasları dahil bütün kaslarını en ince ayrıntısına kadar gösteren tertemiz görünen kar beyazı bir tişörtle üzerine hafifçe yapışan açık renk bir kot giymişti. Kıyafetiyle uyumlu olan spor ayakkabıları da beyazdı.

"Timuçin, sanırım arabana âşık oldum. O kadar güzel ki bir gün ben de böyle bir araba alacağım. Siyah! Ama jantları pembe olacak," diyerek kıkırdadım.

Timuçin'in bakışları keyif aldığını gösterircesine parladı.

Yalandan yüzümü astım. "Ne? Çok mu garip olur?" diyerek altdudağımı ısırdım.

Bana doğru bir iki adım gelip başını sallayarak konuştu. "Hayır, çok tatlı olur. Senin gibi."

Bu sözü beni utandırırken, yoğun bakışlarıyla yanaklarımın alev alev yandığını hissettim. Gözlerime bakarak gülümsedi ve arabaya binmem için kapıyı açtı. Çok utanmıştım, hemen arabaya geçerek başımı hafifçe öne eğdim. Ardından dudaklarımı ısırarak kafamı hafifçe cama dayadım, bu utanma hissi de nereden çıkmıştı hiçbir fikrim yoktu.

Geldiğimiz yer iki katlı, geniş bir binaydı. Birinci kattaki geniş balkonun uzun bacaklı masalarla döşenmiş olduğunu görebiliyordum ve kalabalık arkadaş gruplarıyla doluydu. Kapıdan geçtikten sonra ahşap merdivenlere yöneldik. Gıcırdayan basamakları ağır ağır çıktık ve geniş bir alana girdik. İçerisi pek kalabalık değildi, çoğunluk balkondaydı. Sağ tarafın büyükçe bir kısmını sahne kaplamıştı, sol tarafta da yuvarlak masalarsa etrafa aralıklarla yerleştirilmişti. Masalar bordoya çalan bir kırmızıydı, uzun metal çubuk üzerinde duran yuvarlak cisimleri andırıyordu uzaktan bakınca. Etraflarında oldukça yüksek, yine masayla aynı renkle kaplanmış oturma yerlerinin olduğu sandalyeler vardı. Sandalyelerin ayakları masanın ayağıyla aynı tonlardaydı.

Timuçin bakışlarını mekânda gezdirdikten sonra arkadaşını görmüş olacak ki bize dönüp, "Bu taraftan," diyerek yol gösterdi. Timuçin'le birlikte arkadaşının oturduğu masaya doğru yürüdük. Çocuk, Timuçin'i görünce ayağa kalkıp selam verdi.

Timuçin, "Arkadaşım Murat," dediğinde el sıkıştık. Murat uzun boylu, iri yapılıydı. Siyah gür saçları ve koyu kahve gözleri vardı. Tatilden yeni dönmüş gibi esmer tenliydi. Timuçin bu kez bizi tanıttı. "Buket ve Cansu. Okuldan arkadaşlarım," dedi.

Herkesin yüzünde tebessüm oluşurken tanışma faslını bitirdik ve yerlerimize geçip oturduk. Timuçin önce Cansu'yla benim oturmamızı bekledi. Ah, bu çocuk çok kibar, o an her kıza bir Timuçin gerek diye düşündüm.

İçeceklerimizi sipariş ettikten sonra Cansu gözlerini merakla kısıp Murat'a baktı. "Ben seni bir yerden tanıyor gibiyim," dedi çocuğa.

Timuçin araya girdi. "Geçen yıl liseler arası müzik yarışmasını izlemeye gitmiştik ya hani, Murat da gruplardan birinde solistti. Hatta ikinci oldular."

"Evet, şimdi hatırladım. Çok iyiydiniz, birinci olmayı hak ediyordunuz."

Murat, "Teşekkürler," dedi içeceğini yudumlarken. "Grubum dağılmasaydı, güzel düşüncelerini onlara iletebilirdim," dedi şakaya vurarak.

"Kötü olmuş," dedim üzgünce. "Şimdi ne yapıyorsun peki, bir grubun var mı?"

"Evet, yeni bir gruptayım. Geçen yaz kuruldu, oldukça

iyiyiz. Hafta sonları bir barda çıkıyoruz, bir gün gelin," dedi samimi bir gülüşle.

Timuçin, "Ben size seve seve eşlik ederim," dediğinde Cansu'yla kıkırdadık.

Sohbetimiz bu şekilde başlayıp daha da koyulaştı. Cansu ara sıra espriler yapıyor, bizi güldürüyordu. Murat da Cansu'ya ayak uydurup sürekli konuşuyordu. İkisi çok iyi anlaşmıştı. Timuçin'se susmuş, dikkatle beni izliyor, söylediğim her şeyi ilgiyle dinliyordu. Bir süre sonra karaoke faslı başladı ve Murat sahneye çıktığında dikkatimizi sahneye verdik.

Manga'nın son albümünde bulunan *Hint Kumaşı* şarkısını seçip söylemeye başladı. İnanılmaz güzel söylüyordu ve sesi harikaydı. Oturanlardan bazıları gerçek bir konser gibi sahnenin önüne geçip müziğe ayak uydururcasına dans edip zıplıyordu.

Cansu'nun kulağına eğilerek, "Süper bir yer burası, çok sevdim. Hadi, biz de sahnenin önüne gidip dans edelim, hem belki Murat'tan bir şarkı daha isteriz. Çocuk müthiş!" dedim.

Bu sözlerim karşısında gülerek olumlu anlamda başını salladı. "Tamam."

Cansu'yla sahnenin önüne geçtik ve kalabalığa karışarak dans etmeye başladık. Ara sıra da bağırarak şarkıyı söyleyip Murat'a eşlik ettik.

Şarkı bitince Cansu, Murat'a seslenerek sahneden inmesini engelledi. "Kolpa'dan *Böyle Ayrılık Olmaz*'ı söyle!"

Murat güldü. "Birlikte söyleyelim," dediğinde Cansu başını iki yana salladı. "Ben yapamam, sesim pek iyi değil. Oturanların kafasını şişirmeyeyim. Benim yüzümden kaçıp gitmelerini istemem," dedi gülerek.

"Bunu umursamıyorum," diyerek omuz silkti. "Şu an önemsediğim tek şey seninle şarkı söylemek," deyip Cansu'ya elini uzattı. "Lütfen, beni kırma."

Cansu'nun yanakları kızardı ve tereddüt edercesine bakışlarını bana çevirdi. Ona cesaret vermek isteyerek başımı hevesle salladım. "Hadi, ne duruyorsun. İnlet burayı kızım," diye bağırıp sahneye çıkması için teşvik ettim.

Cansu neşeyle gülerek elini Murat'a uzattı ve birlikte listeyi inceleyerek şarkıyı seçtiler. Mikrofonları ellerine alarak sözlerin ekranda belirmesini beklediler. Murat'ın aksine Cansu oldukça heyecanlı görünüyordu. "Yapabilirsin," diye bağırdım bu kez. Bakışları beni buldu ve sıcacık gülümsedi.

Müzik başlayınca Cansu harika bir giriş yaptı.

"Kim derdi ki seninle bir gün ayrılacağız, geçip giden günlerin ardından bakacağız."

Vay canına, bu ses gerçekten Cansu'dan mı çıkıyordu, yoksa bir yanlışlık mı vardı? Kulaklarım doğru duyuyordu değil mi? Dudaklarım hayretle aralandı. Cansu'nun sesi mükemmeldi, pürüzsüz bir sesi vardı, gırtlağı çok iyiydi. Murat da benimle aynı fikirde olmalı ki kaşları hafif bir şaşkınlıkla kalktı ve sonra dudakları beğeniyle kıvrıldı. Yüzünde memnun olmuş bir ifadeyle Cansu'yu izlemeye başladı. Cansu'ysa dikkatle ekrana bakıyor, sözleri kaçırmamaya çalışıyordu. Şarkı ilerledikçe üzerindeki tereddüdü attı ve şarkıyı daha istekli söylemeye başladı. Murat'ta ara sıra ona eşlik ediyordu. Sahnede harika bir ikili olmuşlardı.

Şarkı bittikten sonra Cansu'ya sıkıca sarıldım. "Harikaydın," diyerek tebrik ettim ve hep birlikte masamıza geri döndük. Cansu o kadar çok alkış almıştı ki halinden çok memnundu.

Cansu, "Çok susadım," deyip önünde duran bardağı eline alıp içti. "Nasıldım, beğendiniz mi?" diye sordu hepimize tek tek bakarak.

Timuçin, "Böyle güzel şarkı söyleyebildiğinden neden haberim yok, sesin çok güzelmiş," dedi büyülenmiş gibi.

"Güzelden de öte," derken arkama yaslanmadan önce içeceğime uzanıp bir yudum aldım. Soğuk içeceğin ferahlatan hissi çok iyi gelmişti. "Cansu, içinde bir star saklıyormuş da haberimiz yokmuş," dedim ona takılarak.

Cansu gözlerini devirdi. "Abartmayın çocuklar."

Murat, "Az bile bu söyledikleri, sesin gerçekten çok iyi," diyerek bize katıldığını belirtti.

Cansu'nun yüzünde kocaman bir sırıtış oluştu. "Teşekkürler," derken yanakları kızardı.

Murat, "Grubumuzun bayan vokale ihtiyacı var. Ne zamandır istediğimiz gibi bir ses bulamadık. Bizimle çalışmayı düşünür müsün?" diye sordu aniden.

Cansu'nun şaşkınlıkla dudakları aralandı. Böyle bir teklifi beklemiyordu. "Ben..." dedi ve susup kararsızlıkla bana baktı. Ardından tekrar Murat'a döndü. "Bir gruba katılacak kadar güzel bir sesim olduğumu sanmıyorum."

Murat kendinden emin bir şekilde sırıttı. "İnan bana, sen de çok daha fazlası var. İşlenmeyi bekleyen bir cevher gibisin. Evet de bana, bize katılacağını söyle."

Cansu yüzünü buruşturdu. "Emin değilim, ama bu konuyu düşüneceğim," dedi çekingen bir ses tonuyla.

Murat çok ısrarcıydı ve Cansu bundan biraz rahatsız olmuş gibiydi.

Murat, "Numaramı vereyim sana, kararın kesinleşince beni ararsın," dediğinde Cansu masada duran telefonunu alıp Murat'a uzattı. "Peki, kaydet," dedi. Sesi pek de istekli gelmiyordu kulağa, kararını çoktan vermiş olduğunu anladım ve bu karar olumlu değildi.

Murat telefonu geri uzattı. "Beni aramanı sabırsızlıkla bekleyeceğim," dedi çapkın bir bakışla.

Timuçin araya girdi. "Cansu, bu senin için bulunmaz bir fırsat. Kesinlikle değerlendirmelisin," diyerek fikrini belirtti. Ben de onaylayarak başımı salladım. "Aynen öyle. Müzik kariyeri düşünüyorsan güzel bir başlangıç yapabilirsin."

Cansu iç çekti. "Düşüneceğim çocuklar," dedi gülümseyerek ve Murat'la konuşmaya başladılar.

Timuçin bana döndü. "Gecen nasıl geçiyor, eğleniyor musun?" diye sordu ilgili bir tavırla.

"Çok güzel. Beni davet ettiğin için teşekkürler," dedim ona.

"Rica ederim, ne zaman istersen dışarı çıkabiliriz," dedi Timuçin ve bana doğru biraz daha yanaşarak elini arkama doğru koltuğa uzattı.

Kolları omuzlarıma değmese de bana sarılmış gibi duruyordu. Bu beni biraz rahatsız etti, çünkü bu harekette sahiplenme vardı ve biz Timuçin'le çıkmıyorduk. Timuçin'i sevdiğim ve onu kırmak istemediğim için rahatsızlığımı unutarak duruşumu bozmadan oturmaya devam ettim.

Bakışlarımı girişe çevirince Emre'nin içeri doğru ağır

ağır yürüdüğünü gördüm. Duvar kenarında bir masaya geçip oturdu. Onu görmenin şaşkınlığıyla gözlerimi kırpıştırdım. Evet, hayal değildi, doğru görmüştüm. Emre'ydi gelen, ama Emre'nin burada ne işi vardı ki, tesadüf müydü, yoksa... bu nasıl bir tesadüftü böyle? Ne yapacağımı bilemedim, elim ayağıma dolandı.

Emre buradaysa eğer Kağan da burada olmalıydı. İçimi aniden derin bir korku kapladı. Rahatsızca yerimde kıpırdandım. Onu görmeye hazır değildim. Hiç de hazır olmayacaktım! Boğazım düğümlenirken telaşla çevreme baktım. Hissettiğim gerginlikle mideme kramp girdi. Lütfen, burada olmasın, lütfen.

Cansu rahatsız olduğumu fark edip, "Ne oldu?" diye sordu kısık bir sesle. "Hiç iyi görünmüyorsun."

Kuruyan dudaklarımı dilimin ucuyla ıslattım. "Emre burada," dedim onun olduğu tarafı başımla işaret ederek. "Kağan da gelmiş olabilir, korkuyorum Cansu," diye fısıldadım tedirginliğimi bariz bir şekilde ele veren bir tonla.

Cansu da hemen etrafa bakınmaya başladı. "Buralarda görünmüyor," dedi ve bakışlarını Emre'ye odakladı. "Emre tek başına gelmiştir, baksana, diğerleri de yok, genelde hep birlikte takılırlar."

"Öyle mi diyorsun?" derken dikkatli bakışlarımla mekânı kontrol ediyordum.

Başını salladı. "Kesinlikle, endişeni bir kenara bırak Buket ve onun gecemizi bozmasına izin verme."

Korkumu yatıştırmak için ciğerlerime derin bir nefes çektim. "Pekâlâ," dedim. Cansu'ya güveniyordum.

Cansu'nun bakışları Emre'nin üzerine kilitlendi. Gözlerini kısarak, "Çok yakışıklı olmuş piç!" deyip beğenisini belli etti.

Bu beni güldürdü. Emre'ye baktığımda gözlerinin hâlâ masamızda olduğunu fark ettim. Cansu'ya bakarken dudaklarında hafif bir gülümseme belirdi. O kadar çok kendine güveniyor gibiydi ki! Cansu hemen suratını buruşturarak kısık sesle küfür edip bakışlarını Emre'den çekti.

Uzun bir süre yerimde huzursuzca kıpırdandım ve sürekli etrafı kolaçan edip durdum. Korkum bir taş misali mideme oturmuştu ve bütün bedenimi panik kaplamıştı. Kağan'ın yüzü zihnimde dönüyordu. Bana yaptıklarını aklımdan çıkaramıyordum. Kaçmak istedim, o an herkesi ezip kaçmak, o çaresizlik hissinden kurtulmak, duvarları yıkmak, koşarak uzaklaşmak. Kalbim, sanki büyük bir ateşe atılmışım da kurtulmaya çalışıyormuşum gibi hızla atmaya başladı.

Masadakilere belli etmemeye çalışarak derin bir nefes aldım ve sakin olmam gerektiğini kendime hatırlattım. Kağan, burada bana asla zarar veremez. Yanımda arkadaşlarım var. Tek yapmam gereken sakinleşmek. Nefes al, ver. Nefes al, ver.

Bunları düşünüp nabzımı yavaşlatmaya çalışırken bakışlarım Emre'nin masasına kaydı ve gözlerimi çekmeden uzun bir süre onu izledim. Her an Kağan gelecek ve Emre'nin karşısına oturacakmış gibi bekledim. Fakat gelen giden yoktu, Emre bu gece tek başına takılıyor gibiydi. Kağan burada değildi işte, Emre'yi fark ettiğimden beri aradan bir saat geçmişti. Burada olsaydı çoktan Kağan'ı görürdüm. Bu düşünceyle yavaş yavaş rahatlamaya başladım ve üzerimdeki tedirginliği attım.

Cansu annesini aramak için masadan kalktığında ben de lavaboya gitme bahanesiyle masadan ayrıldım. İyice bunalmıştım, biraz hava alıp kendime gelmem gerekiyordu. Önce balkona çıkmayı düşündüm, fakat balkon öyle doluydu ki bu kararımdan vazgeçerek çıkışa yöneldim. Gördüğüm ilk görevliye, "Balkona çıkmak istiyordum, fakat çok doluydu, başka balkonunuz var mı?" diye sordum.

Başını salladı. "Yok, efendim, isterseniz arka tarafta en alt katta geniş, ferah bir bahçe var. Genelde sabah kahvaltıları için açıyoruz, şimdi boştur. Oraya inebilirsiniz," dedi.

Bu çok daha iyiydi. "Teşekkürler," diyerek tarif ettiği bahçeye doğru yöneldim.

Bahçeye açılan kapıdan geçtiğim anda serin hava yüzüme vurdu ve saçlarım omuzlarımdan geriye doğru havalandı. Derin bir nefes çektim içime, bu çok iyi hissettirdi. Rüzgârın yüzümü okşamasına izin vererek sessizce yürüdüm. Yeşil çimlerin süslediği bahçe oldukça büyük ve sessiz bir yerdi. Aralarda çiçek tarhları vardı ve tüm çiçekler açmıştı. Bahçenin etrafı uzun ışıl ışıl siyah demirle çevrelenmiş, asimetrik bir şekilde demirlerden bazılarına rengârenk fenerler asılmıştı. Etrafa atılmış tek tük sevimli, çiçeklerle uyumlu, sanki bir kırdaymışçasına gibi hissettiren ahşap masalar atılmıştı. Masaların az ilerisinde beyaz salıncaklar vardı. Başımı kaldırıp gökyüzüne baktım. Bütün yıldızlar üzerimize şemsiye misali açılmış, harika görünüyordu.

Benden başka iki kişi salıncaklardan birine geçmiş, oturuyordu, sevgili olmalıydılar. Birbirlerine sıkıca sarılmış, yıldızları seyrediyorlardı. Gülümsedim. Onları rahatsız etmemek adına en dip köşeye giderek bir masa seçip oturdum.

Kağan, Timuçin, bütün yaşananlar... hiçbir şey düşünmeden rüzgârın hafif hafif esen keyfini çıkarmaya başladım. Bir müddet sonra sevgililer gitti. Bahçenin karanlığında yalnız kaldım. Ben de gitsem iyi olacaktı, ama bu harika, huzur veren sessizliği bırakamıyordum. Başımı arkamdaki duvara yaslayarak tekrar gökyüzüne baktım. Yıldızlar birer elmas gibi parlıyordu, o kadar güzel bir görüntüydü ki yıldızların arasında kaybolmak istedim. Bu düşünceyle yüzümde huzurun verdiği bir gülümseme oluştu.

"Merhaba."

Duyduğum erkeksi tanıdık ses bütün sinir uçlarımı bir anda alarma geçirdi. Yüzümdeki gülümseme kaybolurken, endişeyle sese doğru döndüm. Şaşkınlık ve kaygıyla dudaklarım aralandı. Kalp atışlarım anında hızlanmaya başladı ve korkudan nefesim kesildi. Hızla oturduğum yerden ayağa kalktım. O kadar dalmıştım ki birinin geldiğini fark edememiştim. Kahretsin! Kağan buradaydı ve bahçede yalnızdık!

25

Kağan'ı ilk tanıdığım andan itibaren ona karşı içimde her gün büyüyen bir nefret ve öfke vardı. Bana her zaman eziyet edecek bir neden bulması ondan nefret etmeme neden oluyordu. Bunun yanında beni ona iten bir çekimin varlığını da inkâr edemezdim, onu görmek dahi kalbimi hızlandırıp heyecanımı körüklüyordu. Hatta bazen korkudan mı, yoksa sırf göz göze geldiğimiz için mi, kalbim hızlanıyor, onu bile ayırt edemiyordum. Her defasında içimde bir şeyler yer değiştiriyordu, tıpkı onunla yan yanayken hissettiğim duygular gibi... Ayrıma varamıyordum, kördüğüm misali içime işliyordu sadece. Son olanların ardından ise içimdeki nefret ve öfke diğer bütün duygulara galip geliyordu, o kadar şiddetle büyüyordu ki bazen içimden taşacağını düşünüyordum. O çekim, ona duyduğum nefretin çok ama çok gerilerinde kalıyordu, tüm gücümle itiyordum bir daha böyle hissetmemek için, ona kapılmamak için.

Fakat Kağan'la şu an göz göze gelince bütün duygularım anında yok oldu. Ona karşı hissettiğim tek his... Korkuydu. Saf, kocaman bir korku doldu içime.

Karşımda siyahlar içinde öylece dikilirken koyu mavi gözlerini kıstı, ne düşündüğünü anlamak imkânsızdı. İfadesiz bir şekilde bana bakıyordu. Bakışları karanlık, duruşu tehlike vaat ediyordu.

Nabzım kulaklarımda çınlamaya başladı. Bana yaptığı bütün o acımasızlıklar bir anda zihnimde canlandı. Her an bayılacakmışım gibi midem bulandı ve başım döndü. Kağan'ın bıçağı vardı, yine aynı şeyleri yapabilirdi ve bu kez onu durduracak kimse de yoktu. Bahçede sadece ikimiz vardık. Tekrar beni incitmeye yeltenirse o korkunç anları bir kez daha yaşayamazdım, bunu asla kaldıramazdım.

Hemen bakışlarımı onun karanlık gözlerinden çekip telaşla etrafa bakındım. Kapı sıkıca kapalıydı. Kağan karşımdayken kapıya asla koşamazdım. Çığlık atsam ve yardım istesem beni burada kimse duyamazdı. Bu düşünceyle kalbim duracak gibi oldu.

"Beni görmeyi beklemiyordun sanırım," dedi sakin bir sesle. "Telaşa kapılmana gerek yok, sana zarar vermeyeceğim."

Bu sözüyle bakışlarımı kapıdan alıp ona çevirdim. Hiçbir şey söyleyemedim, beynim durmuş gibi isyan ediyordu. Güçlükle yutkundum. Ne derse desin, ondan çok korkuyordum. Çünkü bana neler yapabileceğini biliyordum ve sınırı yoktu, bunu çok iyi anlamıştım.

"Her zamanki gibi güzel görünüyorsun," diyerek başını hafifçe yana doğru eğip beni baştan aşağı süzdü.

Psikopat

Bu sözlerinin üzerine geri geri yürümeye başladım. Bunun dışında sessizce ona bakmaya devam ettim. Sırtımın duvarla buluşmasıyla olduğum yerde kaldım, artık gidecek bir yerim yoktu.

Kağan bana doğru yürüyünce korkuyla elimi kaldırdım. "Yaklaşma bana... sakın!" dedim titreyen bir sesle.

Kaşlarını çatarak yürümeye devam etti, tam önümde durduğunda kenara doğru kaçmaya çalıştım. Bir kolunu duvara uzatarak oradan geçmeme engel oldu. Diğer elini de sağ tarafıma yasladı ve beni duvarla arasına hapsetti.

Yalvararak gözlerinin içine baktım. "Kağan, lütfen bırak beni. Sen kazandın, tamam mı, artık pes ediyorum. Senden korktuğumu kabul ediyorum. Bir daha senin karşına çıkmayacağım, söz veriyorum."

Yüzünden rahatsız olduğunu gösteren bir ifade geçti. "Benden korkmanı istemiyorum," dedi ağır ağır.

Titrek bir nefes aldım. "Ne istiyorsun o zaman?" diye sordum cılız bir sesle.

Bakışları yumuşadı. "Yalnızca konuşmak istiyorum."

Şaşırdım. Bunu beklemiyordum, ama hiç umursamadım. Beni kandırıyor olabilirdi. "Ben gitmeliyim, arkadaşlarım birazdan beni aramak için gelirler. Bırak gideyim," dedim gergin bir sesle.

Sakince iç çekti. "Bu gece konuşmadan seni bırakmayacağım," dedi kesin bir dille.

Gözlerim yanmaya başladı. Kağan'ın elinden kurtulamayacaktım. "Bunu bana neden yapıyorsun?" diye sordum omuzlarımı düşürerek. "Yoruldum artık. Hayatımın her anını korku içinde yaşamak istemiyorum. Daha fazla dayanacak gücüm kalmadı. Benden uzak dur, lütfen," dedim. Sesim ağlamak üzere olduğum için boğuk çıkmıştı.

"Buket," dedi yumuşak bir tonla. "Niyetim sana zarar vermek değil, dediğim gibi sadece konuşmak istiyorum."

"Hayır," deyip Kağan'dan kaçma dürtüme kapılarak kolunu ittim ve diğer tarafa doğru kaçtım. Ona asla güvenemezdim.

Kaşlarını çattı, yavaşça bana doğru döndü. Sabrı tükenmiş gibiydi. "İstesen de, istemesen de beni dinleyeceksin. Çözmemiz gereken bir konu var, benden kaçamazsın."

İçimde bir öfke belirdi. "Beni rahat bırak, git buradan," diye bağırdım. Artık ağlamaya başlamıştım. "Senin yüzünü dahi görmek istemiyorum. Yaptıklarından sonra nasıl karşıma çıkarsın? Beni ne kadar yaraladığının farkında bile değilsin."

Koyu mavi gözleri pişmanlıkla gölgelendi. "Yaşananların telafisi imkânsız biliyorum. Ben olanlar için çok pişmanım. Dünden beri seni düşünüyorum, hiç aklımdan çıkmıyorsun," derken sesi oldukça yumuşak çıkmıştı.

"Pişmanlık ne yazık ki yaşananları silmiyor. Sen bana, hayatımın en korkunç anını yaşattın. Asla unutmayacağım, acı bir hatıra olarak zihnime kazındı. Ne zaman gözlerimi kapatsam o anı tekrar yaşıyorum. Tekrar boğuluyorum, tekrar mahvoluyorum, tekrar ölüyorum," dedim ıstırap dolu bir sesle.

Psikopat

Kağan'ın yüz ifadesi acıdan değişti. Suçluluk dolu gözlerini kapattı ve derince iç çekti. Gözlerini açıp yine bana baktığında üzüntüsünü hissettim. Fakat konuşmadı, sessiz kalarak yutkundu.

Gözyaşlarımın arasından bakışlarına karşılık verip ağlayarak konuşmaya devam ettim. "Bana bıçak çektin. Dur dedim, dinlemedin," diyerek başımı salladım, dudaklarım titriyordu. "Beni hiç umursamadın."

Bakışlarındaki kederle iki elini birden saçlarından geçirdi. Gergin tavırla saçlarını karıştırdı. Rahatsızlığını görebiliyordum. "Seni incitmek istemediğimi bilmelisin. Keşke bütün olanları geri alabilsem, bunun için hayatımı bile ortaya koymaya hazırım," diyerek beni yatıştırmak istercesine bana doğru bir adım daha attı. Nasıl davranacağını bilmiyormuş gibi tedirgin bir hali vardı.

"Tek istediğim benden uzak durman, karşıma çıkmaman. Benim için bu yeterli," derken sesim titredi.

Elini sıkıntıyla yüzünde gezdirip nefesini verdi. "Beni neden anlamıyorsun, çok üzgünüm Buket. Gerçekten, daha önce hiç böyle suçlu hissetmemiştim," derken sesine yansıyan hüznü saklayamadı. Derin bir nefes alıp sözlerine devam etti. "İnan bana, çok pişmanım," derken oldukça samimi ve içten görünüyordu. Bakışlarında af dilemek için çırpınan büyük bir pişmanlık vardı. Onu affetmem için yalvarıyordu.

Ne düşüneceğimi bilemedim, bocalayarak bakışlarımı kaçırdım. Fakat kalbimin ufacık bir yanı ona inanmak, güvenmek istiyordu. Oysaki bana yaptıklarından sonra asla böyle düşünmemeliydim. Asla!

İçimde büyüyen kararsızlıkla yutkunarak tekrar gözlerinin içine baktım. "Lütfen, sadece git," dedim yıldığımı ima eden sesimle.

"Konuşmamız bitmeden gitmeyeceğim," derken yüzünde bir an yine acı yakaladım. "O gün yaşananlar hataydı. Ben kendimde değildim, davranışlarımı kontrol edemedim," dedi ve bir elini tedirgince saçlarından geçirerek devam etti. "Esrar çekmiştim, kafam çok karışıktı. Öfkem gözümü kör etti."

Kaşlarımı çattım. Sınıftayken gözlerinin ne kadar kızarmış olduğunu hatırladım, gözbebekleri de büyümüştü. Şimdi bunun nedenini anlıyordum. Kağan sınıftayken uyuşturucunun etkisindeydi.

"Seni kırdığımı biliyorum, ne kadar yaraladığımı görüyorum," diyerek gözlerimin içine büyük bir içtenlikle baktı. "Ve bu beni öldürüyor."

O kadar pişman görünüyordu ki koyu mavi gözleri tuhaf bir hassaslıkla gölgelenmişti. Yüzündeki keder izlerini gördükçe pişmanlığı bana kadar uzanıyor ve bu duygunun altında eziliyordum. Kahretsin! Ondan nefret etmeye devam etmem gerekiyordu ama edemiyordum!

"Sebep olduğum yıkımın farkındayım, ne derece şiddetli olduğunun da. Sana acı verdiğimi bilmek ağır geliyor bana, buna katlanamıyorum. Yaşananları zihninden silmeyi, verdiğim zararı geri almayı çok istiyorum."

"Bu o kadar kolay değil," dedim dargın bir ses tonuyla.

"Yine de bana inandığını söylemene, bunu senden duymaya ihtiyacım var," derken bakışlarındaki samimiyet kalbimdeki üzüntüyü bastırıyordu adeta. Gözlerinin içine bakarken kendime engel olamadım ve başımı olumlu anlamda hafifçe salladım.

"İnanıyorum," diye fısıldadım kararsızca.

Derin bir nefes alırken üzerindeki gerginliğin uçup gittiğini hissettim. Birden hafiflemişti sanki, yüzündeki ifadeden rahatladığı anlaşılıyordu. Omuzlarını dikleştirdi, üzerindeki kocaman yükü atıp bundan kurtulmuş gibi görünüyordu. Yaşamı sanki benim elimdeymiş ve ben ona hayatını geri vermişim gibi bakıyordu. Gerçekten de pişmandı ve onu affetmemi istediği çok belli oluyordu.

Umarım bir an önce gitmeme izin verir diye düşünerek bakışlarım kapıya doğru gitti. Buradan hemen gitmek istiyordum. Kağan'a son kez bakıp kapıya doğru hızla yürümeye başladım. Fakat bir iki adım gitmiştim ki beni bileğimden sertçe yakaladı ve kendine çevirdi.

Bütün vücudumu yine bir panik dalgası sardı. Gitmeme izin vermeyecekti. Beni kandırmıştı. Bir avcının avıyla oynadığı gibi benimle oynuyordu. Bunun verdiği korkuyla gözyaşlarım yine yanaklarımdan ağır ağır süzüldü. Kolumu elinden kurtarmak için çekiştirdim. Ben çabaladıkça, bileğimi daha çok sıktı.

"Bırak beni!" dedim ağlayarak.

Koyu mavi gözlerini gözlerime kenetleyerek konuştu. "Sana asla zarar vermek istemiyorum. Sadece bunu unutma," dedi derinden gelen bir sesle ve bileğimi bıraktı.

Diğer elimi bileğime götürüp ovuşturmaya başladım. Çok kötü sıkmıştı. Huzursuzca yutkunarak Kağan'dan bakışlarımı bir an bile ayırmadan geri geri kapıya yürüdüm. Sonra da sırtımı dönüp bahçenin çıkışına doğru koştum.

Kapıya ulaştığımda hızla açtım. Tam çıkacakken Kağan'ın sözleriyle olduğum yerde dondum kaldım.

"Timuçin'le fazla yakınlaşma. Onu senin yanında görmek hoşuma gitmiyor, kendi iyiliği için senden uzak dursa iyi olur," dedi ifadesiz bir sesle.

Bu sözleri duyduğumda omzumun üzerinden Kağan'a baktım. Bu da neydi şimdi?

Karşılık vermeden ona arkamı döndüm ve kapıyı sertçe kapattım. Merdivenleri ikişer üçer çıktım. Son basamağa geldiğimde nefes nefeseydim. Çocukların olduğu masaya bu halde dönemezdim. O kadar çok ağlamıştım ki kendime gelip sakinleşemem gerekiyordu. Bunun için önce tuvalete gitmeye karar verdim.

Kendimi tuvalete attığımda içeride benden başka kimsenin olmamasına sevinmiştim. Aynanın karşısına geçip kendime baktım. Ağlamaktan yüzüm ve gözlerim kızarmıştı, rimelim akmış, gözyaşlarımla birlikte gözümün etrafında lekeler oluşturmuştu. Perişan görünüyordum. Yüzüme o anın yorgunluğu ve çaresizliği çökmüştü bir anda. Yüzümü yıkayıp makyaj kalıntılarından kurtulduktan sonra arkadaşlarımın yanına döndüm.

Sahneye çıkmış bir kız Duman'ın *Yürekten* şarkısını

söylüyordu. Ortam çok güzel görünüyor ve çiftler boş alana dağılmış dans ediyorlardı. Masaya geçip oturduğumda Timuçin'i yalnız buldum.

"Selam," dedim zoraki bir şekilde gülümseyerek. "Diğerleri nerede?" diye sordum.

"Dans ediyorlar," diyerek Murat ve Cansu'nun olduğu yeri işaret etti.

Bakışlarım Cansu'yu bulduğunda halinden oldukça memnun, Murat'a sarılmış, müziğin yavaş melodisinde sallandığını gördüm. Arada bir gizliden Emre'ye bakmayı da ihmal etmiyordu hani. Bu hali tebessüm etmeme sebep oldu. Ah, çok fenasın Cansu!

Timuçin'in, "Biz de dans edelim mi?" demesiyle ona döndüm.

Aslında az önce bahçede olanlardan sonra dans etmek bana çok uzak bir fikirdi. Tek istediğim sakin bir yere gidip tüm olanları düşünmekti. Kağan'ı anlayamıyordum. O kadar dengesizdi ki! Ne dediğini, ne yaptığını kendisinin de bilmediğinden emindim. Hem ondan nefret etmeme neden olacak davranışlarda bulunuyordu hem de ona kapılmamı sağlayacak sözler söylüyordu. Bir bakmışsın onun bir parçasıymışım gibi gözü durmadan üzerimde, beni herkesten sakınıyor, bir bakmışsın bana hayatı zindan edecek kadar benden nefret ediyor. Tıpkı o an gibi, hem keskin bıçağının hem de yumuşak dudaklarının aynı anda boynumda olması gibi...

İç çektim. Timuçin'i geri çevirecektim ki bana hevesle bakması üzerine hayır diyemedim. İnsanları asla kıramazdım. "Peki, olur," dedim gülümseyerek.

Sevinçle ayağa kalkıp elini bana uzattı. Ben de elimi eline bıraktım ve ayağa kalktım. Bu sırada gözlerim Emre'nin olduğu masaya takıldı, artık yalnız olmadığını gördüm. Yüzümdeki gülümseme anında kayboldu. Korkuyla yutkundum.

Kağan, Emre'nin yanına gelmiş, bizim masayı görecek şekilde tam karşımda oturuyordu. Donuk bakan koyu mavi gözlerini üzerimden bir saniye bile ayırmadan öylece bana bakıyor, arada bir de hiç kafasını çevirmeden Emre'ye bir şeyler söylüyordu. Gitmemişti. Gitmeyecekti. Peşimden buraya kadar gelmişti ve muhtemelen sonsuza kadar bir kâbus gibi sürekli peşimde olacaktı.

Bakışlarımız buluşunca başını hafifçe olumsuz anlamda salladı. Az önce bahçede Timuçin'den uzak dur demişti, değil mi? Şimdi de bakışlarıyla aynı şeyi söylüyordu. Aslında onu umursamamam gerekiyordu, ama Timuçin için endişelendim. Burada kavga çıkarabilirdi ve bu kavgayı kimin kazanacağını hepimiz çok iyi biliyorduk.

Üzgünce Timuçin'e baktım. Kendi sağlığı için Timuçin'den uzak durmalıydım. En azından şimdilik.

"Benim biraz başım döndü, dans etmesek olur mu?" dedim. Ben ve yalanlarım. Üzgünüm.

"Tabii, hiç sorun değil," diye karşılık verip yüzümü inceledi. "Zaten solgun görünüyorsun, oturalım öyleyse."

Rahatlamış bir halde nefesimi verdim ve dans etmekten vazgeçip yerlerimize oturduk. Ondan olabildiğince uzak oturmaya da dikkat ettim tabii ki.

"İçecek bir şeyler getireyim mi sana, ne istersin?"

Aslında yanımdan uzaklaşması iyi olurdu.

"Fark etmez," diye mırıldandım.

"Tamam, güzelim. Geliyorum hemen," dedi ve yanımdan ayrıldı.

Mümkünse hemen gelme Timuçin, oyalanabildiğin kadar oyalan demek istesem de sustum. Timuçin'in yanımdan ayrılmasıyla bakışlarımı yine Kağan'a çevirdim. Küstah bir ifadeyle dudağının bir kenarı kıvrıldı ve arkasına rahatça yaslanarak bir kolunu koltuğun arkasına attı. Beni keyifle izlemeye başladı. Bakışları çok keskindi, inatla ben ne dersem o olur diyordu. Her zaman. Sözünü dinleyip Timuçin'le dans etmediğim için yüzünde beliren memnun ifadeyi okuyabiliyordum. Zafer kazanmışçasına gülümsüyordu. Kağan tamamen benden farklı, uzakta, bir yabancıydı. Doğru dürüst tanımıyordum bile, ama onu tanımamam hiçbir şeyi değiştirmiyordu. Şu an hayatım üzerinde herkesten çok söz hakkı vardı, tamamen üzerimde hâkimiyetini kurmuştu. Korkunç bir şeydi bu!

Ona ters ters baktım ve kendini beğenmiş halini daha fazla görmemek için gözlerimi ondan çekip daha güvenli yerlere çevirdim. Ona bir daha bakmayacaktım. Asla.

26

Sabah alarmın çalmasıyla derin ve güzel uykumdan uyanmak zorunda kaldım. Başım zonkluyordu. Dün gece gördüğüm kâbuslar beni uyandırıp sürekli uykumu bölmüştü. Uykumu alamadığım için kendimi çok yorgun hissediyordum. Omuzlarım ağır bir yük varmış gibi çökmüştü. Hiç halim yoktu. Gözlerimi ovuşturarak okula gitmek için istemeyerek de olsa sıcacık yatağımdan kalktım.

Dün gece olanlar zihnimden süzülerek yavaş yavaş yüzeye çıktı. Kağan gece boyunca bizim masamızı pürdikkat izlemişti. Bu inanılmaz rahatsız edici bir şeydi. Düşünsenize, bulunduğunuz ortamda sürekli sizi izleyen tehlikeli biri var. Bu biraz korkunçtu. Aslında çok fazla korkunçtu. Beni izlerken aklım sınıfta olanlara gidiyordu. Hatırlamak istemiyordum, ama bana böyle bakarken nasıl unutabilirdim ki!

Güya bana zarar vermek istemiyormuş. Dün bana öyle kederli bakıyordu ki söylediklerine inanmak için kendime izin verdim. Gerçekten pişman ve üzgün bir hali vardı. Fakat şimdi mantığımın sesi araya girip, "Tabii, tabii. Kağan'a inanacak kadar aptal değilsin herhalde. Hele yaptıklarından sonra!" diyerek beni uyarıyordu.

Bahçede olanların küçük bir özetini Cansu'ya anlattığımdaysa hemen apar topar bardan ayrılmamız için elinden geleni yaptı. Benim için çok endişelenmişti. Dikkat çekmeyelim diye annesinin aradığını ve eve gitmesi gerektiği yalanını uydurdu. Timuçin ve Murat bu duruma oldukça üzüldüler, başka zaman telafi edeceğimize dair söz verdirdiler. Özellikle de Murat bu gecenin tekrarlanması konusunda fazla ısrarcıydı. Sanırım Cansu'dan epey hoşlanmıştı. Bardan çıktıktan sonra bizi eve Timuçin bıraktı. Ortada rahatsız edici bir durumun olduğunun farkına varmış olacak ki bana neyim olduğunu sormuş, ben de yorgun olduğumu geveleyerek konuyu kapatmaya çalışmıştım.

Sıcak bir duş için banyoya yöneldim. Bu beni kendime getirebilirdi. Duşun ardından ayna karşısına geçerek kendime baktım. Elim boynumdaki morluklara gitti. Bugün de şal takmak zorundaydım, ama yarın fondötenle kapatmayı deneyebilirdim, bu işimi görürdü. Odama geçip hızlıca hazırlandım ve okula gitmek üzere evden çıktım.

Okula gittiğimde dersin başlamasına daha çok vardı. Sınıfıma gidip Cansu'yu beklemeye karar verdim. Sınıfın kapısına geldiğimde yaşananlar beynime hücum etti. Kağan'ın üzerime yürümesi... beni duvarla kendi arasına sıkıştırması... elini ağzıma kapatması... boynumu öpmesi... korku dolu çığlıklarım...

Nefes alıp verişim hızlanırken gözlerimi sıkıca kapattım. "Hayır, düşünme. O olay geride kaldı. Bir daha tekrarlanmayacak," diyerek kendimi sakinleştirmeye çalıştım. Gözlerimi tekrar açtığımda derin bir nefes alarak sınıftan içeri girdim. Benim gibi erkenden gelen birkaç arkadaşıma "günaydın" dedikten sonra sırama geçtim. Defterlerimden birini çıkarıp zaman geçirmek için bir şeyler çizmeye başladım.

Aradan beş dakika kadar geçmişti ki "Kağan, sen böyle erkenden gelir miydin?" diye soran şaşkın bir ses duydum. Başımı defterden kaldırınca sınıfın kapısında Kağan'ı gördüm. Gözlerini kısıp bakışlarını ısrarla üzerime sabitledi. "Benim için önemli olmazsa gelmezdim," diye cevap verdi çocuğa. Fakat benimle konuşuyor gibiydi.

Gerildiğimi hissettim ve hemen bakışlarımı ondan çekip defterime odakladım. Onunla aynı sınıfta olmamıza bir kez daha lanet ettim. Sıramda endişeyle kıpırdanırken, "Lütfen, benimle konuşmasın. Gitsin, sırasına otursun," diye dua ettim. Fakat Kağan kendi sırasına doğru yürürken benim masamın yanında durdu.

"Günaydın," dedi sakin bir sesle.

Korkarak başımı Kağan'a çevirdim. Koyu mavi gözleri ilk defa yumuşak bakıyordu. "Günaydın," diye isteksizce mırıldandım ve gözlerimi ondan çekip yine defterime odakladım.

Lütfen, git. Lütfen, git.

Hiçbir şey söylemeden biraz daha durdu, üzerime sabitlediği bakışlarının sıcaklığını tenimde hissedebileceğim kadar uzunca bir süre yanımda kaldı. Sonra da kendi sırasına doğru gitti. Rahat bir nefes alırken bunun cidden garip olduğunu düşündüm.

Cansu gelene kadar defterimi karalamaya devam ettim. Kağan'ın şu an sırasında ne yaptığını da deli gibi merak ediyordum, ama asla arkamı dönüp bakamazdım. Tedirgince sıramda oturmaktan başka çarem yoktu. Bir daha kesinlikle erkenden okula gelmemeyi aklımın bir köşesine not ettim. Zira etrafımda Kağan varken bu çok riskliydi. Tekrar beni yalnız yakalamasına izin vermeyecektim.

Cansu geç kaldı ve son anda derse yetişip sınıfa öğretmenimizle birlikte girdi. Yanıma oturduğunda, "Nerede kaldın sen?" diye sordum merak ederek.

"Ah, nasıl uyandım, hazırlanıp geldim, bilemezsin. Sanırım bunların hepsini on dakikaya sığdırdım," dedi gülerek.

"Ne oldu?"

"Uyanamadım. Dün gece çok yorulmuşum. Zar zor yataktan kalkabildim," dedi sızlanarak.

Hocanın konuşmasıyla ikimiz de dikkatimizi kendisine verdik. Dersimiz tarihti ve ben bu dersi çok seviyordum. Esma Hoca kırmızı elbisesine uygun kızıl kısa saçlarıyla çok tatlı görünüyordu. Kendisi de tatlı bir mizaca sahipti. Onun dersi asla durgun geçmezdi. Her dersi için mutlaka ilgimizi çekecek bir planı olurdu. Derse katılmamız için elinden geleni yapıyordu. Dersler yoğun geçerdi, ama hiç sıkılmazdık.

"Evet, çocuklar, size bu hafta uygulama ödevi vereceğim. Çok eğlenceli olacağını düşünüyorum. Öncelikle dört kişilik gruplar oluşturacağız ve her grup bir konuyla ilgili okuyucu drama çalışması hazırlayacak. Tarih kitabınızdan istediğiniz konuyu seçebilirsiniz. Konu sınırlaması yapmıyorum. Ayrıca diyalog kısımları için tarihi romanlardan alıntı yapabilirsiniz. En az sekiz kaynakça istiyorum. Şimdi gruplarımızı oluşturmaya başlayalım," deyip sınıf listesini eline aldı.

Sınıftan karşı çıkan mırıltılar duyulmaya başlayınca Esma Hoca listeden başını kaldırıp sınıfa baktı.

"Hocam grupları kendimiz kuralım."

"Hocam ben yakın arkadaşlarımla ödev hazırlamak istiyorum."

"Evet, listeden seçmeyin hocam."

"Lütfen, hocam..."

Esma Hoca derince iç çekip hafif bir tebessümle sınıfa göz gezdirdi ve listeyi masaya geri bıraktı.

"Pekâlâ, çocuklar, sizin istediğiniz olsun, fakat şöyle yapacağız. Herkes iki kişilik kendi grubunu kursun ve sırayla numara verelim. Sonra da kurayla iki kişilik gruplarımızı birleştirelim."

Yine sınıftan itiraz sesleri yükselse de az önceki gibi çok değildi.

"Bu kez itiraz istemiyorum çocuklar. Her zaman sevdiğiniz insanlarla yan yana olamazsınız," diyerek muzip bir bakışla gülümsedi.

Gül'ün bize doğru baktığını görünce hemen Cansu'yu dürtükledim. "Birlikte grup olalım mı?" diye sordum.

"Olur kanka."

Gül, "Cansu, aynı gruptayız ona göre," diye seslendi emir verircesine. Ama artık çok geçti. İçten içe gülümsedim.

Cansu başını olumsuz anlamda sallayarak, "Üzgünüm canım, biz Buket'le çalışacağız," dedi.

Gül sinirli bir soluk verip bakışlarını bana çevirdi. Gözlerini kısarak dik dik baktı. Korkutucu kız! Ondan etkilenmediğimi göstermek için Gül'e tebessüm ederek el salladım. Daha da sinirlenip bize arkasını döndü. Bu beni çok eğlendirdi.

Herkes grubunu kurduktan sonra numara aldık. Şimdi sıra kura çekmeye gelmişti. Esma Hoca teker teker grup numaralarını duyurarak birleştirmeye başladı. "Altı numaralı grup," deyince sıramızda doğrulduk ve pürdikkat bekledik, bu bizim numaramızdı.

"On dört numaralı grupla birleşecek."

Cansu'yla on dört numara kimler diye sınıfa baktık. Emre ve Kağan el kaldırdılar.

Dudaklarım hoşnutsuzlukla aşağı büküldü. Hiç denk gelmek istemediğim kişiyle ödev yapacaktım. Köşe bucak kaçtığım, kâbuslar görmeme neden olan, görmeye bile tahammül edemediğim biriyle ödev yapmak mı? Bu korkunçtu! Neden, ha neden? Onun aynı ortamda kalmaya bile tahammül edemezken, ödev yapmak da nerden çıkmıştı?

Cansu'ya kaçamak bir bakış attım. Onun da yüzü asılmıştı.

"Tamamdır, çocuklar, siz de konunuzu seçin, yazalım grubunuza," diyen hoca, grupları birleştirmek için numara çekmeye devam etti.

Kendimi toparlamak için derin bir nefes aldığım an Kağan'la göz göze geldik. Masmavi gözlerinin kavurucu etkisini tenimde hissettim. Dudağının bir kenarı kıvrılarak bana göz kırptı.

Bu rahat tavrı beni sinirlendirdi. Pislik! Ona ters bir bakış atarak önüme döndüm.

Cansu öfkeyle yumruklarını sıktı. "Çok boktan bir eşleşme olduğunun farkındasın, değil mi?" dedi gözlerini kısarak.

"Hem de nasıl!" diye karşılık verdim onaylayarak.

İç çekti. "Ben, Emre'yle nasıl vakit geçirebilirim ki? Aynı ortamda, yan yana, birlikte, yakın, of..."

"Aynen!" dedim huysuzca arkama yaslanıp. "Kağan'ı görmek istemiyorum. Kaldı ki ödev yapacağım, öyle mi? Bu grup olayı da hiç iyi olmadı."

"Ne yapacağız?" dedi umutsuzca.

"Onlarla birlikte takılıp ödev yapacak değiliz," dedim dudaklarımı bükerek. "Bu hayatta olmaz. Ödevi biz yaparız. Olur biter."

Cansu gülümsedi. "Evet, olabilir," dedi fikrimi beğenerek. "Bunu seve seve kabul ederler tembeller."

"Tamamdır, anlaştık," dedim sevinçle.

"Yalnız ben bunu onlara söyleyemem. Kağan'dan ödüm kopuyor. Emre'yle de konuşmak istemiyorum. O piçe bakınca ne kadar öfkeli olsam da aklım başımdan gidiyor."

Kıkırdadım. "Tamam, ben Emre'yle konuşurum. Ben de Kağan'la muhatap olmak istemiyorum," diyerek tiksintiyle yüzümü buruşturdum.

Zil çalınca herkes kendi grubuyla konu belirlemek için toplandı. Bizim de toplanıp konumuzu seçmemiz gerekiyordu. Ayrıca ödevi Cansu'yla yapacağımızı Kağan ve Emre'ye söyleyip onlardan bir an önce kurtulmalıydık. İkimiz de sıramızdan kalkıp arkaya, onların oturduğu tarafa gittik. Bunu hiç istemesek de!

Kağan sırasından kalktı, hemen yanındaki duvara yaslandı. Kollarını göğsünde kavuşturup bir ayağını öbür ayağının üzerine attı ve ona doğru yürümemi izledi. Gözleri gizemli bir ifadeyle kısılmıştı. Onun bana bu şekilde bakması tüylerimi diken diken etse de Kağan'ın varlığını unutmaya çalışarak Emre'ye odaklandım. O da Kağan'ın hemen yanında, masaya yaslanmış, bana bakıyordu.

Tedirgince Cansu'ya yandan bir bakış attım. "Ödevi biz yapmaya karar verdik. Sizin bir şey yapmanıza gerek yok," dedim Emre'ye dönerek.

Emre kaşlarını yukarı kaldırdı. "O nedenmiş?" diye sordu.

Kağan araya girdi. "Hoca ödevi hepimize verdi. Bütün ödevi size yıkamayız. Buna vicdanımız el vermez," derken dalga geçtiği o kadar belli oluyordu ki!

Yüzümü memnuniyetsizliğimi ele verir bir şekilde buruşturdum ve bakışlarım Emre'deyken Kağan'a hitaben, "Gerek yok, biz her şeyi yaparız. Çok iyi bir ödev hazırlayacağımız konusunda emin olabilirsiniz. Kapakta isminiz olacak, merak etmeyin," dedim soğuk bir sesle.

Kağan'a bakma. Kağan'a bakma.

Kağan, "Ödevi birlikte yapacağız," dedi her kelimenin

üstüne basa basa. Sözleri ağzından çıkmış birer emir gibiydi.

Bu tavrı canımı sıktı ve ona döndüm. "Biz Cansu ile..." demiştim ki sözümü kesti. "Sizinle ödev yapmak çok eğlenceli olacak," derken dudaklarına belli belirsiz bir gülümseme yerleşti.

Ah! Beni dinleyen birileri var mı?

Emre usulca güldü. "Kesinlikle katılıyorum, bizim de katkımız olmalı. Yoksa çok üzülürüz," dedi eğlenerek.

Cansu gözlerini kısıp şüpheyle Emre'yi süzdü. "Seni daha önce ödev yaparken görmemiştim."

Emre, "Dikkatli bakmamışsındır," dedi umursamazca.

"Ödev yapsaydın emin ol, bunu fark ederdim."

Emre'nin dudağının bir kenarı kıvrıldı. "Gözlerini benden ayıramadığını mı itiraf ediyorsun?" diye sordu alaycı bir tonla.

Cansu dişlerini sıktı. "Asla," dedi sesine yansıyan küçümsemeyle. "İki yıldır aynı sınıfta olunca ister istemez seni görüyorum. Bunu hiç istemesem de!"

"Çok tuhaf, bana hiç öyle gelmedi," derken ses tonu ima yüklüydü.

"Emin ol senin bir anda ödev düşkünü olmandan tuhaf değil." Cansu sinirden patlamak üzereydi.

Emre omuz silkti. "Bu dönem notlarımın iyi olmasını istiyorum. Suç mu?"

"Yalan söylüyorsun, sen hiç derslerine önem vermezsin."

"Ne diyebilirim ki tarih dersini önemsiyorum."

"Ne zamandan beri?"

Şaşkınlıkla onların atışmasını izliyordum, bakışlarım ikisinin arasında gidip geliyordu. Emre bıkkınlıkla nefesini verdi. Kaşlarını çatarak "Sana ne?" dedi sertçe.

İşte, bu çok kabaydı! İkisinin arasına girmek ve Emre'nin gaddarlığından Cansu'yu korumak istedim. Fakat yapabildiğim tek şey kınarcasına Emre'ye bakmak oldu. Ne yapabilirdim ki başka?

Cansu'ysa çok bozulmuştu. Gözlerini üzüntüyle kırpıştırdı. Yanakları kıpkırmızı kesilmişti, ama bunu belli etmemeye çalışarak başını öne eğdi.

Emre'nin gözlerindeyse derin bir pişmanlık belirtisi yakaladım, ama hemen bundan kurtulup tekrar kaşlarını çattı.

Ah, Emre!

Gözlerim Kağan'a kaydığında dikkatle beni izlediğini gördüm. Bir ara gözleri boynumdaki şala kaydığında koyu mavi gözleri sertleşti. Ardından kendini toplayarak gözlerimin içine ifadesizce bakmaya devam etti. Umutsuzca kaderime teslim oldum. Ödevi birlikte yapacaktık. Başka çaremiz yoktu.

Pes eden bir sesle, "Pekâlâ, konumuzu seçelim o halde," dedim.

Cansu, "Osmanlı döneminden bir konu seçelim. Kaynak açısından zengin olduğu için araştırma kısmında hiç zorlanmayız," diye öneride bulundu.

"Osmanlı Devlet Teşkilatı'ndan Divan-ı Hümayun'u alabiliriz. Hem günümüzle karşılaştırmalı bir şekilde yaparız. Daha iyi anlaşılır," dedim.

Cansu, "İki döneme ait resimler de kullanabiliriz fikir vermesi açısından," diye fikrini belirtti.

"Bu harika olur Cansu," diyerek arkadaşımı tebrik ederek ona kocaman gülümsedim.

"Ah, ödevimiz süper olacak. Hoca bayılacak," diye karşılık verdi Cansu heyecanla.

Kağan ve Emre'ye baktım, hiçbir öneri ya da fikir yoktu ikisinde de. Ödev aşkları bir anda yok olmuştu anlaşılan. "Eee?" dedim onlara bakarak, "Siz bir şey demeyecek misiniz?"

Kağan küstah bir tavırla, "Lüzum yok. Senin seçimin gayet uygun," dedi.

"Sizin istediğiniz başka bir konu varsa söyleyebilirsiniz," dediğimde gözlerini kısarak, "Yok," diyerek kestirip attı.

Huzursuzca kıpırdandım. "Peki," dedim geri çekilerek.

Kağan'ın yüzünden tatminkâr bir ifade geçti. "Görünen o ki birlikte çok uzun süren araştırmalar bizi bekliyor," dedi. Birlikte kelimesine vurgu yaptı.

Gözlerimi devirmemek için kendimi zor tuttum. İstemeyerek de olsa, "Öyle görünüyor," diye mırıldandım.

Kağan, "Bitti mi işimiz?" diye sordu.

"Evet... konuyu seçtik, diğer detayları sonra konuşup hallederiz, daha zamanımız var," diye ciddi bir tavırla açıklama yaptım. Ben derslerime gerçekten önem veriyordum ve iyi not almak istiyordum.

Kağan, "Tamam o halde," dedi ve duruşunu bozup tek kelime etmeden kendinden emin adımlarla yanımızdan ayrıldı. Emre de peşinden gitti.

Cansu'yla şaşkınca arkalarından baktık. "İnanamıyorum! Hiçbir veda sözcüğü etmeden yanımızdan ayrıldılar. Öküzler!"

"Ben ödev konusundaki isteklerine takılmış durumdayım. Onlarla iki yıldır aynı sınıftayım ve hiç ödev yaptıklarını görmemiştim. Hatta çoğu derse girmiyorlar bile, dersleri umursadıkları yok."

Kuşkuyla dudaklarımı büzdüm. "Bu cidden garip öyleyse."

"Kesinlikle. İkisinin de içine bir anda ödev aşkı doldu," diyerek kıkırdadı.

"Konu hakkında konuşmaya başladığımızda yok olan ödev aşkı. Tek bir söz bile etmediler," diyerek kahkaha attım ben de.

Cansu da benim kahkahalarıma katıldı. Birlikte gülerek kendi sıramıza gittik.

27

Bu sabah okula Cansu'yla birlikte gitmeye karar verdik. Kol kola girmiş sohbet ederek okula doğru ilerliyorduk. Cansu her sabah olduğu gibi, bugün de inanılmaz enerjik ve neşeliydi. Şeker Kız Candy! Anlattıklarıyla ve yaptığı taklitlerle beni çok güldürdü. Dur durak bilmeden aklına bunca komik şey nasıl geliyordu, bilmiyordum, ama o şeker ve sevimli haliyle adeta her günümü güzelleştiriyordu. Okula geldiğimizdeyse de gülmekten çenem ağrıyordu artık.

Okul binasının az ötesinde kalabalık bir grup görünce sohbetimizi bırakıp o noktaya odaklandık.

"Ne oluyor orada?" diye sordum Cansu'ya.

"Kavga var kesin," dedi altdudağını ısırarak.

Eski okulumda hiç böyle aksiyon olmazdı. Evet! Daha önce hiç lise kavgası görmemiştim ve bu merakımı uyandırmıştı.

"Biraz yaklaşalım mı?" diye sordum.

"Kesin Kağan'lardır," diyerek başını salladı Cansu ve birlikte kalabalığa doğru yürüdük. Güvenli bir mesafede kalıp kalabalığa baktık.

Kağan'ın yanında Emre, Mert, Hakan ve tanımadığım iki çocuk daha vardı. İnanılmaz sinirli ve korkunç görünüyorlardı. Her an dövüşmeye hazır bekliyor gibiydiler. Karşılarındaysa beş kişilik bir grup vardı. Onlar da çok korkunçtu. İçlerinden bir tek Deniz'i tanıdım, diğerleri yabancıydı.

Şimdilik sadece konuşuyor gibi görünüyorlardı, fakat aralarında kavga olursa hepsi hastaneye kaldırılırdı kesin. Çünkü her birinin gözünde yakıcı bir nefret vardı.

Gözlerimi dahi kırpmadan tüm dikkatimi Kağan'a verdim. Ateş saçan gözleriyle dik dik karşısında duran çocuklara bakıyordu. Endişeden altdudağımı ısırmaya başladım.

Ne? Endişeden mi? Ben Kağan için mi endişeleniyordum? Hayır, hayır. Aslında iyice bir dövülmesini istiyordum, benim yapamadığımı bu çocuklar yapardı umarım. Ağzını burnunu dağıtsalar çok iyi olurdu.

Cansu, "Of, hayır. Bunlar Bahadır'ın çetesi. Olay çok büyük Buket, buradan gitsek iyi olur," dedi.

Gitmeye hiç niyetim yoktu. "Bahadır da kim?"

"Kağan'ın çetesi gibi onun da çetesi var. Kağan'ın çetesine kötü diyoruz ya, Bahadır'ın çetesi kötünün de kötüsü. İkisi de bu mahalleden, fakat iki çete de aynı okulda olunca birbirlerine üstünlük sağlamaya çalışıyorlar."

"Hangisi Bahadır?"

"Bahadır'ı göremiyorum. Gelmemiş olabilir, en son çok büyük bir kavga oldu ve uzaklaştırma aldı."

"Kağan'ın karşısındaki Deniz, değil mi, alışveriş günü bizi arabasına davet eden?" diye sordum.

"Evet, o," derken Cansu'nun sesindeki iğrenmeyi fark etmemek mümkün değildi.

Gözlerimi kuşkuyla kıstım. "Ondan cidden nefret ediyorsun, değil mi?"

Cansu iç çekti. "Nefret az kalır," diye mırıldandı.

Tereddüt ederek, "Aranızda ne geçti?" diye sordum. "O gün ısrarla bizimle konuşması da çok tuhaftı. Deniz'in sana bakışı hiç hoşuma gitmedi."

Cansu bana döndü. "Deniz okula başladığımdan beri peşimdeydi. İlk zamanlar sadece yolumu kesip benimle konuşmaya çalışıyordu. Bazense laf atmakla yetiniyordu. Sonra sevgilisi olmam için beni tehdit etti. Emre'yle çıktığımı duyunca da delirdi. Saplantılı birine dönüştü. Ondan korkmamı gerektirecek şekilde davranmaya başladı, hiç normal değildi."

Gözlerim iri iri açıldı. "Bu korkunç bir şey!"

Başını onaylayarak salladı. "Emre her seferinde beni korumasaydı sanırım hiç durmayacaktı. Sonra Emre ilişkimizi bitirince de Deniz artık benimle uğraşmayı bıraktı. Şimdiyse gördüğü zaman rahatsız ediyor, ama eskisi kadar aşırı değil."

Bu işin Emre'yle olan bağlantısını garibime gitmişti. Acaba Cansu bunu fark etmiş miydi?

"Emre olmasaydı bile Deniz'in sürtüğü olacağıma kendimi öldürürdüm, daha iyi," dedi sinirle.

"Sevgilisi demek istedin herhalde."

"Hayır, Buket. O çetede kimsenin sevgilisi olmaz, sürtüğü olur."

Yüzümü buruşturdum. "Hangi kız bu duruma düşmeyi kabul eder ki?"

"İsteyenler oluyor canım. Deniz'in şu anki kızı bir üst sınıfımızda ve halinden oldukça memnun."

"Bu çok iğrenç," diye mırıldandım. Sanırım kusacağım.

Cansu tekrar kalabalığı göstererek konuşmaya devam etti. "Emre'nin karşısındaki de Egemen. Onun için de çok kötü şeyler söylüyorlar. O kadar sert ve acımasızmış ki onunla birlikte olan bir kız bir daha asla yanına yaklaşmıyormuş."

Bakışlarımı Emre'yle Egemen'e çevirdiğimde ikisinin sürekli itişme halinde olduğunu gördüm. Ama bir girişimde bulunmuyorlardı. Asıl kavga Kağan ve Deniz arasında olacakmış gibiydi.

Deniz, Kağan'a bir şeyler söyleyince Kağan hışımla ona doğru atılıp önce yumruğunu sertçe çocuğun yüzüne geçirdi, ardından da hiç acımadan bel boşluğunu birkaç kez yumrukladı. Deniz kendini yere atarken Kağan çatık kaşlarla geri çekildi. Ellerini öfkeyle kapayıp açıyordu.

"Aman Allahım Cansu!" dedim gözlerim büyüyerek.

Deniz acıdan iki büklüm olsa da hırsla bağırdı. "Bahadır burada olsaydı, bunu yapabilecek miydin acaba?"

Kağan'ın dudağının bir kenarı insafsızca kıvrıldı. "Bahadır'ın karşıma çıkacak kadar cesareti olsaydı şu an yerde yatan sen değil, o olurdu. Artık kendi gelmiyor, yerine köpeklerini mi yolluyor?" diye sorarken sert sesinin altında alay yatıyordu.

Deniz bu söze öyle sinirlendi ki yerden kalkıp Kağan'a doğru hamle yaptı. Tam yumruğunu kaldırmış vuracaktı ki Kağan eğilerek bundan kurtuldu ve Deniz'in yüzüne iki sert darbe daha geçirirdi. Deniz geriye doğru yalpaladı, fakat Kağan durmadı. Omuzlarından tutup alnını burnuna gömdü. Deniz'in burnundan oluk oluk kan akarken yere devrildi. Sanırım burnunu kırmıştı. Nasıl da acımıştı, kim bilir!

Diğer çete üyeleriyse onların etrafını çevirmişti, fakat müdahale etmiyorlardı. Kağan'dan mı korkuyorlardı, yoksa çete kavgalarında böyle mi oluyordu, bilmiyordum. Öğrendiğim tek şey kavgaların ne kadar şiddetli ve acımasız olduğuydu.

Deniz burnunu silip bir kez daha Kağan'a doğru atıldı. Çocuk pes etmek nedir, bilmiyordu!

Kağan bu kez dirseğini çocuğun şakağına geçirdi, sonra ensesinden tutup başını eğerek çenesine diziyle sertçe vurdu. Deniz elleriyle çenesini tutarken acıyla homurdanarak yere çöktü. Artık işi tamamen bitmişti, Kağan kazanmıştı.

"Bahadır'a mesajım olsun bu. Daha fazla dayak yemeden Deniz piçini alın, siktirin gidin buradan," diye bağırdı sertçe.

Kağan'ın bu yanını görmenin etkisiyle şoka girdim resmen. Cansu kolumu çekiştirdiğinde fark edemedim bile. "Hadi, gidelim artık," dedi telaşla.

Nasıl bu kadar vahşi olabilirdi, aklım almıyordu. Deniz'i hiç uğraşmadan yere sermişti. Onun için birini öldüresiye dövmek çok kolaydı. Bu felaket bir şeydi.

Cansu kolumu yine çekti. "Hadi, kızım, kime diyorum ben? Gidelim hemen. Dağılıyorlar."

Güçlükle yutkundum. "Tamam," dedim ve birlikte koşarak okula girdik.

Cansu'yla okul binasına girdiğimizde Esma Hoca'yı gördük. Cansu ödevle ilgili konuşmak için yanına gitti ve birlikte öğretmenler odasına yöneldiler. Ben de su almak için kantine indim. Birkaç kişiden oluşan kuyruğa girdim ve sıranın bana gelmesini beklerken az önce şahit olduğum kavgayı düşündüm.

Kağan cidden çok tehlikeliydi. Bugün onun bir başka tarafını daha görmüş oldum. Bana yaptıklarından sonra bir de bunlar! Gerçekten ucuz kurtulmuştum, Kağan'ın neler yapabileceğini o an tam anlamıyla idrak ettim. Sinirlenince gözü hiç bir şey görmüyordu. Kesinlikle ondan olabildiğince uzak durmalıydım.

Sıra bana gelince suyumu alıp sınıfımızın olduğu kata çıktım. Koridorda yürürken diğer uçtan Kağan'ın geldiğini gördüm. Sınıfa gireceğini düşünüyordum ki sınıfın kapısını geçip bana doğru yürümeye devam etti. Ne yapıyordu bu? Bugün gördüğüm o kavgadan sonra Kağan'dan köşe bucak kaçmaya karar vermiştim oysaki.

Tedirgin bir şekilde etrafı kolaçan ettim hemen. Neyse ki koridorda birkaç kişi daha vardı, tek tük köşelerde durmuş, sohbet ediyorlardı, yalnız olmadığımı bilmek beni rahatlattı.

Kağan kendinden emin adımlarla yürüyerek tam önümde durup yolumu kesti. Bu yaptığını umursamadan yanından geçmek için sağa doğru adım attım. O da benimle adım attı ve yine önümde bitti.

Tereddüt ederek başımı kaldırıp koyu mavi gözlerine baktım. "Çekilir misin, sınıfa gideceğim."

Aramızda çok az bir mesafe kalana dek bana yaklaştı. Geriye birkaç adım atmak zorunda kaldım, sırtımı duvara dayayınca kaskatı kesilip korkuyla yutkundum. Çok fazla yakınımda duruyordu, öyle ki parfümünün ve kendine has olan erkeksi kokusunu alabiliyordum. Bu çok güzel bir kokuydu, Kağan'a ne kadar öfkeli ve kırgın olsam da kendime engel olamadım ve bir heyecan dalgası damarlarımda usul usul dolanmaya başladı. Hissetmek istemediğim bu duyguyu hemen bastırdım.

"Neden biraz konuşmuyoruz?" diye sordu gözlerini gözlerimden ayırmadan. Aman Allahım, o kadar derin bakıyordu ki nefes almayı unutuyordum neredeyse.

"Vaktim yok, Cansu bekliyor," diye mırıldandım yalan söyleyerek.

Gözleri pişmanlıkla gölgelendi. "Bana böyle bakmana dayanamıyorum."

"Nasıl?" diye sordum çekinerek.

Sıkıntıyla soludu. "Endişe dolu. Sana benden korkmana gerek olmadığını söyledim ve bunda çok ciddiyim," dedi yumuşak ve yatıştırıcı bir ses tonuyla. Beni korkutma fikri hoşuna gitmiyordu, bunu yüzünden de okuyabiliyordum.

"Korkmuyorum zaten, " dedim yine yalan söylemeyi tercih ederek. Kağan ortada olan bu gerçeği bir sözüyle değiştiremezdi.

"Seni asla incitmem," dedi, inandırmaya çalışan bir sesle. "Eskisi gibi gülümsediğini görmeyi çok istiyorum," dediğinde şaşkınlıkla kaşlarımı kaldırdım.

Ardından elini kolumun üstüne koydu. Ama bu kez sıkmıyordu, sadece beni söylediklerine ikna etmeye çalışıyordu. Ne kadar içten ve samimi olduğunu anlamamı bekliyordu.

Bakışlarım eline kaydı. Biraz önce yaptığı kavgadan dolayı eli kızarmıştı, çizikler vardı. Bir an içimde sıcak bir şeyler kıpırdandı. Hissetmemem gerektiği halde onun için üzüldüm ve elini elime alıp pansuman yapmak istedim.

Yok, artık, daha neler diyerek kendime kızdım. Kağan'dan nefret ediyordum, dolayısıyla elini bu halde görmek hoşuma gitmeliydi. Az da olsa canı acıdığı için sevinmeliydim. Peki, neden öyle hissedemiyordum?

Kağan kafamı karıştırıyordu. Bunun başka bir açıklaması olamazdı.

"Kağan," diye seslenen cilveli bir ses duyduğumuzda ikimiz de sese doğru döndük. Gül gelmişti. "Biraz konuşabilir miyiz?" dedi gözlerini ondan ayırmadan.

Kağan memnuniyetsizce nefesini verdi. "Daha sonra," dediğinde Gül yalvarırcasına omuzlarını düşürdü. "Benim için çok önemli. Lütfen," dedi yalvaran bir tavırla.

Gül'ü daha önce hiç böyle güçsüz görmemiştim. Öyle naif ve kırılgan görünüyordu ki...

"Gül," dedi Kağan uyarırcasına bir ses tonuyla. "Şimdi olmaz."

Gül, "Lütfen, uzun sürmez. Fazla zamanını almayacağım. Ne olursun," dediğinde Kağan pes ederek iç çekti. "Pekâlâ."

Gül bakışlarını bana çevirdi ve dudaklarında sinsi bir tebessüm belirdi. Naif ve kırılgan görünme rolü buraya kadardı demek ki! Gül'ün zafer kazanmış bakışları altında ezilirken içimde anlamlandıramadığım bir his filizlendi. Beni rahatsız eden ve canımı sıkan bir histi. Kıskançlık mıydı bu? Ah, hayır!

"Ben gitsem iyi olacak," dedim hızlıca ve Kağan'ın beni durdurmasına fırsat vermeyerek yanlarından ayrılıp sınıfa koştum. Sırama geçip oturduğumda ellerimi saçlarımdan geçirip alnımda tuttum.

Bana neler oluyordu böyle? Kağan'dan nefret ediyordum ben, nefret! Kıskançlık da nereden çıkmıştı şimdi! Neyin nesiydi bu saçma duygu! Lanet olsun!

"Selam," diyen bir ses işitince ellerimi başımdan indirdim. Timuçin gelmişti.

"Selam," dedim hafif bir şaşkınlıkla. "Sen bu sınıfa gelir miydin?" diyerek takıldım. Daha önce Kağan'dan dolayı bizim sınıftan uzak durduğunu söylemişti.

Önümdeki sıraya oturup yüzünü bana döndü. "Senin için yapmayacağım şey yok," dediğinde yanaklarımı ateş bastı. "İyi ki de gelmişim. Başını ellerinin arasına gömüp ne düşüyordun öyle kara kara?"

Yerimde huzursuzca kıpırdandım. "Hiç," dedim hızlıca. "Önemli değildi."

"Peki," dedi gülerek. Timuçin o kadar iyiydi ki gülüşüne eşlik ettim. "Gelmene sevindim," dedim içtenlikle. Bu sırada gözüm kapıya kaydı ve gülümsemem bir anda kayboldu. Kağan sınıfa girmişti. Bakışları Timuçin'le benim aramda gidip geldi. Kaşlarını çattı. Gözlerimin içine öfkeyle bakarak ağır adımlarla yürüdü ve yanımızdan geçip arkaya, sırasına oturdu.

Acaba Timuçin'e gitmesini söylesem mi?

Timuçin, "Bugün çıkışta sinemaya gidelim mi?" dedi Kağan'ın öldürücü bakışlarını hiç takmadan. "Çok güzel filmler girdi vizyona. Söz veriyorum, filmi senin seçmene izin vereceğim."

Kıkırdadım. Tam olur diyecektim ki Kağan'ın tehditlerini hatırladım ve gitmek istesem de teklifini geri çevirmeye karar verdim. "Bugün olmaz. Başka zaman gideriz, olur mu? Lütfen, bana darılma," dedim özür dileyerek.

Yüzümün asıldığını gören Timuçin elini yanağıma koydu. "Asma suratını, sen ne zaman istersen o zaman gideriz. Benim için sorun değil."

Kağan aniden yanımızda bitti. "Çek o elini, ben de kolunu kırmaktan vazgeçeyim," dedi öfkeyle. Sesi buz gibiydi, tehdit ettiği aşikârdı.

Timuçin geri çekildi ve ayağa kalkıp Kağan'ın tam önünde durdu. Kağan'ın dudaklarında tehlikeli bir tebessüm belirdi. Of! Bu hiç iyi olmadı.

28

Kağan, "Sen neden kendi sınıfında değilsin?" diye sordu aşağılayan bir sesle. "Benim olduğum yerlerde fazla dolanma dememiş miydim ben sana?"

Timuçin, "Buket'i görmeye geldim. Zil çalınca gideceğim," dedi güçlü görünmeye çalışarak.

"Bence gitme vaktin çoktan geldi. Ya kendin siktir olup gidersin ya da ben seni zorla çıkarırım sınıftan. Hangisini tercih ediyorsun?" dedi tehdit ederek.

Aceleyle oturduğum yerden kalktım. "Zorbalık yapmaktan vazgeç Kağan!"

Kağan bakışlarını bana çevirdi. Koyu mavi gözleri kızgınlıktan parlıyordu. "Sen karışma," dedi ağır ağır.

Timuçin araya girdi. "Senin Buket'le derdin ne oğlum, ne diye her yerde karşımıza çıkıyorsun?"

Kağan, Timuçin'i omuzlarından sertçe geriye itti. "Sen bana hesap sorabileceğini mi sanıyorsun? Sikerim senin belanı piç!"

Timuçin, Kağan'ın üzerine yürüdü. "Sana artık birinin ders verme zamanı geldi. Yeter artık okulda terör estirdiğin," diyerek yumruklarını sıktı.

Ne diyor bu çocuk böyle! Resmen Kağan'a meydan okuyordu.

Kağan alaycı bir sesle güldü. "Ve bu kişi sen misin?" deyip tek kaşını kaldırdı. "Cidden mi?"

"Evet. Benim," diye cevap verdi Timuçin kendinden emin sert bir sesle.

Eğer kavga olursa Timuçin'in sonu belliydi, Kağan onu hastanelik olana kadar döverdi. Acımazdı ki hiç. Sabah Deniz'in başına gelenlerin şimdi de onun başına gelmesine asla izin veremezdim. Bu kavgaya engel olmalıydım. Hem de hemen!

"Timuçin lütfen, kavga etmeyin," dedim.

Kağan'ın çenesi gerildi. Sıkıntılı bir şekilde bir nefes aldı. "Buket, sabrımı zorlama," dedi dişlerinin arasından.

Timuçin, "Onu rahatsız etmeyi bırak artık! Buket'ten uzak duracaksın, ona bulaşırsan karşında beni bulursun," dedi.

Kağan büyük bir öfkeyle kaşlarını kaçtı. Dişlerini sıkarken çenesinde bir kas seğirdi. Yumruklarını bir kez açıp kapadıktan sonra Timuçin'in üzerine atıldı. Gömleğinin yakalarından tutup kaldırdı. Yüzünde inanılmaz bir nefret vardı. Timuçin'se hiçbir şey yapamıyor, sadece endişeyle ona bakıyordu. Onu ilk defa böyle gördüm, Kağan'ın karşısında gözleri fal taşı gibi açılmış, hiçbir şey yapmadan, donup kalmış gibiydi. Korktuğunu yüz ifadesinden anlayabiliyordum. Onu bu şekilde gördüğüm için kendimi kötü hissettim, çünkü bunun sorumlusu bendim.

"Birincisi, benimle konuşurken o soktuğumun laflarına dikkat edeceksin!" dedi derinden geliyormuş gibi çıkan korkutucu bir sesle. "İkincisi, sen Buket'ten uzak duracaksın.

Ben değil. Bunu o boş kafana sok. Aksi halde seni döve döve bunu anlamanı sağlayacağım."

Buket'i öyle bir vurgulayarak söylemişti ki... sadece yutkundum.

"Üçüncüsüyse bir daha bu sınıfa adım atmayacaksın, yoksa yemin ederim, yaptığın son şey bu olur."

Herkesin sesi soluğu kesildi. Buna ben de dâhildim. Kimsenin kavgaya neden müdahale etmediğini çok iyi anlıyordum. Kimse arada kaynayıp ölmek istemiyordu.

"Anladın mı beni?" diye soran Kağan'ın sesi insanın kanını donduracak kadar soğuk çıkmıştı.

Timuçin korkuyla gözlerini birkaç kez kırptı ve başını hafifçe olumlu anlamda salladı.

Kağan bunun üzerine hışımla Timuçin'i geriye doğru savurdu. Timuçin önce duvara çarptı, sonra da yere düştü. Acıyla yüzünü buruşturduğunda darbenin çok şiddetli olduğunu anladım. Kağan çok güçlüydü. Ama neyse ki Timuçin bununla kurtuldu. Ya dayak yeseydi?

Kağan'a dönüp baktığımda yüzünde hâlâ büyük bir nefret vardı. Sabah Deniz'le kavga ederken bile bu kadar nefret dolu görünmüyordu. Şu an çok korkutucuydu.

Kağan, Timuçin'e öfkeyle bakmaya devam ederek konuşmasına devam etti. "Bu seferlik elimden kurtuldun. Ama bir dahakine sonun olurum. Beni kendine ayar etme!" dedi tehditkâr bir sesle.

Ardından bana da öfkeli bir bakış attı ve hızla yürüyüp sınıftan çıktı. Dudaklarım şaşkınlıkla aralanırken Kağan'ın arkasından öylece bakakaldım.

Kalabalık dağılırken Timuçin'in yanına gittim. Elimi uzatıp yerden kalkması için yardım etmek istedim, fakat o mahcup gözlerle bana kısa bir bakış atıp başını çevirdi ve yavaşça yerden kendisi kalktı. Hem utanmış hem de dağılmış görünüyordu.

"Timuçin, ben çok üzgünüm…" demiştim ki sözümü kesti. "Şimdi olmaz Buket. Sonra konuşuruz," diyerek hızlı adımlarla sınıftan çıktı. Yüzüm üzüntüden asılırken omuzlarım duyduğum suçlulukla düşüverdi.

Ah, Kağan! Yine her şeyi berbat edip beni sinir etmeyi başarmıştı. Hem ne diye Timuçin'e karışıyordu ki? Psikopat! Sakinleşmek için derin derin nefes alıp verdim ve sırama çöktüm. Sınıftan pek sohbetimin olmadığı, ama dedikodu yapmaya bayılan Yasemin'le Gül yanıma geldi. Kapıda da Cansu göründü. Şaşkın şaşkın etrafa bakınarak bize doğru yürüdü.

"Neler oluyor, neden herkes bizim sınıftan çıkıyor?" diye sordu meraklı bir ifadeyle.

Gül, "Az önce Kağan ve Timuçin kavga ettiler," dedi bana yandan pis bir bakış atarak.

Yasemin, "Kağan sınıfı dağıtacak sandım, nasıl da öfkelendi öyle?" diye endişesini belirtti.

Cansu hayıflanan bir sesle, "Tüh, keşke ben de burada olsaydım, Timuçin'i engellerdik. Çok kötü hissediyordur şimdi. Onun için üzüldüm," dedi.

"Giderken hiç iyi görünmüyordu, çok utandı," dedim kaygılı bir sesle.

Cansu ofladı. "Ne diye Kağan'a karşı çıkmış ki zaten, bilmiyor mu onun tehlikeli olduğunu. Nasıl bir cesaret gelmiş de bütün okulun köşe bucak kaçtığı Kağan'ın karşısına dikilmiş, anlamadım. Kafayı yemiş olmalı."

Gül gözlerini nefretle kısarak bana baktı. "Kağan neden Timuçin'i sınıftan kovdu?"

Evet, ne diyecektim şimdi?

Timuçin'in bardayken anlattıklarını hatırladım. "Araları önceden bozukmuş galiba."

"Kavga nasıl başladı peki?"

"Biz sohbet ederken Kağan onu görünce sinirlendi. Yanımıza gelip gitmesini istedi. Timuçin de karşı çıktı."

"Ama ikisinin konuşmalarında hep senin adın geçti. Buket, Buket, Buket…" derken dalga geçercesine gözlerini devirdi. "Buna ne diyeceksin?"

"Ben kavga etmesinler diye araya girince Kağan bu kez bana sataştı, Timuçin de beni savunmak istedi. Olay bu Gül, neyin peşinde olduğunu anlamadım."

"Pekâlâ," dedi dudaklarını büzerek, "Kağan, Timuçin'e, 'Buket'ten uzak duracaksın!' dedi. İşte, merak ettiğim nokta bu, niye böyle bir laf etti?" derken kollarını göğsünde kavuşturdu.

Ah! Bu işin peşini bırakmaya hiç niyeti yoktu.

"Neden bunu gidip ona sormuyorsun?" diyerek kaşlarımı çatıp gözlerimi ona diktim. "Daha net bir cevap alabilirsin."

Sözlerim Gül'ün hoşuna gitmemiş olacak ki yüz ifadesi değişti. Bana kötü bir bakış atıp kendi sırasına gitti.

O gün bir türlü geçmek bilmiyordu, sanki her şey ağır çekimde ilerliyordu. Girdiğim tüm derslerde zaman durmuş da bir tek ben kalmışım gibi, vakit ağır ağır akıyordu. Olanlardan sonra derslere odaklanamıyordum. Bir tarafta Timuçin, bir tarafta Kağan? Timuçin gerçekten Kağan'ı karşısına alacak kadar çok mu önemsiyordu beni? Peki, ya Kağan? Gerçekten geçmişte olanlardan daha fazlası mı vardı aralarında? Timuçin'in benden uzak durması Kağan için neden bu kadar önemliydi? Sabah olanlardan sonra her dakika aklımda aralıksız olarak bu sorular dönüp duruyor, bir türlü anlamlandıramıyordum. Son derse girdiğimizde artık patlamak üzereydim. Gözüm sürekli duvar saatine takılıp kalırken huzursuzca yerimde kıpırdandım. Olanlardan dolayı kendimi suçlu hissediyordum.

Timuçin'in yüzünde gördüğüm mahcup ifade zihnimi meşgul ediyordu. Kağan onu herkesin önünde küçük düşürmüştü, aynen bir zaman bana yaptığı gibi rezil etmişti onu da. Oysa Timuçin'in hiçbir suçu yoktu, istediği tek şey beni korumaktı, ama Kağan her zamanki gibi yine aşırı tepki göstermişti. Serseri pislik! Timuçin'in yüzündeki korkuyu hatırlayınca yine içim burkuldu. Keşke onu sürükleyerek de olsa sınıftan çıkarabilseydim, o zaman bu utancı yaşamak zorunda kalmazdı.

Kağan çok tehlikeliydi ve yapabileceklerinin sınırı yoktu. Bunu çok acı bir şekilde yaşayarak öğrenmiştim. Bana yaptıkları o kadar acımasızcaydı ki! Hatırlamak istemediğim kadar kötü anlardı. Bugün de Timuçin'e zarar vermişti. Kağan hayatımda gördüğüm en insafsız kişiydi. Hatta duygusuz pisliğin tekiydi. Sabahki kavgada onun gerçekten nasıl biri olduğunu çok net görmüştüm. Onun tehlikeli olduğunu biliyordum, ama hayır, o bunun çok ötesindeydi, tehlikeli onu tanımlamak için yetersiz kalırdı, öldürücüydü... İçindeki öfkeyi, nefreti, karanlığı bir zehir gibi insanlara akıtıyordu.

Deniz denilen çocuğa hiç acımamıştı. Aynı şeylerin Timuçin'in başına gelmesine asla izin veremezdim. Bugün dayak yemekten kurtulmuştu, ama Kağan'ın bu işin peşini bırakmayacağına emindim. Onu kesinlikle durdurmam lazımdı.

Timuçin çok iyi kalpli ve sevecendi. Sürekli benimle ilgileniyordu. Benden hoşlandığını sezebiliyordum, ama ben aynı şeyleri ona karşı hissetmiyordum. O benim arkadaşımdı. Bugün beni korumak adına Kağan'a diklenmişti, sırf benim için yapmıştı bunu. Şimdi de ben onu korumalıydım. Nasıl, nasıl, nasıl?

İç çekerek başımı ellerimin arasına alıp dirseklerimi masaya dayadım. Zihnim hızla çalışırken bu konuda ne yapabilirim diye düşünmeye başladım. Fakat Kağan'ın yüzü zihnimde belirince aklımdaki bütün düşünceler uçup gitti. Kahretsin!

Kendime dahi itiraf etmekten korksam da ona karşı içimde küçük bir ilgi vardı. Onu gördüğümde heyecanlanıyordum ve bu beni ne kadar rahatsız etse de bir türlü buna engel olamıyordum! Bir yanım ona deli gibi kızgınken, bir yanımsa onu affetmek istiyordu.

Silkelenip güçlükle kendime geldim, aklımdaki bu sakıncalı düşüncelerden kurtuldum. Kağan'a karşı içimde öfke olmalıydı. Bana yaptığı bütün zalimliklerden sonra ondan ölesiye nefret etmeliydim. O pislik sadece nefretimi hak ediyordu, ilgimi değil! Peki, o zaman neden nefret edemiyorum!

Psikopat

Of! Benim kesinlikle ondan uzak durmam gerekiyordu, onun varlığı bana iyi gelmiyordu. Bundan sonra onunla karşılaşmamaya dikkat etmeliydim. Kesinlikle işe yarardı. Fakat aynı sınıfta olunca bu imkânsızdı, yani pek de iyi bir fikir sayılmazdı.

Aklıma Emre'nin evindeyken gizlice aldığım adres kâğıdı geldi. Hemen elimi çantama attım ve buruşmuş kâğıdı çıkarıp açtım. Yazanlara dikkatle baktım. Bu akşam bu adreste Kağan olacaktı. Emre'nin telefon konuşmasını hatırladığım kadarıyla kesinlikle yasadışı işler yapıyorlardı. Ve bulundukları bu yer polis tarafından basılırsa Kağan tutuklanırdı. Eğer Kağan hapse girerse...

Hem bütün yaptıklarının cezasını çekmiş olurdu hem de onu unuturdum. Her gün beni tedirgin eden Kağan'ın o delici bakışlarından kurtulurdum. Bir daha asla karşıma çıkıp kafamı karıştıramazdı. İşte, o zaman hayatıma kaldığım yerden devam ederdim.

Bu düşünceyle bilinçsizce altdudağımı ısırdım. Bunu yapabilir miydim? Kağan'ı şikâyet edebilecek kadar cesaretim var mıydı? Of, içimi saran korku dalgasıyla bir an ürperdim.

Kağan'la uğraşmak benim altından kalkabileceğim bir durum değildi. Kesinlikle tek başıma onu alt edecek bir şey yapamazdım. Onu durdurmanın tek yolu buydu ve ben bunu yapmalıydım. Timuçin için, kendim için... evet! Kesinlikle Emniyet Müdürlüğü'ne gidip onu şikâyet edecektim!

29

Zilin çalmasıyla hemen aceleyle oturduğum yerden kalktım ve hızlı bir şekilde toplanmaya başladım. Yapmam gereken şeyi biliyordum ve ne pahasına olursa olsun, bunu yapacaktım. Kağan'ı şikâyet edecektim!

Cansu, "Sen iyi misin?" diye sordu garipseyen bir ses tonuyla.

"Ne?" dedim ona dönerek, ama hızlı hızlı toplanmaya da devam ediyordum.

"Çok tuhaf davranıyorsun," dedi. Sesinde artık şüphe vardı.

Zoraki bir tebessümle, "Sadece eve gitmek istiyorum," diye geveledim.

Kaşlarını çattı. "Hadi, ama ders boyunca da bir gariptin, derin düşünceler içinde kaybolmuş gibiydin. Yaptığım hiçbir espriye gülmedin. Ve sen benim esprilerime bayılırsın. Kesinlikle yolunda gitmeyen bir şeyler var," dedi.

"İnan ki yok, gayet iyiyim."

Masamıza çıkıp oturdu ve gözlerini yüzüme dikerek

sözlerine devam etti. "Beni kandıramazsın. Dökül bakalım, neler oluyor?"

Toplanmamı bırakıp bakışlarımı Cansu'ya çevirdim. Eh, ne diyebilirdim ki Cansu beni çok iyi tanıyordu. Altdudağımı ısırarak düşündüm. Ona söylesem mi acaba? Hem belki bana yardım ederdi. Hayır, ona söyleyemem diyerek bu düşünceden vazgeçtim. En son Kağan'ı bana yaptıklarından dolayı şikâyet etmek istediğimde, bunu yapmamamı söylemişti. Yine beni durdurmaya çalışırdı.

Yalandan gözlerimi devirerek şakaya vurdum. "Sıkıcı geçen hayatımda ne olabilir ki? Bir an önce eve gitmek istiyorum, hepsi bu," dedim ve bana inanması için dua ettim.

Cansu'ya yalan söylemek canımı sıkıyordu, ama bunu yapmam gerekiyordu. Her şey bittikten sonra ona olanları anlatacağıma dair kendime söz vererek içimi rahatlattım. Evet, yarın ona bütün olanları anlatabilirdim.

Cansu ağzını açmış, bir şey söyleyecekti ki –eminim bana inanmadığını belirtecekti– bakışlarımı bize doğru gelen Emre'ye çevirdim. "Emre geliyor."

Cansu bana laf yetiştirmeyi bırakıp hemen toparlanarak eteğini düzeltti. "Nasıl görünüyorum?" diye fısıldadı heyecanla.

Gülümseyerek, "Çok güzel görünüyorsun canım," desem de hemen saçlarını eliyle düzeltmeye başladı.

Emre yanımızda durdu. "Benimle geliyorsunuz," dedi kaba bir sesle. Ayrıca insan bir selam verir!

İğneleyici bakışlarımla, "Sana da merhaba Emre," dediğimde dudakları seğirdi. Hafifçe gülümsedi.

Emre de istediği zaman en az Kağan kadar korkutucu görünüyordu, ama ona karşı kendimi yakın hissediyordum. Zor anlarımda beni kurtaran tek kişi oydu.

"Neden seninle geliyoruz?" diye sordu Cansu.

Emre altın rengi gözlerini Cansu'ya çevirdi. "Çünkü ben öyle istiyorum," dedi tane tane. Her kelimesinde vurgu vardı.

Cansu'ya baktığımda yutkunduğunu gördüm ve de kızardığını. Ah, nefes al Cansu!

Emre, "Acele edin," dedikten sonra arkasını bize dönüp yürümeye başladı.

Cansu bana döndü ve sadece dudaklarını oynatarak, "Derdi ne?" diye sordu.

Omuz silktim. "Hadi, gidelim, bakalım ne istiyormuş," deyip çantamı omzuma attım.

Cansu, "Bir dakika," diyerek elini çantasına attı ve bir ruj çıkarıp bana bakarak sürdü. "Nasıl oldu? Taşmadı, değil mi?"

Gözlerimi devirerek, "Hayır, çok iyi," dedim.

Rujunu tekrar çantasına atarken, "Aynaya bakmadan ruj sürmeyi kesinlikle öğrenmem gerekiyor. Baksana, ne zaman lazım olacağı hiç belli olmuyor," diyerek omuz silkti ve kendini masadan öne iterek kalktı. "Emre'ye deli gibi kızgın olsam da seninle son konuşmamızdan sonra ona daha farklı bakmaya başladım, tekrar ona kapıldığımı hissediyorum ve buna karşı koyamıyorum. Ona olan hayranlığım öfkemin önüne geçiyor."

"Biz buna aşk diyoruz tatlım," dedim gülerek.

"Bazen böyle hissettiğim için suçluluk duyuyorum."

İç çekerek sırtını sıvazladım. "Zamana bırak Cansu. Eminim her şey çok güzel olacak, sadece biraz sabret ve yarının sana ne getireceğini bekle. Umarım çok güzel günler getirir, seni mutlu edecek hatıralarla dolu saatler mesela," dediğimde güldü ve minnettar olarak bana sıkıca sarıldı. "Umarım."

Okuldan çıktığımızda Emre'yi Kağan'la birlikte yolun kenarında görünce şüpheyle gözlerimi kıstım. Ah. Bunlar neyin peşindeydi?

Kağan siyah bir arabaya yaslanmıştı. Kaşlarımı hayretle kaldırarak arabayı inceledim. Bu kez bir Audi ile gelmişti. Kağan'ı her seferinde farklı bir arabayla görmek çok tuhaftı. Bu kadar lüks arabaları alacak parayı nereden buluyordu acaba?

Ah, unuttun mu Buket, Kağan yasadışı işler yapıyor? Belki de kullandığı arabaların hepsi çalıntıdır. O bir suçlu diye düşündüm. Bu akşam yakalanacak olan bir suçlu.

Kağan geldiğimi hissetmiş gibi kafasını kaldırıp bana baktı. Derin bir nefes aldım. Yoğun bakan koyu mavi gözleri anında üzerime kilitlendi. Bir elini dağınık, siyah renk saçlarından geçirip geriye attı, ama saçları isyan edercesine yine alnına döküldü. Bu beni gülümsetti. Gülümsememle birlikte Kağan'ın da dudaklarında da bir tebessüm belirdi. Bana mı gülümsemişti o öyle? Böyle gülünce tamamen başka biriymiş gibi görünüyordu; nefes kesici, ılımlı ve daha sakin.

Cansu yanımdan geçip yürümeye başladığında içimi titreten düşüncelerden sıyrıldım ve onun peşinden yürüdüm.

Güçlükle Kağan'ın gözlerinin içine bakarak, "Eee, neden buradayız?" diye sordum.

Başıyla işaret ederek, "Arabaya binin," dedi düz bir sesle.

"Niye?" diye sordum kaşlarımı kaldırarak.

Dudağının bir kenarı usulca kıvrıldı. "Ödevimizi yapmaya bugünden başlamaya karar verdim."

"Olmaz," dedim heyecanla. Ah, sesim biraz fazla mı yüksek çıkmıştı?

"Nedenmiş o?" diye sordu tek kaşını kaldırarak.

"Şey..." Evet, ne diyecektim şimdi? Emniyet Müdürlüğü'ne gidip seni şikâyet edeceğim de ondan.

Derin bir nefes aldım ve aklıma gelen ilk yalanı söyledim. "Annem aradı ve ders bitince hemen eve gelmem gerektiğini söyledi. Kendisini pek iyi hissetmiyormuş. Hemen gidip ona bakmalıyım. Sanırım çok hasta," derken üzgün görünmeyi de ihmal etmedim.

Gözucuyla Cansu'ya baktım. *Sen cidden bir haltlar karıştırıyorsun* dercesine gözlerini kısmıştı.

Merak etme, arkadaşım, yarın sana bütün olanları anlatacağım. Bugünü atlatayım da!

Kağan başını yana yatırdı ve gözlerini kısarak beni baştan aşağı ağır ağır süzdü. Yalan söylediğimi anlamış mıydı acaba?

Bakışları sonunda gözlerimi bulunca altdudağının iç tarafında dilini gezdirdi. "Pekâlâ."

Üzerime doğru yürüyünce gerilemek istesem de bu isteğimi gerçekleştirmedim ve kendimi olduğum yerde durmaya zorladım. Aramızdaki mesafeyi kapatıp kulağıma eğildi. Aman Allahım! Yine oluyordu, yine ona doğru bir şeyler akıyordu içimde. Hafif sakallı olan yüzü yanağıma sürtününce çok tuhaf hissettim. Midem altüst olurken bir an nefes alamadım.

"Benden kaçmaya çalıştığını anlamadığımı sanma sakın. Timuçin konusunu daha sonra özel olarak konuşacağız," diye fısıldadı ve kendini geri çekti.

Hiçbir şey söyleyemedim, uyuşmuş bir şekilde gözlerine baktım. Bana neler yapıyordu böyle?

Kağan daha sonra Emre'ye döndü. Başıyla arabayı işaret ederek, "Atla," dedi ve sürücü koltuğuna geçip güneş gözlüklerini taktı. Emre arabaya bindiği anda Kağan hızla gaza bastı ve lastiklerin çıkardığı kulak tırmalayıcı sesle birlikte araba yanımızdan uzaklaştı.

Cansu hemen yanıma gelip hışımla koluma vurdu. "Ah!" Canımı acıtmıştı.

"Annenin hasta olmadığını biliyorum. Neden Kağan'a yalan söyledin, derste garip davranmanın bununla bir ilgisi var mı?"

Teslim olarak iç çektim. "Cansu yarın anlatacağım, tamam mı? Şimdi gitmem gerek."

"Buket, Allah aşkına, neler oluyor?"

"Yarın anlatacağım, Cansu, söz veriyorum. Lütfen."

Başını iki yana sallayarak pes edercesine konuştu. "Tamam. Ama eğer yarın da anlatmazsan o güzel saçlarını tek tek yolarım, bilesin."

Gülerek ona sarıldım ve yarın görüşmek üzere sözleşip ayrıldık. Sıkıntıyla nefesimi dışarıya verdim. Şimdi yapmam gereken şeyin zamanı gelmişti. Evet, bunu yapabilirdim. Herkesin iyiliği için!

Yoldan geçen bir taksiyi durdurarak bindim. Taksinin arka koltuğuna geçtiğimde aynadan taksiciyle göz göze geldik. "Nereye gitmek istersin kızım?" diye sordu.

Son kez düşündüm ve derin bir nefes aldım. "Emniyet Müdürlüğü'ne lütfen."

Sabah uyandığımda okula gitmek için en ufak bir istek duymuyordum. Tabii ki de gitmek istemezdim, dün Emniyet Müdürlüğü'ne gidip Kağan'ı şikâyet etmiştim. Orada bana Mehmet Amca yardım etmiş, anlattığım her ayrıntıyı can kulağıyla dinlemişti. Ne Kağan'ın ne de Emre'nin ismini vermiştim. Kaçak malların teslim edileceği adresi ve saati söylemiştim. Mehmet Amca şüpheyle bunları nereden öğrendiğimi sorduğundaysa daha önceden ezberlediğim ve sürekli tekrar ettiğim yalanı söyledim.

"Dün okul çıkışında evimizin olduğu mahalledeki parka gittim. Bankta oturup etrafı izlerken yan bankta oturan birkaç çocuğun konuşmasına kulak misafiri oldum. Akşam bu adreste büyük bir teslimat işinin olduğunu söylediler. Kulağa çok tehlikeli geliyordu ve ben de ne yapacağımı bilemedim, buraya geldim," dedim gayet üzgünce.

Takside planlamıştım tüm bunları. Süper rol yapmıştım.

Psikopat

Ayrıca evimizin olduğu mahalleyi Mehmet Amca'ya söylediğimde bana anında inandı. Mehmet Amca, mahallemizin hiç tekin olmadığını, bu bölgede çete işlerinin döndüğünü ve sürekli ihbar aldıklarını söyledi. Okula gidip gelirken son derece dikkatli olmam konusunda bana verdiği uzun bir nasihatten sonra beni bıraktı.

Dün eve geldiğimde içimde biraz pişmanlık vardı, ama bunu görmezden geldim. Ben Kağan'ı kendi elimle polise mi vermiştim? Aklıma bugünkü sıcacık tebessümü gelince bir an için pişman oldum, ama sonrasında yine kendimi toparladım. Yapmam gereken kesinlikle buydu. Ve ben doğru olanı yapmıştım. Kesinlikle!

Okula gittiğimde dersin başlamasına beş dakika vardı. Sınıfımızdan içeri girdiğimde Cansu'nun çoktan gelmiş, Gül'le sohbet ettiğini gördüm. Beni görünce, "Hey, günaydın fıstık," diye seslendi. Ben de ona, "Günaydın canım," diyerek gülümsedim. Gül'se bana her zamanki ters bakışlarından attı. Bu bakışlar bana özeldi. Benim dışımda kimseye böyle bakmıyordu. Bana niye böyle davrandığını bir türlü çözememiştim. Ama şu an onun bu saçmalıklarını çekecek halim yoktu.

Kendimi hemen sırama atıp oturdum. Tedirgindim. Hem de çok. Gözlerim sürekli sınıfın kapısındaydı. Dün akşam neler olmuştu acaba? İçimden sürekli baskın işe yaramış olsun, Kağan yakalanmış olsun diye düşünsem de derinlerde bir yerlerde çok büyük bir pişmanlık hissediyordum.

İlk ders başladığında ne Emre geldi ne de Kağan. Ah,

Mihri Mavi

acaba Emre de mi tutuklandı? Bu düşünceyle içimdeki pişmanlık daha çok büyüdü. Emre yasadışı işler yapabilirdi, ama Kağan'a karşı beni koruyan tek kişiydi. Onun yakalanması beni üzerdi, pişmanlıktan kahrolurdum. Lanet olsun, bunu nasıl akıl edememiştim ki ben? Dün polise giderek Emre'yi de tehlikeye atmıştım. Lütfen Emre'ye bir şey olmasın, lütfen. Hatta… Kağan'a da bir şey olmasın.

Of! Ben ne diyorum ya!

Kağan'ı şikâyet etmenin verdiği suçluluk duygusunu bastırmaya çalışırken derin bir nefes aldım ve kendime bir kez daha bunu kesinlikle yapmam gerektiğini hatırlattım. Okula başladığım ilk günden itibaren Kağan beni hep rahatsız etti. Benimle uğraşmaktan hiç vazgeçmedi. En sevdiğim çantamı mahvetti, her fırsatta beni tehdit etti, üstüme boya atmalarına sebep oldu, en kötüsü de beni taciz etti! Evet, Kağan kesinlikle polise gitmemi hak etti. Nokta.

İkinci ders de geçtikten sonra Kağan ve Emre'ye dair bir iz göremeyince dayanamadım ve dün akşam olanları öğrenmek üzere Mehmet Amca'yı aradım.

Altdudağımı endişeden ısırırken koridorda yürüyerek telefonu kulağıma götürdüm. Mehmet Amca üçüncü çalışta telefonu açtı.

"Merhaba Mehmet Amca, ben Buket," dedim en kibar halimle.

"Merhaba kızım."

"Şey… dün neler oldu? Yakaladınız mı onları?" diye sordum ve nefesimi tutarak cevabını bekledim.

Telefonun diğer ucundan bir iç çekiş duydum. Ah, bu hiç iyi değildi. "Maalesef kızım. Elimizden kaçmayı başardılar. Adresini verdiğin depoda üç veya dört kişi vardı. Emin değiliz. Biz depoyu bastığımızda bütün malları bırakıp kaçmak zorunda kaldılar. Şanslıyız ki malların hepsini ele geçirdik."

Oof! Ben ne yapayım malı şimdi! Kağan'ın yakalanması gerekiyordu!

"Çok sayıda kaçak silah ele geçirdik. Bu işi yapanlar öyle basit kişiler değil kızım. Çok büyük bir işi bozduk dün akşam. Ama dediğim gibi işlerinde o kadar iyiler ki elimizden kaçmayı başardılar," dedi üzgünce.

Bir umutla sordum. "Kim olduklarını öğrendiniz mi peki?" Lütfen Kağan'ın ismini ver, lütfen.

"Hayır, kızım, görünmeden kaçmayı başardılar."

Son bir kez daha şansımı deneyerek sordum. "Ama peşlerine düşeceksiniz, değil mi? Mutlaka civarlardaki kameralara yakalanmış olmalılar."

Yine derin bir iç çekiş geldi Mehmet Amca'dan. "Civarda bir iki tane kamera var, fakat hiçbiri çalışmıyor."

"Peki, Mehmet Amca, teşekkürler, size kolay gelsin," dedim. Sesimin sinirli çıkmaması için bütün enerjimi kullanmıştım.

"Kendine dikkat et kızım. Bir daha o tehlikeli parka uğrama."

"Tamam," diyerek telefonu kapattım büyük bir hayal kırıklığıyla. Bu nasıl olurdu ya! Dün Kağan'ın yakalanması gerekiyordu! Sinirle telefonumu cebime atarken kendime kızarak yürümeye başladım.

Lanet olsun! Bir iş yapayım derken her şeyi elime yüzüme bulaştırmıştım ve sonuçlarını hesap etmediğim bir işe girmiştim. Bazen cidden aptalın teki olabiliyordum.

Merdivenleri inip kantine yöneldiğimde koridorda Kağan'ı fark etmemle vücudumdaki bütün kanın damarlarımdan çekildiğini hissettim. Yaptığım şeyin büyüklüğü birden üzerime çökerken bakışlarımız birbirine kenetlendi. Yüzünde çok ciddi bir ifade vardı. Siyah saçları her zamankinden de dağınık görünüyordu. Resmen burnundan soluyor, gözlerindeki öfke ta buradan bile beni yakıyordu. Omzu sert bir şekilde gerilmiş, kaskatı duruyordu.

"Aman Allahım!" diye fısıldadım kendi kendime. Zihnimde bir ışık yandı. Yoksa onları şikâyet ettiğimi öğrenmiş miydi? Ah! Bunu öğrenebilir miydi? Beynim endişeyle çalışmaya başladı. Eğer onları şikâyet ettiğimi ve baskınla bir ilgim olduğunu öğrenirlerse beni yaşatmazlardı.

Kağan'ın çetesi kesinlikle peşime düşerdi. Sonra da beni işkence yaparak öldürürlerdi ve cesedimi kuytu bir yere atarlardı. İşkenceyi de büyük ihtimalle Kağan yapardı. Şimdi de bunun için gelmişti, beni yakalayıp götürmek için. Kimsenin olmadığı ıssız bir yerde polise gitmemin bedelini ödetecekti.

Bunları düşünürken bütün bedenim ani bir korkuyla sarsıldı. Boğazım sıkıştı, nefesim bir düğüm gibi takılıp kaldı. Kalbim güm güm atarken her bir atış kulaklarımda çınladı.

Bütün gücümü toplayarak Kağan'a arkamı dönüp hızla koşmaya başladım. Buradan bir önce uzaklaşmam gerekiyordu, Kağan'dan kaçıp saklanmalıydım. Omzumun üzerinden geriye doğru bir bakış atınca nabzım daha da hızlandı. Çünkü Kağan peşimden geliyordu!

Artık iç sesim adeta haykırıyordu. *İşte, şimdi sıçtın kızım* diyordu.

30

Koridor boyunca hızla koşarken merak ettiğim tek şey, tüm bunlara değer miydi? Öyle aptalca bir şey yapmıştım ki sonunu göremediğim veya görmek istemediğim bir olaya karışmıştım. Hatta tehlikenin kucağına kendi isteğimle atlamıştım. Kahretsin! Kağan gibi acımasız birini karşıma almayı göze alarak onu şikâyet etmiştim. Ne kadar aptaldım! Şu an kendime acıyordum. Başıma gelecekleri düşündükçe... o anlık sinirle harekete geçmenin bedelini pahalı ödeyecektim.

Şansım yaver giderse Kağan'ın elinden kurtulabilirim, umutsuzluğa kapılmamalıyım diye düşünerek sakin olmaya çalıştım. Kağan'ı atlatıp okuldan ayrılmam gerekiyordu. Diğer derslere kalacak değildim herhalde. Hatta mümkünse Ankara'yı bile terk etmem şarttı. Belki tekrar İzmir'e dönerdik. Ah, lütfen şans benden yana olsun.

Fakat ne kadar koşarsam koşayım, sonunda yakalandım. Hem de çok fena bir şekilde! Kağan, beni belimden yakalayarak sırtımı sertçe göğsüne yasladı. Çığlık atmama engel olmak için bir eliyle ağzıma kapattı. Diğer elini göbeğimin üstünden geçirerek sıkıca belime doladı. Beni nefessiz bırakan bir panik tüm vücudumu ateş gibi yaktı. Korkuyla titrerken mücadele etmeye çalıştım, ellerini ittim, ama girişimlerim çok yetersiz kaldı. Kağan çok güçlüydü ve ben onun kadar kuvvetli değildim.

Korkudan titrerken ağlamaya başladım. Gözyaşlarım yanaklarımdan oluk oluk süzüldü. Bunu hisseden Kağan dudaklarını kulağıma bastırdı. "Hey... sakin ol. Ağlama," diye mırıldandı.

Bana bu şekilde dokunması, söylediği sözler eski anılarımı canlandırdı. Kağan'ın olduğu ve hatırlamak istemediğim anıları. Asla kurtulamayacaktım. Derin ve tehlike dolu bir karanlığa sürükleniyordum. Sonum gelmişti. Birazdan gerçekten canıma okuyacaktı.

Beni koridorda sürüklemeyi bıraktı ve boş bir sınıfa girdik. Kapıyı arkamızdan kapattı. Elini ağzımdan hâlâ çekmemişti. Sonra beni aniden bırakarak geri çekildi. Ellinden kurtulduğumda derin bir nefes çektim içime ve ona doğru döndüm. Çok korkuyordum, göğsüm hızla inip kalkıyordu.

Kağan bana doğru gelmeye başlayınca geriledim. Sırtımın duvara vurmasıyla kıpırdamadan öylece kaldım. Nefes almaya dahi cesaret edemeyerek Kağan'ın yüzüne baktım. Koyulaşan mavi gözlerini kısarak bakışlarıma karşılık verdi. Sanki ne düşündüğümü anlamaya çalışıyordu.

Lütfen, bana zarar vermesin, lütfen... fakat hiç de zarar vermeyecekmiş gibi görünmüyordu.

İçimdeki korku çok şiddetliydi. Bütün hücrelerimi esir

almıştı, çıkışı olmayan bir karanlık gibi üzerime çökmüştü. Bacaklarım titriyordu, ağırlığımı taşımakta zorlanıyordu. Bir şeyler yapmam gerektiğini düşünerek aklıma ilk gelenleri söyledim.

"Kağan, lütfen... ben çok özür dilerim... çok üzgünüm..." dedim hıçkırıklarımın arasından.

Yüzü acıyla buruştu. Ne yapacağını bilmez bir halde nefesini sinirle dışarı verdi. "Sakin ol," dedi kaşlarını çatarak.

"Ben... gerçekten üzgünüm... lütfen... inan bana..." diyerek yalvarmaya devam ettim ve yalvarışımın onu yumuşatmasını diledim.

"Özür dileyecek bir şey yok," derken sesi sert çıksa da altında yatan hüznü hissettim.

"Biliyorum yapmamalıydım. Çok korktuğum için başka çarem olmadığını düşündüm."

Yüzünde rahatsızlığını gösteren bir ifade belirdi. "Önemi yok, tamam mı?" diyerek sözümü kesti. "Seni böyle görmekten nefret ediyorum," dedi. Sesindeki sıkıntı dikkatimi çekti.

Yutkundum. Dilim damağım kurumuştu. "Sen... sen bana kızmadın mı?" diye sordum yanaklarımdaki yaşları silerek.

Kaşlarını çatıp, "Sana çok kızdım," deyince irkildim. Bunu gördüğünde elini saçlarının arasından geçirip derin bir nefes daha aldı. Kendini kontrol etmeye çalışıyor gibiydi.

Başımı hafifçe eğip kirpiklerimin arasından korkarak ona baktım.

"Sana kızdım ama... Benim yanımdayken rahat olmanı

istiyorum Buket," dedi yatıştırıcı bir ses tonuyla.

Ağzımı kapatıp beni zorla sürüklediğinde rahat olmanın ne kadar zor olduğundan bahsetsem mi acaba?

Kağan tereddüt ederek elini bana doğru uzatıp usulca, şefkatle yanağıma avucunu koydu. "Seni benden korkmuş ve ağlarken görmek beni mahvediyor. Seni üzen kişi değil, seni gülümseten kişi olmak istiyorum," derken sesi çok samimi çıkmıştı.

Yanağımı hafifçe okşayıp gözyaşlarımı parmağıyla sildi ve elini indirdi. Dokunuşu o kadar yumuşaktı ki! Nefesimin kesildiğini hissettim. Gözlerimiyse ondan alamıyordum. Bana öyle derin, öyle şefkatle bakıyordu ki, içimi yakıp kavuran bir heyecanın bütün vücuduma yayıldığını hissettim.

"Ama yine de Timuçin'den uzak durmanı istiyorum. Onu senin yakınında görmeyeceğim Buket. Asla."

Kaşlarımı yukarı kaldırdım. "Ne, Timuçin mi?" diye mırıldandım şaşkınca.

"Bu seferlik bir şey yapmayacağım, ama bir dahakine görmezden gelmem, bunu bil."

"Bütün bunlar Timuçin için miydi?" diye sordum. Hayal kırıklığım sesime de yansımıştı.

Koyu mavi gözlerinde öfkeden bir parıltı belirdi. "Sınıftayken o piçin tarafını tutman beni çok sinirlendirdi. Timuçin'i gereksiz yere koruma çabaların, benden uzaklaştırmaya çalışman... neydi tüm bunlar?"

Sınıftaki kavgayı çoktan unutmuştum. "Ben sadece kavga etmenizi önlemek istedim," diye mırıldandım.

Gözlerini kıstı. "Kızmam gereken başka bir durum yok, değil mi Buket?" diye sordu şüpheyle.

Başımı hızla iki yana salladım. "Hayır," dedim hemen. "Hayır, yok."

Onu şikâyet ettiğimi öğrenmemişti. Bir anlık rahatlamayla omuzlarım düştü. Üstümden büyük bir yük kalkmış gibi hissettim. Artık rahat bir nefes alabilirdim. Ama bu iyi bir şey miydi, değil miydi, bilmiyordum.

Polise gittiğimi henüz öğrenmemişti, fakat içimden bir ses yakında öğreneceğini söylüyordu. İşte, o zaman kesinlikle işim bitmiş olacaktı. Kağan eğer Timuçin için bu kadar kızıyorsa, öğrendiğinde ne yapardı kim bilir? Beni kesin öldürürdü, kimse de buna engel olamazdı. Tedirgin olarak altdudağımı ısırdım.

Kağan'ın bakışları dudaklarıma kaydı. Gözleri daha da koyulaştı. Çenesini sıktığını fark ettim. Derin bir nefes alarak bakışlarını gözlerime çevirdi. "Timuçin'i bir daha senin yanında görürsem ikiniz için de kötü olur. Sınıftaki gibi durmam. Çok daha kötüsünü yaparım," dedi sert ve boğuk bir sesle.

"Timuçin..." demiştim ki sözümü kesti. "Ve sakın lafımı ikiletme Buket. Bu konuda yalan söylediğini anlarsam, yapacaklarımdan hoşlanmazsın," derken yine tehlikeli haline büründü.

Cevap vermek için ağzımı açtım. Ama ne söyleyecektim ki?

Kaşlarını öfkeyle çatarak, "Anladın mı beni?" diye

sordu tehdit edercesine.

Bu soruya karşılık gözlerimi ondan ayırmadan, onu anladığımı gösterircesine hafifçe başımı salladım. Dudaklarında varla yok arası küstah bir tebessüm oluştu ve yine elini bana doğru uzattı. Saçımın bir tutamını kulağımın ardına itti ve elinin tersiyle yanağımı okşayarak, "Güzel," dedi.

Güçlükle yutkundum. Hiçbir şey söyleyemedim. Zira herhangi bir söz söyleyebilmem için önce kendime gelip kafamı toplamam gerekiyordu. Şaşkınlığım en had safhadaydı. Onu şikâyet ettiğimi öğrendi diye neredeyse kalbim yerinden çıkacaktı! Ama o Timuçin konusuyla geldi karşıma.

Neydi bütün olanlar? O bakışlar, o sözler ve o dokunuşlar?

"Şimdi gitmem gerek bebeğim. Sonra görüşürüz," deyip sınıftan çıktı. Arkasından şaşkınlıkla bakakaldım. Beni yalnız başıma, kafam karmakarışık bir halde bırakıp gitti.

31

Bir süre kapıya boş boş baktım ve derin bir nefes alıp kendimi toplamaya çalışarak sınıftan çıktım. Artık tek bir düşünceye odaklanmıştım. *Kağan, onları şikâyet ettiğimi öğrenirse bana ne yapardı?* Kafamda sürekli dönen soru buydu. Cevap olarak hayal gücüm çok fena çalışıyor ve kötü faaliyetlerin olduğu fazlaca görüntü gözümün önüne geliyordu.

Zihnimdeki binlerce olumsuz düşünceyle birlikte tuvalete gittim. İçeride bir kız vardı ve makyaj yapıyordu. Aynanın karşısına geçip kendime baktığımda çok solgun olduğumu gördüm. Yüzüm asıktı, gözlerim yorgun bakıyordu. Eskiden neşeyle parlayan kahverengi gözlerimin şimdi ışığı kaybolmuştu. Yaşadıklarım artık ağır geliyordu, omuzlarıma binen yükü taşımakta güçlük çekiyordum.

Derince iç çektim. "Ne yapacağım ben?" diyerek mırıldandım kendi kendime. Ardından elimi yüzümü buz gibi suyla yıkayarak bunun bana iyi gelmesini umdum.

Tuvaletten çıktıktan sonra Cansu'yu bulmak için bahçeye çıktım. Çok geç kalmış olsam da onu bulup olanları anlatmam gerekiyordu. Cansu'yla konuşup dertleşmeye ihtiyacım vardı. Belki o bana ne yapmam gerektiği konusunda akıl verebilirdi ve ben de fazla zarar görmeden yaptığım aptallıktan kurtulabilirdim.

Bahçeye çıktığımda serin hava yüzüme vurup tenimi okşadı. Derin derin nefes aldım. Bu aralar sürekli boğazımda bir düğüm varmış gibi hissediyordum. Her yutkunuşumda o düğümü, hatta o yumruyu hatırlıyordum. Bir yumak gibi korkum, çaresizliğim, pişmanlığım, suçluluk hissim, hepsi bir araya gelerek karmakarışık olmuştu. Bu yumru beni nefessiz bırakıyordu, sanki nefes alabileceğim hiçbir yer yoktu.

Etrafıma dikkatle bakıp Cansu'yu aradım. Uzak köşedeki banklardan birinde oturuyordu. Yanında Gül vardı ve sohbet ediyorlardı. Yanlarına gitmek için hareketlendiğimde Deniz ve Egemen'in okul binasının köşesinde, hararetli bir şekilde konuştuğunu fark ettim ve durup onlara odaklandım.

Deniz, Egemen'i dinliyordu, ancak gözleri Cansu'nun üzerindeydi. Cansu'nun anlattıklarından sonra, neden Deniz'den nefret edip kaçtığını çok iyi anladım. Çocuk çok yakışıklıydı, ama rahatsız edici bir hali vardı. Bakışları delici ve hastalıklıydı. Cansu'ya öyle bir bakıyordu ki sanki elde etmek için cinayet işleyebilecek kadar yoğun ve ısrarcıydı. Böyle bir durumda tedirgin olmamak elde değildi.

O sırada Egemen'in telefonu çaldı. Biraz konuşup kapadıktan sonra Deniz'le birlikte hemen kalkıp okul kapısına doğru gittiler. Rahatlamıştım. O çocuğun Cansu'nun etrafında dolaşmasını kesinlikle istemiyordum.

Bakışlarım tekrardan Cansu ve Gül'e döndü. Onları neşeyle sohbet ederken görünce bir an yanlarına gitmekten vazgeçtim. Tam arkamı dönüp sınıfa gidecektim ki Cansu benim onlara bakıp öylece dikildiğimi görünce heyecanla el sallayarak, "Gelsene," diye bağırdı. Derin bir nefes alıp bacaklarımı adım atmaya zorladım ve yanlarına doğru yürüdüm.

Cansu yüzünde kocaman bir gülümsemeyle onlara doğru gidişimi izledi. Gül'se bana özel, rahatsız olmuş ifadesini takınarak gözlerini devirdi. Cansu bana ne kadar sıcak davranıyorsa Gül de o kadar soğuk davranıyordu. Beni hiç sevmiyordu ve bunu göstermekten de çekinmiyordu. Her gün biraz daha fazla kötü bakışına maruz kalıyordum, bana olan nefreti her geçen gün katlanarak artıyordu sanki. Cansu'yla yakınlığımızsa rahatsız ediyordu, ama asıl önemlisi Kağan'ı elinde tutmak için ölesiye uğraşırken, Kağan'ın hangi nedenden olursa olsun, benim etrafımda olması... sanırım Gül'ü en çok bu çileden çıkarıyor, kıskançlığını daha da körüklüyordu.

Yanlarına ulaştığımda Gül bana kötü kötü bakmaya başladı. Öfkesi ve nefreti gözle görülecek kadar şiddetliydi. Yüzünde en ufak bir hoş karşılama ibaresi yoktu. *Neden geldin* der gibi tiksinerek bakıyordu. Bir anda cesaretim kırıldı ve buradan ayrılıp sınıfa dönmemek için kendimle mücadele ettim. Fakat sonra Cansu'nun sıcacık tebessümüyle karşılaşınca kendime kızdım. Neden böyle düşünüyordum ki? Ben buraya Gül için değil, en yakın arkadaşım olan Cansu için gelmiştim. Çok rahatsız oluyorsa Gül gitmeliydi, neden ben gidecektim ki?

Omuzlarımı dikleştirdim ve sanki Gül hiç yokmuş gibi onu umursamadan yanlarına oturup sohbetlerine katıldım. Gül'ün

Psikopat

anlayacağı dilden konuşmaya karar vererek arada sırada Gül'ü terslemeyi de ihmal etmedim tabii ki! Kendisi de aynı şekilde bana karşılık veriyordu. Çok iyi anlaşıyorduk, çok!

    Zil çalınca birlikte sınıfa gittik. Cansu'yla yalnız kalamadığım için henüz konuşamadım, ama bugün çıkışta mutlaka her şeyi anlatmalıydım. Kağan'ı diğer derslerde görmemiştim. Gelmemişti. Emre de hâlâ ortalıklarda yoktu. Son dersimiz de bitince toplanıp Cansu'yla birlikte sınıftan çıktık. Okulun çıkışında, yolun kenarında Kağan ve Emre'yi gördük. Kağan arabasına sırtını yaslamış, kollarını göğsünde birleştirmiş, kaşları çatık bir halde duruyordu. Emre'yse Kağan'ın karşısına geçmiş, elini kolunu sallayarak harıl harıl bir şeyler anlatıyordu. Gördüğüm kadarıyla hiç hoş olmayan bir konudan bahsediyorlardı. Çünkü Emre'nin dudaklarından dökülen her bir sözde Kağan'ın yüzü daha da sertleşiyordu.

    Acaba dün yaşanan baskınla ilgili mi konuşuyorlardı? İçimde suçluluk hissinin neden olduğu bir korku gezinmeye başladı. Belki Emre, onları şikâyet edenin ben olduğunu öğrenmişti ve şimdi de bu bilgiyi Kağan'la paylaşıyordu. Farkında olmadan altdudağımı ısırdım. Ah, bu rahatsız edici tedirginlik ne zaman bitecekti!

    Cansu da benim gibi meraklanmış olacaktı ki "Sence bu kadar hararetli ne konuşuyorlar?" diye sordu.

    "Hiçbir fikrim yok," diye cevap verdim, ama bir fikrim kesinlikle vardı.

    Biz onları dikkatle izlerken Emre konuşmalarının arasında olumsuz anlamda başını salladı ve sıkıntıyla nefes verirken bakışları bize takıldı. Tekrar Kağan'a dönmek yerine gözlerini kısıp bize bakmayı sürdürdü. Kağan da Emre'nin bakışlarını takip edip bize döndü. Şimdi ikisi de sohbete ara vermiş, bize bakıyordu.

Bakışları altında ezilirken panik tüm vücudumu sardı. Allahım, ne olur, bana yardım et!

Kağan, Emre'ye bir şey söyleyince Emre yanlarına gitmemiz için bize seslendi.

Cansu onlara doğru yürümeye başladığında ben de derin bir nefes aldım ve kaderime boyun eğip ardından gittim.

Bakışlarımı Kağan'a çevirdiğimde onun da ısrarla bana baktığını gördüm. Ne zaman göz göze gelsek beni kendine çekiyor, adeta ağına hapsediyordu. Derin bakışları nefes almamı imkânsız hale getiriyordu. Böyle hissetmemeliydim, ama kahretsin ki kendimi kontrol edemiyordum. Sanırım hepsi hormonlarımın suçuydu, Kağan'ın çekiciliği karşısında gardımı düşürüyorlardı. Gıcık şeyler!

Emre, "Bugün ödeve başlayalım diyoruz. Benim eve gideceğiz," dedi ve beni anlık sersemliğimden çekip çıkardı.

"Hayır, kütüphaneye gidelim," diye atladım hemen. O ev bana başka hatıraları anımsatıyordu. Unutmak istediğim kötü şeyleri...

"Evde yapacağız," dedi Kağan. Sakin, ama kaba çıkan sesinde emrivaki bir ton vardı.

"Tarihi romanlara bakmamız gerek ve kütüphaneye gitmemiz şart," diye çıkıştım.

Kağan, Emre'ye döndü. "Sen Cansu'yla kütüphaneye git, biz eve geçelim."

Emre yüzüne yerleştirdiği sırıtışla, "Olur," diyerek cebinden çıkardığı anahtarı Kağan'a fırlattı. Kağan yüzündeki küstah tebessümle anahtarı kapıp bana baktı. "Atla," dedi başıyla arabasını işaret ederek.

"Hayır," dedim itiraz ederek. "Biz Cansu'yla gideriz kütüphaneye."

Sonra Cansu'ya bakıp onun da beni destekleyen şeyler söylemesini bekledim. Fakat sonuç hüsran, hiçbir şey söylemedi. Hain!

Kağan, "İtiraz istemiyorum. Sen benimle geliyorsun," deyince yutkunarak ona döndüm. Bunu öyle rahat söylemişti ki! Başka bir seçeneğim yoktu bile.

Emre, "Cansu sen de benimle geliyorsun," dediğinde Cansu başını olumlu anlamda salladı. "Tamam."

Bir hışımla ona doğru döndüm. Ne yapıyordu bu kız böyle? "Sen kafayı mı yedin?" diye sordum sinirle fısıldayarak.

Cansu, Kağan'la Emre'ye "Bir dakika bekleyin" diye işaret etti. Ardından beni kolumdan çekiştirerek bizi duyamayacakları kadar uzak bir mesafeye götürdü. Kolumu çekip elinden kurtardım. "Ne yapıyorsun sen?" diye çıkıştım gözlerimi büyüterek.

İç çekti. "Üzgünüm. Şey... Emre'yle gitmek istiyorum," diye mırıldandı utanarak.

Kaşlarımı yukarı kaldırdım. "Ne?" Şaşırmıştım.

"Sen bana risk al dememiş miydin?" diye savunmaya geçti hemen.

"Evet. Ama..." Şimdi hiç sırası değildi.

Derince iç çekip Emre'ye baktı. "Ben onu çok seviyorum Buket," deyip bakışlarını tekrar bana çevirdi. "Belki de sen haklısın, benim bilmediğim bir olay olmuştur ve Emre benden ayrılmak zorunda kalmıştır. Belki de gerçekten beni seviyordur, yaşadıklarımız gerçektir. Bunu öğrenmek için iyi bir fırsat bu, sonuçta tüm gün yalnız kalacağız. Benimle konuşmasını sağlayabilirim."

Gözlerinde öyle umut dolu bir ifade vardı ki içim burkuldu. "Beni tehlikeye attığının farkındasın, değil mi?" diyerek üzgünce gülümsedim. Ne olursa olsun, Cansu ve Emre için bunu yapacaktım. *"Umarım Emre bu kez onun kalbini kırmaz ve olay gerçekten de benim tahmin ettiğim gibi çıkar,"* diye dua ettim.

Muzip bir ifadeyle bana bakarken altdudağını ısırdı. "Kağan'ın sana zarar vereceğini sanmıyorum Buket. Anlattıklarından çıkardığım kadarıyla o seni önemsiyor."

"Ne?" diye cırladım resmen.

"Yalan mı? Bence sen de farkındasın, ama inanmak istemiyorsun."

Kaşlarımı çattım. Hayır, bundan emin değildim. Hem böyle bir şey olamazdı. Kağan'ın birine karşı bu türden hisler beslemesi imkânsızdı. Ama bana baktığı her seferde gözlerinde gördüğüm pişmanlık bu düşüncemde yanılıyor olabileceğimi hatırlatıyordu.

"Bence sen bu dediklerimi düşün kanka," diyerek göz kırptı muzipçe.

Gülümsedim. "Emre'yle gitmek için beni kandırıyorsun," diyerek takıldım ona.

Cansu omuz silkti. "Olabilir," deyip gülmeye başladı. "Eee, ikna oldun mu bari?" diye hevesle sordu.

"Ah!" dedim gözlerimi devirerek. "Bana borçlandın, haberin olsun." Küçük bir çığlık atıp kollarını boynuma doladı. "Sen efsane bir arkadaşsın!" dedi.

Kıkırdadım. Eğlenerek Cansu'nun sarılışına karşılık verdim. "Mutlu olmayı hak ediyorsun," diye fısıldadım kulağına.

Daha da sıkı sarıldı. "Teşekkürler," derken geri çekilip gözlerimin içine baktı. "Umarım işe yarar."

İç çektim. "Umarım."

Emre'yle Kağan'ın yanına geri döndüğümüzde kendime, "Bunu yapabilirsin," diyerek derin bir nefes aldım.

"Tamam," deyip Emre'ye baktım. "Siz kitap araştırıp işimize yarayacak olanları alın, biz de Kağan'la bir taslak oluşturalım. Sonra siz geldiğinizde birlikte çalışırız," derken isteksizliğimin sesime yansımasına izin verdim. Hatta bunun için fazladan çaba harcamış bile olabilirdim.

Kağan'a yandan bir bakış attığımda dudaklarının kibirle kıvrıldığını gördüm. Gözlerindeki zafer pırıltılarıyla bana bakıyordu. Yine bir heyecan dalgası bütün bedenimi sardı. Midemde daha önce orada olduğundan haberdar olmadığım kelebekler hafif hafif kıpırdanmaya başladı. Nereden çıkmıştı bu kelebekler?

Umutsuzca iç çektim. Ne yazık ki Kağan'a karşı olan hayranlığım her geçen gün daha da artıyordu ve fark ettim ki ben artık bu hissi kesinlikle bastıramıyordum. Başım cidden beladaydı!

Emre'yle Cansu kütüphaneye gitmek için yanımızdan ayrıldığında, Kağan'la baş başa kalmak beni tedirgin etti. Ama bunu ona hissettirmeye hiç niyetim yoktu.

Omuzlarımı dikleştirip çenemi hafifçe kaldırarak ona baktım. "Eee? Ne yapıyoruz şimdi?" diye sordum ilgisiz görünmeye çalışarak.

Usulca güldü. "Arabaya bin," dedi ve sürücü koltuğuna geçip motoru çalıştırdı.

Kabalığı karşısında gözlerimi kırpıştırarak ardından bakakaldım. Ne sanmıştım ki? Nezaket icabı kapımı açmasını falan mı? Ah, lütfen, ama karşımdaki kişi Kağan'dı.

Başımı iki yana sallayarak arabanın kapısını açtım. İçimde küçük bir tedirginlik olsa da bu duygudan kurtularak umarım bugünü kolayca atlatabilirim diye düşündüm. Kağan'la yalnız kalacaktım ve şansa kesinlikle ihtiyacım vardı.

Arabanın içine geçerek oturdum. Ben binince Kağan bana dönüp, "Emniyet kemerini bağlasan iyi olur. Genelde hızlı kullanırım," dedi ve dudakları tekinsiz bir gülümsemeyle kıvrıldı.

Tereddüt ederek, "Ne kadar hızlı?" diye sordum.

Alaycı ses tonuyla, "Çok hızlı," diyerek önüne döndü. Sol eliyle direksiyonu kavrarken diğer eliyle vitesi değiştirdi. Gaza sonuna kadar yüklendi ve araba hızla hareket etti. Her saniye daha da hızlandık. Kim bilir kaçla gidiyorduk, hız göstergesini kontrol etmeye cesaretim yoktu.

İki araba arasından makas atarak geçtiğinde, "Bu yaptığın çok tehlikeli bir hareketti," diye uyardım gereksiz olduğunu bile bile.

Bana imalı kısa bir bakış atıp önüne döndü. "Tehlikeyi severim."

"Ben sevmem," dedim huysuz bir tavırla. "Ben kurallara uyan, sakin bir insanım. Sen de ara sıra, mesela ben yanındayken, trafik kuralarına uymayı denemelisin," diyerek endişemi dile getirdim.

"Kurallar, sıkıcı yaşayanlar içindir," dedi baştan savma bir tavırla.

İç çekerek onu hiç onaylamadığımı gösterircesine başımı iki yana salladım. "Sinir bozucusun," diye mırıldandım. "Şu an yalnız değilsin, beni de tehlikeye atıyorsun farkındaysan ve ben bundan hiç hoşlanmadım," deyip surat astım.

"Bu kadar kasma, biraz rahatlamayı dene, akışa bırak kendini."

"Sen böyle hızlı giderken nasıl rahat olabilirim söyler misin, her an bir yere çarpacakmışız gibi hissediyorum. Böyle hızlı kullanmaya devam edersen eve varamadan kazaya kurban gidebiliriz," diyerek inledim.

Hafifçe güldü. "Pekâlâ, Buket," deyip vitesi küçülterek arabanın hızını düşürdü. "Senin istediğin olsun. Bugün senin için yavaş gideceğim, hiç bana göre olmasa da."

Vay canına! Sırf ben rahatsız oluyorum diye hızlı gitmekten vazgeçiyordu. Bana karşı çok anlayışlıydı. Ayrıca Buket mi demişti o? İsmimi ondan böyle yumuşak bir şekilde duymak garip hissettirdi. Bazen sinirlendiğinde ismimi kullanırdı, ama çoğunlukla çakma prenses derdi.

Yalandan şaşırmış gibi yaparak "Aaa, olamaz," dedim ve elimi ağzıma götürüp kapattım.

Gözlerini kuşkuyla kısıp, "Ne var, ne oldu?" diye sordu.

Elimi indirirken güldüm. "İsmimi biliyor olmana çok şaşırdım," dedim ona sataşarak. "Çakma prenses dersin sanıyordum."

Kağan da bana katılarak güldü. Bu gülüş öyle güzel, öyle muhteşemdi ki... gözlerinin içine yansıyan sıcacık bir gülüştü ve içimi ısıtıyordu. Bana tüm yaşananları unutturuyordu.

"Deli oluyordun, değil mi?" diye sorarken yandan eğlendiğini gösteren bir bakış attı. "Sinirden köpürüyordun."

"Az bile kalır. Seni kaç kez öldürmek istediğimi sayamıyorum bile," dedim ben de eğlendiğimi ima eden bir ses tonuyla.

"Hâlâ hayatta olduğuma göre ucuz atlatmışım," diye karşılık verdi alaycı bir tonla.

"Bir de cinayet planlarımı duymalısın, hepsi de birbirinden kanlı ve işkence doluydu," dedim kıkırdayarak.

Kısa bir kahkaha attı. "Seni hafife almamam gerektiğini hep biliyordum."

"Çok akıllıca bir davranış," dedim kahkahasına katılarak ve gülerken onu inceledim.

Yüzünde içten ve keyifli bir ifade vardı. Oldukça mutlu görünüyordu. Bu düşünceyle içim ürperdi. En fenası da onu güldürmek ve mutlu olmasına sebep olmak hoşuma gitmişti.

Altdudağımı ısırmaktan kendimi alamadım. Yine ona doğru içimde bir şeylerin aktığını hissettim. Midemdeki kelebeklerin kıpırtısı arttı ve bir heyecan dalgası usul usul damarlarımda dolaşmaya başladı. Heyecandan elim ayağıma dolaşacak diye endişe etsem de sanki o an bir arabanın için değil de bulutların üzerindeydim.

32

Emre'nin evine geldiğimizde Kağan hiç zorlanmadan arabayı uygun bir yere park etti. Arabadan indik ve apartmana doğru yürümeye başladık. Binaya girip merdivenleri çıkarken buraya ilk gelişim ve arkama bakmadan kaçışım aklıma geldi. Kağan'a kaçamak bir bakış attım. Anahtarları cebinden çıkarıp kapıyı açarak bana gülümsedi. Ona belli etmeden iç çektim ve bugünün güzel geçmesini umut ettim.

Dudaklarıma zoraki bir tebessüm yerleştirerek içeri geçtim. Salona doğru yöneldim, Kağan da peşimden geliyordu. Biraz tedirgin hissetsem de rahat olmam gerektiğini kendime hatırlatarak çantamı ve kitaplarımızı koyacak bir masa aradım, fakat yoktu, ben de bir koltuğun hemen yanına, yere bıraktım.

Ev çok küçüktü ve çok fazla eşya yoktu. Daha önceki gelişimde fark etmemiştim, ama Emre'nin burada anne babasıyla yaşamadığı çok barizdi. Salonda halı yoktu, çıplak parke zemininin üzerinde tozcuklar birikmişti. Duvarda bir plazma televizyon, kenarda duran cd'lerle dolu raflı dolap, ve oturunca insanı yutacakmış gibi duran koyu mavi koltuklar vardı sadece. Salonun kapısı mutfak ve diğer iki odayı bağlayan bir holle birleşiyordu. Bekâr evi gibi duruyordu. Çıplak, boş bir havası vardı. Ancak sanki tek başına değil de bir ev arkadaşı varmış gibiydi. Belki de ara sıra Kağan gelip kalıyordu, çok iyi arkadaş olduklarını biliyordum.

Geniş koltuğa oturup çantamı önüme aldım ve kitaplarımla defterlerimi çıkardım. "Üzerinde çalışabileceğimiz küçük bir masa var mıdır sence?" diye sordum.

"Ne bulabiliriz, bir bakayım?" dedi yarım bir tebessümle ve salondan çıktı Yanıma döndüğünde elinde bir sehpa vardı. Koltuğun önüne bırakıp ensesini ovdu. "Bu işimizi görür mü?"

"Gayet iyi," dedim gülümseyerek. Elini ensesine götürüp başını salladı.

Kitapları masaya teker teker koyarken, "Ben konu içeriklerini kontrol edip işimize yarayacak olan sayfaları işaretlemiştim. Şimdi Divan-ı Hümayun üyelerini ve görevlerini yazmakla ödeve başlayabiliriz," dedim. Kağan'dan cevap gelmeyince başımı kitaplardan alıp ona çevirdim ve kaşlarımı yukarı kaldırarak onu izlemeye başladım.

Yok artık! Kağan soyunuyor muydu?

Okul gömleğinin düğmelerini üstten başlayarak ağır ağır açtı ve vücudunu örten kumaş parçasını omuzlarından çekip çıkarıp koltuğun birine attı. İçine giydiği siyah, kısa kollu tişörtle kaldı. Dar tişörtünün altından göğüs ve karın kasları ne kadar da beli oluyordu öyle? Kağan'ın spor salonlarında kamp kurup kurmadığını merak ettim.

Gözlerim kollarına takıldı. O kadar çok dövmesi vardı ki şaşırmadan edemedim. Dövmelerden biri boynuna kadar ulaşıyordu. Daha önce Kağan bana tişörtünü verirken onu üstsüz görmüştüm, ama böyle bir dövme yoktu. Bunu yeni yaptırmış olmalıydı. Bir kolunun iç kısmında yazı vardı, ama tam olarak ne yazdığını okuyamadım. Çince olmalıydı. Diğer kolundaysa üst kısma doğru yayılmış bir ejderha dövmesi vardı.

Vay canına! Harika görünüyordu!

Midemdeki kelebekler yine hafif hafif kıpırdanmaya başladı. Kuruyan boğazımı ıslatmak için yutkundum. Tamam, böyle şeyler düşünmemeliydim, ama Kağan çok seksiydi. Bunu görmezden gelmeyi öğrensem iyi olacaktı.

Kağan yanıma geçip koltuğa oturdu. "Ne demiştin?" diye sordu.

İçimdeki heyecanı bastırmaya çalışarak tebessüm ettim. "Dedim ki Divan-ı Hümayun üyelerini ve görevlerini yazmakla başlayabiliriz."

Rahat bir tavırla tarih kitabını eline alıp ardına yaslandı. "Tamam. Ben okuyayım, sen yaz."

"Olur."

Defterimi açtım ve kalemimi elime alıp yazmayı bekledim. Kağan kitaptan okuyor, ben de yazıyordum. Bir süre sonra yazmaktan parmaklarım ağrıyınca kalemi bırakıp başımı defterden kaldırdım ve elimi açıp kapattım. Kasılmıştı iyice.

Kağan beni izlerken, "Biraz ara verelim," deyip kitabı

kapatarak sehpaya bıraktı. "Yoruldun sen."

"Parmaklarım yorulmasa saatlerce yazabilirim. Tarihe gerçekten bayılıyorum, geçmiş o kadar ilginç ki, merak uyandıracak olaylarla dolu. Hâlâ gizemi çözülmeyen büyük sırlar var ve her daim tarihi değiştirecek yeni bulgular ortaya çıkıyor. Bu inanılmaz bir durum, geçmişe ışık tutacak çalışmaların içinde yer almak, bu alanda yapılan çalışmalara katılmak, tarihimiz adına değer ve mirasların ortaya çıkmasına yardımcı olmak muhteşem olmalı." deyip hayranlıkla arkama yaslandım. "Sen hiç üniversitede tarih bölümü okumayı düşündün mü?" diye sordum merak ederek.

"Hayır. Ama bahse varım sen düşünüyorsundur," derken tek kaşını kaldırıp keyif aldığını gösteren bir bakış attı.

Başımı hevesle salladım. "Çok mu belli ediyorum?" dedim kıkırdayarak. "Hayallerimden biri bu," dedim kendime güvenerek.

Hafifçe güldü. "O kadar heveslisin ki bütün karanlık tarihi aydınlatabilecek enerjin bana kadar ulaştı. Hayatımda böyle meslek aşkı görmedim."

Yorumuyla kahkaha attım. "Senin hayallerin neler, mesela en büyük hayalin nedir?"

Omuz silkti. "Hayalim yok," dedi düz bir sesle ve bakışlarını benden kaçırdı.

"Nasıl yani, geleceğe dair plan kurmuyor musun?"

"Hayır."

Şaşırdım. "Şaka yapıyorsun, değil mi?"

Gözlerini ifadesizce gözlerime dikti. "Hayır. Ciddiyim,"

derken sesi soğuk geldi kulağıma. Sanki aramıza mesafe koymuş gibi hissettim.

Kaşlarımı çattım. "Peki, ailen bu duruma ne diyor?" diye sordum kendimi tutamayarak. "Şahsen benimkiler benim yerime plan yaparlardı herhalde. Hele annem sayfalar dolusu liste çıkarabilir..." demiştim ki Kağan sertçe sözlerimi ağzıma tıktı.

"Kesecek misin artık sesini!" diye bağırdı. Sesinin öfkeli ve soğuk tonundan irkildim. Bakışları öyle sert ve acımasızdı ki şaşkınlık ve incinmişlikle gözlerimi kırpıştırdım.

Onu bu kadar kızdıracak ne söylediğimi merak ettim. Öfkesi yüz hatlarından da okunuyordu. Kaşlarını çatarak bana öldürecekmiş gibi kötü kötü bakıyordu. Endişeyle yutkundum. Korkudan sanki kalbim göğüskafesinden çıkacaktı.

"Ben gitsem iyi olacak," diye mırıldanarak koltuktan kalktım. Kağan da kalkıp önümde durarak gözlerimin içine baktı. Az öncekine nazaran soğuk bakmıyordu, ama yine de ödüm kopuyordu.

Alnı sanki bir şey canını sıkıyormuş gibi kırıştı. "Gitme, ben... kendime hâkim olamadım. Sana bağırmak istememiştim," dedi pişmanlığını vurgulayan yumuşak bir sesle.

Ne yapacağımı bilmeyerek birkaç saniye ayakta dikildim ve Kağan'ın bir şans daha hak ettiğini düşünüp geri koltuğa oturdum. Kağan'ın üzerimdeki etkisi, kendisinden daha çok beni korkutmaya başlamıştı artık, çünkü zihnimde alarm zilleri çalarak kaçıp gitmem gerektiğini söylediği halde gidemiyordum. Onu yalnız bırakmak istemiyordum.

Kağan derin bir nefes alarak yanıma oturdu ve ifadesiz bakan yüzünü bana çevirdi. Ne kadar ifadesiz görünmeye çalışsa da her an kapıya doğru koşmamı bekler gibi tedirgindi. Bunu hissedebiliyordum. Neden bir anda bağırdı, hiçbir anlam veremiyordum. Onu bu derece rahatsız edecek ne söylemiştim acaba?

Kağan'ı tanımak oldukça zordu. Çok dengesizdi. Bir an gülüyor ve eğleniyor, sonra bir an değişiyor, her türlü kötülüğü yapabilecek tehlikeli birine dönüşüyordu. Bu çok rahatsız edici bir şeydi. Böyle birine ayak uydurmak cidden zordu. Ne zaman ne yapacağı belli olmayan, arkasında ne kadar hasar bırakacağını umursamayan bir fırtına gibiydi. Davranışları ile sözleri arasında uçurum oluyordu kimi zaman..

"Beni korkuttun," derken sesimdeki içerlediğimi gösteren tonu gizleyemedim.

Anında yüz ifadesi değişti. Pişmanlıkla bakıyordu bana. "Bak... sakinleşmem için bana biraz zaman ver," deyip birkaç kez derin derin nefes aldı. Ardından bana baktı, ne diyeceğini bilemiyor gibiydi. "Benim ailem yok. Annemle babamı çocuk yaştayken kaybettim. Sen ısrar ederek aileden bahsedince öfkelendim birden," dedi sıkıntıyla.

Böyle bir itiraf beklemediğim için dudaklarım hafif bir şaşkınlıkla aralandı. İçim öyle bir acıdı ki kalbim Kağan adına paramparça oldu. "Çok üzgünüm, bilmiyordum. Bilsem lafını etmezdim. Özür dilerim," dedim üzgün bir sesle.

Onun için gerçekten çok ama çok üzülmüştüm. Ah, neden böyle bir konu açmıştım ki sanki! Kendimi tokatlamak istiyordum.

Psikopat

"Özür dilemene gerek yok. Nereden bilebilirdin ki!"

Hissettiğim pişmanlıkla yüzüm asıldı. "Olsun, yine de çok üzgünüm."

Aramızda uzun bir sessizlik oldu. Bu sessizlik kaldırabileceğimden fazla geldi ve rahatsız olarak Kağan'a kaçamak bir bakış attım. Karşıdaki duvara gözlerini dikmiş, boş boş bakıyordu. Acı hatıraları arasında kaybolmuş gibi dalgın bir hali vardı.

Tereddüt ederek, "Nasıl oldu peki?" diye sordum.

Dalgın düşüncelerinden çıkarken derin ve sıkıntılı bir soluk aldı. Ellerini saçlarından geçirip yutkundu. Âdemelmasının yukarı aşağı hareket etmesini izledim. Bana dönüp yüzünde kederli bir ifadeyle gözlerimin içine baktı.

Anlayışla karşılık verdim bakışlarına. "Anlatmak istemezsen sorun değil Kağan," dedim rahatlaması için. Çünkü çok tedirgin ve acı çekiyormuş gibi görünüyordu.

Başını iki yana salladı. "Anlatmak istiyorum," dedi alçak sesle. "Daha önce Emre dışında kimseye anlatmadım, ama senin bilmeni istiyorum," dediğinde içime sıcacık bir his doldu. Ban güvenmişti, özel hissetmiştim bir anda kendimi, bu kadar kendisine sakladığı, kimseyle paylaşmadığı bir şeyi bana anlatması iyi hissettirmişti. İçimde bir yerde Kağan için üzülmeme rağmen bana güvenmesi hoşuma gitmişti.

"Dinliyorum," diyerek konuşmaya teşvik ettim.

"Babam savcıydı. Ben on yaşımdayken bir soruşturma üzerinde çalışıyordu. Gittikçe zorlanmaya başladı, son zamanlardaysa sürekli bir tedirginlik vardı üzerinde. Bize pek bahsetmese de belli ki çok önemliydi. Zamanla evimize tehdit telefonları geldi, babam bizim için endişelense de çalışmaya devam etti. Evde bile çalışıyordu. Hep, "Şu iş bitsin, uzun bir tatile çıkaracağım sizi," derdi. Hatta işi bırakmaktan bile söz ediyordu. Fakat bir akşam evimize iki adam gelince bütün planlarımızın bozulduğu gibi, hayatımız da mahvoldu. Delilleri istediler, babam karşı çıkınca önce annemi vurdular. Ardından da babamı..."

Yaşadığım şoka engel olamadım ve dudaklarımdan "Hiii" nidası döküldü üzgünce. Bir çocuğun böyle bir şeye şahit olması felaket bir durumdu.

"İkisini de gözlerimin önünde hiç acımadan katlettiler," derken başını hafifçe iki yana salladı. "Çok kötüydü. Hiç çıkmıyor aklımdan. Bazen rüyalarımda tekrar yaşıyorum bütün olanları. Ailem tekrar tekrar elimden alınıyor. Beni neden öldürmediklerini anlamıyorum. Keşke beni de öldürselerdi, o zaman acı çekmezdim. Her gün ailemin ölümünü yaşamak zorunda kalmazdım. Yoklukları canımı yakmazdı," derken sesi sonlara doğru alçaldı. Eski anılarda kaybolmuş gibi konuşuyordu.

Kağan için o kadar çok üzüldüm ki yüzündeki acı dolu ifadeyi silip atmak istedim. Hiç düşünmeden ona doğru yanaşarak kollarımı boynuna doladım ve başımı boynuna koyup sıkıca sarıldım. Kağan sarılmam karşısında kaskatı kesildi. Benden böyle bir girişim beklemiyordu sanırım, eh, ben de beklemiyordum, ama bu şu an umurumda değildi. Kağan'ın derinlerde incinmiş olduğunu ve acı çektiğini öğrenmek kalbime garip şeyler yaptırıyordu ve ben onun yanında olduğumu göstermek istiyordum.

"Ailen için çok üzgünüm. Zor olmalı," diye fısıldadım kulağına doğru. "Yapılanlar çok acımasız, sen bunu hak etmiyorsun."

Derin bir nefes alarak kollarımda gevşedi ve sarılışıma karşılık vererek yanağını başıma yasladı. Bir şeyler mırıldandı, ama tam anlayamadım. Fakat belime dolanan şefkatli kollarından ne kadar minnettar olduğunu hissettim. Birleşmiş bedenlerimiz sözsüz iletişim kurmuştu. Ben, dokunuşumla ona destek olduğumu gösterirken o da bana teşekkür ediyordu.

"Keşke yaşadığın o kötü anı geri alabilsem. Kolay değil böyle bir hatıraya sahip olmak, ama ne zaman konuşmak istersen ben yanında olacağım," dediğimde yine karşılık olarak bir şeyler mırıldandı. Bu kez ne dediğini anlamıştım. "İyi ki seni buldum," diye fısıldadı kulağıma.

Geri çekildiğimde içtenlikle gülümseyip yüzüne baktım. "Ailen senin üzülmeni istemezdi, eminim hayallerinin olmasını ve bu hayallerin peşinden gitmeni arzu ederdi."

Burukça tebessüm etti. "Tarihten sonra şimdi de rehberliğe mi heves sardın?"

Uyarı dolu bir bakışla "Kağan," dedim yalandan kınayan bir ses tonuyla. Neşelenmesini istiyordum. "Çok ciddiyim. Asla pes etme, her zaman geleceğin için savaş. Hiçbir şeye boş verme."

Bilmiş bilmiş kaşlarını kaldırdığında omuz silktim. "Hedeflerin yoksa yarının ne anlamı var ki?" dedim gülerken.

Elini yanağıma koyarak başparmağıyla nazikçe okşadı ve gözlerimin içine baktı. "Yarınım artık anlamlı geliyor, çünkü sen varsın. Benim için her şeyi güzelleştiriyorsun."

İtirafını duyunca yanaklarım kızardı ve nasıl karşılık vereceğimi bilemeyerek altdudağımı ısırdım.

Vay canına, Kağan neler demişti öyle!

Utandığımı görmesin diye bakışlarımı kaçırarak kitaplardan birini elime alıp hafifçe başımı eğdim, böylece saçlarım yüzümü kapatmış olduğumdan ne kadar kızardığımı görememişti.

Kağan'ın usulca güldüğünü duysam da ona bakmayı reddettim. En iyisi ödevle uğraşmaya devam etmekti, ben de bu sırada içimde uçuşan kelebeklerin sakinleşmesini sağlayabilirdim!

33

Kağan'la aramızda geçen yoğun duygusal andan sonra, ödeve geri döndük. Bugün Kağan'ın çok farklı bir yanını görmüştüm ve ona olan bakış açım değişmişti. Onun için müthiş bir üzüntü duyuyordum, geçmişini geride bırakıp hayata tutunmasını istiyordum. Güzel yüzünde asla üzüntüden eser olmamalıydı. Onu mutlu görmek, en önemlisi de buna sebep olmak istiyordum. Beni görünce yüzünün aydınlanmasını, hep iyi olmasını diliyordum. Sanırım ben Kağan'ı çok fena önemsiyordum.

İşimiz bitince kitapları toplarken her bir kitabı elime alıp kendi kendime mırıldanmaya başladım. "Seninle işim bitti, sana daha sonra bakacağım, sen de çantaya gitsen iyi olur. Senin içinde önemli bir şeyler var mıydı?" deyip sayfaları karıştırmaya başladığımda boğuk bir gülüş duydum. Başımı kaldırıp Kağan'a baktım, tek kaşını kaldırmış, eğlenerek beni izlediğini gördüm. Yanaklarım kızarırken içimde sıcak bir ürperti gezindi. Kağan utandığımı hissetmiş olacak ki masmavi gözleri keyifle parladı.

Bana mı gülüyordu? Ah, süper.

Bu sırada kapı yüksek sesle kırılacak kadar şiddetle vurulmaya başladı. Kağan'la tedirgince bakıştık. Kaşlarını çatarak hışımla koltuktan kalktı ve kapıya yöneldi, ben de peşinden koştum.

Kağan kapıyı sonuna açtı. "Siktir lan ne oldu, ne bu halin?" diye bağırdı endişeyle. Gördüğüm manzara karşısında şaşkınlık ve korkudan elimi ağzıma götürdüm. Aman Allahım! Emre'nin bir gözü morarmış, dudağı patlamış ve başı kanıyordu. Tişörtü bütünüyle kanlar içinde kalmıştı. Yanında duran Cansu'nun da üzerinde yer yer kan vardı, çok kötü görünüyordu ve hıçkırarak ağlıyordu. Emre kolunu Cansu'nun boynuna atmış, zorlukla ayakta durmaya çalışıyordu.

Kağan'a tedirgin bir şekilde bakarak ne olduğunu anlamaya çalıştım, ama onun da bir fikri yok gibiydi.

Gözlerim korkuyla iri iri açıldı. "Ne oldu size böyle?" diye sordum.

Cansu, "Yolda Egemen ve Deniz'le karşılaştık. Kavga ettiler," dedi yanaklarındaki yaşları silerek.

Kağan bir elini saçlarından geçirdi. "Siktir!"

Emre içeri doğru adım atığı an acıyla yüzünü buruşturdu. Cansu, Emre'nin ağırlığı altında dengesini kaybedip yalpalayınca Kağan, Emre'nin düşmesini engellemek için yanına geçip diğer kolunu omzuna attı.

İkisi birlikte Emre'yi içeriye taşırken kapıyı kapatıp salona geçtim.

Kağan, "Nasıl oldu oğlum, başka kimler vardı?" diye sorarak bilgi almaya çalıştı.

Emre inleyerek koltuğa oturdu. "Sadece ikisi. Deniz piçlik yaptı. Demir sopayla saldırdı puşt."

Cansu ağlamaya devam ederken Emre'nin bakışları ona doğru kaydı. Dişlerini sıktı, çenesinde bir kas seğirdi.

"Cansu elini yüzünü yıkayalım," diyerek onu banyoya götürdüm. Tedirgin olarak, "Senin bir şeyin yok değil mi?" diye sorarken Cansu'yu baştan ayağa süzdüm. Üzerinde kan vardı, ama neyse ki o da yaralanmamıştı.

Cansu üzgünce iç çekti. "Ben iyiyim. Çıkınca anlatırım, olur mu?" derken sinirden titriyordu.

"Tamam," dedim anlayışla ve onu banyoda yalnız bırakıp içeriye, çocukların yanına geçtim.

Emre hiç iyi görünmüyordu. Yüzündeki bütün renk çekilmiş, başına tutuğu kumaş parçasıyla kanamayı durdurmaya çalışıyordu. Yüzü hissettiği acıyla hafifçe buruşmuş ve alnı da boncuk boncuk ter içindeydi. Kağan, Emre'yi endişeyle incelerken ben de yanına oturup yüzüne baktım.

"Hastaneye mi gitsek acaba?" dedim Kağan'a dönerek.

Kağan, "Hayır," derken Emre aynı anda, "Gerek yok," diye mırılda ve kumaşı çekip eliyle başını yokladı. "O kadar büyük bir yara değil," dedi geçiştirerek. "Hissetmiyorum bile. Biraz gazlı bez ve tentürdiyot bulduk mu, tamamdır. Kanaması da durur şimdi."

Kağan kaşlarını çatmış, Emre'ye bakarken, "Biz bu gibi durumlarla çok sık karşılaşıyoruz. Büyütülecek bir şey yok. Emre dayanıklıdır," dedi.

Rahatlıkları karşısında gözlerimi kırpıştırdım.

Emre konuşmaya devam ederek, "Geçen sefer omzumdan vurulmuştum, o daha beterdi. Kurşunu çıkarmak bizi bayağı bir zorlamıştı," dedi umursamazca.

Dehşetten büyümüş gözlerle onlara bakakaldım. "Siz delisiniz. Bu sizin halledebileceğiniz bir şey değil, berbat görünüyorsun. Hastane şart. Ayrıca polise de gidelim. O çocuğu şikâyet etmeliyiz. Sopayla saldırmış, neredeyse Emre'yi öldürmek istemiş. Bu büyük bir suç. Hemen onu yakalayıp hapse atmalılar. Cezası neyse çekmeli,"

Kağan ve Emre bu sözüme kahkaha atarak gülmeye başladılar. Hem de katıla katıla gülüyorlardı.

Hey! Komik olan ne?

Kaşlarımı çattım. "Neye gülüyorsunuz?"

Hâlâ gülüyorlardı. Emre canı yansa da yüzünü buruşturarak gülmeye devam ediyordu.

İkisine de sertçe bakarak, "Polise gitme fikrinin neresi komik?" diye bağırdım.

Kağan çarpık bir sırıtışla, "Bak prenses, biz kendi işimizi kendimiz hallederiz, polisle işimiz olmaz," dedi bu durum karşısında eğlendiğini belli eden bir sesle.

Pes edercesine iki elimi havaya kaldırdım. Huysuzca, "Ne haliniz varsa görün," diyerek karşıdaki koltuğa kendimi sertçe atıp kollarımı göğsümde birleştirdim. Sinirlenmiştim.

Cansu banyodan çıkıp yanımıza geldi. Hâlâ çok kötü görünüyordu, ama artık ağlamıyordu. Bu iyi bir şeydi. Yanıma oturunca kolumu omzuna attım ve onun yanında olduğumu göstermek istercesine kolunu sıvazladım. Cansu başını bana çevirip gülümsedi.

Kağan ciddileşerek, "Anlatın bakalım, tam olarak ne oldu?" diye sordu çatık kaşlarla.

Emre, "Kütüphanede işimiz bittikten sonra eve doğru yürümeye başladık. Bir sokak aşağıda Egemen ve Deniz karşımıza çıktı. Yanlarından geçip gidecektik, fakat önümüzü kesti o Deniz piçi!" dedi ve tedirgince Cansu'ya bir bakış attı.

Cansu yanımda huzursuzca kıpırdandı. Emre'yse sinirle soluyarak sözlerine devam etti.

"Cansu'yu bırakırsam gitmeme izin vereceğini söyledi o şerefsiz!" derken sesinde acı vardı. "Ben de yumruğumu yüzüne geçirdim. O piçin suratını dağıttım, ama sonra Egemen araya girdi. Onunla kavga ederken Deniz demir sopayla saldırdı, hazırlıksız yakaladı beni orospu çocuğu!"

Emre'nin anlattıklarını dehşete düşmüş bir şekilde dinliyordum. Emre'nin bakışları sürekli Cansu'ya kayıyordu. Gözlerinde acı vardı ve ne olursa olsun, bu olanların hesabını soracak gibiydi.

Cansu sessizce konuşmaya başlayınca hepimiz ona döndük. "Emre bana kaçıp koşmamı söyledi, ben de koştum ama... Deniz bana yetişti ve belimden yakaladı. O pislik bana hiçbir yere gidemeyeceğimi, ondan asla kaçamayacağımı söyledi."

Bakışlarımı Emre'ye doğru çevirdim. Sinirden ellerini yumruk yapmıştı. Kaşlarını çatmış, gözlerini kırpmadan Cansu'ya bakarken her an patlayacak gibi öfkeyle soluyordu.

İşte, bu ilginç, Emre, Cansu'yu kesinlikle önemsiyordu! Bunun başka bir açıklaması olamazdı.

Cansu, "Ben çok üzgünüm. Kendimi çok kötü hissediyorum. Benim yüzümden oldu," dedi.

"Hiçbir şey senin suçun değil ki. Sakin ol canım," dedim sırtını sıvazlayarak.

"Ben olmasaydım, Emre yaralanmazdı," diyerek burnunu çekti. Emre'ye döndüm. Cansu'yu bu konuda sadece o sakinleştirebilirdi. Lütfen, bir şeyler söyle dercesine ona baktım. Gözlerini sımsıkı kapatan Emre sakinleşmeye çalışır gibi derin bir nefes aldı. Sonra Cansu'ya bakıp yumuşak bir sesle konuşmaya başladı. "Sen olmasaydın bile onlar kavga etmek için ortam hazırlarlardı." Sıkıntıyla başını salladı ve devam etti. "Senin bir suçun yok."

Emre'nin sesi çok yumuşaktı, ama bakışları bir o kadar mesafeli. Ama neden? Cansu üzgünce başını öne eğip kirpiklerinin altından Emre'ye baktı. "Teşekkür ederim," diye mırıldandı. "Yani beni orada Deniz'le bırakmadığın için."

Emre dişlerini sıkarak bakışlarını Cansu'dan alıp halıya çevirdi. Sinirden kaskatı kesildiğini görebiliyordum. Birkaç saniye öylece baktı, sonra öfkeyle soluyarak ayağa kalktı. "O iki piçi de öldüreceğim."

Kağan, "Bana bırak. Ben halledeceğim," deyip oturduğu koltuktan kalktı ve bize arkasını dönerek kapının yanındaki konsolun üzerinde duran telefonunu eline aldı.

Emre, "Ne yapacaksın?" diye sordu şüpheyle.

"Onur'a haber vereceğim. Zaten Bahadır'ın son zamanlarda bir işler çevirdiğini düşünüyordum. Bahadır için planları var. Bu olanlar da hiç hoşuna gitmeyecek. O şerefsizlere ayar çekmenin zamanı geldi."

Ne? Onur da kim? Kendimi tutamadım ve merak ederek sordum. "Onur kim?"

Kağan yavaşça yüzünü bize döndü. Sonra Emre'yle tedirgin bir şekilde bakıştıklarını fark ettim. Gözlerim ikisinin arasında gidip geldi. Kağan bana cevap vermedi. Emre'yse gözlerini benden kaçırdı.

Hey, cidden kim bu Onur?

34

Kağan ve Emre bir süre tedirgince bakıştılar ve bana ısrarla cevap vermediler. Ben de tekrar sormadım, ama Onur'un kim olduğunu deli gibi merak ediyordum. Kağan telefonla konuşmak için başka bir odaya geçince Emre de peşinden gitti. Ne kadar önemli biriymiş ki bu Onur yanımızda konuşmuyorlar da başka odaya geçiyorlardı? Gözlerimi devirdim ve Cansu'ya dönüp sordum. "Sen tanıyor musun?"

"Hayır. İlk defa duydum bu ismi. Belki okuldan biridir."

Evet, bu mantıklıydı. Derince nefes alıp başımı koltuğa yasladım. Bugün cidden garip bir gündü. Kağan'a hâlâ kızgındım, ama bugün bana içini açmıştı, yaşadığı kötü günleri bana anlatacak kadar beni yakın görmüştü. Bana güvenmesi hoşuma gitmişti ve onun için çok üzülmüştüm. Yaşadıkları katlanılmaz şeylerdi, belki de bu yüzden hep sinirli görünüyor ve acımasız tavırlar sergiliyordu. Geçmişi onu bu hale sokmuştu, onun suçu yoktu.

Bana yaptıkları affedilmez olsa da Kağan'ın en kötü hatırasını benimle paylaşması, derinlerde ne kadar kırgın olduğunu bilmek ve son günlerde bana olan ilgisi yaşadığımız bütün kötü anları gölgede bırakıyordu. Kağan'ın yakınlığından hoşlandığımı inkâr edemezdim. Beni çok heyecanlandırıyordu. Daha önce hiç bu derece yoğun duygular hissetmemiştim. Onun beni önemsediğini fark ettikçe, benim de içimde onu mutlu etmek için dayanılmaz bir istek oluşuyordu.

"Ben çıkıyorum," diyen Kağan'ın sert erkeksi sesi beni düşüncelerimden çekip çıkardı.

"Nereye?" diye sorunca bütün gözler bana çevrildi. Bu beni biraz utandırdı. Yanaklarımın kızardığını hissettim.

Kağan, "Bir saatlik işim var, geri geleceğim," derken dudağının bir kenarı kıvrılmıştı.

"O zaman biz de çıkalım," diyerek Cansu'ya döndüm.

Cansu beni başını sallayarak onayladı. Burada daha fazla kalmak istemiyordum aslında, bu olanlardan sonra kimsenin ödev yapacak hali de yoktu. Gitsek iyi olurdu. Hem Cansu çok kötü görünüyordu, onunla ilgilenmeliydim.

Kağan gözlerimin içine derin bir ifadeyle baktı. "Hayır. Döneceğim. Burada kalıyorsun. Gelince seni ben götürürüm evine," dedi ciddi bir sesle.

"Buna gerek yok," diye mırıldandım, ama içten içe hoşuma gitmişti. Kağan beni evime bırakmak istiyordu! İçim büyük bir mutlulukla doldu. Midemdeki sıcak ürperti hafif hafif kıpırdandı. Ah, yaramaz kelebekler!

Kağan gözlerindeki emir veren bakışla Emre'ye döndü. "Burada kalıyorlar," dedi ve kapıdan çıktı.

Cansu merakla kaşlarını yukarı kaldırdı. "Bu neydi şimdi?" diye fısıldadı.

"Sonra konuşuruz," diye karşılık verdim.

Emre kapıyı kapatıp bize dönerek sırıttı. "Bir süre daha birlikteyiz hanımlar," dedi eğlendiğini ifade eden ses tonuyla. Ardından, "Ben banyoya giriyorum. Siz keyfinize bakın," diyerek yanımızdan ayrıldı.

Cansu bana döndü. "Dökül bakalım, neler oldu?"

"Önemli bir şey yok," diye mırıldandım utanarak. Yanaklarımdaki sıcaklık utanç vericiydi.

"Kesinlikle bir şeyler olmuş. Hem o kadar saat yalnız kaldınız hem de az önce aranızda geçen bakışma neredeyse evi yakıp kül edecek kadar ateşliydi," deyip güldü.

Ben de güldüm. "Pekâlâ, aslında biraz yakınlaşmış olabiliriz. Bana ailesini anlattı. Kötü günler geçirmiş Cansu, onun için çok üzüldüm. Onu ilk kez kırılgan gördüm ve onu böyle gerçek haliyle görmeme izin verdi. Bana kalbini açtı." Kağan'ın geçmişindeki her bir acı hatırayı unutmasını sağlamak için elimden ne geliyorsa yapmaya hazırdım.

"Seni önemsediğini söylemiştim."

Önemsenmek hoşuma gittiği için aptal aptal gülümsedim.

Cansu, "Bu mutluluğunu bozmak istemem, ama Gül ne olacak? Bunu yanına bırakmaz," deyince yüzüm asıldı.

"Ne yapabilir ki, Gül'le sevgili değiller sonuçta ve ben de Kağan'ı onun elinden almıyorum."

Başını iki yana salladı. "Sen Gül'ü tanımıyorsun. Kağan'a saplantılı bir şekilde âşık o. Sevgili değiller, ama onu sahipleniyor. Bir kızın Kağan'la çıkmasını bırak, sırf Kağan'la gidip konuştu diye o kızı mahvedecek kadar gözü karadır."

"Endişelenme Cansu," dedim onu rahatlatmak için. "Kağan'la çıkıyor değiliz zaten," diyerek kendimi gülmeye zorladım.

Bir anda canım sıkılmıştı ve kendimi çok üzgün hissettim. Kağan'la çıkma fikri zihnimde dönüp durmaya başladı. Bir an acaba nasıl olurdu diye düşünmeye başladım. Sonra mantığım araya girip düşüncelerimi böldü. *"Böyle bir şey asla olamaz ve bu çok yanlış,"* diyerek beni uyardı. Umutsuzca iç çektim. Biz kesinlikle birbirimize göre değildik.

Kafamı toplamaya çalışarak Cansu'ya döndüm. "Eee, anlat bakalım, siz ne yaptınız?"

Derin bir nefes aldı ve ardından yüzü düştü. Sanırım işler istediği gibi gitmemişti. "Emre kütüphanede benimle tek kelime bile konuşmadı. Sürekli onun konuşması için konu açıp durdum, ama tek yaptığı beni terslemek oldu. Ama ben etkilenmeden konuşmaya devam ettim. En son artık sabrı tükenmiş olacak ki beni sertçe omuzlarımdan tuttu ve kitaplıklardan birine itti. İki yanıma kollarını koyup yüzünü yüzüme iyice yaklaştırdı. Resmen kitaplık ve Emre'nin arasında sıkıştım kaldım. Görmeliydin Buket, gözleri öfkeden alev alevdi, o bakışlar ödümü kopardı. Sonra bana dedi ki: 'Kapa şu lanet olası çeneni. Bir sus kızım, kafamı siktin. Yeter!'" diyerek Emre'nin sert sesini taklit etti.

Gözlerim şaşkınlıkla iri iri açıldı. Emre'nin bir kıza böyle yaklaşması ve bu şekilde konuşması beni hayrete düşürmüştü. Tiksintiyle yüzümü buruşturdum. O, Kağan'ın en yakın arkadaşıydı, ne bekliyordum ki?

"İşte, o anda yıkıldım. Hemen ellerimi göğsüne koyup iterek ondan kurtuldum ve tuvalete gittim. Aslında her an ağlayacak gibiydim ve sakinleşmem gerekiyordu. Toparlanmak için bir süre tuvalette kaldım. Sonra kütüphaneden çıkıp kendimi bahçeye attım. Emre'ye mesaj atarak çıkışta beklediğimi söyledim. Daha sonra da onunla tek kelime dahi konuşmadan eve yürüdüm, ama hep mesafeli durdum."

"Oof, nasıl böyle öküz olabilir?" diyerek başımı salladım. "Sana nasıl böyle davranır ya?" Emre'ye çok sinirlenmiştim.

"Bir de bunu dinle. Egemen ve Deniz'le karşılaştığımızda beni hemen arkasına aldı. Resmen korudu beni Buket. Yani ne bileyim, başının çaresine bak diyebilirdi ya da beni hiç umursamadan yoluna devam edebilirdi, ama bunların hiçbirini yapmadı. Gitmemize izin vermeyeceklerini anladığı anda Deniz'e vurmadan önce bana kaçmamı söyledi. Hatta Egemen'le kavga ederken bakışlarını hep bana çeviriyordu. Zaten bundan dolayı dikkati dağıldı ve Deniz saldırdı."

"Bu çocuk dengesiz. Cidden bak, aynı Kağan gibi."

Cansu gülmeye başlayınca ben de güldüm. "Sonra da olanları biliyorsun zaten," diyerek iç çekti. "Bugün anladım ki Emre benimle asla konuşmayacak, geçmişte neden beni bir anda terk edip gittiğini açıklamayacak. Belki de bir açıklama yapmayı bile layık görmüyordur bana," diye sızlandı.

Ah, Emre, niye böyle davranıyorsun? Cansu'yu önemsediği ortadaydı, ama neden uzak duruyordu, neden Cansu'ya kötü davranıyordu? Bunu cidden merak ediyordum. Zaten Cansu'ya olan bakışları da hiç umursamaz birinin ba-

kışları gibi değildi. Peki, ne diye kendini geri çekiyordu ki?
Cansu'nun üzgün yüzünü içim acıyarak inceledim. Mutlu olmayı hak ediyordu, üzgün olmayı değil. Bunun için elimden geleni yapmak istiyordum. Aklıma bir fikir gelince hafifçe tebessüm ettim. Bir erkeğin sevip sevmediğini kıskandırarak anlayabiliriz, öyle değil mi? Araya başka biri girince Emre'nin ne yapacağını çok merak ediyordum doğrusu.

"Bence senin farklı bir şeyler denemen lazım."

"Ne gibi?" derken şaşırmıştı.

"Örneğin Emre'yi kıskandırabilirsin."

"Kıskandırmak mı?" diye sordu beni şüpheyle süzerek.

Gülümsedim. "Aynen öyle. Bu hep işe yarar. Emre sana karşı kesinlikle ilgisiz değil, ama kendini neden geri çekiyor, anlamıyorum. Biz onu kıskandırarak gerçekten ne hissettiğini ortaya çıkaracağız," dedim kibirli bir sesle.

"Gerçekten bana ilgisi olduğunu mu düşünüyorsun?" diye sordu kararsızca.

"Evet, hatta buna eminim. Sakladığı bir şeyler var bence. Emre'yi kıskandırarak kendine getirebiliriz ve böylece ne saklıyorsa ortaya çıkar. Seni sebepsizce terk ettiğine inanmıyorum, bunun altında yatan önemli bir mevzu olmalı."

Cansu'nun bana samimi bakan gözlerinde umudu gördüm. Emre'yi tekrar kazanmak istiyordu. "Varım, bunu yapacağım," dedi kendine güvenen bir ses tonuyla. Bu hali beni de çok mutlu etti. Umarım planımız işe yarardı.

Cansu'yla sohbet ederken anahtar ve kapı sesi duyduk. Kalbim hemen hızlı hızlı atmaya başlamıştı. Kağan mıydı gelen? Ayak sesleri yaklaşınca yerimde huzursuzca kıpırdandım. Gözlerimi kapıdan ayırmıyordum. Ama gelen?

Hakan mı? Ama onun burada ne işi vardı?

O da bizi görmeyi beklemiyor olacak ki kaşlarını çatarak bir Cansu'ya, bir bana soğuk soğuk baktıktan sonra anahtarını gösterircesine komedinin üstüne sertçe bıraktı ve kapısı kapalı olan odaya girdi. O kadar duygusuz ve korkunç görünüyordu ki bakışlarındaki karanlık tüylerimi diken diken etti.

Cansu sinirle, "İnsan bir selam verir, hödük!" diye homurdandığında ona döndüm.

"Hakan'ın burada ne işi var?"

"Ne yazık ki Emre'nin ev arkadaşı," dedi memnuniyetsiz bir tavırla. "Hiç olmadık yerlerde ortaya çıkıp insanlara buz gibi bakışlar atmak gibi bir huyu var."

Hafifçe güldüm. "Ne demek istiyorsun?"

Cansu iç çekti. "Bir keresinde Gül'le bu evde kaldık. Gece su içmek için mutfağa girdiğimde acıktığımı hissederek gördüğüm kekten yeme hatasına düştüm ve bil bakalım beni kim bastı?"

"Hakan mı?" dedim eğlenerek.

"Aynen öyle. Bana demediğini bırakmadı. Sanki evi yedim ha, bir dilim kek için beni yerin dibine soktu. Yemin ederim daha önce hiç öyle utandığımı hatırlamıyorum. Yer yarılsa da içine düşsem diye dualar ettim."

Kendimi tutamadım ve kahkaha attım. Cansu da bana katılarak gülmeye başladı. "O zamanlar hiç bu kadar komik değildi ama," dedi kahkahalarının arasından.

Cansu'yla bir süre daha sohbet ettikten sonra bari ödevi yapalım diyerek kitapların başına geçtik. Sehpayı aramıza alarak yere oturduk ve tarihi romanları incelemeye başladık. Bu sırada Emre kapıda göründü. Yavaş adımlarla aksayarak bize doğru yürüyordu, sanırım bacağından da darbe almıştı ve üzerine basmakta zorlanıyordu.

Üzerine oturan beyaz bir tişört giymişti ve tüm kasları belli oluyordu. Onun da kollarında dövmeler vardı, fakat Kağan'ın dövmeleri daha çoktu. Saçlarını kurutmamıştı ve açık renk saçlarından su damlıyordu. Elini saçlarının arasından geçirip geriye doğru yatırdı. Her hareketiyle kasları daha çok ortaya çıkıyordu.

Cansu'ya yandan küçük bir bakış attım. Yanakları hafif bir pembelikle kızarırken dudakları aralanmış, gözlerini dahi kırpmadan Emre'ye ilgiyle bakıyordu. Bu hali karşısında gülmemek için dudağımı ısırdım.

Acaba ben de Kağan'a bakarken böyle mi görünüyordum? Hemen bu utanç verici düşünceyi zihnimden kovdum. Rezillik!

Emre fark etmeden Cansu'yu dürterek, "Kes artık bön bön bakmayı," diye fısıldadım. Cansu gözlerini kırpıştırarak utanmışçasına bana baktı. "Vay canına!" dedi sadece dudaklarını oynatarak. Onun bu tatlı haline dayanamayıp kıkırdadım.

Emre yanımıza oturarak, "Neye fısıldaşıyorsunuz?" diye sordu. Bacaklarını öne doğru uzatıp bir ayağını diğerinin üstüne attı, rahatça arkasına yaslandı. Yine elini saçına atıp arasından geçirdi. Bunu yaptığında şampuanının kokusu et-

Psikopat

rafımıza yayıldı. Cansu'ya baktığımda yine büyülenmişçesine Emre'yi izlediğini gördüm. Ee, yeter ama!

İçimden gülmeye başladım. Tamam! Bu anı bozmalıydım, hem de hemen, yoksa arkadaşım kendini rezil edecekti. "Ödevle ilgili bir şeyler işte," diyerek geçiştirdim. "Sen nasıl oldun?"

Emre hafifçe yerinde kıpırdandı. "Şimdilik iyi. Duş alıp yaralarımı temizledim. Ağrım var, ama ilaç aldım. Biraz sonra o da geçer."

"Başın nasıl?"

Emre elini başının arkasına atarak saçlarını karıştırdı. Gülümseyerek, "Gayet iyi," dedi bizi rahatlatmak istercesine.

Cansu endişeyle, "Yine de bir doktora gitsek mi?" diye sordu.

Emre tek kaşını kaldırıp, "Çok iyi hissediyorum kendimi. Önemli bir durum olursa Hakan halleder. Yapmadığı şey değil," deyince Cansu'yla bir an bakıştık.

"Madem iyisin, o zaman ödeve katılabilirsin," diyerek kitaplardan birini incelemesi için ona attım. Emre kendi kendine homurdandı, ama karşı çıkmadı ve kitabı karıştırmaya başladı.

Cansu'ya dönüp göz kırptım. Cansu'nun çantasından telefonunu alıp kendisine uzattım. "Tatlım, Murat arıyor, telefonun titreşimde kalmış," dedim. Cansu beni anlamışçasına göz kırptı ve telefonu kulağına götürdü. Ben de Emre'nin vereceği tepkiye odaklandım.

Hemen başını kitaptan kaldırdı. "Murat kim?" diye sordu çatık kaşlarla.

"Timuçin'in arkadaşı. Geçen gece tanışmıştık, sen de oradaydın, mutlaka görmüş olmalısın, saatlerce dans ettiler," diyerek hayran hayran iç çektim.

"Evet, sanırım görmüştüm," dedi ters bir tavırla.

"Ayrıca birlikte şarkı söylediler ve Murat, Cansu'nun sesine bayıldı. Onu grubuna almak istiyor."

Emre kaşlarını daha da çattı. "Grup mu, ne grubu?"

"Murat'ın müzik grubu var. Kendisi vokal. Cansu'ya mükemmel bir teklif sundu. Şimdilik düşünüyor, ama kesinlikle kabul edecek. Çünkü gerçekten Cansu'nun inanılmaz bir sesi var. Düşünsene, kısa zamanda ünlü oluyorlarmış, şehir şehir konser için gezerler artık birlikte."

Emre yüzünü tiksinmişçesine buruşturup kitabına gömüldü. Gülmemek için dudağımı ısırdım ve yüzümü Cansu'ya çevirdim.

Cansu, "Efendim?
....
Çok iyiyim, sen nasılsın?
....
Olur, buluşabiliriz.
....
Bu akşam mı?
....
Tamam. Ben sanırım kararımı verdim. Sizin gruba katılacağım.

....
Evet, bence de harika olacak.

....
Çok tatlısın, teşekkür ederim," derken saçıyla oynuyordu ve sonra da cilveli bir şekilde kıkırdamaya başladı.

Emre kitabını sertçe kapattı. "Ödev yapıyoruz burada kızım! Daha sonra konuş o arkadaşınla!" diye sinirle çıkıştı. Gözleri öfkeden parlıyordu. Ya da kıskançlıktan mı demeliyim?

Cansu telefonu eliyle kapatarak Emre'ye döndü. "Lütfen, sessiz olur musun? Murat'ın söylediklerini duyamıyorum," dedi ve yalandan gücenmiş gibi yaptı.

Harikasın Cansu, devam et dercesine başımı sallayıp göz kırptım.

Emre gözlerini sinirle yumdu. Ellerini başına koyup avucuyla gözlerini kapattı. Öyle çok öfkelenmişti ki sakinleşmeye çalışıyordu. Bunun beni biraz korkuttuğunu itiraf etmeliyim. Gözlerini açıp bana sertçe sordu. "Ne zaman kapatacak?"

Omuz silktim. "Daha yeni konuşmaya başladılar," derken Emre'yi dikkatle izlemeye devam ettim. Gözlerini kıstı ve dudakları ince bir çizgi haline geldi.

Evet, anlaşılan Emre bu olanlara kesinlikle kayıtsız değildi. İşte, bu mükemmeldi! Cansu'yu kesinlikle kıskanıyordu. Hem de çok fena. Peki, o zaman neden uzak duruyordu?

Cansu, "Tabii ki..." dedi yine cilveli cilveli, sonra devam etti. "Sana şu an bulunduğum adresi verebilirim Murat, beni buradan alabilirsin. Grubun diğer üyeleriyle tanışmak için sabırsızlanıyorum," diyerek yine kıkırdadı.

Emre, "Kapat şunu, daha fazla senin oynaşmanı dinlemek istemiyorum," derken çenesinde bir kas seğirdi.

Cansu'ysa olumsuz anlamda başını salladı. "Rahatsız oluyorsan başka odaya geç."

Emre sinirle soludu. "Ver şu telefonu!" diyerek Cansu'nun üzerine atladı.

Aman Allahım! Evet, cidden kızın üzerine atladı.

Cansu, "Hayır!" diye bağırırken Emre, "Evet" deyip telefonu elinden almaya çalıştı. Cansu dizlerinin üzerine kalktı ve telefonu da arkasında tuttu. Emre'yse telefona uzanmaya çalışırken şu an ona resmen sarılmış gibi görünüyordu. Hayretle ikisinin bu halini izlerken müdahale etmek istedim ve Emre'yi itmeye çalışarak aralarına girmeye çalıştım.

"Emre! Rahat bırak Cansu'yu!"

Emre durdu. Kaskatı kesildiğini hissettim. Sonra yavaşça başını bana doğru çevirip omzuna koyduğum parmaklarıma baktı. Bakışlarındaki öfke karşısında elimi hemen geri çektim. Ardından sinirli bakışlarını bana çevirerek, "Sen sakın karışma bu işe!" dedi öfkeyle.

Pekâlâ, şu an cidden tırstım. Emre, Cansu'nun kollarından tutup geriye doğru itti ve sırtüstü yere yatırdı. Tüm ağırlığı onun üzerine vererek mücadele etmesini engelledi. Cansu, böyle bir hareket beklemediği için afalladı ve Emre bundan yararlanarak telefonu Cansu'nun elinden hışımla çekip telefonu duvara fırlattı.

Telefon büyük bir gürültüyle parçalara ayrıldı. Ops! Bu

kadarı çok fazlaydı.

Cansu, "Sen ne yaptığını sanıyorsun taş kafa! Telefonumu kırdın!" diye bağırarak Emre'yi yumruklamaya başladı. Omuzlarına, kollarına, ulaşabildiği her noktaya vurmaya çalışıyordu.

Emre öfkeyle gözlerinin içine bakarken, "Sana o telefonu kapatmanı söylemiştim!" diye bağırdı.

"Sana ne? Sana ne oluyor ki?"

"Senin sürekli konuşmandan rahatsız oluyorum. Lanet olasıca sesin kulaklarımı tırmalıyor!"

Cansu gözlerini üzüntüyle kırpıştırdı. Emre'nin bu sözleri onu çok yaralamıştı. "Senden nefret ediyorum," diye tüm gücüyle bağırdı. "Bırak beni!" diyerek Emre'nin ağırlığının altından kurtulmak için çırpınmaya başladı.

Emre kaşlarını çatarak yutkundu. Çenesi kasıldı ve vücudu gerginleşti. O sırada Hakan odasından çıktı. Yardım istercesine bakışlarımı ona çevirdim, fakat hiç de Emre'ye engel olacakmış gibi görünmüyordu. İfadesiz bir yüzle kollarını göğsünde kavuşturup kapıya yaslandı. Ne düşündüğünü anlamak imkânsızdı.

Cansu'nun, "Çekil üstümden!" diye bağırmasıyla onlara döndüm. Sinirden yumruklarını sıkmış ve kesik kesik nefes alıyordu. Her bir soluğu içinde büyüyen nefreti besliyordu. Öfkeden deliye döndüğünü görebiliyordum.

Emre'nin bakışları bir anlık Cansu'nun dudaklarına kaydı. Kendi dudaklarını dilinin ucuyla ıslattı. Sanki onu öpmeye hazırlanıyor gibiydi! Hey! Neler oluyor?

Cansu sinirden titrerken başını yana çevirerek Emre'nin bakışlarından kurtuldu. Emre'yse kendine hâkim olmak istercesine gözlerini sımsıkı yumdu ve derin bir nefes alıp Cansu'nun üzerinden yavaşça kalktı. Gözlerini açtığında ifadesiz bir yüzle Cansu'ya bakmaya başladı, ama ben o gözlerin ardında yatan özlem ve ihtiyacı hissettim.

Cansu, Emre'nin kolları arasından kurtulduğu anda ona sertçe tokat attı. Bu ses tüm odadaki sessizliği bozarcasına yankılandı. Ardından da hışımla ayağa kalkıp çantasını aldığı gibi kapıya doğru hızla koştu.

Ben de hemen ayağa kalktım ve Emre'ye döndüm. "Bunu hak ettin seni hayvan!" dedim öfkeyle ve Cansu'nun peşinden evden çıktım.

35

Cansu'yla Emre'nin evinden ayrıldıktan sonra Emre'ye küfrederek eve doğru yürüdük. Cansu sinirden titriyordu. O kadar çok Emre'den nefret ettiğini söyledi ki bir noktadan sonra saymayı bıraktım. Ağlamamak için kendisini sıktığını görebiliyordum. Bir ara yolun ortasında, "Ben Emre'ye cidden tokat attım, değil mi?" deyip deli gibi gülmeye başladı.

"Evet," dedim tedirgin olarak, çünkü şu an Cansu pek normal görünmüyordu. "Cansu iyisin değil mi?" diye sordum.

Gülmeyi bırakan Cansu kaşlarını çattı. "Emre'den nefret ediyorum!" diyerek bir kez daha bağırdı. Sesi bütün sokakta yankılandı. Birçok kişi dönüp bize baksa da kimseyi umursamadık.

Cansu'ya, "Bize gidelim hadi, seni böyle bırakmak istemiyorum," dedim ısrar ederek.

Başını iki yana salladı. "Eve gideyim. İyi olacağım, merak etme beni." İç çektim. Biliyordum eve gidecek ve saatlerce ağlayacaktı.

Vedalaşmak için sıkıca sarıldım Cansu'ya. "Sıkma canını tatlım. O pislik pişman olup senden özür dileyecek," diyerek onu teselli etmeye çalıştım.

Geri çekildiğimde bana hafifçe gülümsedi. "Hiç sanmıyorum. Ama teşekkür ederim yanımda olduğun için."

"Eve tek başına gidebilecek misin? Egemen ya da Deniz yine karşına çıkmasın," dedim tereddüt ederek.

"Hiç sanmıyorum. Zaten az yol kaldı, eve doğru koşarım şimdi, hızlıca giderim," dedi ve tekrar sarılıp ayrıldık.

"Peki." İçim rahat etmese de Cansu'yu tek başına bıraktım.

Eve gittiğimde kimse yoktu. Üzerimi değiştirip rahat bir şeyler giyerek salondaki kanepelerden birine kendimi attım, inanılmaz yorgundum. Gözlerimi kapatıp biraz şekerleme yapmak istedim. Fakat aniden çalan telefonum bu planımı bozdu. Telefonumun ekranına bakınca arayanın Kağan olduğunu gördüm.

"Efendim," dedim. Sesim çok bitkin çıkmıştı.

"Neredesin?" diye çıkıştı sertçe.

İç çektim. Onun sert sesinin aksine sakince, "Sana da merhaba Kağan," dedim.

"Sana geri geleceğimi ve seni eve bırakacağımı söylemiştim. Bunun neresini anlamadın!" dedi öfke dolu yüksek bir sesle.

"Cansu'yla çıkmamız gerekti, tamam mı? Ne diye büyütüp bağırıyorsun ki?" dedim aynı tonda.

Soluğunu öfkeyle dışarı verdiğini duydum. "Bağırmıyorum," diye karşılık verdi sakin olmaya çalışarak. "Bırak şimdi bunu. Neden çıkmanız gerekti? Sana kesinlikle beni beklemeni söylemiştim, ne oldu da çekip gittin?"

"Emre'ye sor," derken yine olanları hatırlayıp sinir oldum ve yumruklarımı sıktım. Keşke bu yumruğu Emre'nin suratına geçirebilseydim.

"Sana soruyorum Buket. Cevap ver, sabrımı zorlama. Bugün pek havamda sayılmam."

"Ne tesadüf, ben de pek havamda değilim."

Derin bir nefes aldı. "Tekrar sormayacağım. Ne oldu?" derken dişlerinin arasından tısladı.

Tamam, çok fena sinirlendi.

"O geri zekâlı arkadaşın Cansu'nun kalbini kırdı. Olan bu. Siz erkeklerin derdi ne, anlamıyorum. Bu kadar öküz olmak zorunda mısınız?"

"Arkadaşının hak ettiğine eminim," dedi umursamayarak. "O kızın hep çok konuştuğunu düşünmüşümdür. Emre'yi bezdirip delirtmiş olmalı."

"Ne diyorsun sen ya! Saçmalama! Emre kendi delirdi, hem de sırf Cansu başka bir erkekle konuştuğu için. Kıskançlıktan Cansu'nun telefonunu parçaladı," dedim açıklama gereği duyarak.

Kağan telefonun diğer ucundan, "Hımm..." deyince kaşlarımı çattım. Hiç şaşırmış gibi değildi, hatta tepkisi bunun normal olduğunu düşünüyormuş gibiydi. "Emre neden böyle davranıyor, neden Cansu'ya karşı hisleri olduğu halde uzak duruyor?"

Bu kez seslice soluğunu verdiğini duydum. Bu konuda

kesinlikle bir şeyler biliyordu.

"Sen nedenini biliyorsun, değil mi?" diye sordum pürdikkat kesilerek. "Bana anlatır mısın?" dedim en nazik sesimle.

"Bu konuda konuşamam. Emre'nin hayatı beni ilgilendirmez," dedi soğuk bir ses tonuyla.

"Sen de kurcalama."

Öfkeyle dişlerimi sıktım. "Ne saklıyorsunuz!"

Kağan yumuşak çıkan sesinin aksine biraz öfkelenerek, "Sana kurcalama dedim, bu konunun peşini bırak," dedi. Kesinlikle çok büyük bir olay dönüyordu.

"Hayır, bırakmaya hiç niyetim yok. Emre, boş yere Cansu'yu üzüyorsa eğer..." dediğimde Kağan lafımı keserek araya girdi. "Burnunu hep seni ilgilendirmeyen işlere mi sokarsın?"

Duyduğum sözlerle utandığımı hissederken yanaklarım yandı. "Ben... şey... hayır..." dedim ve sinirle soluğumu verdim. "Tamam, anlatma. Sana neden soruyorum ki zaten, Emre'yi korumaya devam et, iyi arkadaşlar böyle yapar," dedim aksi bir tavırla.

Hafif bir gülme sesi duydum. "Güzel tespit," dedi alaycı bir tonla.

Bu umursamaz ve alaycı tavrı beni daha da sinirlendirdi. "Ah, biliyor musun, o kadar gıcıksın ki şu an seni boğabilirim! Bütün öfkem geçer belki!"

"Denediğini görmek isterdim doğrusu," derken usulca güldü.

"En kısa zamanda o halde!"

"Yarım saat sonraya ne dersin, birazdan sendeyim, hazırlan."

"Yarım saat sonra mı?" dedim şaşkın şaşkın. "Ne için hazırlanmam gerekiyor?"

"Dışarı çıkacağız," derken oldukça eğleniyor gibiydi.

Anlık bir duraksama yaşadıktan sonra, "Gelemem," dedim.

"Gelir misin diye sormadım."

İnat ederek, "Gelmek istemiyorum belki, olamaz mı?" dedim dudak bükerek.

Güldü. "Umurumda mı sence?"

Gözlerim şaşkınlıkla iri iri açıldı. "Zorla mı götüreceksin?"

"Gerekirse," derken gülmemek için kendini tutuyor gibiydi. Reddettiğim takdirde bunu kesinlikle yapmayı planlıyor gibi konuşsa da ses tonundan alaycılık akıyordu. "Yirmi beş dakikan kaldı."

"Ne? Dur..." demiştim ki telefonu yüzüme kapattığını anladım. "Öküz!" diye söylenerek sertçe telefonu yerine koydum.

Gerçekten Kağan'la dışarı çıkacaktım, değil mi? Bir anda tüm bedenimi bir heyecan ve telaş sardı. Hemen hazırlanmam gerekiyordu. Odama doğru koşup dolabımın kapağını açtım ve karşısına geçip ne giysem diye düşünmeye başladım. Beni nereye götürecekti acaba? Of, ne giysem ki?

Beş dakika kadar kıyafetlerimi inceledikten sonra bordo renk mini elbisemi giydim. Bunun biraz abartı olabileceğini düşünürken altdudağımı ısırıp aynaya bakarak kendimi inceledim.

Elbisem çok kısaydı ve uzun, bacaklarımı gözler önüne seriyordu. Bel kısmı dört santim genişliğinde siyah bir kemerle belimi sıkıca sarmış, bel kıvrımımı iyice ortaya çıkarıyordu. Etek kısmı bol pileliydi, sadece kalçamı kapatıyordu. Sırt kısmıysa tamamıyla açıktı. Ayağımdaki on santimlik siyah topuklu ayakkabılarımsa elbisemin kısalığını daha da belli ediyordu.

Acaba değiştirsem mi? Hayır, hayır! Üzerine şal alabilirim diye düşünerek kendimi rahatlattım.

Saçlarıma fön çekerek açık bıraktım, siyah saçlarımın açık olan elbisenin sırtından aşağı doğru akarcasına inmesine izin verdim. Elbisemin rengine yakın kırmızı rujumu sürdüm ve gözlerime kalem çektim, bolca rimel kullanarak kirpiklerimi belirginleştirdim. Heyecandan ne yapacağımı bilmez bir halde aynada kendimi sürekli kontrol ederek Kağan'ın gelmesini bekledim.

Vay canına, bu resmen bir randevuydu!

O an aklıma annemle babam geldi. Hâlâ eve gelmemişlerdi, dışarı çıkacağımı bilmiyorlardı. İkisini de aradım, ama açmadılar. Ben de anneme mesaj atarak arkadaşımla yemeğe çıkacağımı haber verdim.

Kağan arayıp geldiğini ve aşağıda beklediğini söyleyince evden ayrıldım. Merdivenleri derin derin nefes alarak indim. Of, deli gibi heyecanlıydım!

Apartmandan çıkınca Kağan'ın hemen evimizin önüne

park etmiş olduğunu gördüm. Arabasına yaslanmış, sigara içiyordu. Üzerinde koyu renk kot, gözlerinin mavisini daha da ortaya çıkaran lacivert bir tişört ve deri bir ceket vardı. Her haliyle öyle baştan çıkarıcı duruyordu ki!

Beni görünce sigarasından derin bir nefes alarak gözlerini benden ayırmadan dumanı dışarı üfledi, sonra da sigarasını hemen yere atıp ayağıyla ezdi.

Yanına varınca, "Merhaba," deyip gülümsedim.

Kaşlarını çatarak yüzünde hafif bir öfkeyle beni baştan aşağı süzdü. Bakışları bacaklarımda oyalanırken çenesi kasıldı ve omuzlarının gerildiğini gördüm. Derin bir nefes alırken gözlerini gözlerime çevirdi. Bakışlarındaki duygu karmaşası kendimi kötü hissetmeme neden oldu. Bir şeye mi sinirlenmişti?

"Kağan," dedim tereddüt ederek. "İyi misin?"

Sertçe yutkundu. Koyu mavi gözleri öfkeyle sakinlik arasında bocalıyor gibiydi. "İyiyim," dediğinde sakin kalmayı tercih ettiğini anladım. Sesi oldukça yumuşak çıkmıştı, ama yine de altında yatan öfkeyi sezebildim.

Kağan, "Atla," diyerek sürücü koltuğuna geçti. Onun neye sinirlendiğini merak ederek ben de arabaya bindim.

Kapıyı kapattığımda motoru çalıştırdı ve hızla evimin olduğu sokaktan ayrıldık. "Nereye gidiyoruz?" diye sordum.

Bana dönmeden, "Sürpriz," diye yanıt verdi düz bir sesle.

Aramızdaki gerilimi görmezden gelerek camdan geçtiğimiz yolları izlemeye başladım. On beş dakika kadar sessizlik içinde yola devam ettik. Sonra anayoldan ayrılıp çok lüks görünen bir yerin girişine geldik. Burası gerçekten fazlasıyla iddialı bir yerdi. Dışarıdan bakıldığında tarihi bir mekâna benziyordu. Büyük ihtimalle restore edilmişti. Duvardaki sarmaşığın böyle her yere dolanması için binanın çok eski olması gerekiyordu. Kare şeklindeki eski taşlar hiç yıpranmamış, sanki yıllara meydan okuyormuş gibi duruyordu.

Kağan'ın böyle bir yere geleceğini düşünmeyi geçtim, varlığından bile haberdar olması beni çok şaşırtmıştı. Yanımda oturan bu çocuğu gerçekten tanımıyordum. Ama çok fena tanımak istiyordum. Tehlikeli olduğunu bile bile hem de...

Arabayı uygun bir yere park edip indik. Restorandan içeri girdik ve balkon tarafında, gözlerden uzakta, çok güzel manzarası olan bir masaya geçtik.

Daha rahat olma amacıyla omuzlarıma attığım şalımı çekip çıplak sırtımdan düşmesine izin vererek sandalyenin arkasına astım. Kağan kısık sesle bir küfür homurdanınca bakışlarımı ona çevirdim. Yüz ifadesi hoşnutsuzlukla sertleşmişti. Çenesindeki kas seğirirken masmavi gözlerinde kızgınlıkla bana bakıyordu.

"Ne oldu?" diye sordum tereddüt ederek.

Kağan kaşlarını çattı. "Elbisen neden bu kadar açık?" dedi kontrollü bir öfkeyle.

Hafif bir tedirginlik üzerime çökse de rahat görünmeye gayret ederek sandalyeye oturdum. "Modeli böyle, Geçen yıl annemle yurtdışına çıktığımızda almıştım," diyerek gereksiz bir açıklama yapıp tebessüm ettim. "Beğendin mi?" dedim sansımı zorlayarak.

Kağan sinirle soluğunu verdikten sonra karşıma oturdu. "Beğenmiş gibi mi duruyorum?" diye sordu hiddetli bir sesle. Şaka yapıyordu herhalde! "Ama bu şahane elbisemi nerede giysem herkes bayılmıştı."

Gözlerini kıstı. "Ben nefret ettim. Zaten çok kısa olması canımı sıkıyordu, şimdi bir de sırtının tamamıyla açık olduğunu görüyorum," dedi sert, kızgın bir ses tonuyla.

"Evin önündeki o garip tavrın bu yüzden miydi, elbisem kısa olduğu için?" diye sordum kaşlarımı yukarı kaldırarak.

"Evet," dedi ters bir tavırla. "Bu kadar açık giyinmek zorunda mıydın?" diye devam ederken gittikçe öfkesi artıyordu.. Oysa ben sırf ona güzel görünmek için bu elbiseyi giyinmiştim.

Yüzümü astım. "Böyle kaba davranmana gerek yok," diyerek gözlerimi masaya indirdim.

"Al sana bir kabalık daha. Elbisene veda et, çünkü bir daha giyemeyeceksin," dediğinde bakışlarımı masadan alıp yüzüne çevirdim. Ağzımdan çıkan hayret nidasıyla, "Ne?" diye fısıldadım.

Mavi gözleri koyulaşırken yoğun bir soğuklukla gözlerimin içine baktı. "Beni duydun. Şu an seni eve geri götürüp üzerini değiştirmemek için kendimi zor tutuyorum," dedi tehdit edercesine.

Gözlerim iri iri açıldı. "Bunu yapamazsın," diye mırıldandım.

Dudaklarında tehlikeli, çarpık bir gülümseme belirdi.

"Denemek ister misin, hemen şimdi mesela?"

Bu sözleri beni tedirgin etmişti, ama ona belli etmemeye çalışarak oturduğum yerde geriye yaslanıp sakin görünmeye çalıştım. "İstemem."

Kağan bakışlarını bir an olsun benden ayırmadan hafifçe öne doğru eğilip, "Bundan sonra açık kıyafetler giymeyeceksin. Hele ki bu tarz kısacık elbiseler giydiğini asla görmeyeceğim," dedi ciddi bir sesle.

Kaşlarım hayretle yukarı kalktı. "Bu biraz fazla değil mi Kağan, kendi kararlarımı verebilecek olgunluktayım. Bunun içinde ne giyeceğimi seçmek de var. Bana karışmak yerine seçimlerime saygı duyarsan sevinirim."

"Benimleyken öyle bir lüksün yok," deyip kestirip attığında sesindeki otoriter ton tüylerimi diken diken etti.

"Şaka yapıyorsun, değil mi? Bu kadar kıskanç ve kısıtlayıcı olamazsın."

Büyük bir umursamazlıkla omuz silkti. "Hayır, çok ciddiyim."

Şaşkınlık ve sinirden çığlık atmak arasında kalıp Kağan'a bakakaldım. Dudaklarında varla yok arası bir tebessüm oluşurken o da bana bakıyordu. Eh, birimizin eğleniyor olması güzeldi!

Bu sırada garson gelince konu kapandı ve siparişlerimizi verdik. Kağan mutlaka tatmam gereken birkaç yemek önerince onun zevkine güvenerek tercihimi o yönde kullandım. Benimle ilgilenmesi hoşuma gitmişti.

"Beni kısıtlama çaban çok yersiz," diyerek az önceki

konuyu tekrar açtım. "Bana takılarak beni kızdırmaya çalışıyorsan, başardığını söyleyebilirim."

Tek kaşını kaldırdı. "Az önce söylediklerimde ciddiydim Buket, açık kıyafetler giymeni istemiyorum. Seni kızdırmak gibi bir amacım yok," dedi ağır ağır ciddi bir tavırla. Ardından usulca güldü. "Ama sinirlendiğinde seksi göründüğünü itiraf edebilirim, bu da seni daha sık sinirlendirmek istememe neden olabilir."

Dudaklarım şaşkınlıkla aralanırken yanaklarım yanmaya başladı. Bu derece bir açık sözlülük beklemiyordum açıkçası.

Masaya doğru eğilerek masmavi gözleriyle gözlerimin içine baktı. "Kızardın mı sen?" diye sordu keyifle.

"Hayır." Aptal!

Gülümseyerek arkasına yaslanıp yoğun bakışlarıyla bana bakmaya devam etti. Hey, bu çok rahatsız edici bir şey!

"Bir itiraf daha. Kızarınca çok daha seksi görünüyorsun," derken gülüşü bu kez geniş sıcacık bir sırıtışa dönüştü. "Aslında her halin baştan çıkarıcı," diye devam ettiğinde yanaklarım alev alev yanarken içimde kavurucu bir heyecan dalgası gezindi.

Tamam! Acil konuyu değiştirme zamanıydı. Aksi halde kıpkırmızı bir domatese dönüşmem an meselesiydi.

Eski günleri hatırlayarak, "Başta bana niye o kadar çok sinir oluyordun?" diye sordum. "Bunu hep merak ettim."

Sırıtışı yüzünde kayboldu ve derin bir nefes aldı. Bir süre sessizce bana baktıktan sonra, "Seni üzdüğüm her gün için kendimden nefret ediyorum," dedi üzgün bir ses tonuyla.

İçini rahatlatmak için gülümsedim. "Lütfen, böyle düşünme, hepsi geride kaldı. Hem belki benimle o kadar uğraşmasaydın şimdi burada oturuyor olamazdık," dedim şakaya vurarak. Kağan'ın kendisini kötü hissetmesini istemiyordum, onun üzülmesi canımı sıkıyordu. "Anlat bakalım, neyim itici geliyordu da bana sinir oluyordun?"

Usulca güldü. "Asla itici gelmedin," deyip başını iki yana salladı. "Aksine çekici ve havalıydın."

"Ah, havalı mı?" dedim kıkırdayarak. "Ben havalı değildim, sadece okulunuza ayak uydurmaya çalışırken biraz mesafeli davranıyordum."

Omuz silkti. "Zamanla havalı olmadığını gördüm zaten. Hakkında düşündüklerim hep yanlış çıktı."

"Çok önyargılıydın," dedim şakadan kınayan bir bakış atarak. "Bu iyi bir huy değil."

Başını salladı. "Öyleydim," deyip güldü. "Sende beni çeken anlamlandıramadığım bir şey vardı. Sana doğru çekiliyordum ve bu beni korkutuyordu. Belki seni de diğerleri gibi korkutup sindirirsem aramızdaki çekim geçer sandım, geçmedi. Her geçen gün daha da arttı. Senden etkilenmemek için çok çabaladım, ama hep boşa çıktı, çünkü çoktan sana kapılıp gitmiştim. Bunu sonradan fark ettim ve fark ettiğim anda artık çabalamayı bıraktım," derken bana öyle derin bakıyordu ki bakışlarındaki içtenlik beni sarıp sarmaladı.

Duyduğum itiraf karşısında kalbim büyük bir sıcaklıkla dolup taştı. "Peki, neden korkuyordun, niye o kadar çok çabaladın?" diye sordum merak ederek.

Yavaşça yutkundu. "Sana bağlanmak istemedim," dedi alçak sesle.

Gözlerimi kırpıştırdım. "Bağlanmanın nesi yanlış?"

"Ben her zaman bağlanmanın tehlikeli olduğunu gördüm," dediğinde ses tonunun altında yatan acıyı hissettim.

Onu neşelendirmek için gülümsedim. "Neyse ki tehlikeyi sevdiğini söylemiştin, değil mi?" dedim takılarak. "Bu konuda endişelenmemize hiç gerek yok."

Kağan da güldü. "Evet, lanet olsun ki öyle. Tehlikeye bayılırım," deyip göz kırptı. "Ve ilk kez değecek bir tehlikeye girdiğime inanıyorum."

Yemeklerimiz geldikten sonra yemeğe başladık. Kağan'ın bana önerdiği yemekler inanılmaz lezzetliydi. Her birinden azar azar alarak hepsinin tadına baktım. "Bunlar cidden harikaymış," dedim ağzıma yeni bir lokma atarken. "Buraya bayıldım. Çok sık gelir misin?" diye sordum.

Omuz silkti. "Ara sıra, belki."

Acaba sevgilisiyle falan mı geliyordu? Hayır, Kağan'ın sevgilisi yoktu. Gül'ün söylediklerini hatırlayınca çatalımı masaya bıraktım. İştahım kaçmıştı. Kağan her seferinde farklı bir kızla buraya geliyor olmalıydı. Hatta Gül'ü de buraya getirmişti kesin. Ben de bu kızlardan biri miydim yani? Bu düşünce beni rahatsız ederken yüzüm asıldı.

Kağan aniden duraksamamı fark ederek, "Neyin var, ne oldu?" diye sorduğunda bakışlarımı ona çevirdim.

"Gül'ü de buraya getirdin mi?" diye mırıldandım.

Şaşırarak kaşlarını kaldırdı. "Gül mü?"

Tamam, kesinlikle böyle bir soru beklemiyordu. Kendimi daha da kötü hissettim. Ben ve tutamadığım çenem! Kahretsin!

Elimden geldiğince umursamaz görünmeye çalışarak, "Evet," dedim.

Kendinden emin bir tavırla, "Hayır," diye cevap verdi.

Oof! Böyle saçma bir soru sorarak kendimi rezil etmiştim.

Hafif bir eğlenmeyle tek kaşını kaldırdı. "Gül'ün bizimle ne alakası var, neden böyle bir soru sorduğunu anlamadım?" Kafası karışmış gibiydi.

Evet, ne diyecektim şimdi. "Şey... seninle sevgili olduğunu söylemişti," diye mırıldandım. Hatta yatakta çok iyi olduğunu diye içimden geçirdim.

Gözlerini kıstı. "Benim hiç sevgilim olmadı Buket," dedi sakince.

Kağan'dan bakışlarımı kaçırdım. Gül bayağı abartmıştı demek ki! Yalancı kız! Neyse ki Kağan, Gül konusunu fazla kurcalamadı ve konu kapandı. Demek hiç sevgilisi olmamış ha? Bütün kızları tek gecelik mi görüyordu acaba?

"Merak ediyorsan buraya ilk defa bir kızla geldim," dedi yumuşak bir sesle.

Bu itirafı beni gülümsetti. Aman Allah'ım, onun için ilk miydim yani! Bu düşünce beni inanılmaz mutlu etti.

"Bu özel olduğum anlamına mı geliyor?" diye sordum şımarık bir tavırla. Mutluluk sarhoşuydum!

Keyifle güldü. "Ben özel demezdim. Sen benim için çok daha fazlasısın," deyip yumuşak bir ifadeyle gözlerimin içine baktı. Masmavi gözleri neşeyle parlıyordu. İkimiz de mutluyduk, vay canına, bu his harikaydı!

Yemeklerimizi yemeye devam ederken genç bir garson gelip masamızla ilgilendi, yeni yiyeceklerle dolu tabakları masaya bırakıp "Bir isteğiniz var mı?" diye sordu.

"Yok, teşekkürler," diyerek gülümsedim.

Çocuk gittikten sonra Kağan'a bir bakış attım, kaşlarını çatmış, bana baktığını gördüm. Neden böyle öfkeyle baktığını soracakken Kağan'ın sıcak eli masanın üzerinde duran elimin üzerine kapandı. Bu dokunuşla tedirgin oldum. Elimi sıkmaya başlamasaydı bunun hoş bir jest olduğunu düşünebilirdim, ama elimi canımı acıtacak derecede sıkıyordu.

Elimi ondan kurtarmaya çalışarak, "Ne yapıyorsun?" diye inledim acıyla.

Gözlerini kısarak tane tane konuştu. "Benim yanımdayken başka bir erkeğe gülümsemek de neyin nesi?"

Ağzım açık kaldı. "Ben... kibar olmaya çalıştım. Kötü bir niyetle yapmadım ki" diyerek kendimi savundum. Şu an hem canım acıyordu hem de yaptığı bu harekete acayip şaşırmıştım.

Dengesiz ya, cidden dengesiz!

"Yapma zaten," diyerek elimi bıraktı. "Sakın."

Elimin acısını geçirmek istercesine ovalarken davranışı karşısında dehşetle gücenmişlik arasında kalakaldım.

Dargın bir tavırla Kağan'dan gözlerimi kaçırdım ve ona

bakmamaya çalışarak etrafa bakındım. Kağan dışında başka yerlere bakarak zaman geçirmeye çalışıyordum. Kabalığı karşısında inanılmaz derece incinmiştim. Birden o sihir, o hissettiğim duygular tuzla buz olmuştu. Sinirlenmiştim, harika vakit geçirirken bir anda bunu yapması kızdırmıştı beni.

Kalbimi de kırmıştı ve hemen gecemiz bitsin, eve gitsem diye düşünüp duruyordum. Hatta şu an kalkıp gidebilirdim, ama Kağan'ın tepkisinden korkuyordum.

Kağan'a kısa bir bakış attığımda kaşlarının hâlâ çatık ve sinirle beni izliyor olduğunu gördüm. Bakışlarımız buluştuğu an gözlerindeki duygu değişimini yakaladım. Öfkesi usul usul kayboldu ve yerini üzüntüyle pişmanlık aldı.

"Öyle çıkışmak istememiştim. Kendime engel olamadım," dedi pişmanlığın hâkim olduğu bir sesle. "Başka birine yakın davranmana katlanamadım."

Şaşırmıştım. "Özür mü diliyorsun yani?" dedim mesafeli bir bakışla.

"Beni duydun. Bunu bir kez daha tekrarlamayı düşünmüyorum," dediğinde ses tonundaki keskinlik zorlama beni diyordu.

"Bana karşı bir daha kaba davranmayacağına söz veriyor musun?"

"Buket..." derken sabırsız çıkan sesinde uyarı vardı. Tamam, fazla abartma dedim kendi kendime.

"Bana bu şekilde patlaman cidden kalbimi kırdı," dedim kırılgan bir sesle. Gözlerindeki suçluluk ifadesi büyürken olayı daha fazla uzatmak istemedim. "Belki bir tatlı yersek seni affedebilirim," diyerek hafifçe gülümsedim.

Kağan da gülümsedi, sonra da bu gülümseme tüm yüzüne yayıldı. Bu çok samimi ve nabzımı hızlandıran bir gülüştü. Her zaman ki gibi! Beni etkisiz hale getiren kafamda ne var ne yok bütün düşüncelerimi silen bir gülüştü. Yine o eski büyülü ana dönmüştük sanki.

Tatlımızı yerken hiç susmadan sohbet ettik. Kağan'a İzmir'deki hayatımı anlattım. Genelde buradaki yeni arkadaşlarımdan biri İzmir'i sorduğunda anlatmaktan hiç hoşlanmazdım, çünkü konuştukça özlemim artıyordu, ama Kağan'a saatlerce anlatabilirdim. Öyle de yaptım. Dudaklarımdan çıkan her kelimemde beni dikkatle dinlediğini fark ettim. Hiç sıkılmadan beni dinliyordu.

Ben konuşurken Kağan'ın telefonu birkaç kez çaldı, fakat cevap vermedi, sohbetimizi hiçbir şeyin bölmesini istemiyordu.

Fakat telefonu ısrarla çalmaya devam edince, "Cevap ver istersen," diyerek telefonunu işaret ettim.

"Hayır. Seni dinlemek istiyorum," diyerek telefonunu tamamen kapattı. Bu yaptığı çok hoşuma gitmişti. Ona sevecenlikle gülümsedim.

Kağan bana karşılık verip gülümsemedi, hatta bir anda kaşları çatıldı. Bakışları arkamdaki bir noktaya odaklandı. Yüz ifadesi anında sertleşti. Kısık sesle küfür etti ve hızla ayağa kalktı. Şaşkınlıkla başımı kaldırıp ona bakarak, "Ne oldu?" diye sordum ve baktığı yöne doğru başımı çevirdim. Kağan arka tarafı görmeme izin vermeden yanıma gelip beni kolumdan tutarak kaldırdı.

"Gidiyoruz," dedi itiraz etmeme izin vermeyen bir sesle. Masaya bir tomar para bıraktı ve sandalyenin arkasında bulunan şalımı alıp omzuma örttü. O kadar hızlı hareket ediyordu ki öylece durup işini bitirmesine izin verdim.

"Neden gidiyoruz?" diye sordum. "Hiçbir şey anlamıyorum."

Elimi sıkıca tuttu ve birlikte yürümeye başladık. Tüm bu olanlar da neydi böyle?

Arabanın yanına vardığımızda beni bıraktı. İki elini birden saçlarından geçirip ensesinde tuttu. Ardından arabanın tavanına sertçe yumruğunu geçirdi. "Siktir!"

"Kağan," dedim endişelenerek. "Neler oluyor, neden apar topar çıktık?"

Yavaşça bana döndü. Yüzünde sıkıntılı bir hal vardı. "İçeride görmek istemediğim biri vardı."

"Kimdi peki?" diye sordum.

"Seni ilgilendirmez," dediğinde incinmişlikle gözlerimi kırpıştırıp kaşlarımı çattım.

Kağan kırgınlığımı anlamış olacak ki başını iki yana sallayarak gözlerini sıkıca yumdu ve elini yüzünde gezdirip derin bir nefes aldı. Sonra gözlerini açtı ve bana doğru yürüdü.

Yumuşak bir ifadeyle gözlerimin içine baktı. "Önemli biri değildi, tamam mı? Sen böyle gereksiz konulara kafanı yorma," derken gönlümü almaya çalışan bir sesle konuşmuştu.

Bakışlarımı kaçırarak, "Peki," diye mırıldandım.

Elinin tersiyle yanağımı okşadı ve çenemi tutarak başımı kaldırıp ona bakmamı sağladı. "Bu akşamın bitmesini istemesem de seni eve bırakmam gerekiyor."

"Hiç sorun değil," dedim.

İç çekti. "Böyle bitmesini istemezdim."

Başımı salladım, ama böyle bitmesini ben de kesinlikle istemezdim.

"En kısa zamanda telafi edeceğim," dediğinde gülümsedim. Arabanın kapısını açarak başıyla binmemi işaret etti ve o da sürücü tarafına doğru geçti.

Arabaya binmek üzereyken tam yanımıza park etmiş olan siyah bir araba dikkatimi çekti. Bu arabayı daha önce gördüğüme yemin edebilirim. Alışverişe çıktığımızda neredeyse bana çarpacak olan arabaya benziyordu sanki. Ama pek emin olamadım.

Kağan durakladığımı görünce, "Ne oldu?" diye sordu. Başımı salladım. "Yok bir şey," diyerek geçiştirdiğimde Kağan bakışlarımı takip edip yanımıza park etmiş arabayı gördü ve kaşları anında çatılırken kısık sesle küfretti.

"Hemen arabaya bin," dedi emir veren bir tonda ve hızla sürücü koltuğuna oturup kapısını gürültüyle kapattı.

Gözlerimi devirmemek için kendimi zor tuttum. Kağan'ın kesinlikle kişilik problemi vardı. Bu kesinleşmişti artık.

Başımı iki yana sallayarak ben de arabaya bindim ve kapımı kapattım. Eve doğru gittiğimiz süre boyunca Kağan'ın dalgın bir hali vardı. Arabanın içinde kısık sesle Evanescence çalıyordu. İkimiz de sessizliği bozmadan oturuyorduk. Başımı cama yaslayıp müzik eşliğinde bugün olanları düşündüm. Bazı kısımları harika ötesiyken, bazı kısımları tam bir fiyaskoydu.

Evimin önüne geldiğimizde Kağan motoru durdurup bana döndü. Mavi gözleri duygusallıkla koyulaşırken bir girdap gibi beni kendine çekiyordu.

"Yemek için teşekkür ederim," dedim gülümseyerek.

Kağan derin bir soluk alıp yavaşça verdi. Kararsız bir hali var gibiydi.

"Önemli değil," derken bakışları dudaklarıma kaydı. "Harika bir akşamdı."

Ses tonundaki yumuşaklık içimi titretti, bir heyecan dalgası beni kalbimden vurdu. Kuruyan dudaklarımı dilimin ucuyla ıslattım. Kağan'ın bakışları hâlâ dudaklarımdayken yavaşça nefesini verdi.

"İyi geceler," diye fısıldadım ve arabadan inmek için kapıyı açtım.

Kağan bileğimi tutarak beni durdurdu. Yüzümü ona döndüğümde beni hızla kendine doğru çekti.

Ve...

Dudaklarını dudaklarıma bastırdı.

36

Kağan'ın beni aniden öpmesi büyük bir şok yaşamama neden oldu. Bu beklediğim bir şey değildi. Öylece donup kaldım. Nasıl tepki vereceğimi bilemiyordum. Kağan'sa dudakları dudaklarımdayken beni zorlamıyor, bir beklentisi olmadan hafifçe öpüyordu. Dudaklarının yumuşaklığı ve sıcaklığı beni benden alıyordu. O kadar yumuşaktı ki sanki bu yumuşaklık beni içine alıyordu. Güzel bir rüyadaymışım gibi gözlerimi kapattım ve hiç düşünmeden öpüşüne karşılık verdim.

Kağan benden beklediği karşılığı alınca diliyle dudaklarımı aralayarak ağır ağır öpmeye başladı. İçimdeki heyecan büyüyüp tüm bedenime yayılırken dudaklarının her dokunuşuyla kalbim gittikçe hızlandı ve arzuyla titredim. Midem arka arkaya kasılıyordu.

Elini yanağıma koyup nazikçe okşadığında avucumu elinin üzerine koydum ve Kağan bu temasla beni sertçe, şehvetle öpmeye başladı. İkimiz de nefes nefese kalana kadar öpüşmeye devam ettik.

Kağan hafifçe geri çekilip, "Bu... İnanılmaz..." diye

mırıldandı boğuk bir sesle. Altdudağımı ısırarak kıkırdadım.

Beni yeniden tutkulu bir şekilde öpmeye başladı. Dili dudaklarımın üzerinde gezinip dilimi okşadığında kendimi tutamayarak kollarımı boynuna doladım ve öpüşüne aynı şekilde tutkuyla karşılık verdim.

Bir süre daha öpüştükten sonra bu kez ben geri çekildim. Kağan'ın öpücüklerinden sersemlemiş halde nefes nefese kalmıştım. Elimi yüzüne koyup başparmağımla yanağını usulca okşadım. Yeni yeni çıkmaya başlayan sakallarının sertliği hoşuma gitmişti.

İstemeyerek de olsa, "Gitmem gerek," diye inledim.

"Kal," diye fısıldadı dudaklarıma doğru.

Gülümsedim ve dudaklarına ufak bir öpücük bırakıp geri çekildim. Dudaklarımızın arasında birkaç santim vardı. Alnımı alnına yasladım ve burnumu burnuna sürttüm.

"Mecburum," diye fısıldadım.

"İçimden kapıları kilitlemek ve senin gitmene engel olmak geçiyor," diye mırıldandı keyifli bir sesle.

"Beni korkutmanın hoşuna gittiğini listeye ekliyorum," deyip gülümsedim.

Kağan da gülümseyerek, "Her halin hoşuma gidiyor, ne kadar büyüleyici olduğunun farkında değilsin," dedi. Bakışlarını dudaklarımdan ayırmıyordu. Nefesi hâlâ düzensiz, kesik kesikti.

"Bugün ağzından büyük itiraflar dökülüyor," dedim neşeyle. O an o kadar mutluydum ki... midemde kelebekler uçuşuyordu. Hem de öyle böyle değil!

"Çok konuşuyorsun, gel buraya," diyerek beni hızla

kendisine doğru çekip yine öpmeye başladı.

Bu kez dudaklarımız daha şehvetli daha uzun bir öpüşmeyle bir araya geldi. Kağan ceketimin altından elini belime atıp yavaşça omuriliğim boyunca yukarı doğru çıkardığında ağzımdan bir inilti çıktı. Bana neler yapıyordu böyle, beni kendimden geçiriyordu. Ama bu öyle güzeldi ki hiç bitmesin istiyordum, hep sürsün...

Arabanın içi birden telefonumun sesiyle dolunca aniden sıçrayarak geri çekildim.

"Benim telefonum. Üzgünüm," dedim yüzümü buruşturarak.

Güldü. "Cevap ver."

Telefonuma lanetler okuyarak çantamdan çıkardım. Arayan annemdi. Kaşlarımı çattım. Acaba geç kaldığım için mi arıyordu? Derin bir nefes alıp nefesimi düzene sokmaya çalışarak cevap verdim.

"Efendim?"

"Tatlım, neredesin?" dedi. "Hemen eve gelmen gerek."

"Ne oldu?" diye sordum. Şaşırmıştım.

"Babanla acil bir işimiz çıktı."

"Ne işi?"

"Gelince konuşuruz. Acele et, olur mu?" derken sesi telaşlıydı.

"Tamam," deyip kapattım. Ne olduğunu anlamaya çalışarak telefonuma bakakaldım. Bu cidden garipti. Kesinlikle önemli bir şey olmalıydı.

Kağan, "Kimdi arayan?" diye sordu.

Ona bakıp muzip bir ifadeyle gülümsedim. "Merak mı

ettin?" dedim şımarıkça.

Tek kaşını kaldırıp imalı bir bakış attı. "Seninle ilgili her şeyi merak ediyorum."

Güldüm. "Annem. Eve gelmemi söyledi. Bu kez gerçekten gitmem gerek. Yarın görüşürüz, olur mu?" dedim. Sesim üzgün çıkmıştı.

Eliyle yanağımı kavradı ve başparmağıyla yanağımı okşadı. O kadar yumuşak bir dokunuştu ki... kalbim eriyor, her yanımı sıcacık bir hisle dolduruyordu. Eğilip dudağımı usulca öperek geri çekildi.

"Sabah seni alırım," dedi gözlerime derin bir tutkuyla bakarak. Yanaklarımın yine yandığını hissettim. Bu aralar ne çok utanıyordum böyle!

"Tamam."

Dudağının bir kenarı kıvrıldı. "Yine kızardın," dedi eğlendiğini belli eden bir sesle. "Kızarınca çok..."

Gözlerimi devirdim. "İyi geceler Kağan," diyerek sözünü kesip arabadan çıktım. Cümlesine devam etseydi tekrardan öpüşmeye başlayacağımızdan emindim.

Arkamdan güldüğünü duydum, ama ona dönmedim. Yeterince kızarmıştım zaten, daha fazlasına lüzum yoktu.

"İyi geceler Buket," dedi seslenerek. Ona dönüp geri geri yürürken elime öpücük kondurup ona doğru salladım. Yüzümde kocaman aptal bir gülümseme oluşurken önüme döndüm.

Aman Allahım, çok mutluydum, hem de çok!

Kağan ve ben! İnanamıyorum!

İçimden şarkılar söyleyerek apartmanın kapısını açıp merdivenlere yöneldim. Eve girdiğimde kapının girişinde büyük bir bavul olduğunu gördüm. Kaşlarımı çattım. Bu çok garipti, neler oluyordu?

"Anne," diye seslendim merakla.

Annem yatak odasından başını çıkarıp, "Buradayım tatlım, hazırlık yapıyorum," deyip yine odaya geri döndü.

"Hey, ne hazırlığı?" diye şaşırarak yanına koştum. Odaya girdiğimde yatağın üzerinde bir bavul daha vardı ve annem içini dolduruyordu.

"Bir yere mi gidiyoruz?" dedim merak içinde.

"Babanla iş için İzmir'e gidiyoruz. Baban harika bir teklif aldı. Eğer her şey yolunda giderse eski hayatımıza geri dönebiliriz," derken bakışlarında ve sesinde umut vardı.

Onun bu hali içimi acıtırken burukça gülümsedim. "Ne zaman peki?" diye sorarak yatağın bir ucuna oturup annemi izlemeye başladım.

"İki saat sonra uçağımız kalkıyor tatlım."

"Sen gitmesen olmaz mı?" diye sızlandım. Tek başıma kalmaktan pek hoşlanmıyordum. "Neden sadece babam gitmiyor?"

Annem işini bırakıp yanıma oturdu ve kolunu omzuma atıp konuştu.

"Bebeğim, artık babanla çalışıyorum. Benim de gitmem gerek, başımıza gelen talihsizliği biliyorsun, babanın yanında güvendiği biri olmalı. Buraya yeni yeni alışmaya çalışırken seni yalnız bırakıp gitmek içime sinmiyor, ama mecburum. Sürekli telefonda konuşuruz, tamam mı güzel kızım? Yalnız olduğunu sana hissettirmeyeceğim söz veriyorum," diyerek beni öptü.

İç çektim. "Tamam. Umarım işler yolunda gider." Bunu o kadar çok istiyordum ki!

"Ah, umarım tatlım," dedi ve yanımdan kalkıp bavul hazırlama işine geri döndü.

"Babam ne zaman gelecek?" derken bakışlarım duvar saatine kaydı. "Geç kalmadı mı?"

"İşyerinde yapması gereken işler var. Havaalanında buluşacağız."

Annemin hazırlığı bitince birlikte bavulları dışarı taşıdık. Taksinin gelmesini beklerken anneme sımsıkı sarıldım ve birbirimizi çok özleyeceğimizi söyleyip vedalaştık. O an kendimi çok yalnız ve terk edilmiş hissettim. Kimsem kalmamış gibiydi.

Eve geri dönünce kapımı sıkıca kilitledim. Üst katta olmamıza rağmen camları da kontrol ettim. Ardından sıcak bir duşun iyi olacağını düşünerek kendimi banyoya attım, bugün çok stresli ve yoğun bir gün geçirmiştim.

Günün kapanışıysa acayip manyaktı! Kağan'la öpüşmüştüm ben, değil mi! Vay canına! Bu harikaydı! Yine aptal bir sırıtış bütün yüzümü kapladı. Şarkılar mırıldanarak kendimi yatağıma attım ve tavana bakıp hayaller kurarak uykunun gelip beni almasını bekledim.

Sabah uyandığımda kendimi çok iyi hissediyordum. Günlerdir bu kadar iyi uyumamıştım sanırım. Alarmın beni uyandırmasına fırsat vermeden erkenden uyanmıştım ve ilk aklıma gelen de Kağan olmuştu. Gece bile rüyalarıma girip çıkmıştı. Banyoya gidip yüzümü yıkayıp dişlerimi fırçaladım ve sonra odama dönerek hazırlanmaya başladım. Bugün çok güzel olmak istiyordum!

Saçlarıma maşa yaptım ve geniş dalgalar halinde şelale

misali omuzlarıma düşmesine izin verdim. Gözkalemi çekip gözlerimi iyice belirginleştirdim. Kirpiklerimi dolgun göstermek üzere de rimel sürdüm. Aynaya baktığımda gözlerim için istediğim etkiyi yakalamıştım; derin ve anlamlı bakışlar. Dudaklarım içinse kırmızının çok iddialı olacağını düşünüp sadece hafif bir parlatıcı kullandım. Seksi olmaktan ziyade, makyajım mutluluğumu yansıtsın istiyordum. Ardından açık pembe bir allığı yanaklarıma da sürdükten sonra makyajımı tamamlamıştım. Aynada kendimi incelerken kocaman sırıttım. Bakışlarım capcanlı, neşemse çok belirgindi. İnanılmaz mutlu görünüyordum.

Kağan'ın mesajıyla hızla evden çıktım ve heyecanla merdivenleri ikişer ikişer atlayarak apartman kapısının önüne geldim. Derin bir nefes aldım ve heyecanımı bastırarak dışarı çıktım.

Kağan'ın arabasını görünce gülümsememek için altdudağımı ısırdım. Dünden beri böyle sürekli sırıtan bir kıza dönüşmüştüm. Her dakika gülecek bir neden buluyordum. İçimden bir ses 'Kağan ve etkisi' derken kendimi frenlemeyi bırakıp neşeyle kıkırdadım.

Arabaya varıp kapıyı açtım ve içeri geçtim. Kağan bana dönüp hafifçe gülümserken ben de ona aynı şekilde karşılık verdim. Arabayı çalıştırıp yine son hız gaza yüklendi. Vitesi değiştirdikten sonra elini uzatarak elimi sıkıca tuttu ve dudaklarına götürüp yumuşak bir öpücük kondurdu. Dokunuşuyla midem kasıldı.

"Bir yerde kahvaltı yapmak ister misin?" diye sordu.
Gülümsedim. "Olur, ama okula geç kalmaz mıyız?"
Omuz silkti. "İlk derse girmeyiz," dediğinde içimde be-

liren suçluluk hissi beni rahatsız etse de "Tamam," deyiverdim birden.

Annem ve babam yokken ilk kural ihlalimi gerçekleştiriyordum, ama Kağan'a baktığımda bütün suçluluk hissim kayboluyordu. Geriye sadece onunla vakit geçirmek için yanıp tutuşan yanım kalıyordu.

Ben bunları düşünürken Kağan bir kafenin önüne arabasını park etti. Kahvaltı için geldiğimiz yer küçük ve sakin bir mekândı. Hem dışarıda hem de içerde servis yapılıyordu, Kağan'la dışarıda oturmaya karar vererek köşede duran iki kişilik puf koltuğa geçip yan yana oturduk. Küçük, ama yeşil bir yerdi. O küçücük alanda sevimli, çok da büyük olmayan üzerinde pembe çiçeklerin olduğu ağaçlar vardı. Puflarsa hemen onların altında çiçeklerin renkleriyle uyumlu bir şekilde yerleştirilmişti.

Kağan ikimiz için kahvaltı tabağı istedi. Kendisi taze sıkılmış portakal suyu alırken ben sütlü kahve içmeyi tercih ettim. Garson yanımızdan ayrıldıktan sonra başımı Kağan'a çevirdim.

"Buna hâlâ inanamıyorum," dedim gülümseyerek.

"Neye?" diye sorarken tek gözünü kıstı. Böyle yaparken ne kadar tatlı ve karşı konulmaz göründüğünün farkında mıydı acaba?

"Aramızdaki bu duruma," diyerek elimi sallayıp kendimi ve onu işaret ettim. "Seninle arkadaş olacağımızı hiç düşünmezdim."

Usulca güldü. "Biz arkadaş mıyız?" diye sorarken avucuyla yanağımı kavrayıp dudaklarını dudaklarıma sürttü.

Kıkırdadım. "Hayır, değiliz," deyip onu öptüm. "Aksi

halde bu pek uygun bir hareket olmazdı."

Derin bakışları dudaklarımdayken, "Ne pek uygun olmazdı?" diye fısıldadı.

Tekrar öptüm. "Bu," deyip geri çekilerek gözlerinin içine baktım.

Kağan da bakışlarını dudaklarımdan alıp gözlerime çevirdi. "Arkadaş olmadığımıza seviniyorum o halde," derken masmavi gözleri keyifle parlıyordu.

"Hımm... öyle mi?" dedim şımarıkça.

Başını salladı. "Evet, çünkü bu," diyerek beni öpüp geri çekildi. "Bağımlılık yapıcı, asla bırakmak istemediğim güçlü bir uyuşturucu gibi."

"Şimdi de ihtiyacın olan dozunu mu alıyorsun yani?" dedim şakayla sataşarak.

Güldü. "Evet, ama bana yetmiyor. Daha fazlasına ihtiyacım var," dedikten sonra dudaklarımız uzun bir öpücükle birleşti.

Öpüşmemiz bitince gözlerinin içine hayranlıkla baktım. "Sen uslanmaz bir bağımlısın Kağan Öztürk."

"Sadece sana bağımlıyım, aşırı doz isteyecek kadar hem de."

"Öyleyse seni geri çevirmemeliyim, ayrıca bu durumda her zaman yanında olmam da gerekiyor, biliyorsun değil mi?"

"İşte, beklediğim cevap, kesinlikle aynı fikirdeyim," deyip beni kendine çekti ve bir kez daha tutkuyla öptü. Aramızdaki elektrik başımı döndürüyordu. Öpücükleri çenemden kulağıma doğru kaydı. "Kendimi durduramıyorum," diye fısıldadı.

Geri çekildiğinde neşeyle kıkırdadım. İç çekerek bakışlarını dudaklarıma indirdi ve başparmağını dudaklarımın üzerinde gezdirdi. "Gülüşün hayatımda gördüğüm en güzel şey," dedi boğuk bir sesle.

Yanaklarım ısındı. "Teşekkür ederim. Ben de senin için aynı cümleyi kullanabilirim. Ayrıca senin gülüşün," derken burnumu burnuna sürttüm. "İçimi ısıtan bir etkiye sahip, aşırı manyak bir özellik bu, yalnızca sana özel."

Kısa bir kahkaha attı. Ben de kahkahasına eşlik ettim.

Gülmeyi bırakınca uzun uzun bana baktı. Bakışları gittikçe koyulaşırken gözlerinin büyüleyici tondaki maviliğinde kaybolmak istedim. "Rüyada gibiyim," diye fısıldadım aklımdan geçenleri dile getirerek.

İç çekti. "Hayır," dedi önüme düşen bir tutam saçı kulağımın ardına iterken. "Bu benim rüyam ve asla uyanmak istemiyorum."

Gülümsedim. "Uyanmak zorunda değiliz, ben bunun sonsuza dek süreceğine inanıyorum."

Burukça tebessüm etti. "Ben de inanıyorum ve sen bana böyle bakınca hayatımda ilk kez birine güvenebileceğimi hissediyorum," deyip dudaklarıma kısa bir öpücük kondurup geri çekildi ve dürüst bir ifadeyle gözlerimin içine baktı. "Sana güvenmek istiyorum."

"Her şey çok güzel olacak. Söz veriyorum," diye karşılık verdim içtenlikle.

Başımı omzuna yaslayıp kollarımı beline doladım ve ona doğru sokuldum. Parfümüyle birleşen kendine has erkeksi kokusunu içime çektim. Çok güzeldi. Aklımı başımdan alıyordu adeta. Kağan da kolunu omzuma atarak beni göğsüne bastırdı ve saçlarıma öpücük kondurdu. Bana böyle şefkatli davranınca kendimi çok değerli hissediyordum. O kadar fazla mutluydum ki zaman dursun, saatlerce Kağan'ın kollarında kalayım istedim.

Kahvaltımız geldiğinde keyifle sohbet ederek yemeğimizi yedik. Kağan'a dün olanları anlattım. Annemle babamın İzmir'e gittiğini öğrendiği an yalnız kalmam konusunda endişelenmeye başladı. Bana sorular sorup sürekli onu yap, şunu yapma diye bir sürü nasihat verdi. Endişesi sesinden anlaşılıyordu. Yalnız olmamın onun canını sıktığı çok belli oluyordu. Onu rahatlatmak için bayağı bir dil döktüm. Aksi halde beni evine götürmeye çalışacağına ya da bize gelip kalmak isteyeceğine hiç şüphem yoktu.

Kahvaltımız bitince hiç vakit kaybetmeden okula gittik. Kağan arabadan indiğimiz an yanıma gelip elimi sıkıca tuttu ve hiç bırakmadı. İlk iki dersi asmıştık, üçüncü saat okula vardığımızda zil çoktan çalmış olduğundan çoğunluk bahçedeydi ve Kağan'la el ele olduğumuzu gördüler.

Herkes bize bakıp aralarında konuşmaya başlayınca bakışlarımı kaçırdım ve dimdik önüme baktım. Bizi süzenlerin gözleri hiç dostça bakmıyordu, hatta oldukça iğneleyiciydi. İnsanların sohbet konusu olmak içimi sıkıntıyla doldursa da bunu görmezden gelmeye çalıştım ve elimi Kağan'ın avucundan çekmedim. Çünkü o kimseyi umursamıyordu ve gayet rahat görünüyordu.

Sınıfımızın olduğu katta yürürken az ötemizde Gül'le iki arkadaşını gördüm. Endişeyle altdudağımı ısırdım. Ah, acaba nasıl tepki verecekti?

Gül, bizi fark ettiği an birleşen ellerimize bakarken sinirle soluğunu bıraktı. Öfkeyle yanan gözleri Kağan'la benim aramda gidip geldi. Ardından hiçbir şey söylemeden ki bu noktada söyleyecek bir şeyi kesinlikle yoktu, arkadaşlarıyla yanımızdan ayrıldı.

Arkasından bakarken iç çektim. "Çok bozuldu," dedim yüzümü buruşturarak.

Kağan omuz silkti. "İlgilenmiyorum," dedi soğuk bir sesle.

Ona dönüp yüzüne baktım. "Bir zamanlar takıldığınızı duydum," dedim kendimi tutamayarak.

"Olabilir," dedi umursamaz bir şekilde.

Ağır ağır başımı salladım. O an zihnimde zehirli bir düşünce filizlendi. Acaba ben de bir gün Gül gibi unutulacak mıydım? Kullanılıp bir kenara mı atılacaktım? Gözlerimin hafifçe doldu ve kendimi aniden kırgın hissettim.

Tuhaf bir bakışla beni izleyen Kağan, "Ne oldu?" diye sordu.

"Yok bir şey," diyerek geçiştirdim. Ama üzgün halimin sesime yansımasına engel olamadım.

Kağan kaşlarını çattı. "Gözlerin doldu, neye canın sıkıldı? Konuş benimle," dedi inat ederek.

"Sınıfa girelim mi?" diye mırıldandım başımı öne eğerek. Gözlerimin dolduğunu daha fazla görmesine lüzum yoktu.

Kağan sıkıntılı bir şekilde nefes alıp yavaşça verdi. "Yüzün asıldı. Bunun nedenini bana söylemeni istiyorum. Hemen," derken sesi ısrarcıydı.

Konuşamayacak kadar üzgün olduğum için cevap olarak başımı iki yana sallamakla yetindim.

Eliyle çenemi hafifçe tutup yüzüne bakmamı sağladı. Bir süre gözlerimin içine kaygıyla baktı. Ardından sanki olanları çözmüş gibi dudağının bir kenarı gizemli bir ifadeyle kıvrıldı.

"Kıskanç kızım benim," dedi keyifle.

Kaşlarımı çatıp somurturken, "Ne?" diye çıkıştım.

"Gül'ü kıskanmıyorum," dedim savunmaya geçerek.

Kesinlikle kıskanıyorum ve asla onun konumuna düşmek, unutulmak istemiyorum.

İnanmadığını gösterircesine tek kaşını kaldırdı. Oldukça eğleniyordu!

"Sinirimi bozuyorsun, beni kızdırmaktan vazgeç," dedim gücenerek.

Hafifçe gülüp anlayışla saçlarımı okşadı. "Aklından ne geçiyor, söyle bana."

İç çektim. "Peki, pes ediyorum. Gül gibi olmaktan korkuyorum," diye fısıldadım utanarak. Evet, artık söylemiş ve rahatlamıştım.

Kağan'ın gülüşü tüm yüzüne yayıldı ve ellerimi tutup sıkıca kavradı. Dokunuşunu tenimde hissettiğim anda bütün bedenimi bir heyecan dalgası sardı.

"Sen ne Gül ne de başkası gibi olamazsın. Benim için farklısın. Kelimelere dökemeyeceğim kadar önemlisin," dedi kararlı bir sesle. "Tamam mı, yeterince açıklayıcı oldu mu?"

Gözlerinin içine bakıp gülümseyerek, "Tamam," dedim. Mutluluktan kalp krizi geçirebilirdim!

"İyi o zaman. Şimdi gereksiz konuları kafana takmayı bırak," dedi ve elimi kaldırıp üzerine ufak bir öpücük kondurarak bıraktı. "Senin gibi kimse olmadı. Sen, beni tanımasına izin verdiğim ilk kızsın."

Sözlerinin altında yatan dürüst ton içimi ısıttı ve sıcacık gülümsedim. Ardından el ele sınıfa girdik.

Sınıftaki arkadaşlarımız bizi el ele görmenin şokuyla önce donup kaldılar. Kimseden ses çıkmıyordu, herkes kafasını bize çevirmişti. Şaşkınlıkları geçince bir karış açık olan ağızlarını kapattılar. Birden meraklı bakışlar eşliğinde fısıltılar yükselmeye başladı sınıftan. Bir bize bakıp bir de aralarında tuhaf mimikler yaparak konuşuyorlardı. Gözlerimi devirmemek için kendimi zor tuttum.

Bakışlarım Cansu'yu bulunca onun tepkisinin de diğerlerinden farklı olmadığını görmek pek de iyi hissettirmedi doğrusu. Gözleri dehşetle büyümüş, şaşkınca bana bakıyordu. Bakışlarında hem merak vardı hem de kızgın gibiydi. Çünkü ona anlatmayı unutmuştum. Sanırım Cansu'dan azar işitecektim. Ah, kahretsin!

Kağan arkadaşlarının yanına giderken ben de çekinerek Cansu'nun olduğu tarafa yöneldim

Kaşlarını çatıp, "Bu ne demek oluyor kızım?" diye sordu yüksek sesle.

"Sessiz ol," dedim ve kolundan çekiştirip sınıftan çıkararak koridora doğru yürüttüm onu.

Durduğumuzda öfkeyle gözlerini kısıp, açıklamaya başla der gibi yüzüme baktı. "Az önce Kağan'la el ele sınıfa girdin," dedi inanamıyormuşçasına. "Sen ve Kağan? Doğru mu gördüm?"

"Evet," dedim çekinerek. "Sabah beni evden aldı, birlikte geldik okula."

"Hem de el ele!" diye devam etti sözümü tamamlayarak. Hâlâ ses tonu inanamıyormuş gibiydi. "Ne ara sevgili oldunuz Allah aşkına?"

"Dün senden sonra eve gittim. Kağan aradı, hazırlanmamı söyledi, apar topar hazırlandım, gelip beni aldı, yemeğe çıktık, baş başa bir akşam geçirdik, biraz yakınlaşmış olabiliriz," diye hızlı hızlı konuştum.

Kaşlarını yukarı kaldırdı. "Biraz mı?"

Teslim olarak omuzlarımı düşürdüm. "Peki, çok fazla yakınlaştık."

"Ve benim bundan şimdi mi haberim oluyor?" dedi gücenerek.

"Cansu," dedim gönlünü almak istercesine "Bütün her şey o kadar ani oldu ki haber veremedim," dedim.

"Bu bahane değil, gece arayabilirdin, mesaj atabilirdin," derken bana dargın bir bakış gönderdi.

"Haklısın, ama aklıma gelmedi işte, çok özür dilerim."

Cansu dudak büktü. "Büyük gün ne zaman peki, tarih belli mi? Yoksa ben davetli değil miyim?"

İç çektim. "Cansu lütfen… Gerçekten üzgünüm," diyerek sızlandım.

Başını iki yana salladı. "Tamam, affediyorum, sadece şakaydı," dedi gülümseyerek. "Eee, şimdi sevgili misiniz yani?" diye sordu merakla.

Yüzüme kocaman bir gülümseme yayılırken "Öyle gibi," dedim ve Kağan'la dün akşam yaşadıklarımızı hiçbir noktayı atlamadan Cansu'ya anlatmaya başladım. Gözlerini dahi kırpmadan beni heyecan ve ilgiyle dinledi.

Anlatacaklarım bittikten sonra neşeyle konuştu. "Vay canına be! Kağan ve sen, bu harika," dedi gözleri parlayarak. "En büyük aşklar cidden kavgayla başlıyor ha?"

Gözlerimi devirerek güldüm. Cansu öyle yüksek sesle kahkaha attı ki sonra kendisini toplayarak konuştu. "Yılın bombası. Bütün okul şok!"

Tereddüt ederek, "Gül sabah bizi gördü," dedim. "Bana öyle bir bakışı vardı ki beni öldürecek sandım."

Cansu'nun yüzü asıldı. "Endişe etme, kabullenmek zorunda. Ne olursa olsun senin yanında olacağım."

Gülümsedim. "Teşekkür ederim."

Cansu bahçeye göz gezdirirken derince iç çekti. "Aramızdan birinin mutlu olması güzel," dedi umutsuz bir sesle.

"Üzülme," dedim kolunu okşayarak. "O salak pişman olacak ve ayaklarına kapanıp senden özür dileyecek."

Ah, ne kalın kafalıydı şu Emre öküzü!

"Hiç sanmıyorum," derken dudaklarında zoraki bir tebessüm oluştu. "Evindeyken yaptıklarıyla benden ne kadar nefret ettiğini gösterdi, suçum sadece onu sevmek," dedi yorgun ve yenilmiş bir ses tonuyla.

Şefkatle, "Cansu," deyip kolumu omzuna attım ve yanıma çektim. Yanağımı başına yasladım. "Bir gün hatasını anlayacak, anlamasa da sen çoktan onu geride bırakmış olacaksın. Çünkü değmediğini görüp vazgeçeceksin."

Beni anladığını göstermek için hafifçe başını salladı. "Bunu o kadar çok denedim ki ama ne yaparsa yapsın vazgeçemiyorum."

"Aşk…" diye mırıldandım kendi kendime. Ne tuhaf

şeydi böyle.

"Aşkın mutlu hissettirdiğini sanıyordum, benimki neden böyle acı verici?" diye fısıldadı kederle.

"Çünkü seninki gerçek aşk. Aksi halde seni bu derece yaralayıp üzemezdi."

"En gerçeğinden o zaman, çünkü aşkım kalbimi öyle çok eziyor ki zorla nefes alıyorum," derken sesi duygu yoğunluğundan boğuk çıkmıştı.

Cansu'nun çektiği ıstırabı hissederek iç çektim. "Geçecek canım, geçecek..." dedim ve içimden Emre'ye defalarca kızdım. Hatta gidip Emre'yi bir güzel dövmek istedim!

Bir süre sessizce bahçede oturduk, ardından zilin çalmasıyla ikimiz de oturduğumuz yerden kalkıp sınıfa doğru yürümeye başladık. Sınıfın önüne ulaştığımızda koridorda kimse kalmamış, herkes içeri girmişti. Tek bir kişi hariç.

Gül kollarını göğsünde kavuşturmuş, arkasındaki duvara yaslanmış, sinirle karşısındaki duvara bakıyordu.

Acaba ne düşünüyordu? Ah, hayır, bunu bilmek istemiyordum. Çünkü bir tahminim vardı.

Gül bizi görünce kollarını açtı, yaslandığı duvardan doğrulup bize doğru döndü. Yüzü hatları öfkeyle yanıyordu, fakat bize doğru yürürken dudaklarına yapmacık bir gülümseme yerleştirdi.

Cansu, "Ne yapıyorsun burada Gül? Hadi, sınıfa girelim, ders başlayacak birazdan," dedi kaygılı bir sesle ve bana yandan tedirgin bir bakış attı.

Gül, "Derse girmeyeceğim," dedi Cansu'ya. Ardından bana dönerek, "Buket ile konuşmak istiyorum. Baş başa," dedi.

Bakışları o kadar deliciydi ki yüzündeki o yapmacık gülümsemeyle birleşince korkunç görünüyordu. Aman ne güzel, sanırım Gül büyük ve kanlı bir kavgaya hazırlanıyordu.

Cansu'ya döndüm. "Sen geç sınıfa, ben de gelirim birazdan," dedim güven verircesine.

Cansu bana kararsız bir ifadeyle bakınca ona hafifçe tebessüm ederek başımı salladım ve Gül'le konuşmak istediğimi belli ettim. Cansu tereddüt etse de sınıfa girdi.

Gül'ün yüzündeki gülümseme anında kayboldu ve nefretle bana bakmaya başladı. İstediği kadar beni korkutmaya çalışabilirdi, onun bu halinden zerre kadar etkilenmiyordum.

Dudak bükerek onu umursamadığımı gösterdim ve sıkılmış bir sesle, "Ne istiyorsun?" diye sordum.

37

Gül gözlerini kısarak soğuk bir ifadeyle, "Kağan ile aranda ne var?" dedi.

"Bu seni ilgilendirmez," diye karşılık verdim.

"Bu en çok da beni ilgilendirir," dedi aşağılayan bir sesle. "Kağan benim. Bunu kafana sok. Sen sonradan gelip de onu benim elimden alamazsın."

Dudaklarımdan engel olamadığım bir kıkırtı çıktı. "Peki, o zaman, bu sabah neden senin değil de benim yanımdaydı, neden okula benimle geldi?" diye sordum.

Dişlerini öfkeyle sıkarken üzerime doğru yürüyüp tam önümde durdu. "Seninle sadece zaman geçiriyor, ciddi değil. Kağan tekrar bana dönecek, eskisi gibi sevgili olacağız. Sakın aramıza girmeye cüret etme. Bu yanına kalmaz."

"Bu planından Kağan'ın haberi var mı Gül?"

"Yakında olacak, sen aradan çekildiğinde."

Başımı iki yana salladım. "Kendi kendine hayaller kurman çok acınası, rezilsin."

"Kes sesini! Kağan'ı elimden almana asla izin vermem. Kağan'ın peşinde koşan kızları sırf yoluma çıktıkları için pişman ettim. Önüme çıkarsan hiç çekinmeden seni de pişman ederim."

Omuz silktim. "Elinden geleni yap, ama Kağan'ın umurunda değilsin," dedim sakin bir sesle.

"Seni sürtük!" diye bağırarak beni omuzlarımdan sertçe itti. Bir iki adım geriledim.

Hayretle kaşlarımı kaldırarak Gül'e baktım. "Sen hastasın! Benimle kavga mı edeceksin? Bu kadar düştüğüne inanamıyorum, senin varlığını dahi umursamayan biri için yaptıklarına bak," dedim iğrenerek.

Derin bir soluk alarak yumruklarını sıktı. "Haddin olmadan hayatımdaki her şeyi almak istiyorsun. Önce Cansu, şimdi de Kağan," dedi tükürürcesine. "Ama Kağan benim için her şeyden, herkesten daha değerli, onu benden almana asla izin vermem, anladın mı, asla!"

Kaşlarımı çattım. "Kimseyi senin elinden aldığım yok, eğer Cansu senden uzaklaşıyorlarsa bunun için kendini suçlamalısın, beni değil!"

"Kapa çeneni! Cansu artık umurumda değil, ne bok yerse yesin. Seninle ilgili beni azarlamasından, davranışlarıma çekidüzen vermemi istemesinden sıkıldım," deyip dalga geçerek gözlerini devirdi.

İğrenç varlık! "Cansu senin çocukluk arkadaşın, onunla ilgili nasıl böyle konuşursun?"

Gül, "Başlarım Cansu'ya da sana da! Senin yanında olmak istiyorsa olsun o halde. Çok da bir tarafımdaydı. Onun iyi kız hallerinden gına gelmişti zaten," diye cevap verdi.

Gül'ü dinlerken öyle öfkelendim ki ne yapacağımı, nasıl karşılık vereceğimi bilemedim. Cansu benim için gerçek bir

Psikopat

dosttu. Bugüne kadar Gül'ün yaptıklarını sırf Cansu aramızda kalıp üzülmesin diye hep alttan almıştım. Ben böyle davranırken Gül nasıl onu harcamıştı hemen? Gül'ün gerçekten Cansu falan umurunda değildi, o onu umursamıyor, sadece bir nesneymiş gibi insanlara da sahip olmak istiyordu. Onlarla gerçek anlamda bir şey paylaşmak değildi derdi. Ama Gül anında Cansu'yu gaddar bir şekilde satabiliyordu.

"Bencil pislik!" dedim kızgın gözlerle ona bakarken. "Bu kadar adi olabileceğini hiç düşünmezdim."

Gül alaycı bir tavırla dudaklarını büzdü. "Kağan'ın etrafında dolanmaya devam edersen seni de Cansu'yu da bu okula gömerim. Beni karşınıza aldığınıza pişman olursunuz, size bu okulda kimin üstün olduğunu göstermemi istemiyorsan Kağan'dan vazgeç."

Ne?

Sinirden bütün vücudum kaskatı oldu. Derin bir nefes aldım, sabrımın sonuna gelmiştim. Öfkenin tüm bedenimde yakarcasına dolaştığını hissedebiliyordum. "İğrençsin!" diyerek Gül'ün yüzüne bütün gücümle sert bir tokat attım.

Gül kocaman açılmış gözlerle bana bakarak elini yanağına götürüp birkaç adım geriledi. Yüzü kıpkırmızı olmuştu. Benden böyle bir tepki beklemiyordu galiba. Ne diyebilirim ki ben de kendimden böyle bir hareket beklemiyordum. Daha önce hiç kavgaya girmemiştim. Sanırım az önce ilk kız kavgamı etmiştim, alkış bana! Peki, pişman mıydım? Kesinlikle hayır!

Gül'e tiksinerek bakıp parmağımı doğrultarak tehlikeli bir tavırla salladım. "Sakın beni hafife alıp bana ne yapacağımı söyleme! Benden ve Cansu'dan da uzak dur, ikiyüzlü!"

Gül gözlerini dahi kırpmadan, bana dehşet ve şaşkınlıkla bakarken sessiz kaldı. Neye uğradığını şaşırmış görünüyordu. Hâlâ attığım tokadın şokunda olmalıydı. Her neyse, bunu kesinlikle hak etmişti. Ona son kez tiksinen bir bakış atıp arkamda bırakarak sınıfa girdim.

Cansu kapıda beni gördüğü anda merakla oturduğu yerde dikleşti ve yanına gidene dek gözlerini benden ayırmadı. Ona titrek bir gülümseme gönderdim. Olanları soracaktı ve ben ne kadarını anlatmalıydım, bilemiyordum. Eğer Gül'ün kendi hakkındaki düşüncelerini öğrenirse resmen yıkılırdı. Ben bile hem üzülmüş hem de öfkelenmiştim. Of!

Bakışlarımı sınıfta gezdirince Kağan'ın da gözlerini kuşkuyla kısıp beni süzdüğünü gördüm. Hafifçe başımı sallayarak gülümsedim. Her şey yolunda, izlenimi vermek istiyordum. Az önce yaşananlar Gül'le benim aramdaydı. Kağan'a anlatmaya niyetim yoktu. Sorarsa tuvalette işim olduğunu söylemeyi düşünüyordum. Ama Cansu'dan kaçış yoktu!

Derin bir iç çekişle Cansu'nun yanına oturdum.

"Ne konuştunuz, ne dedi?" diye sordu hemen merakla.

Nasıl başlasam ki acaba diye düşünürken endişeyle başımı ona çevirdim. Bu anlatılması kolay bir konu değildi ki.

Neyse ki o sırada öğretmenimizin sınıfa girmesiyle bu konuşmadan kurtulmuş oldum. Biliyorum, kaçışım yoktu, fakat erteleyebilirdim. "Sonra anlatırım," diye fısıldadım.

Cansu meraktan ölmek üzereydi ama "Tamam," dedi içerleyerek.

Öğle arasında Cansu'yla bir şeyler almak için kantine indik. Gül'le aramızda olanların hepsini kendiyle ilgili kısımları atlayarak Cansu'ya anlattım. Bu konuyu ise biraz daha düşünüp sonra anlatmaya karar verdim. Gül'ün onun için söylediklerini duyduğunda yıkılacaktı ya da gidip Gül'ü bir güzel benzetecekti, emin olamıyordum. Gül'ün, Kağan'a olan saplantısından uzun uzun bahsettim ve resmen kafayı yemiş gibi davranmasından yakındım. Gerçekten de öyleydi, gözü dönmüş gibiydi.

Bir ara Cansu, "Gül yine mi başladı acaba?" diye bir şeyler mırıldandı, ama tam anlamadım. Zaten çok kısık sesle ve dalgın bir şekilde söylemişti. Benim duyduğumdan bile haberinin olduğundan emin değildim. Gül'le ilgili hiçbir şey bilmek istemiyordum. Bundan dolayı üstelemedim.

Cansu tokat olayını duyunca kahkaha attı. Ben de o anı tekrar zihnimde canlandırınca gülmeye başladım. Gül bunu kesinlikle hak etmişti, oh olsun ona.

Cansu gülmeyi bıraktığında gözlerini kısıp arkamdaki bir noktaya bakmaya başladı. "Emre geliyor," diye fısıldadı ve gözlerini kırpmadan Emre'yi izlemeye koyuldu. "Emre'den neden nefret edemiyorum ben, neden her gördüğümde içimdeki öfke yerini hayranlığa bırakıyor?" diye sordu üzgünce.

Üzüntüsüne ortak olarak iç çektim. Diyecek bir sözüm yoktu.

Yüzünü buruşturarak bakışlarını Emre'den alıp bana çevirdi. "Aptalın tekiyim, biliyorum."

Anlayışla omzuna dokundum. "Saçmalama. Senin değerini bilmediği için aptal olan o. Kıskandırma planına devam ediyoruz. Ayrıca ilgisiz davran. Ona böyle sürekli bakarsan ilgisizlik planı işe yaramaz."

Usulca başını salladı. "Tamam," dedi büyük bir kararlılıkla.

"Güzel," diyerek göz kırptım ve çaktırmadan kantinin girişine göz attım. "Şu an bize doğru geliyor. Sen bana bakmaya devam et ve komik bir şey söylemişim gibi gül."

Cansu yalandan neşeyle kıkırdarken Emre arkamızda sıraya girdi. Bizi görünce, "Selam," dedi ifadesiz bir yüzle.

Emre'nin en son yaptığı kabalığı unutmadığım için soğukça, "Selam," diye karşılık verdim.

Cansu hiç konuşmadan iğrenen bir bakış atarak önüne döndü. Zaten sıra bize gelmişti. Cansu iki karışık meyve suyu ve iki kek alırken ben de 10 TL çıkarıp görevliye uzattım.

Görevli, "Bozuk yok mu kızım?" diye sorduğunda Cansu'ya döndüm. "Sende var mı?"

Başını olumsuz anlamda salladı. "Yok kanka."

Emre araya girerek, "Bende var," dediğinde Cansu hışımla Emre'ye doğru döndü ve öfkeli gözlerini onun gözlerine dikti. "Senin parana ihtiyacımız yok," diyerek ellerini göğüslerine koyarak sertçe itti.

Cansu'nun bu aşırı davranışıyla kaşlarım hayretle yukarı kalktı. "Cansu, ne yapıyorsun?" diye mırıldandım ihtiyatlı bir tonla.

Emre bir adım gerilerken dişlerini sıkarak burnundan sinirli bir soluk aldı. Kaşlarını çatarken öfkeden koyulaşan bakışları Cansu'nun gözlerini deliyordu sanki. Fakat Cansu bundan hiç etkilenmeden aynı şekilde karşılık veriyordu ona. Aralarında öyle yoğun bir elektrik vardı ki elle tutulabilir cinstendi.

"Cansu," deyip kolunu tutarak yanıma çektim. Aksi

halde her an Emre'nin üzerine atlayacakmış gibi duruyordu. Emre, Cansu'ya son bir kötü bakış atarak yanımızdan hızla uzaklaşıp gitti.

Emre gidince Cansu'ya döndüm. "Planımız Emre'yi görmezden gelmeyi ve kıskandırmayı içeriyordu, sinirlendirip tepesini attırmayı ya da üzerine saldırmayı değil," diye inledim.

İç çekti. "Kendimi tutamadım. Sen de gördün, evinde telefonumu kırıp beni küçük düşürdüğü halde aramızda hiçbir şey olmamış gibi davranıyor. Bir de gelmiş onun parasını alabileceğimizi düşünüyor, yok öyle bir dünya! Ondan bir şey kabul edecek değilim, önce benden özür dilemesi gerekiyor."

"Haklısın," dedim onu onaylayarak. "Ama belki de bu onun özür dileme şeklidir."

Cansu gözlerini devirdi. "Ya tabii. Bu kadar romantik olma," dediğinde hafifçe gülümsedim. Bazen cidden aptal bir romantik gibi davranıyordum.

Bahçeye çıktığımızda Kağan'ı görmek için sürekli etrafa bakıp dursam da onu göremedim. Zil çalınca hızla sınıftan çıkıp gitmişti. Hem de bana veda etmeden kayıplara karışmıştı. Belki bir arama veya mesaj görme umuduyla telefonumu da kontrol etmeyi ihmal etmiyordum, fakat bir haber yoktu. Çetesindeki çocukların her zamanki yerlerinde takıldığını görünce kaşlarımı çattım. Acaba Kağan nereye gitmişti?

Kahretsin, onu çok merak ediyordum ve bu hiç iyi değildi. Sapık sevgililer gibi davranmaya başlamadan önce kendimi frenlesem iyi olacaktı.

38

 Cumartesi günü öğlene kadar uyumuştum ve sıcacık yatağımdan çıkmayı hiç istemiyordum. Dışarıda yağmur yağıyordu. Yağmur damlaları bazen şiddetle, bazen de usul usul cama vuruyordu. Camda şekiller oluşturuyor, sonra her bir damla bir diğeriyle birleşip daha hızlı akıyordu. Gözlerimi pencereye dikip yağmur damlalarının cama çarpmasını dinleyerek bir süre öylece yatmaya devam ettim. Yağmuru izlemek bana her zaman huzur vermiştir, şimdi de öyleydi
 Bu hafta ne kadar da çabuk geçmişti, dolu dolu ve olağanüstüydü. Kağan etkisi diye düşünmeden edemedim ve yüzümde kontrol edemediğim bir gülümseme oluştu. Onunlayken her anım büyüleyiciydi, yanında kendimi dünyanın en özel kızı hissediyordum. Bir bakışı dahi kalbimin teklemesine sebep oluyordu. Okulun ilk günlerinde ne kadar korkutucu ve insafsız davransa da şimdi bana herkese gösterdiğinden çok daha farklı bir yanını gösteriyordu ve bu beni çok mutlu ediyordu.
 Öfkeli yağan yağmur yerini tek tük damlara bıraktığında düşüncelerimden sıyrılıp yatağımdan çıktım ve kendime

güzel bir kahvaltı hazırlayarak afiyetle yedim. Ailemi şimdiden çok özlemiştim. Kendimi tümden terk edilmiş hissediyordum. Bu çok can sıkıcı bir durumdu. Bir an Cansu'yu aramak geldi içimden ama Emre'nin telefonunu kırdığı aklıma geldi. Ev telefonunu da almamıştım. Ulaşamazdım ki! Pazartesi günü kesinlikle Cansu'dan bizde kalmasını isteyecektim.

Odama geçip amaçsızca son ses müzik dinleyip dergi karıştırırken yine Kağan'ı düşündüm. Gün boyu sürekli zihnimi meşgul etmişti. Beni hâlâ aramamış olması moralimi bozuyordu. Ben de inat edip onu aramadım. Bir de evde yalnızım diye endişeleniyordu, ah, ne çabuk unutulmuştum böyle? Eve girip çıkarken dikkatli olmamı ve kapıyı sıkı sıkı kilitlememi söyleyip güvenlik konusunda nutuk çeken o değildi sanki?

Akşama kadar iki komedi filmi ile bir korku filmi izleyip zaman geçirdim. Film seansım bittikten sonra sıkıntıdan patlarken yatağıma uzanıp biraz kestirmeye karar verdim. Ne kadar süredir uyuyordum, bilmiyorum. Telefonumun çalmasıyla uyandım ve uyku sersemliğiyle gözlerimi ovuşturarak yataktan yavaşça kalkıp telefonumu elime aldım. Esneyerek arayan kişiye baktım. Anında uyku sersemliğim gitti ve gözlerim iri iri açıldı.

Arayan Gül'dü!

Yine ne istiyordu acaba? Bir an açmamayı düşündüm, ama sonrasında yüzümü buruşturup oflayarak cevaplama tuşuna dokunup telefonu kulağıma götürdüm.

"Ne var Gül?" diye sordum kabaca.

"Merhaba Buket. Biraz konuşabilir miyiz?" dedi titrek bir sesle.

Bezgin bir şekilde soluğumu verdim. "Yine ne istiyorsun Gül, şimdi de telefonda mı haddimi bildirmeye karar verdin?"

"Hayır. Sadece beni dinlemeni istiyorum. Biraz zaman ayıramaz mısın?" dedi üzgünce.

Aslında şu an telefonu direkt yüzüne kapatmam gerekirdi ya da hiç açmamam, ama sesi çok üzgün geliyordu. Sanırım birkaç dakikamı verebilirdim.

"Dinliyorum," dedim umursamaz bir sesle.

Bir iç çekiş duydum. "Buket. Ben... ben sana söylediklerim için çok üzgünüm, özür dilerim."

Dudaklarım şaşkınlıkla aralandı. Gül benden özür mü diliyordu? Sanırım hâlâ uykudayım ve rüya görüyordum. Kesinlikle şu an gerçekleşen tam da buydu. Başka bir açıklaması olamazdı.

"Buket. Orada mısın? Lütfen bir şey söyle," dediğinde sersemlemiş halimden çıktım.

Tamam! Duyduklarım gerçekti ve çok garipti.

Şaşkınlığımı bir kenara atıp, "Yanlış anladıysam düzelt beni, sen benden özür mü diliyorsun?" diyerek hafifçe güldüm. "Pek senlik bir davranış değil bu."

"Evet, özür diliyorum çünkü hatalı olduğumun farkına vardım," derken sesi ağlamaklı çıkmıştı sanki.

Bu konuşma gittikçe garipleşiyordu.

"Hangi ara pişman oldun, dün beni neredeyse öldürecek gibiydin. Tehditlerin hâlâ canlı bir şekilde kulaklarımda çınlıyor," dedim kinayeli bir sesle.

Yutkundu. "Buket ben ciddiyim. Çok üzgünüm, tamam mı?"

Kaşlarımı çatarak sessiz kaldım. Bana her fırsatta kaba davranıp nefret kusan Gül'ün benden gerçekten özür dilediğine inanamıyordum.

Derin bir nefes aldı. "Sana karşı kötü davranışlarım ve Cansu'yu bu olaya karıştırdığım için çok üzgünüm. Kendimi berbat hissediyorum. Öyle ağır laflar etmemeliydim, ne sen ne de Cansu bunu hak etmediniz," diyerek hıçkırdı.

Aman Allahım! Ağlıyor muydu o?

Tereddüt ederek, "Tamam," dedim yalandan aldırmıyormuş gibi yaparak. Ama itiraf etmeliyim ki çok şaşırmıştım. Özür dilemesi, üstelik bunun için ağlaması çok garipti. Bugüne kadar tanıdığım Gül'ün tam zıttı bir kişiyle karşı karşıyaydım sanki.

Ağlamaya devam ederken, "Ben Cansu'yu çok seviyorum, o benim çocukluk arkadaşım. Bir sürü anımız var, her zaman benim yanımda oldu. Şimdi sana yakın davranması beni kıskandırdı, sürekli seninle takılmasını kaldıramadım," diye açıkladı.

"Sevgini gösteriş tarzın çok garip Gül, biz Cansu ile birlikte vakit geçiriyoruz diye seni asla dışlamadık. Sen kendin hep geri durdun ve beni hiç sevmedin, en ufak bir şeyde bana sebepsizce kötü davranıp durdun."

"Haklısın Buket, ama dediğim gibi seni kıskandım. Kıskançlığımın hareketlerimi kontrol etmesine izin verdim. Öyle pişmanım ki bana inanmanı istiyorum. Bugüne kadar sana yaptıklarım ve dün söylediklerim için gerçekten çok pişmanım, her şey için özür dilerim."

Başımı iki yana sallayarak altdudağımı ısırdım. Sesi çok içten ve çaresiz geliyordu. Galiba söylediklerinde cidden samimiydi. Yoksa nasıl böyle ağlayıp dil dökebilirdi ki, ayrıca beni kıskandığını da itiraf etmişti ve en yakın arkadaşını kıskandığını için ona kızamıyordum. Bütün bunları düşününce Gül'e inanmak için kendime izin verdim.

"Pekâlâ," dedim yavaşça. "Sana inanıyorum Gül," diye mırıldandım. Ve lütfen ağlamayı kes diye içimden geçirdim.

"Teşekkürler Buket, beni affettiğin için teşekkürler."

İç çektim. "Tamam, kapatıyorum," dedim daha fazla konuşmaya gerek yoktu. Bu kadar yakınlaşmak yeterdi.

"Hayır, dur. Kapatma," diye karşılık verdi telaşlı bir sesle.

"Ne var?" dedim bu telaşını anlamayarak.

"Bugün Cansu'nun doğum günü, onun için sürpriz bir parti düzenlemek istiyorum. Bana yardım eder misin?" diye sordu büyük bir hevesle.

Kaşlarımı kaldırdım. "Bugün mü?" diye sorarken şaşırmıştım.

Cansu benim en yakın arkadaşımdı ve onun doğum gününü bilmediğim için kendimi bir an kötü hissettim. Ah, nasıl da sorumsuz bir arkadaştım ben böyle. Keşke daha önceden bu konuyu açarak doğum gününü telefonuma kaydetseydim. Şu an kutlama planları yapan Gül değil, ben olabilirdim.

"Evet."

Dalgın bir şekilde, "Hımm, bilmiyordum," diye mırıldandım.

"Önemli değil, artık biliyorsun. Bahçeli'de çok güzel

bir kulüp var, birkaç kez gitmiştim. İnanılmaz şahane bir yer. Hepimiz birlikte gider, orada kutlama yaparız diye düşünüyorum, ne dersin?"

Sesi yine samimi geliyordu. Sanki biz iki yakın dostmuşuz gibi sıcacık bir tonu vardı. Bir an Gül ile konuşup konuşmadığımı sorguladım. Zira konuştuğum bu Gül hem bu samimi yaklaşımıyla hem de az önce ağlayarak özür dilemesiyle büyük bir değişime uğramış gibiydi. Bir tokat mı onu böyle ince düşünen, iyi biri haline çevirmişti? Ah, bilseydim daha önce seve seve tokatlayabilirdim.

Kararsızlıkla, "Hımm... emin değilim. Aslında kabalık etmek istemem, ama ben yalnız kutlasam daha iyi olur," dedim.

"Lütfen Buket. Bütün partiyi tek başıma planlayamam. Hem Timuçin de yardım edecek bize. Az önce onunla birlikteydim, doğum gününden haberi var. Şimdi Cansu'nun evine gitti. Onu oyalayıp akşam partinin olduğu yere getirecek, çok büyük bir sürpriz yapacağız."

İç çektim. Hâlâ kararsızdım.

"Haydi, Buket, kendimi affettirmeme izin ver. Cansu için güzel bir anı olsun istiyorum, hem biz de aramızdaki soğukluğu gidermiş oluruz, seninle gerçekten arkadaş olmak istiyorum. Bu fırsatı bana verirsen çok sevinirim," dedi aşırı bir ısrarla.

Yüksek sesle nefesimi verdim. "Tamam," dedim bir anda. Cansu için katlanabilirdim tüm bunlara. Parti bittikten sonra birlikte bize gelip ikinci bir kutlama yapabilirdik. Hatta Cansu'ya kocaman bir pasta bile yapabilirdim.

"Harika olacak," diye şakıdı Gül telefonda. Bu halini biraz

garip buldum, sanki az önce ağlayan o değildi. Ah, her neyse...

"Saat kaçta ve nerede buluşuyoruz?" diye sordum isteksizce. İçime sinmeyen bir şeyler vardı, fakat görmezden gelmeyi seçtim.

"Sana kulübün adresini mesaj atarım. Dört saat sonra buluşuruz."

"Tamam. Görüşürüz," deyip telefonu kapattım. Yatağıma oturup az önceki konuşmanın garipliğini üzerimden atmaya çalıştım.

Vay be, bugün Cansu'nun doğum günü ha, diye düşünürken ona verecek bir hediyem olmadığını fark ettim. Acil dışarı çıkıp hediye almam gerekiyordu. Bakışlarım duvar saatine kaydı, dört saatim vardı, değil mi? Bu oldukça uzun bir zaman demekti. Şimdi evden hiç oyalanmadan çıkarsam hediye alıp geri dönebilirdim ve sonra da hazırlanır çıkardım.

Üzerimi değiştirirken aklıma harika bir fikir geldi. Cansu'yu en çok mutlu eden şey Emre ile ilgili bir şey olurdu, öyle değil mi? Emre ile konuşup onu da partiye davet edebilirdim. Ama büyük ihtimalle hayır derdi. Bu düşünceyle üzülerek yüzümü astım. Ama ne olursa olsun denemeye değer bir fikirdi.

Heyecanla telefonu elime alıp mesaj kısmına girdim.

"Emre seninle konuşmam gerek. Önemli :) Yarım saat sonra okulun yanındaki parkta buluşalım mı?"

Mesajı gönderdikten sonra tedirginlikle altdudağımı ısırıp cevap gelmesini bekledim. Mesaj sesi gelince hızla gelen mesajı açıp okudum.

"Tamam."

İçim mutlulukla doldu. İşte, bu iyi bir girişti. Umarım

konuyu açtığım zaman da kabul ederdi. Etmese bile elimden geleni yaparak onu ikna edecektim. Kurtuluşu yoktu.

Parka gittiğimde Emre henüz gelmemişti. Boş olan banklardan birine oturup etrafı izlemeye başladım. Park çok kalabalık değildi, oldukça tenhaydı. Salıncakların bir kısmı boştu, kimisinde de çocuklar neşe içinde sallanıyordu. Parkın sağ tarafında iki üç çocuk ellerinde oyuncakları yerdeki bir şeylerle oynuyordu. Salıncağın olduğu taraftaysa bir kadın salıncağın ucundan çocuğuna bir şeyler söyleyip kaymasını bekliyordu.

Yaklaşık beş dakika sonra Emre parkın girişinde görününce ona oturduğum yeri göstermek için el salladım. Oturuşumu düzeltip derin bir nefes alarak bana doğru yürüyüşünü izledim. Aniden bütün vücudumu bir tedirginlik sardı. Acaba konuya nasıl girsem? Ne desem de ikna etsem diye düşünürken Emre çoktan yanıma ulaşmıştı.

"Selam."

Hafifçe gülümseyip ben de "Selam," diyerek karşılık verdim.

Emre yanıma oturup dirseklerini oturduğumuz bankın arkasına yasladı ve rahatça bacaklarını öne doğru uzatıp bir ayağını diğerinin üzerine attı. "Anlat bakalım. Ne konuşmak istiyorsun?" diye sordu ifadesiz bir sesle.

"Aslında nasıl başlasam bilemiyorum," dedim çekinerek.

Başını bana çevirip hafifçe güldü. "Beni buraya ne için çağırdıysan Buket, direkt o konudan başlamanı öneriyorum."

Tamam! Uzatma demek istiyordu galiba.

Derin bir nefes aldım. "Cansu'nun bugün doğum günü," deyip istediği gibi hemen konuya girdim ve Emre'nin tepkisini ölçmek için bakışlarımı ona kilitledim.

Yüz ifadesi sertleşirken dudaklarındaki gülümseme kayboldu. "Bundan bana ne?"

İçimden geçen hakaret cümlelerini yok sayarak, "Biz bu akşam Gül'le birlikte kutlama yapacağız," dedim.

"Eee," dedi sıkılarak.

İç çektim. "Senin de katılmanı istiyorum."

Kaşlarını yukarı kaldırdı. "Beni doğum günü partisine mi davet ediyorsun?" dedi şaşkın bir ses tonuyla.

"Gelir misin?" diye sordum bir umutla.

Alay edercesine gülerek bir kaşını kaldırdı ve şaka mı yapıyorsun sen dercesine bana baktı.

Alayını görmezden gelip konuşmaya devam ettim. "Bu Cansu'yu çok mutlu eder Emre, bunu istemez misin?"

Sertçe dudaklarını yaladı. Gerildiğini hissettim. "Cansu umurumda değil. Doğum günü de umurumda değil," derken her kelimeye vurgu yapmıştı.

Bu çok sinir bozucuydu!

"Böyle konuşarak hiç takmıyormuş gibi görünmeye çalışma. Çünkü ben bu numaraları yemem. Cansu'ya değer verdiğini ve onu önemsediğini biliyorum," dedim ani bir çıkışla.

Emre'nin dudağının bir kenarı yavaşça kıvrıldı. "Öyle mi?" diye sordu bakışlarını bana çevirip. Gözlerinde çözemediğim garip bir bakış vardı.

"Aynen öyle," deyip ona meydan okudum.

"Biliyor musun, ben de aynen böyle bir konuşmayı başkasıyla yapmıştım," derken gülerek başını iki yana salladı.

"Anlamadım?" dedim kafa karışıklığıyla.

Gülmeye devam ederken, "Boş ver," dedi ve bakışlarını benden çekip parkta oynayan çocuklara çevirdi. Gülümsemesi yüzünden kayboldu, artık başka bir dünyadaymış gibi boş boş parka bakıyordu. Ne düşündüğünü anlayamıyordum, ama boş bakışlarının ardındaki özlemi gizleyemiyordu.

"Kutlayacak mısın?" diye sordum hevesle.

"Hayır," dedi net bir şekilde.

"Lütfen," diyerek Emre'ye yalvardım adeta. "Sen Cansu için çok önemlisin, evdeki kavganızdan sonra yıkıldı. Onu fena incittin, günlerdir senin özür dilemeni bekledi, senden gelecek güzel bir söze muhtaç. Senin de üzüldüğünü görebiliyorum. Bu fırsatı kaçırma Emre. Aranızı düzeltme imkânın var, bunu değerlendir."

Emre iç çekerek acı dolu bir sesle, "Bunu yapamam Buket," dedi.

"Niye?" diye sordum ısrarla. "Sana git büyük bir parti düzenle demiyorum ki. Ya da gel bizimle kutla da demiyorum."

Emre'nin yüzü bir anlık kederle asıldı. "Neden bu işi bu kadar çok önemsiyorsun?"

"Çünkü Cansu'yu mutlu etmek istiyorum," dedim kesin bir dille. Sonra çekinerek devam ettim. "Bence onun mutlu olmasını sen de çok istiyorsun."

Yüzünde yorgun bir gülümseme belirdi, fakat hemen yok oldu. "Benden bunu isteme Buket."

Üzüntüyle, "Sadece soruma cevap ver. Onun mutlu olmasını istemez misin?" diye mırıldandım.

Emre derin bir nefes alıp birkaç saniye sessizce durdu. "Evet. İsterim," diye fısıldadı.

Omuzlarımdan büyük bir yük kalkmışçasına rahatladım. "Biliyordum," diye itiraf ettim. "Sakladığın bir şeyler olduğunun da farkındayım Emre. Bunu sorgulamayacağım, ama kafanda ne varsa bir kere olsun kenara atmanı isteyeceğim. Cansu'nun doğum gününü kutla. Bunu hem onun için hem de kendin için yap. Emin ol ki Cansu'nun aldığı en değerli hediye bu olacak."

Sıkıntıyla derin bir nefes aldı. Aramızda uzun bir sessizlik oldu, ama bunu bozmaya çalışmadım, çünkü Emre'nin düşünmeye ihtiyacı var gibi görünüyordu ve ona bu zamanı verebilirdim.

"Tamam, kutlayacağım," dedi kararlı bir sesle.

Bu sözler karşısında yüzümde kocaman bir gülümseme oluştu. Emre bu halimi görünce yüzünü buruşturdu.

"Sakın farklı umutlara kapılma," dediğinde başımı iki yana salladım ve gülerek, "Asla," deyip ellerimi teslim olurcasına kaldırdım.

"Ve bu Cansu için de geçerli. Boş hayaller kurmayın sakın," dedi ciddi bir sesle.

"Tamam," diye karşılık verdim neşeyle. Emre'yi ikna ettiğim için çok mutluydum.

Gözlerini kısıp beni süzdü. "Ayrıca bu konuşma aramızda kalacak Buket," derken yumuşak sesinde uyarı vardı.

Gözlerimi devirdim. "Peki."

Ayağa kalkıp ellerini saçlarından geçirdi. "Sanırım konuşmak istediğin başka bir şey yok."

"Yok," dedim ben de ayağa kalkarak. "Geldiğin için teşekkür ederim. Akşam kutla ama olur mu Cansu'ya hazırladığımız sürprizimizi bozma."

Usulca başını salladı. "Tamam. Görüşürüz," dedi ve arkasını dönüp kendinden emin adımlarla yanımdan ayrıldı.

Emre'nin arkasından bakarken kocaman sırıttım. Oldu bu iş! Bu da bir başlangıçtır sonuçta, öyle değil mi? Cansu, Emre doğum gününü kutladığında dünyanın en mutlu kızı olacaktı. Yaptığım konuşmanın verdiği tatminle içimden şarkılar söyleyerek yürümeye koyuldum.

Eve girdiğimde yine o insanın içini daraltan sessizlik beni karşıladı. Çantamı asarken gözüm duvar saatine takıldı. Gül ile buluşmama iki saat kalmıştı. Parktan çıktıktan sonra bayağı bir dolaşıp hediye bakmıştım. Bir müddet kararsız kaldıktan sonra Cansu'nun sevdiği grubun albümünü aldım. Sonra gezerken Cansu'ya yakışacağını düşündüğüm çok şeker küpe ve kolye takımı görüp dayanamayarak onları da aldım.

Kağan'dan hâlâ haber yoktu. Emre'ye neden sormadım diye kızdım kendime. Hiç değilse nerede olduğunu öğrenebilirdim. Bir ara elim telefona gitti, ama sonra kendimi tuttum.

Aklıma Kağan'ı da davet etmek gelse de bir türlü emin olamadım. Partiye Timuçin gelecekti, onunla samimi olmayacaktım, ama yine de Kağan kıskanabilirdi. Özellikle Timuçin konusunda çok hassastı, şimdi arayıp partiden ve Timuçin'den bahsetsem gitmeme karşı çıkardı kesin. Ne zaman ne yaptığı hiç belli olmadığından haber vermeyeyim diye düşünüp bu fikri zihnimden kovdum. Hem dünden beri beni aramayan ve ortadan kaybolan oydu, eğer kızarsa bu bahaneyi öne sürebilirdim. Evet, onu kesinlikle aramayacaktım. Gece veya yarın arardım belki. Çünkü daha fazla dayanamayacağımı biliyordum.

    Odama geçtiğimde nedense içim hiç rahat değildi, vücuduma bir gerginlik hâkimdi. Buna fazla kafa yormadan hazırlanmaya başladım. Dolabımı karıştırıp bu akşama uygun bir şeyler aradım. Ve gözüm aniden gizemli kişiden gelen kırmızı elbiseye takıldı. Elbisenin üzerinde elimi gezdirdim, kumaşı o kadar yumuşak ve güzeldi ki parmaklarım üzerinde kayıyordu. Bu elbiseye gördüğüm an âşık olmuştum.

    Sahiden kim almıştı bu elbiseyi bana? Büyük bir sır... bunu umursamadım ve askısından çıkardığım elbiseyi yatağımın üzerine attım. Bu akşam bu muhteşem elbiseyi giyecektim. Saçlarımı zarif bir topuz yaparak önden birkaç tutamı çıkardım. Alnıma ve boynuma düşen dalgalı tutamlar gayet iyi duruyordu. Gözlerime dumanlı görünen bir makyaj yapıp kırmızı ruj sürdüm. Makyajı fazla abartmaya gerek yoktu.

    Aynada kendime baktığımda çok seksi olduğumu gördüm. Capcanlı bir renge sahip kırmızı elbisem o kadar kısaydı ki bacaklarım tümden ortadaydı, belimi saran kesimi, ince kulpları ve göğüs dekoltesi vücudumu çok kıvrımlı gösteriyordu. Bu elbiseye boşuna âşık olmamıştım, çok mükemmel duruyordu.

    Keşke Kağan da beni böyle görebilseydi. Ama o kesin kıskanırdı ve bu elbiseyi hemen çıkarmamı isterdi, ben karşı çıkınca da öfkelenir, bir sürü tehdit cümlesi sıralardı. Ah, bu kıskançlık konusunu aşsa iyi olacaktı. Bu hiç sağlıklı değildi.

    Annemlerin bıraktığı para hediye aldığım için azalmıştı. Ama bu kıyafetle de partinin olduğu yere toplu taşıma aracıyla gidemezdim ki! Bir taksiye atlayarak Gül'ün verdiği adrese gittim.

Taksiden yavaşça inerken etrafı inceledim. Burası çok... ımm, farklı bir yerdi diyebilirim. Dışarıdan karanlık bir görüntüsü vardı. O kadar da lüks görünmeyen, bilakis insanın içini karartan bir atmosferi vardı. Kapının önü loş ışıklarla çevriliydi. Duvarların rengi bile seçilmiyordu, duvarlara yaklaştıkça üzerlerinin bordo taşlarla süslü olduğunu gördüm.

Az ötede Gül'ün beklediğini görünce yanına doğru yürüdüm. Gül dapdar ve uzun yırtmacı olan siyah bir gece elbisesi giymişti. Saçlarını her zamanki gibi omuzlarına düşmesi için açık bırakmıştı. Düz sarı saçları çok bakımlı duruyordu. Gözlerini siyah kalem ve rimelle belirginleştirmiş ve dudaklarını koyu bir kırmızıya boyamıştı. Yüzündeki fazla makyajla yaşından büyük görünüyordu.

Beni aşırı bir neşeyle selamlayıp, "Merhaba," dedi. Fakat ne kadar iyi davranıyormuş gibi görünse de gözlerinde anlayamadığım bir ifade vardı.

"Merhaba," diyerek karşılık verdim. Bütün konuşmamız bundan ibaretti. Gül acelesi varmış gibi kulübün kapısına doğru yönelince peşinden giderek onu takip ettim.

Kapı girişinde takım elbiseli, iri yapılı ve sert duruşlu bir adam vardı. Koruma olduğunu düşündüm. "Nasıl yardımcı olabilirim bayanlar?"

Gül adama bir kart uzattı. Adam kaşlarını çatarak kartı inceledi ve yüz ifadesi yumuşarken kapıyı açıp geçmemizi işaret etti.

Kapı ardımızdan kapanırken, "O neydi?" diye sordum Gül'e.

"Önemsiz. Beni takip et," diyerek sorumu geçiştirdi.

Gül'ün tavrına gıcık olarak gözlerimi devirdim ve peşinden yürümeye devam ettim. Bordo renkli duvarların çevrelediği uzun bir hole girip ilerledik. Holde duvar rengiyle uyumlu, ama buraya daha da karamsar bir hava veren bir halı uzanıyordu boylu boyunca. Holün sonunda bizi başka bir kapı karşıladı. Esas giriş burası olmalıydı. Burada da bir koruma vardı ve hiç konuşmadan kapıyı bize açıp girmemizi bekledi.

İçeri girdiğimizde kaşlarımı kaldırarak etrafı inceledim. Burası çok şık ve lüks bir yerdi taksiden indiğimdeki ilk görüntüsüne tezat oluşturacak şekilde. Büyük bir bar ve geniş dans pisti vardı. Pistle barın sağ tarafıysa bir salon büyüklüğünde kocaman bir genişliğe açılıyordu.

Gül, "Haydi, beni takip et Cansu ve Timuçin'i burada beklemeyeceğiz," dedi ve arkasını dönüp yine hızla yürümeye başladı.

"Üst kata çıkacağız," dediğinde asansöre bindik. En üst kata çıkıp ahşap bir kapının önünde durduk. Gül kapıyı açıp önce benim geçmem için bekledi. Ben içeri girince de ardımdan girip kapıyı kapattı.

İçeri doğru yürürken bakışlarım etrafta dolandı. Duvarlar oldukça pahalı görünen gümüş bir kâğıtla bölünmüştü. Duvarın alt kısmı siyah renge, üst kısımlarsa gri renge boyanmıştı. Oda çok büyüktü ve köşelere yerleştirilen görkemli lambalar tarafından aydınlatılmıştı. İçeride mobilya olarak deri koltuklar ve geniş ahşap bir masa vardı. Yer pahalı olduğu belli olan ahşap döşemeyle kaplanmıştı. Bir duvar tümden camdı ve siyah tül perdeler asılıydı. Manzara büyüleyiciydi, Ankara'ya tepeden bakan bir görüntü sunuyordu.

Psikopat

Bütün ayrıntılarıyla çalışma odasını andırıyordu. Peki, bizim bu çalışma odası gibi görünen yerde ne işimiz vardı, Cansu'nun doğum gününü bu odada mı kutlayacaktık? Zaten geldiğimiz mekân da bu oda gibi şık ve pahalı bir yere benziyordu. Gül nasıl böyle bir yeri ayarlamıştı ki? Çok tuhaf...

Gül koltuklardan birine rahatça oturup bacak bacak üstüne atınca elbisesinin yırtmacı bir bacağını ortaya çıkardı. Bende aklımdaki sorularla karşısına oturdum.

"Bu oda kime ait?" dedim kendimi tutamayarak.

Cevap vermedi. Elindeki telefonla uğraşırken gülümsemekle yetindi. Bu gülümseme gözüme çok sinsi gelmişti, içimde beni rahatsız eden bir tedirginlik dolaşmaya başladı.

Gül'ün telefonuna mesaj gelince hemen ayağa kalktı.

"Ne oldu?" diye sordum.

"Ah şey... Cansu gelmiş. Ben onu alıp geri dönerim, sen rahatına bak," dedi ve odadan çıktı.

Aradan beş dakika kadar geçmişti ki odanın içi telefonumun zil sesiyle doldu. Çantamı açıp telefonumu çıkardım. Ekrana baktığımda arayanın Emre olduğunu görünce yüzümde bir gülümseme belirdi. Ah, Cansu ile konuşması nasıl geçmişti acaba?

Neşeyle telefonu cevapladım. "Efendim Emre?"

"Buket. Neredesin?" diye sordu sertçe.

Bu tavrını garipseyerek, "Gül'le birlikteyim, çok şık bir kulüpteyiz. Doğum günü için anlatmıştım ya sana," diye mırıldandım.

"Siktir! Gül nerede, yanında mı?" derken sesi daha da sert çıkmıştı.

Kafa karışıklığıyla gözlerimi kırpıştırdım. "Cansu'yu

almaya gitti, birazdan gelir."

"Hemen Gül'ün yanından ayrıl, neredeysen bir an önce orayı terk et," dedi telaşlı bir sesle.

Kaşlarımı çattım. "Neden? Neler oluyor?"

Derin bir nefes aldı. "Ortada doğum günü filan yok. Gül seni kandırmış, büyük bir oyun oynamış sana," dedi sinirle.

Omuzlarım düşerken, "Ne?" diye fısıldadım. "Nasıl olur?"

"Az önce Cansu'nun doğum gününü kutlamak için evine gittim. Bana 'Ne saçmalıyorsun sen?' diyerek beni evden kovdu. Kızın doğum gününe daha bir ay varmış Buket," deyip sertçe soluyarak öfkeyle devam etti. "O küçük cadıya bugün lanet olası bir telefon almıştım, doğum günü olmasa bile beni kapı dışarı etmeseydi belki verebilirdim, ama o küfür ederek kapıyı yüzüme çarptı."

İçinde bulunduğum garip durum olmasaydı sanırım Emre'nin son söylediğine gülebilirdim.

"Gül neden böyle bir şey yapmış olabilir ki?" diye sordum merak ederek. Sonra bir anda bütün olanlar anlamlı bir hale geldi. Okulda kavga ettiğimiz günün hatıraları zihnime doldu. Gül benden intikam almaya yemin ederek beni tehdit etmişti, şimdi de bunu gerçekleştiriyordu belli ki.

"O kız şeytanın ta kendisi. Kim bilir neyin peşinde. Hemen ayrıl oradan."

Sinirle kaşlarımı çattım. Gül'e inandığım için kendime kızdım. Bir anda gelen pişmanlık hiç de Gül'e göre bir şey değildi, nasıl anlamadım o yapmacık hallerinin altında yatan sinsiliği. Tavırları garipti ve ben bunu fark ettiğim halde her seferinde şüphemi görmezden gelmiştim.

Of! Aniden gelen bir sinirle vücudumdaki bütün damarlar öfke ve endişeyle dolup taştı. Ah, beni kandırdığına inanamıyordum!

"Buket! Duydun mu beni?" diyen Emre'nin telaşlı sesi beni düşüncelerimden uzaklaştırdı.

"Tamam, şimdi çıkıyorum. Arayıp haber verdiğin için teşekkürler."

"Kapatıyorum şimdi. Acil bir yere gitmem gerek. Sonra yine arayacağım seni," deyip telefonu kapattı Emre.

Telefonumu hızla çantama koydum. Odadan çıkmak için birkaç adım atmıştım ki odanın kapısı aniden açılıverdi. Gül yüzünde şeytani bir sırıtışla yavaş hareketlerle içeri girdi ve kapının hemen yanında durdu. Gözlerinde kötücül parıltılar dans ederken zafer kazanmış bir ifadeyle bana baktı. İşte, tanıdığım ve benden nefret eden Gül buydu. Hoş geldin içten pazarlıklı sürtük!

"Seni yalancı!" dedim iğrenerek. "Beni kandırdın!"

"Sonunda anladın ha?" derken genişçe sırıttı. "Çok aptal ve safsın, seni kandırmak çok kolay oldu. Hiç zorlanmadım."

"Neyin peşindesin?" diye sinirle bağırdım. "Beni nereye getirdin?"

Yüzündeki sırıtma kayboldu ve ciddi bir tavırla gözlerimin içine baktı. "Sana yoluma çıkma, Kağan benim demiştim. Aramızdan çekilmeni söylemiştim. Beni dinlemen gerekirdi, Böyle olmasını sen istedin."

Kızgın bakışlarımı ona dikerek konuştum. "Nasıl bu derece saplantılı olabilirsin? Tüm bu olanlar, beni arayıp özür dilemen, telefonda ağlaman. Doğum günü saçmalığı... senin

iyi olabileceğine, gerçekten pişmanlık hissettiğine inanmıştım ben," dedim hayal kırıklığıyla başımı iki yana sallayarak.
"Harika rol yapıyorum, değil mi?" diye karşılık verdi yüzsüzce ve kibirle. "Çok zekiyim."
"Sen hastasın. Sırf birini seviyorsun diye başkalarına zarar verebilecek kadar rezilsin. Sana acıyorum."
"Ben ne yaptıysam aşkım için yaptım. Kağan'ın hayatından çıkmak istemedin, ben de zorla çıkarıyorum seni," deyip alaycı bir ifadeyle güldü.
"Ne kadar adi bir pislik olduğunu biliyordum, ama bu yaptığın çok alçakça! Senin için bile!"
Yüz ifadesindeki alaycılık hiç bozulmadan sakince omuz silkti.
"Ah, boş versene!" diyerek elimi salladım öfkeyle. "Ben gidiyorum, senin sahte yüzüne ve iğrenç tavırlarına daha fazla katlanamayacağım!" dedim hiddetlenerek.
Gül bana küçümseyici bir bakış atarak konuştu. "Hiç sanmıyorum şekerim," dedi ve gözlerini kapının girişine çevirdi.
Kaşlarımı kuşkuyla çattım ve tedirgin olarak bakışlarımı kapıya doğru yönelttim. Kalbim hem korkuyla hem de öfkeyle deli gibi çarpıyordu. Ne kadar güçlü durmaya çalışsam da Gül'ün dudaklarındaki hain kıvrım beni oldukça endişelendirmeye başlamıştı.
Kapıdan içeriye giren kişiyi görmemle dudaklarım aralandı ve şaşkınlıkla bakakaldım.
Ama bu... bu nasıl olur?

39

İçeriye otuzlu yaşlarında esmer, çok yakışıklı bir adam girdi. Uzun boylu ve heybetliydi. Omuzları çok geniş, kastan oluşmuş bir dağ gibiydi. Her yanından ben güçlüyüm diye haykırıyordu. Simsiyah saçları yüzünün sert hatlarını çevreliyordu. Buz mavisi gözleri beni bulurken kibirle gülümsüyordu. Üzerine giydiği takım elbisenin gömleğiyle buz mavisi gözleri daha da açığa çıkıyordu. Yaşından çok daha olgun duruyordu.

Bu adamı alışveriş yaparken görmüştüm. Arabasıyla az daha bana çarpacak olan kişiydi. Sonra da görüşürüz diyerek yanımdan ayrılmıştı.

Şaşkınlığım her saniye daha da artıyor ve beni büyük bir endişeye sürüklüyordu. Bu adam kimdi ve neden şu an buradaydı? Ayrıca Gül'le ne ilgisi vardı? Asıl önemli olan soruysa ikisinin birlikte benimle ne işleri vardı?

Adam içeriye girdikten sonra arkasından da yine takım elbiseli ve iri yapılı iki koruma girdi ve kapıyı kapattılar.

İçgüdülerim harekete geçti ve tüm bedenim korkuyla dolarken bir iki adım geriledim. Kalbim hızla atmaya başladı.

Öyle bir dehşete kapılmıştım ki bir an yutkunamadım bile. Gözlerimi karşımdaki heybetli adamdan alamıyordum. Kim olduğunu bilmesem de benim için ciddi tehdit oluşturduğunu iliklerime kadar hissediyordum. Burada kapana kısılmıştım, hem de korkunç görünüşlü bu adamlarla birlikte.

Bana doğru yürüyünce irkilmeden edemedim. Yüzünde eğlendiğini ele veren bir tebessüm oluştu. Sonra yumuşacık bir sesle, "Merhaba Buket. Seninle resmi olarak tanışmamıştık, değil mi?" diye sordu.

Hiçbir şey söyleyemedim. Konuşamayacak kadar şaşkındım ve korku bulutları hızla üzerime çöküyordu. Olanlara bir anlam veremiyordum, fakat içimden bir ses çok büyük tehlikede olduğumu bas bas bağırıyordu.

Bana yaklaşıp elini uzattı. "Ben Onur."

İhtiyatlı bir tavırla elimi uzattım ve hafifçe sıktıktan sonra elimi bıraktı.

Gül'e dönerek, "Bu akşam çok iyi bir iş çıkardın güzel kız," dedi memnuniyetle.

Gül gözleri parlayarak gülümsedi. Karşısındaki bu adama büyülenmişçesine bakıyordu. Sanki ne isterse yapacakmış gibi hazır bekliyordu. Onur'sa Gül'ün yanağını okşayarak, "Artık gidebilirsin," dedi.

Gül sızlanarak, "Kalamaz mıyım? Lütfen," diyerek yalvardı.

Sanırım Gül başıma gelecek olan korkunç şeyleri en ön sıradan izlemek istiyordu. Bütün gün bu amaç uğruna çalışmıştı. Beni kandırarak büyük örümceğin ağına düşürmüştü.

Onur derince iç çekince Gül biraz gerildi. Ondan kor-

Psikopat

kuyordu, bunu görebiliyordum. Zaten aklı başında olan herkes bu adamdan korkardı, orası kesin. "Olmaz güzelim," dedi ve yanında gelen adamlardan birine döndü. "Ahmet, Gül'e eşlik et lütfen."

Korumalardan biri öne çıktı ve başını sallayıp Gül'ün yanına geldiğinde Gül bana dönerek sen bittin kızım diyen bir bakış attıktan sonra Ahmet'le birlikte istemeyerek de olsa odadan çıktı.

Gül her zaman dişiliğini kullanan bir kız olmuştu. Bugün de yine çok güzel göründüğünü kabul etmeliydim. Ama Onur'da bunları kullanmayıp boyun eğerek dışarı çıktı. Kimdi bu adam, neden herkes ona itaat ediyordu?

Korkum yine damarlarımda dolaşmaya başlayınca Gül'ü düşünmeyi bıraktım. Gül'ün benim zarar görmemi aşırı derece istemesini dahi görmezden gelerek kendi durumuma odaklandım.

Onur'la göz göze gelince dehşetle ürperdim. Beni rahatsız eden ürkütücü bir ifadeyle tüm bedenimi baştan aşağı ağır ağır süzdü. Bakışları son olarak gözlerimi bulduğunda dudağının bir kenarı kıvrıldı.

"Görüyorum ki sana hediye ettiğim elbiseyi giymişsin Buket. Bu beni çok memnun etti."

Gözlerim şaşkınlıkla iri iri açıldı. "Ne?" dedim kendime engel olamayarak. Bu elbiseyi bana bu adam mı almıştı yani?

Gülüşü bütün yüzüne yayıldı.

"Elbiseyi bana sen mi gönderdin?" diye sordum.

"Evet."

"Nasıl olur bu?" diye sordum şaşkınlıkla.

"Elbiseyi o kadar çok beğenmiştin ki mağazada gözlerin mutlulukla parlıyordu. Ama elbiseyi alamadığın için üzüldüğünü gördüm. Ve ben de senin gibi güzel bir kızı mutlu etmek istedim."

Düştüğüm dehşet daha da büyümüştü. "Sen beni mi izliyordun?" diye feryat ettim. Bu çok sapıkça!

Omuz silkti. "Belki."

"Neden?" diye sordum panikle. Bu adam bunu neden yapsın ki?

Sorumu görmezden gelerek dudaklarını büzdü. "Doğru bir karar verdiğimi görüyorum. Bu elbise senden başkasının üzerinde olmamalı Buket, gerçekten büyüleyici olmuşsun, gözlerimi senden alamıyorum."

Delici bakışları beni çok utandırmıştı. Yüzüm renkten renge girerken yanaklarımın kızardığını hissedebiliyordum.

"Oturalım. Neden burada olduğunu merak ettiğini biliyorum," diyerek koltuklardan birine oturdu. Karşısındaki koltuğu işaret ederek benim de oturmamı bekledi.

İsteğini reddederek öylece durdum ve kaşlarımı çatarak Onur'a baktım. "Ben böyle iyiyim," dedim aksi bir sesle.

Bu adam güvenilecek biri değildi. Israrla oturmayıp ayakta kalmam üzerine Onur'un yüzündeki gülümseme kayboldu ve yerine ifadesiz bir yüz geldi.

"Otur lütfen Buket," dedi. Yumuşak sesinde emir vardı. "Lafımın ikiletilmesinden hoşlanmam."

Yutkundum. Yapabileceğim hiçbir şey olmadığı için pes etmiş bir şekilde gösterdiği yere geçtim.

Onur oturduğu yerde geriye yaslanarak korkunç bakan

gözlerini üzerime dikti. Gözlerimi kaçırarak elimden geldiğince başka yerlere bakmaya çalıştım, ama işe yaramıyordu. Ona doğru kaçamak bakışlar atmaktan kendimi alamıyordum. Elimi kolumu nereye koya- cağımı bilemiyordum ya da ne demem gerektiğini. Nasıl bir adamla karşı karşıyaydım, bilmiyordum. Ne yapmak istiyordu, amacı neydi? Bu bilinmezlikle tedirginliğim daha da arttı, ama bunu belli etmemeye özen göstererek oldukça sakin davranmaya çalıştım.

"Sana zarar vermeyeceğim Buket, bu yüzden lütfen korkunu bir kenara bırak ve rahatla."

Tüm cesaretimi toplayıp, "Neden buradayız?" diye çekinerek sordum. Sesimin titrememesi için tüm gücümü kullanmıştım.

Onur eğlenmişçesine gülümsedi. "İşte, beklediğim soru. Son zamanlarda hiç de hoşuma gitmeyen davranışlarda bulundun Buket."

Kuşkuyla kaşlarımı çattım. "Nasıl yani?"

Gözlerini kısarak öne doğru eğildi. "Sanırım haberim olmayacağını düşündün?" diye sorarken bana öyle bir baktı ki baştan aşağı ürperdim.

"Neden bahsediyorsun? Anlamıyorum," derken bu kez sesimin titremesine engel olamadım.

Ruhumun derinliklerinde ortaya çıkan panik hissi beni sıkıştırmaya başladı. İç sesim bana ısrarla kaçmamı söylüyordu.

O anda bir çıkış yolu düşünürcesine etrafıma bakındım ve bakışlarım kapıya gitti. Bu odadan çıkmam gerekiyordu, hem de hemen. Ama kapıda duran korumayı geçebileceğimi hiç sanmıyordum.

Onur bakışlarımı takip ederek alaycı bir kahkaha attı. "Kaçman imkânsız Buket," deyince bakışlarımı Onur'a çevirdim.

"Şimdi konumuza dönelim istersen," dediğinde bakışlarında tehlikeli bir parıltı belirdi. "Bir hafta önce girmiş olduğumuz gizli ve mühim iş polisler tarafından bozuldu. Açıkçası böyle bir durumu hiç beklemiyorduk, hazırlıksız yakalandık ve önemli ölçüde büyük paralar kaybettik Buket," diyerek başını sallayıp bu konudaki rahatsızlığını belli etti.

Korkuyla yutkundum. Bu adamdan gelebilecek akla hayale sığmayan dehşet dolu anlara kendimi hazırlamıştım, ama yüzüme bir tokat gibi vuran gerçek çok daha can alıcıydı.

Soğuk, hesaplı bakışlarındaki bilmişlikle gülümsedi. "Onlara kim haber verdi acaba? Bu konu beni cidden çok meşgul etti Buket. Belki bu konu hakkında söylemek istediğin bir şeyler vardır ha? Küçük bir itiraf mesela?"

"Yok," derken bir el kalbimi sıkıyormuş gibi nefessiz kaldım.

Başım çok büyük dertteydi. Onları şikâyet ettiğimi ispatlayana kadar şimdilik inkâr etmek en iyisi diye içimden geçirdim. Söylediklerini anlamıyormuş gibi davranmaya karar verdim. Önünde sonunda yakalanma riskim olsa da bir şekilde kurtulurum diye düşünerek ihbar olayını çok önemsememiştim ve son zamanlarda aklımı Kağan meşgul ettiği için bu olayı tamamıyla unutmuştum. Kahretsin!

"Ne yaptım, biliyor musun? Geniş bir araştırma başlattım. Çete içinde kimse kimseyi ispiyonlamazdı. Herkes en ufak bir yanlışta başına gelecekleri bildiğinden kimse kimseyi ele vermezdi." Derin bir nefes alıp arkasına yaslanarak ciddi bir sesle konuşmaya devam etti. "Bizim tarafımızda olan birkaç polis arkadaşla uzun uzun sohbet etme imkânı buldum. Küçük bir kızın bizi şikâyet ettiğini ve bütün işlerimizi onun bozduğunu öğrendim."

Tamam! Ne yazık ki şu noktada inkâr etmek hiçbir işe yaramazdı. Yaptığım hatanın büyüklüğü bir anda üzerime çöktü. Oysa ben basit bir iş sanmıştım, fakat öyle yanılmışım ki! Günü kurtarmanın hiçbir yolu yoktu.

Bütün her şeyin başında Onur vardı ve en kötüsü de polise gidip onları şikâyet ettiğimi öğrenmişti, şimdi de hesap sorma zamanı gelmiş olacaktı ki beni bu odada rehin tutuyordu. Onur düşündüğümden de tehlikeli ve korkunçtu. Benimle oyun oynayıp korkudan kıvranmamı izledikten sonra beni kesinlikle öldürecekti. Buraya bu yüzden getirilmiştim. Öldürülmek için!

Kahretsin! Beni evde merak içinde bekleyen bir ailem bile yoktu, Ankara'da yalnızdım. Annemle en son dün konuşmuştum ve yeni bir gelişme olduğunu, uzun bir süre daha İzmir'de kalmaları gerektiğini söylemişti. Acaba annemle babam ortadan kaybolduğumu ne zaman fark ederlerdi?

Ah, şimdi bunları düşünme zamanı değil diyerek kendime kızdım. Karşımda duran bu adam beni yeterince tedirgin ediyordu zaten. Ben de böyle şeyler düşünerek kendimi germemeliydim, elimden geldiğince sakin kalıp bir kurtuluş yolu düşünmeliydim.

"Sence bu kadar mühim bir işin bozulması nelere mal olmuştur?" diye soran Onur beni derin düşüncelerimden çekip çıkardı. Sesindeki tehdit omuriliğim boyunca bir ürperme hissetmeme neden oldu.

"Ben bilmiyordum," diyerek umutsuzca mırıldandım. Beni hiçbir şey hiçbir söz buradan kurtaramazdı.

Düşmanlık akan gözlerle beni süzdü. "Kimlere bulaştığının farkında değilsin, değil mi küçük kız? Teslimatı bozduğun için şu an sana düşman olan kaç kişi var, biliyor musun? Benimle muhatap olduğun için şanslısın."

Onur'un yüzündeki ifade gittikçe vahşileşiyordu.

Bu dakikadan sonra ne yapacağımı ve ne diyeceğimi bilmiyordum. Umutsuzca başımı öne eğip omuzlarımı düşürdüm. Çaresizliğim beni boğuyordu, çünkü öleceğimi biliyordum. Başka kurtuluşum yoktu. Bu odadan cesedim çıkacaktı.

"Ben... böyle sonuçlanacağını düşünmemiştim, çok özür dilerim," dedim acınası bir halde.

Onur keyifsizce güldü. "En çok neye kızdım, biliyor musun?" diye sorduğunda bakışlarımı yerden alıp ona çevirdim. Bana dik dik, nefret kusarak bakıyordu.

Başımı sessizce olumsuz anlamda salladım. Artık konuşacak ne halim vardı ne de cesaretim.

"Eğer Kağan yakalansaydı uzun bir süre hapiste kalabilirdi, belki de müebbet ceza alırdı, kim bilir. İşte, bu beni fena kızdırırdı," dedi buz gibi bir sesle. "O zaman karşımda kim olursa olsun ona acımazdım," derken sinirden çenesindeki bir kas seğirdi.

Dudaklarım hayretle aralandı. "Kağan mı?" diye sordum şaşkın şaşkın. Kağan'ın bu adamla ne ilgisi vardı ki? Ve neden bu kadar umurundaydı?

"Kısacası yaptığın aptallığı başkası yapsaydı, şu an ölmüş olurdu. Onu kendi ellerimle işkence ederek öldürürdüm," dedi aniden gelen bir öfkeyle.

Bu sözler karşısında dehşetle irkildim. Korkum nefes almamı engellercesine boğazıma takılıp kaldı.

Onur'un gözleri üzerimde dolaşırken, "Korkuyorsun," dedi dudağının bir kenarı kıvrılarak. Sonra ciddi bir bakışla devam etti. "Ben de senin yerinde olsaydım korkardım. Adamlarımı ihbar etmenin sonuçları çok ciddi boyutlarda bir zarar olarak bana geri döndü. Şu an oldukça kızgınım, nasıl bir belaya bulaştığından haberin yok," derken ses tonu iğrenme doluydu.

Kendimi toplamak istercesine kaçamak bir nefes aldım. "Ben ne diyeceğimi bilemiyorum, fakat gerçekten pişmanım. Lütfen bana inanın," diye inledim "Kağan'a asla zarar vermek istemem. Ben... ben onu önemsiyorum."

Dudaklarında rahatsız edici bir sırıtış oluştu. "Bak sen... bu durum ilginç bir hal almaya başladı," diyerek keyifle arkasına yaslandı.

Onur'un öfkesinin geçtiğini düşünerek, "Bütün zararınızı ödeyebilsem keşke," diye mırıldandım suçluluk dolu bir sesle.

Kahretsin, hangi parayla ödeyecektim acaba? Asla o kadar parayı bulamazdım.

Onur alay edercesine tek kaşını kaldırdı. Bu onu daha tehlikeli gösterdi. "Aileni de uzun süredir izliyorum Buket ve iflas ettiğinizi biliyorum. Nerede yaşadığınızı, hangi şartlarda olduğunuzu, hayatına dair her ayrıntıyı biliyorum."

"Ailemi bu işe karıştırma!" diye çıkıştım. Sonra bu çıkışıma pişman olup oturduğum yerde iyice sindim. Kendime hâkim olsam iyi olacaktı. "Çalışıp ödeyebilirim," dedim boyun eğen bir tavırla.

Onur bu çıkışımdan hoşlanmadığını gösterircesine midemin kasılmasına sebep olacak şekilde kaşlarını çatıp beni süzdü.

"Aptal kız!" dedi küçümseyerek. "Kaybettiğim parayı karşılayabileceğini mi sanıyorsun? Bu şekilde benden kurtulabileceğini belki de? Senin yüzünden itibarım da zarar gördü. Onu nasıl telafi etmeyi düşünüyorsun?" diye sorup hayretle başını iki yana sallayarak devam etti. "Yaptığın hatanın bedelini elbette ödeyeceksin, bundan kurtuluşun yok!" dedi sert bir ses tonuyla.

Yakıcı öfkesi olduğum yerde bütün vücudumu titretti. Gözlerim, içinde bulunduğum çıkmazın ağırlığıyla yavaş yavaş doldu. Gözyaşlarım kurtulmak istercesine gözlerimi yakmaya başladı. Daha önce korkmadığım kadar çok korkuyordum. Yapabileceğim hiçbir şey yoktu ve ben bu adamın insafına kalmıştım.

Derin bir nefes alan Onur öfkesini bastırmak istercesine bir süre konuşmadan kısık gözlerle beni izledi, sonra sakince konuştu. "İşime yarayabileceğini düşündüğüm için şimdilik yaptıklarını unutacağım. Artık rahatlayabilirsin, bu gece zarar görmeyeceksin."

Rahat bir soluk alarak oturduğum yerde rahatladım. "Gitmeme izin verecek misin?" diye sordum bir umutla.

"Tabii ki. Ama önce seninle küçük bir anlaşma yapacağız."

Benden ne isteyebileceğinden korkarak sordum. "Ne anlaşması?"

"Benim için ufak bir şey yapmanı isteyeceğim Buket. Bunu bir nevi benim yanımda çalışmak olarak düşünebilirsin."

"Ne?" diye fısıldadım. Şaşırmıştım. "Ben... yapamam," dedim titrek bir sesle. Onun için çalışmak demek gördüğüm kadarıyla yasadışı işlere bulaşmak demekti.

Tehlikeli bir şekilde güldü. "Evet. Yapacaksın. Ben ne istersem yapmak zorundasın," diye tane tane konuştu sert bir sesle. "Başka çaren yok." Gülüşü beni tedirgin etti.

"Yapmazsam?" diye sordum korkuyla.

"Bana karşı gelecek kadar aptal olduğunu sanmıyorum, ama diyelim ki böyle bir hata yaptın," dedi ve sonra bir süre düşünür gibi çenesini ovalayarak konuştu. "Bu tarz durumlarda nasıl karşılık verdiğimi görürsün. Ben her zaman 'Kim ne yaptıysa cezasını çekmeli' prensibini uygularım. Yani hem seni hem de aileni yer yüzünden silerim."

Sinirle yumruklarımı sıktım. "Ailemden uzak dur!"

Gülüşü şeytani bi hal alarak tüm yüzüne yayıldı. Benim bu halde olmamdan büyük keyif alıyordu. "Sana neler yapabileceğimin farkında bile değilsin, ya da ailene?" deyip belinden çıkardığı silahı önde duran küçük masaya bırakıp gözlerimin içine delercesine baktı. "Hayal gücünü biraz çalıştır bakalım, benim olana zarar gelirse asla insaf etmem."

Silahı görmemle bir anda dağıldığımı hissettim, kendimi tutamayarak korkudan titredim. Bir damla gözyaşım yanağımdan usulca süzüldü. Hemen hızla elimin tersiyle istemsizce kaçan gözyaşımı sildim. Onur'un acizliğimi görmesini istemedim.

"Ailen şu an İzmir'de, değil mi Buket?" diye sordu sahte bir ilgiyle. "Bir bakmışsın Ankara'ya dönerken büyük bir kaza geçirmişler. Babanı veya anneni kaybetmişsin. Belki ikisini de kaybedersin," diyerek kendinden emin bir tavırla acımasızca bana bakmaya başladı.

Korkuyla, "Bunu yapamazsın," diye fısıldarken artık ağlıyordum. Çaresizliğimi belgeleyen gözyaşlarım yanaklarımdan dökülüyordu. Bana ne olacağı umurumda değildi, ölmeye hazırdım, ama ailemin başına kötü bir şey geleceğini düşünmek beni mahvediyordu. Bu düşünceyle nefes alamaz oldum.

Onur, "Bu senin elinde Buket. Söylediklerimi yaparsan kimsenin canı yanmaz," dedi beni kandırmaya çalışan yumuşak bir sesle.

Cevap vermeyi reddederek sessizce ağlayıp kirpiklerimin altından Onur'a baktım. Onur da sakince bakışlarıma karşılık verdi.

Ne kadar süreyle sessiz kaldık, bilmiyorum, zaman benim için durmuştu sanki. İçine düştüğüm tehlikenin ağırlığıyla bedenim çökmüştü. Bu adama karşı yapabileceğim hiçbir şey yoktu. Beni kimse kurtaramazdı. Hem kendimi tehlikeye atmıştım hem ailemi. Beni en çok da bu üzüyor ve perişan hissettiriyordu. Aileme bir şey olmasına dayanamazdım.

Bu sırada kapı çaldı ve Gül'le birlikte yanımızdan ayrılan Ahmet geldi. Onur'a saygıyla selam verip, "Efendim. Kardeşiniz ve arkadaşı geldi," diye belirtti.

Onur keyifle gülümsedi. "Çok güzel, tam zamanında. İkisini de buraya alın."

Ahmet, "Peki, efendim," diyerek kapıdan çıktı. Yaklaşık beş dakika sonra kapı açıldı. İçeriye Kağan ve Emre'nin girdiğini görünce olduğum yerde bir şok geçirdim.

Aman Allah'ım, şu an delirebilirdim! Ne haltlar dönüyordu burada böyle?

Kağan beni gördüğünde şaşkınlıkla kaşlarını kaldırdı. "Senin ne işin var burada?" diye sordu öfkeyle.

Ben daha ağzımı açıp konuşamadan Kağan, Onur'a dönüp aynı öfkeyle sözlerine devam etti. "Buket neden burada?"

Onur iç çekti. "Kağan..." dedi uyarırcasına "Fevri hareketlerini bir kenara bırakırsan sevinirim. Şu an hiç sırası değil," diyerek başını salladı. "Buket'le sadece sohbet ediyorduk kardeşim," dedi rahat bir tavırla.

Kardeşim mi? Onur, Kağan'ın ağabeyi miydi? Şaşkınlıkla kalakaldım. Her şey daha ne kadar garip bir hal alabilirdi acaba?

Kağan bir iki adımla yanıma gelip beni kolumdan tuttu ve oturduğum yerden sertçe ayağa kaldırdı. Yüzümü inceleyerek, "Ağlıyor musun sen?" diye sordu gözlerimin içine bakıp. Sonra beni baştan aşağı süzdü. Onur'a dönerek ürkütücü bir sesle "Ne yaptın Buket'e, neden ağlıyor?" dedi.

Onur ellerini havaya kaldırarak sıkılmış bir sesle, "Hiçbir şey yapmadım tabii ki" diye karşılık verdi.

Kağan tekrar bana döndü. "Gidiyoruz," dedi sertçe.

Başımı usulca tamam dercesine salladım. Beni buradan ve Onur'dan kurtaracak olmasına minnettardım. Kağan'ın gelmesiyle içimdeki çaresizlik azalmaya başladı. Hızla atan kalbim yavaşladı ve bir rahatlama hissi tüm bedenime ağır ağır yayıldı. Kağan'a tüm benliğimle güveniyordum.

Onur rahat tavırlarını sesine de yansıtarak sakince konuştu ."Hiç sanmıyorum Kağan. Kimse bir yere gitmiyor," derken delici bakışlarını bir an olsun Kağan'dan ayırmadı.

Kağan da bu bakışlara aynı şekilde karşılık verdi. Bir yandan da öfkesini bastırmaya çalışıyor gibiydi. Gerginliğini beni tutan parmakları sayesinde hissedebiliyordum. Derin bir soluk alarak sakinleşmeye çalıştı. "Buket'in zarar görmesini istemiyorum, bu konu benim için tartışmaya açık değil," derken sözleri bıçak kadar keskindi. Onur, Kağan'ın bu sözleriyle gözlerini kıstı. "Kimsenin zarar gördüğü yok Kağan," dedi uyarı dolu bir sesle.

"Onu buraya getirmemeliydin," diyen Kağan meydan okuyarak beni biraz daha kendisine yaklaştırdı. "Şimdi Buket'i evine götürüyorum. Sonra geri döneceğim. Ne yapmaya çalıştığını, burada neler döndüğünü konuşacağız. Sadece ikimiz," dedi. İkimiz kelimesine sertçe vurgu yapmıştı.

Onur otoriter bir sesle, "Ben aksini söylemediğim sürece herkes bu odada kalacak Kağan. Sabrımı zorlama," dedi tehdit dolu bir tavırla.

Sersemlemiş bir şekilde bakışlarım Onur ve Kağan arasında gidip geldi. Kağan hâlâ kolumu bırakmamıştı ve farkında olmadan sıkıyordu. Kağan'ın cevap veremeyişi karşısında Onur kibirle gülümsedi. Yüzündeki insafsız ifadeyi görünce midemin bulandığını hissettim. Gitmemize asla izin vermeyecekti, kapana kısılmıştık.

Kağan beni bırakıp iki elini saçlarından geçirdi ve sıkıntılı bir nefes alıp yavaşça verdi. Sonra çaresiz kalmışçasına omuzları gerilirken Onur'a baktı.

"Burası Buket'e göre bir yer değil. Ne işler çeviriyorsun, bilmiyorum, ama onu bu işe bulaştırma," derken sesinde acı vardı. "Buket benim için önemli."

Onur gülümsemesini bastırmak istercesine dudaklarını büzdü. "Önem verdiğin insanların sana neler yaptığını bilmemen çok yazık."

Kağan kaşlarını çattı. "Bu da ne demek, sen neden söz ediyorsun? Buket'le ne gibi bir işin olabilir ki? Eğer benimle ilgiliyse..." derken saygılı olan sesinde öfke vardı.

"Hayır," dedi Onur sakince. "Seninle ilgili değil."

"O zaman neden?"

"Dedim ya Kağan, sadece sohbet ediyoruz. Sizin de bu akşam buraya gelmenizi bu yüzden istedim, sohbete katılmanız için. Buket son zamanlarda biraz yaramazlık yapmış. Bu hepimizi etkileyen bir yaramazlık," dedi. Son cümleleri alay doluydu.

Kağan kafa karışıklığıyla gözlerini kıstı. "Hiçbir şey mantıklı gelmiyor," dedi bıkkın bir ses tonuyla.

"Anlatacağım Kağan, birazdan tüm bu olanları anlayacaksın," diyen Onur bana dönerek karanlık bakışlarıyla beni süzdü ve umarsızca sırıttı. "Buket şu an kendisiyle sadece konuştuğum için sevinmeli. Onun yerinde bir başkası olsaydı çoktan ölmüş olurdu."

Kağan ihtiyatlı bir tavırla, "Buket ne yaptı ki?" diye sordu.

Onur gülümsedi. "Şöyle ki kardeşim..." derken uzun işaretparmağını dudaklarına götürüp gözlerinde şeytani bir parıltıyla bana döndü.

"Neden sen anlatmıyorsun Buket?"

40

Onur'un eğlenen bakışlarına nefret dolu gözlerle karşılık verdim. İçimde yanan öfke gitgide artıyordu. Karşımda duran bu kötü niyetli adamı öldürmek istiyordum. Daha önce hiç kimseye karşı böyle duygular hissetmemiştim.

Kağan yumuşak bir sesle, "Buket?" deyince gözlerimi sımsıkı yumup sakin olmaya çalışarak derin bir nefes alıp bakışlarımı ona çevirdim. "Kağan, lütfen, buradan gidelim," dedim yalvaran bir sesle.

Gözlerini kuşkuyla kıstı. "Anlatman gereken şey ne?" diye sordu.

Güçlükle yutkundum. "Sonra konuşalım, lütfen," diye mırıldandım.

"Bilmek istiyorum," diyerek diretti.

Gözlerinin içine ısrarla bakıp beni dinlemesini umdum. "Yalnız kalalım, sana her şeyi anlatacağım. Söz veriyorum. Ama şimdi değil, lütfen, bana güven. Gidelim buradan." Her kelimemin altında yatan sızlanmanın Kağan'ı daha da merakta bıraktığını kaşlarını çatmasından anlayabiliyordum.

Gülme sesi duyunca bakışlarımı öfkeyle Onur'a çevirdim. Kıvrandığımı izleyen Onur'un yüzündeki kibirli gülümseme tepemi attırdı. "Sen çok kötü birisin, senden nefret ediyorum!" diye bağırdım. Benim üzüntümle bu derece eğleniyor olması hastalıklı bir durumdu. Bu adam tüm varlığıyla şeytanın ta kendisiydi.

Kağan iki elini birden belime koyarak beni kendine doğru çevirdi. Bu çıkışımdan tedirgin olarak, "Sana bir şey mi yaptı?" diye sordu.

"Hayır," diye fısıldadım. Beni buradan bir an önce götürmesini istiyordum. "Lütfen, gidelim."

Kağan anlayışla yüzüme baktı. "Anlat bana. Neler oluyor, nedir bu aranızdaki şey?"

Gözlerimi Kağan'ın büyüleyici mavi gözlerine hapsettim, sonsuza dek öylece kalmak istedim. Yaptıklarımı hatırlayınca, bu kalbimin sıkışmasına neden oldu ve içimdeki suçluluk hissini bastırabilmek için güçlükle yutkundum. Kağan'ın hayatını bile bile mahvetmeye çalışmıştım. Amacım onu hayatımdan tamamen çıkarmaktı. Kendi hayatım için onunkini bitirmek istemiştim. Böyle bir aptallık yaptığıma inanamıyordum. Her şeyi öğrendiğinde benden nefret edecekti, onu bir daha göremeyecektim. Bu düşünceyle bir damla gözyaşım yanağımdan süzüldü. Gözlerimi kapatarak titrek bir nefes aldım. Kağan'ı kaybetmek istemiyordum.

Onur alaycı bir sesle, "Şu an bir film izliyor olsaydım oldukça romantik bir an yaşandığını söyleyebilirdim. Ama ne yazık ki bu bir film değil, o yüzden bu saçmalığı bırakın da konumuza dönelim," dedi.

"Neden bu kadar kötüsün?" diye sordum umutsuzca.

"Ne yaptığını bilmeyen küçük kızlar gelip işlerimi bozduğu zaman kötüleşebiliyorum, kusura bakma güzelim," dedi iğneleyici bir ifadeyle.

Kağan araya girerek, "Ne işi?" dedi ağabeyine bakarak. "Buket'ten mi bahsediyorsun?"

"Evet," diyerek üzerimdeki delici bakışlarını çekerek Kağan'a döndü. "Bu kızı ne kadar tanıyorsun?"

Kağan omuz silkti. "Yeterince tanıyorum," dedi kesin bir dille.

"Bakalım, birazdan öğrendiklerinden sonra da aynı cevabı verebilecek misin?" dediğinde bu sözlerle irkilerek Kağan'a sokuldum.

Kağan sabırsızca bir soluk alarak, "Buket'i korkutuyorsun. Onunla uğraşmaktan vazgeç," dedi sert bir çıkışla. "Ona yapılanı, bana yapılmış sayarım."

Onur kaşlarını çattı. "Kağan," dedi uyarı dolu, buz gibi bir sesle, "Nerede ve kimin karşısında olduğunun farkına varmanı öneriyorum. Bu agresif tavırlarını bir kenara bırak, kendi iyiliğin için," dediğinde bakışlarındaki otorite ve güç karşısında midem kasıldı.

Kağan'ın belimde duran eli kasıldı, vücudunun gerildiğini hissettim. Ağabeyinin karşısında eli kolu bağlıydı. Kağan'ı yatıştırmak istercesine elimi elinin üzerine koyup hafifçe sıktım.

Onur bir süre sessizce bana baktıktan sonra Kağan ve Emre'ye döndü. "Ben her zaman bir kadının, kişinin laneti olacağına, onu cehenneme götüreceğine inanmışımdır," deyip gözlerini tekrar bana çevirdi. "Bu kız size hiç acımadan sonunuzu hazırladı."

Geginlikten kuruyan boğazımı ıslatmak için yutkundum. İşte, anlatmaya başlıyordu. Saklamaya çalıştığım gerçek üzerime ağır ağır gelirken titremeye başladım.

Kağan kaşlarını çatarak yüzüme baktı. "Bu ne demek oluyor?"

Şüpheyle gölgelenen masmavi gözlerine bakarken bir an olayı toparlayacak bir şey söylemek istedim, ama bundan vazgeçtim. Yalan söylemenin ne anlamı vardı ki?

Gözlerimi Kağan'ın bakışlarından kaçırarak Onur'a çevirdim. Dudağının bir kenarı yavaşça kıvrıldı. Benim bocaladığımı görmüştü ve bundan sadistçe bir zevk alıyordu.

Gözlerimin yandığını hissettim, hemen gözlerimi kırpıştırarak gözyaşlarımı geri gönderdim. Onur'u daha fazla mutlu etmeyecektim.

"Biliyorsunuz ki son yaptığımız iş polisler tarafından bozuldu. Birinin bizi şikâyet ettiğinden şüphe ediyorduk, bunu sizinle uzun uzun konuşmuştuk. Zaten aksi halde polislerin yaptığımız işten asla haberi olamazdı. Nitekim şüphemiz doğru çıkmış," diyerek kısa bir kahkaha attı.

"Emre odada bulunduğundan beri ilk kez konuşarak, "Bahadır'dan şüphelenmiştik," diye söze girdi. Sesinde kararsızlık vardı.

Kağan sanki her şeyi anlamışçasına benden bir iki adım uzaklaştı ve karşıma geçti. Gözlerini kısmış, bana soğuk gözlerle bakıyordu artık.

"Hayır, Emre. Bahadır değilmiş," diyen Onur bana dönerek aşırı derecede parlak olan beyaz dişlerini göstererek gülümsedi.

Onur içinde olduğumuz bu durumdan keyif alırken bense onun ağzından çıkacak her sözü gitgide artan bir panik duygusuyla takip ediyordum. "Yapma!" diye fısıldadım ona yalvararak.

Onur beni umursamadan Kağan'a döndü. "Polise gidip bizi şikâyet ederek her şeyi mahveden kişi..." diyordu ki Kağan abisinin sözünü keserek devam etti. "Buket."

İki elini saçlarından geçirip öfkeyle yanan gözlerini bana dikti. Bana olan bakışlarından ürkerek bir adım geriledim. Koyulaşan mavi gözleri ölüm saçıyordu adeta.

"Kağan... açıklayabilirim. İzin ver," dedim titrek bir sesle.

Kağan sakinleşmek istercesine gözlerini sıkıca kapattı. Aynı anda yumruklarını da sıktığını görebiliyordum.

"Kağan, bana bak lütfen," dedim ama gözleri hâlâ kapalı, kaskatı kesilmiş bir şekilde duruyordu. "Yakalanabilirdim. Uzun süre hapis cezası alabilirdim," diyerek gözlerini yavaşça açtığında bakışlarına yansıyan hayal kırıklığı boğazıma bir yumru gibi oturdu.

Onur'a dönerek öldürecekmiş gibi yüzüne nefretle baktım. Kaşlarını kaldırarak yaşananlardan memnun olmuş bir ifadeyle gülümsedi. "O akşamki teslimattan nasıl haberin oldu Buket? Bunu cidden merak ediyorum," diye sorunca yerimde huzursuzca kıpırdandım.

"Sana hiçbir şey söylemek zorunda değilim," diyerek patladım. "Beni rahat bırak!"

Bütün bu olanlar Onur'un suçuydu, bizimle acımasızca oynuyordu.

Kağan, "Anlat!" diye sinirle bağırınca irkildim.

"Kağan... lütfen." Kaygıyla inleyerek ona doğru döndüm.

"Anlat dedim sana," deyip ısrar ettiğinde umutsuzca iç çektim. "Ben, Emre'nin evindeyken onun telefon konuşmasını dinledim." Utanarak mırıldanmıştım bu sözleri.

Emre lafa karışarak, "Neden böyle bir şey yaptın?" diye gürledi. O da çok sinirlenmişti. "Bize bunu nasıl yaparsın Buket? Yakalansaydık neler olurdu, tahmin edebiliyor musun? Hayatımız biterdi."

Omuzlarım suçlulukla çöktü. "Ben özür dilerim," diye fısıldayarak bakışlarımı yere çevirdim. Emre'ye bakacak yüzüm yoktu.

Kağan, "Zaten onun istediği tam da buydu," deyip ellerini sinirle saçlarından geçirdi. "Değil mi?" diye sorarken sesi benden iğreniyormuş gibi çıkmıştı.

Hızla Kağan'a dönüp sözlerimi özenle seçerek konuştum. "Kağan, beni dinle, lütfen. Olanları anlatacağım sana. Ben, bana yaptıklarından dolayı acı çekmiştim. Sana öfkeliydim ve sen de sürekli beni korkutuyordun. Ne yapabilirdim ki başka? Tamam, o zamanlar bunu istedim, ama şimdi senin için asla böyle bir şey istemem."

Nefretle başını iki yana sallayarak, "Senin hakkında nasıl da yanılmışım," dedi aşağılayan bir bakışla.

"Kağan çok korkuyordum. Kızgındım. Lütfen beni anlamaya çalış."

Kağan sinirle üzerime yürüdüğünde sözlerime devam edemedim. "Kes sesini!" diyerek beni omuzlarımdan sertçe

tutup sarstı. "Senin yalanlarını dinlemek istemiyorum!"
"Yapma!" diye karşı çıkarken elinden kurtulmaya çalıştım.
"Beni kandırdın! Arkamdan iş çevirdin!" diye bağırdı yüzüme doğru.
"Hayır, amacım bu değildi."
Birden ellerini omuzlarımdan çekti ve tek eliyle boğazımı kavrayıp yüzünü yüzüme yaklaştırdı. Sinirden çenesi kasılıyordu ve boynundaki damarlar belirginleşmişti. "Kimse benimle oynayamaz," dedi tehlikeli bir sesle.
Gözlerim dehşetle büyüdü. Kağan'ı itmeye çalıştım, kollarına vurdum, fakat faydasızdı, boğazımı sıkmaya başlamıştı ve nefes almakta güçlük çekiyordum. "Bırak beni, nefes alamıyorum," diye zar zor konuştum.
Öfkeyle yanan gözleri suçlama doluyken, "Sen başına gelecek her şeyi hak ediyorsun," dedi.
Onur ve Emre aramıza girip bizi ayırınca dengemi kaybederek sendeledim. Yere yığılmak üzereyken Onur beni tutarak kollarına aldı. Korkudan kesik kesik nefes alıyor ve yaşadığım şoktan titriyordum. Kağan az önce beni neredeyse öldürecekti. Bunu gerçekten denemişti.
Emre, Kağan'ı tutarak benden uzağa çekmeye çalışırken gözlerimi dahi kırpmaya çekinerek onları izledim. Kağan'ın bana yaptığını kabullenemiyordum, bu derece canileşeceğine inanmak istemiyordum. Hatalarım ortaya çıktığında bunun bir bedeli olacağını biliyordum, ama kim ne derse desin Kağan'ın bana asla zarar vermeyeceği, beni önemsediği için bu olayı görmezden geleceği gibi aptalca bir fikre kapılmıştım. Oysaki nasıl da büyük bir yanılgıya düşmüştüm!

Onur, "Kendine gel Kağan, aklını kaçırmış gibi davranmayı bırak," diye uyarıp Emre'ye döndü. "Kağan'ı götür buradan, sakinleşmeye ihtiyacı var," dedi otoriter bir sesle.

Kağan'sa öfkeyle bana bakarak Emre ile mücadele ediyordu. Emre, "Sakin ol dostum," derken Kağan'ı yatıştırmaya çalışsa da Kağan hiç oralı değildi.

"Çok büyük bir düşman kazandın kızım," dedi dişlerinin arasından tıslayarak. Ardından Emre'ye döndü. "Bırak lan beni!" diye bağırıp tüm gücüyle Emre'yi duvara itti ve kapıya doğru hışımla ilerledi. Kapıyı açmıştı ki hemen yan duvara sinirle yumruğunu geçirdi ve tekrar bana dönerek öfkeyle karışık nefretle son bir kez baktıktan sonra kapıdan çıktı. Emre de hızla arkasından odayı terk etti.

Ağlayarak Onur'un kollarında yere yığıldım. "Ben bunu hak etmedim," dedim hıçkırıklarımın arasından. "Böyle olmamalıydı."

Onur belimden tutup beni yavaşça kaldırdı ve koltuğa oturttu. Kendi de yanıma geçti. Eli hâlâ belimdeydi ve bana çok yakın duruyordu, fakat yaşadığım şoktan bunu umursamıyordum, şiddetle ağlarken Kağan'ın bana karşı olan davranışlarını düşünüyordum.

Onur duygusuz bir sesle, "Polise giderken sonuçlarını hesaba katmalıydın," dediğinde yanımda olduğunu yeni fark etmişim gibi beni saran kolunu ittim. Yakınlığından rahatsız olarak oturduğum yerden yana doğru kaydım. "Uzak dur benden," dedim tedirgin olarak.

Bana cevap olarak yüzünde eğlendiğini gösteren bir ifadeyle baktı.

"Hepsi senin suçun, Kağan ona ihanet ettiğimi düşünüyor. Yaşadıklarımız seni eğlendirdi mi bari?" diye sordum iğrenerek.

Sakince arkasına yaslanarak bir kaşını alay edercesine kaldırdı. "İhanet etmedin mi?" diye sordu bilmiş bilmiş sırıtarak. "Bu yaptığının ortaya çıkmayacağını sanman çok yazık. Ayrıca sizin çocukluklarınız umurumda da değil. Kağan'ın gözlerinin açılması gerekiyordu ve ben de abisi olarak bunu yaptım."

"Onu üzerek yaptın bunu!"

"İzlediğimiz yol önemli değil güzelim, benim için önemli olan tek şey sonuç."

"Duygusuz birisin!"

Rahatsız edici kısa bir kahkaha attı. Ne yapacağımı bilmez halde koltuktan kalktım. "Gitmek istiyorum," dedim asık suratla.

Donuk mavi gözleri bana bakarken parladı. "Tabii ki" diyerek Onur da ayağa kalktı. Bir an gitmeme izin vermeyecek diye ödüm koptu. Onur masasının önüne doğru dolaşıp çekmecelerden birini açtı. İçinden siyah bir telefon çıkardı. Samimi olmayan bir gülümsemeyle bana bakarak yanıma gelip telefonu bana uzattı.

"Bu ne için?" diye sordum. Sesim şüpheli çıkmıştı.

"Sana ihtiyacım olduğunda, seni bu telefondan arayacağım."

Bir yandan Onur'a, bir yandan bana uzattığı telefona baktım. Ona hayır dersem eğer, bu odadan çıkamayacağımı biliyordum. Zaten ona hayır deme gibi bir lüksüm de yoktu.

Psikopat

Bana ve aileme zarar vereceğini açık ve net bir şekilde söylemişti. Ailemin benim yüzümden zarar görmesine katlanamazdım, düşünmeden hareket etmiştim ve sonuçlarına da şimdi tek başıma katlanmak zorundaydım. Güçlü bir kız olup dik durmam gerekiyordu, belki bir çıkış yolu bile bulabilirdim. Karşımdaki bu kötü adamdan kurtulabilirdim.

Onur, "Buket?" diye beni uyardığından düşüncelerimden çıkıp bakışlarımı ona çevirdim ve iç çekerek telefonu elinden aldım.

"Güzel," diyerek yaptığım şeyi övercesine gülümsedi. "Ne zaman ararsam telefona cevap vereceksin," dedi. Bu bir emirdi.

Kaşlarımı çatıp cevap vermeyince, "Tamam mı?" diye sordu ciddi bir sesle.

"Tamam," diye mırıldandım teslim olarak. Sanki başka seçeneğim vardı.

Onur dudaklarını büzerek tehdit edercesine gözlerimin içine baktı. "Ama dikkat et güzel kız. Eğer yine beni etkileyecek bir yanlış yapacak olursan, mesela tekrar polise gitmek gibi, seni cezalandırmak zorunda kalırım. Bu kez affın olmaz, başın çok büyük derde girer," diyerek gözlerini kıstı.

Bu sözleriyle kalbim korkuyla sıkıştı. O kadar rahat bir sesle söylemişti ki bunu, onun için bir insanın değeri yoktu. Kimseyi umursamıyordu.

"Yapmam," dedim alçak sesle. Sesimi ben bile zor duymuştum.

Yüzünde eğlendiğini gösteren bir gülümseme belirdi. "Aferin. Aptallıkla cesareti birbirine karıştırma sakın, yoksa bu senin sonun olur."

"Artık gidebilir miyim?" diye sordum çekinen bir tavırla. Onur'a baktıkça midem korkuyla kasılıyordu. Her an gitmeme engel olup bana zarar verecek bir davranışta bulunmasından korkuyordum.

"Tabii güzelim," dedi yumuşak bir sesle ve korumaya dönerek devam etti. "Buket'i eve bırakın lütfen."

"Hayır," deyip karşı çıktım. "Kendim gitmek istiyorum."

Dudakları kıvrıldı. "Pekâlâ. Bu akşam seni fazla zorlamayalım," dedi ve beni kapıya doğru yönlendirdi. "İyi geceler Buket. Aramızda her ne yaşansa da seninle tanışmak güzeldi."

"Teşekkürler," diye isteksizce mırıldandım ve korumayla birlikte odadan çıktık. Adam bana çıkış kapısına kadar eşlik etti.

Bu lanet olası yerden ayrılmak üzere holde yürürken bütün gecenin yaşanmışlıkları birden üzerime çöktü. Kendimi boğuluyormuş gibi hissederek adımlarımı daha da hızlandırdım. Acilen temiz havaya ihtiyacım vardı.

Kapıdan çıktığım an gecenin soğuk havası yüzümü okşadı ve derin bir nefes alarak kendimi rahatlatmaya çalıştım. Çok zor bir gün geçirmiştim ve hâlâ korkuyordum. Saatin kaç olduğunu merak ederek yürümeye başladım, bir an önce kendimi güvenli evimin kollarına atmak istiyordum. Elbisemin açık olmasından dolayı biraz üşüdüğümü hissetsem de bunu hiç umursamadan adımlarımı hızlandırdım. Sokak çok sessiz ve ıssız görünüyordu. Bir taksi bulmayı ümit ederek etrafa bakındım ve yolun kenarında arabasına yaslanmış duran Kağan'ı görünce olduğum yerde donakaldım.

Gecenin karanlığında ellerini ceplerine sokmuş düşünceli bir halde yere bakıyordu. Acaba konuşmak için beni beklemiş olabilir miydi? Bu cılız fikre tutunmak istedim. İçimde yeşeren umutla ona doğru yürümeye başladım ve birkaç adım mesafe kalınca önünde durup çekinerek titrek bir nefes aldım. Ne diyeceğimi bilemiyordum.

Kağan beni fark edince başını yerden kaldırıp yüzüme baktı. Bana attığı bakış öyle soğuktu ki adeta kanımı dondurdu. Onu böyle görmek göğsümü daraltıyordu.

"Kağan," dedim kaygılı bir sesle.

Kaşlarını çattı ve gözlerindeki soğuk ifade öfkeyle birleşti. Bunun üzerine korkuyla yutkundum.

Kağan aramızdaki mesafeyi kapatıp önümde durunca bana düşmanca bakmaya devam ederek gözlerini kıstı. Bana hâlâ kızgındı ve benden nefret ediyordu. Bu saate kadar da tüm öfkesini kısmak için beni beklemiş olmalıydı.

"Bana bunu nasıl yapabildin?" diye sorarken sesinin altında yatan keder içimi parçaladı.

Gözyaşlarımın akmaması için kendimi zorladım. "Kağan, ben çok üzgüm," dedim ağlamaya başlarken. "Ne kadar üzgün olduğumu tahmin bile edemezsin."

Ellerini sinirle saçlarının arasından geçirip derin bir nefes aldı. "Hâlâ rol yapmaya, yalan söylemeye devam ediyorsun," dedi bana inanmayarak. Kelimeleri bir bıçak gibi tenime değip canımı acıtıyordu.

"Yalan söylemiyorum, lütfen, bana inan. Gerçekten pişmanım."

Dudaklarından öfkeli bir homurtu döküldü. "Senin farklı olduğunu düşünmüştüm, nasıl da yanılmışım," dedi acı

dolu içten bir sesle.
"Kağan böyle söyleme. Ne olur."
"Seninleyken mutluydum. Sen herkesi, bütün kötü anılarımı unutmamı sağlıyordun. Boktan olan hayatımı katlanılır kılıyordun. Böyle bir huzuru daha önce hiç hissetmemiştim. Bunu mahvetmek zorunda mıydın?"

Boğazım düğümlendi. Kalbim göğüskafesimi zorlarken derin bir nefes aldım. İçim suçlulukla yanıyordu, hıçkırarak ağlıyordum.

Bakışları öfkeyle parladı ve birkaç saniye boyunca bana tiksintiyle baktı. "En kötüsü de ne biliyor musun, hayatımda ilk kez birine güvenebileceğimi sanmıştım, sana inanmıştım ben."

Boğazımı acıtan bir hıçkırık döküldü dudaklarımdan. "Kağan ben çok pişmanım," diye fısıldadım ağlayarak. "Bana böyle davranma. Senin üzülmen canımı yakıyor. Buna sebep olduğumu bilmek öldürüyor beni."

Şu an tüm kalbimle beni affetmesi için yalvarabilirdim. Ama hiç işe yarayacakmış gibi görünmüyordu. Neden bunu anlamak istemiyordu? Aramızda çok şey değişti, neden bunları düşünerek beni affetmiyordu?

Kağan öfkeden gözü dönmüş gibi, "Kes sesini!" diye bağırdı ve derin bir nefes alarak yavaşça soluğunu vererek konuşmasına devam etti. "Bu gece, içimde sana dair olan her şeyi yok ettim. Senin de diğer kaltaklardan bir farkın olmadığını gördüm. Seninle işim bitti. Artık umurumda değilsin," diyerek arkasını dönüp arabasının sürücü tarafına doğru hızla yürümeye başladı.

Arkasından koşup kolunu tuttum. "Gitme... ne olur, konuşalım," diyerek yalvardım. İçimde yaptıklarımdan dolayı çok büyük bir utanç vardı ve suçluğumla birleşerek beni nefessiz bırakıyordu.

Öfkeyle iç çekerek başını yavaşça çevirip kolundaki parmaklarıma baktı. Bileğimi sertçe tutup kolunu elimden kurtardı. "Bana sakın dokunma," diye uyardı tehlikeli bir sesle ve bileğimi bırakmayıp daha da sıkarak beni kendisine doğru çekti. Yüzlerimiz arasında birkaç santim kalana kadar yüzünü yüzüme yaklaştırdı. "Beni tanıdığına pişman olacaksın. Bana olan ihanetini asla unutmayacağım," dedi ve beni geriye doğru itti. "Şimdi defol git!"

Yere düştüğümde canımın acımasıyla inledim. Kağan bunu umursamadan, son kez saf nefret dolu bakışlarla beni süzdü. "Akıllı bir kız olsaydın beni karşına almazdın. Çok yanlış kişiye bulaştın," deyip parmağını bana doğru salladı. "Seni uyarıyorum. Sakın karşıma çıkma, senin için kötü olur," diye ekleyerek arkasını dönüp arabasına bindi. Motorunu çalıştırıp hızla uzaklaştı.

Arkasından acıyla bakıp hıçkırarak gözyaşı döktüm. Nabzım hızla atarken nefes alıp verişim kesik kesikti. Her şeyi kaybettim düşüncesi acımasızca kalbimi eziyordu. İçim o kadar acıyordu ki hareket edemiyordum. Kağan'ın bana hayal kırıklığıyla bakan yüzü zihnimde canlanıyor, ihanetimi vurgulayan sözleri kulaklarımda çınlıyordu. Bana inanmıştı, hayatında ilk kez birine güvenmişti ve ben bencilce davranıp her şeyi batırmıştım. Öyle çok pişmandım ki yaşadığım acının tarifi yoktu ve bu acının yanında hissettiğim tek şey nefretti. Bugün böyle bir olay yaşamamıza sebep olduğum için

kendimden nefret ediyordum.
Perişan bir haldeyken boğuluyormuş gibi hissetmekten kendimi alamıyordum.. Kağan'a olan ihanetim, çok büyük bir hata olarak bana geri dönmüştü ve şimdi pişmanlık denizinde bana işkence ederek güçlü bir girdap misali beni aşağı çekiyordu. Nefes alamıyordum, umutsuzca çırpınsam da yüzeyi göremeyecek kadar hızla dibe batıyordum. Bağırmak, sesim kesilene kadar çığlık atıp yardım çağırmak istiyordum ama çabam nafileydi, etrafımı saran zifiri karanlık beni engelliyordu.

Kendi sonumu kendi ellerimle hazırlamıştım ve en acısı da buna katlanmaktan başka çarem yoktu.

41

Acıma teslim olarak nereye gittiğimi bilmeden bir süre amaçsızca yürüdüm. Üzerimde kırmızı elbise o perişan halimle o kadar bayağı ve kötü duruyordu ki, şu an için hissettiklerimi yansıtıyordu. Bir süre sonra topuklu ayakkabılarımı da çıkarıp elime alarak öylece yürümeye devam ettim. Yoldan geçen araçların ışıkları gözümü alıyordu. Etrafımda ne olur bittiğine dair hiçbir fikrim yoktu, görmüyor, duymuyordum, bir boşlukta öyle ilerliyordum. Yanımdan geçen tek tük insanlar bir şeyim olduğundan endişe duyarak konuşmaya çalıştığında bir an için kendime geliyor, ama sonra ne söylediklerini bile anlamadan sadece boş boş suratlarına bakıp yoluma devam ediyordum. Birden duyduğum korna sesiyle yola geçmiş olduğumu fark ettim, gözlerimi kırpıştırarak kendime gelmeye çalıştım. Tekrar kaldırıma çıktım ve gördüğüm ilk taksiyi durdurup hiç vakit kaybetmeden eve gittim.

Eve varınca kendimi doğruca odama attım ve kıyafetlerimi dahi çıkarmadan yatağıma girip hıçkırarak ağladım. Hissettiğim pişmanlıkla sabaha kadar gözyaşı döktüm. Bir ara kendimi kaybedip uykuya teslim olsam da pazar günü de durumum hiç farklı değildi. Bir müddet yatağımda yatarak boş boş tavanı izleyip anılarımda boğuldum. Hiç iyi değildim, bir önceki geceden bile kötüydüm. Olanları düşündükçe acım dinmeyi reddediyor, daha da alevleniyordu. Kendimi berbat hissediyordum, duş almak için yatağımdan çıkıp sonra da geri yatağıma sığınarak kederle ağlamaya devam ettim. Birkaç kez Kağan'ı aramaya çalışsam da telefonu hep kapalıydı, Emre'yi de aramıştım, belki beni o dinler diye düşünmüştüm, fakat ona da ulaşamamıştım.

Pazartesi sabahı uyandığımda yine aynı noktaydım, halimde değişen en ufak bir şey yoktu, içimde sönmeyen kasvetli acı beni sonsuz bir üzüntüye sürüklemeye devam ediyordu. Korkunç bir şekilde başım ağrırken yatağımda dönüp elimi yastığımın altına koyarak iç çektim. Gözlerimin de kızarmış ve şiş olduğuna emindim, kesinlikle ölü gibi görünüyordum.

Evin sessizliğinde boğulurken biraz daha uyumaya karar vererek gözlerimi sımsıkı kapattım. Çünkü sadece uyuduğumda Kağan'ı ve cumartesi gecesi olanları unutabiliyordum. Bir saat kadar uyumaya çalıştıktan sonra sinirle yataktan kalktım. Olmuyordu! Tüm yaşananlar beynime hücum ediyordu ve ben buna engel olamıyordum. Kağan'ın hayal kırıklığına uğramış yüzü sürekli zihnimde dönüp duruyor, beni içten içe kahredip öldürüyordu.

Başım da kalbim gibi şiddetle ağrıyordu. Bir elimi zonklayan başıma götürüp saçlarımı geriye iterek alnımda tuttum. Boğazım duyduğum pişmanlıkla yine yanmaya başladı. Kendimi sanki her şeyimi kaybetmiş gibi hissetmekten alamıyordum. Dünyam başıma yıkılmış gibiydi.

Kağan'ı kaybetmiştim. Yaşayacağımız birçok güzel anı kendi ellerimle mahvetmiştim. Bir daha asla benimle konuşmazdı. Of! Bu düşünceyi aklıma getirmek istemiyordum. Bu düşünceye bir saniye dahi dayanamıyordum. Mutlaka yapabileceğim bir şeyler olmalıydı.

Ama ne?

Bu sırada telefonumun çalmasıyla bir umut belki Kağan'dır diye düşünerek hışımla elime aldım. Arayan kişinin Cansu olduğunu görmemle biraz yüzüm düşse de telefona cevap verdim.

"Efendim," dedim yorgun bir sesle.

"Özlediiiiiim!" diyen Cansu'nun sesi şarkı söyler gibi çıkmıştı. Ağlamaklı olduğum halde bu beni güldürdü.

"Kanka neden okula gelmedin? Hesap ver bakalım, beni yalnız bıraktığın için iyi bir bahane bulsan iyi edersin," dedi takılarak.

"Kendimi kötü hissediyorum," derken üzgünce inledim. Acınası haldeydim, biliyordum.

Cansu, "Hasta mısın?" diye sorarken endişesini hissettim.

"Sanırım depresyondayım," diye geveledim.

"Koyduğumun depresyonu," dedi şakadan hiddetli bir sesle. Eminim bu lafları ederken yumruğunu da sıkıp havada sallamıştır. Onun bu çıkışına gülmeden edemedim.

Cansu, "Bugün garip bir şey oldu," dediğinde kaşlarımı çattım. "Ne oldu?" diye sordum, sesi garip gelmişti.

"Gül'e, seni merak ettiğimi söylediğimde boşuna merak etmememi, senin artık okula gelmeyeceğini, hatta okulu bırakacağından falan bahsetti. Ben pek inanmadım, ama yine

de seni bugün göremeyince endişe ettim."
"Öfkeyle nefesimi tuttum. "Ondan nefret ediyorum," dedim kendimi tutamayarak. Beni kandırıp Onur'un yanına götürerek yaşadığım kötü anları başlatan oydu. Canımı yakmak için hiçbir fırsatı kaçırmıyordu.
"Hey," dedi Cansu şaşkın bir şekilde. "Neler oluyor, bu ani öfke de neyin nesi?"
Sakin kalmak için derin bir nefes alıp, "Yok bir şey, aldırma sen bana," deyip olayı gereksiz yere uzatmamayı umdum. Aslında bir an önce Gül'ün nasıl bir pislik olduğunu Cansu'ya anlatsam iyi olacaktı.
"Hayır, benden saklama, Gül'le kavga mı ettiniz?" diye sordu. "Sana söylemedim, ama sabah senin adını duyunca o da çok sinirlendi. Bana demediğini bırakmadı, kıskançlık krizlerinden biri sanmıştım ama olay büyük anlaşılan."
İç çekerek, "Neler olduğunu tahmin bile edemezsin," diye mırıldandım. "Çıkışta bize gelsene, yüz yüze konuşalım. Sana anlatmam gereken çok şey var. Ayrıca seni hayal kırıklığına uğratmak istemem, ama Gül hiç de düşündüğün gibi biri değil."
Cansu, "Tamam, gelirim," dedi dalgın dalgın. Şimdiden üzülmüştü, sesinin kırılganlığından bunu hissetmiştim.
Biraz durakladıktan sonra dayanamayıp, "Kağan'ı bugün gördün mü?" diye sordum. Cevabı beklerken altdudağımı ısırıyordum.
"Kağan yüzünden mi gelmedin yoksa?"
"Hayır ya!" derken kendimi savunmak istedim. "Öylesine sordum."

"Eminim öylesinedir," derken Cansu'nun gözlerini devirdiğini tahmin ettim. "Çok kötü bir yalancısın."
"Yalan söylemiyorum, sadece..." deyip yutkundum.
"Bilmediğin çok şey var Cansu, gelince konuşuruz," diye mırıldandım.
"Tamam kanka, birazdan sendeyim."
İç çekerek, "Bekliyorum," dedim ve vedalaşarak telefonu kapattık.

Cansu bize geldiğinde elinde kocaman bir pasta kutusu vardı. Beni mutlu edeceğini düşünmüş. Canım arkadaşım benim. Birlikte pastayı kestik ve tabaklarımıza kocaman dilimler aldık. Cansu birkaç ıvır zıvır daha hazırlarken ben de kahve yaptım. Sonra birlikte salona geçtik.

Kağan'la aramda geçen her şeyi Cansu'ya anlattım. Konuştukça rahatladığımı hissettim, geç de olsa başıma gelen talihsizlikleri Cansu'yla paylaşmak iyi gelmişti. Cansu, Kağan için bu derece üzülüp gözyaşı dökmem konusunda olanları abarttığımı düşünüyordu.

Onur'un bana bir şeyler yaptırmak istemesi kısmını anlatmadım, çünkü Cansu'nun da başının belaya girmesi beni korkutuyordu, bunu ona yapamazdım. Bu olanların sorumlusu bendim, her şeyi mahvedip ailemi tehlikeye atmıştım. Olacakların bu kadar büyüyeceğini, beni de içine çekeceğini düşünmemiştim, ama Cansu'yu buna dâhil edemezdim, bazı şeyleri bilmemesi onun iyiliği içindi ki tek zarar vermediğim insan Cansu kalmıştı, bu pisliği ona da bulaştıramazdım.

Gül'le ilgili kısımları anlattığımda Cansu deli gibi sinirlendi. Çocukluk arkadaşının bu derece ikiyüzlü olması onu yıktı, ama çok da şaşırmadığını söyledi, çünkü Gül'ün zaten hayatı boyunca bencillik ederek onu hep kırdığını anlattı. Ardından Gül'ün, cumartesi gecesi kendisinin doğum gününü kullanarak bana tuzak kurduğunu öğrenince artık öfkesini kontrol edemez bir hale geldi. Hatta bir ara Gül'ü öldürmek istediğini haykırarak kapıya doğru koştu. Zar zor ikna edip evden çıkmasını önledim. Yarın okulda Gül'ü çok zor bir gün bekliyordu. O kesin.

Bir kız, bir erkek uğruna nasıl bu kadar ileri gidebilir, başka insanları kullanıp nasıl zarar verebilir, aklımız almıyordu. Cansu, Gül'ün zamanla farklı birine dönüştüğünden bahsetti. Çok eskiden tatlı bir kız olduğunu, ama yaşadıklarının onu değiştirdiğini söyledi. Ne yaşadığını sormadım, sormak istemedim. Çünkü içimden Gül'e karşı nefret ve öfkeden başka bir duygu yoktu, o kötü biriydi ve benim ilgimi hak etmiyordu.

Bir süre müzik dinleyip sessizce pastalarımızı yedik. Pastamın yarısını yedikten sonra tabağımı orta sehpaya bıraktım ve Cansu'ya döndüm.

"Ben kelimenin tam anlamıyla aptalın tekiyim!" diyerek başımı umutsuzca sallayarak inledim. "Ne yaparsam yapayım aklımı sürekli Kağan meşgul ediyor."

Cansu gözlerini devirdi. "Cidden abartıyorsun, bırak artık şunu düşünmeyi!" dedi bezgince.

"Olmuyor işte," diye sızlandım. "Kolay mı sanıyorsun?"
"Denemiyorsun bile." Nefesini sesli bir şekilde dışarı verdi. "Boş ver," dedi gözlerimin içine bakıp heceleyerek. Alayla "Hı hı veririm," diyerek başımı salladım. "Onun

yüzünde gördüğüm o hayal kırıklığını unutamıyorum kızım. Hep gözümün önüne geliyor, silinmiyor o görüntü."

"Sen cidden aptalsın. Ama yaptıkların için değil, şu halde olduğun için. Hayır, yani değmez ki!" deyip küçümseyici bir bakış atarak yüzünü buruşturdu.

Cansu'ya hiç aldırmadım ve üzülmeye devam ettim. Cansu pastasından bir parça ağzına götürdü ve çatalını bana doğru sallayarak konuştu. "Bir fikrim var. Kağan'ın sana yaptığı kötülükleri düşün."

Kaşlarımı kaldırıp '*Saçmalama*' dercesine ona baktım.

"Dediğimi yap. Bu işe yarayacak. Hadi."

Derince iç çektim ve kahve bardağıma uzanıp kahvemden büyük bir yudum aldım.

"Sana sınıfta yaptığı o pisliği hatırla," diyerek yüzünü buruşturdu. "Savunmasız bir kızı sınıfta sıkıştıracak kadar aşağılık biri o!" dedi sinirle.

Kaşlarımı çattım. Bir an yaşadığım bütün korkunç hatıralar hızla zihnime doldu. O kadar çok korkmuştum ki! Kağan ise benim o halimi umursamamıştı.

Sinirle nefesimi verdim. "Hakikatten ya! Ben neden Kağan'ı hayal kırıklığına uğrattığım için üzülüyorum ki? Asıl o bana yaptıklarından dolayı kendisini kötü hissetmeli. Benim o sıralarda polise gitmekten başka seçeneğim mi vardı sanki?" diyerek kendimi rahatlatmaya çalıştım.

Cansu, "Aynen öyle kanka. Devam et," diyerek pastasından bir parça daha aldı.

"Ben kesinlikle yanlış bir şey yapmadım. Hem onu polise şikâyet etmeyip ne yapacaktım? 'Kağan beni taciz ettiğin

için teşekkürler, çok büyük keyif aldım' mı diyecektim?"
Cansu yüksek sesle kahkahalara boğuldu.
Ters bir bakış atınca hemen toparlanarak altdudağını ısırıp gülmemeye çalıştı. Bu hali benim de gülmeme neden oldu. Bir süre kıkır kıkır güldük ikimiz de.

Cansu, "Tamam, konumuza dönelim," diyerek ciddileşti ve derin bir nefes alıp, "Haydi, devam et kanka, az önce iyi gidiyordun. Kötü olan ne varsa hepsini aklına getir," dedi.

"Tamam," dedim başımı sallayarak. "O salak sadece polise gittiğime şükretsin."

"Aynen öyle."

"Hem yakalanmadı ki niye bu kadar büyütüyor? Sonuçta hiçbir şey olmadı, unutsa ya olanları. Kağan, bu noktayı niye atlıyor anlamıyorum," deyip gözlerimi devirdim.

Cansu bir yandan pastasını yiyor bir yandan benim söylediğim her sözü sessizce başını sallayarak onaylıyordu.

"Hayır, yani yakalansa bile o mafya kılıklı abisi ne yapar eder onu kurtarırdı," deyip Cansu'ya baktım. "Adamı görmeliydin Cansu. Korkunç biri o, şeytanın ta kendisi!"

"Görmesem daha iyi olur o halde," diye mırıldandı. "Ayrıca Kağan'ın kime çektiğini de öğrenmiş olduk."

Derin bir nefes aldım. "Ah, her şey Onur pisliği yüzünden!" deyip dudaklarımı hoşnutsuzlukla büktüm. "O olmasaydı bunların hiçbirini yaşamazdık. Ve de Gül! Beni bile bile Onur'un ellerine bıraktı!"

Cansu sinirle yumruklarını sıktı. "Ona birkaç lafım olacak, merak etme, bu oyunu planladığı için saçını başını yolacağım. Gül'ü bana bırak sen, onun icabına bakarım ben."

"Sana da zarar verir, tehdit etti zaten. Okulu bize cehenneme çevirecekmiş," dedim onun iğrenç sesini taklit ederek. "Bir halt yapamaz o, ancak tırnaklarını gösterip korkutmayı bilir."

Üzgünce surat asarken pasta tabağıma uzanıp birkaç lokma daha aldım. "O ikisi olmasaydı şu an Kağan'la birlikte zaman geçiriyor olabilirdik," dedim kederin hâkim olduğu sesimle.

Cansu bıkkın bir nefes verdi. "Tamam, burada kes canım. Amacımızdan uzaklaşıyoruz," deyip kahvesinden büyük bir yudum aldı. "Kağan'ı özlemle anmak yasak sana, kötü sözler ve hakaret cümleleri kullanabilirsin sadece."

Cansu'yu umursamadan sözlerime devam ettim.

"Belki sinemaya giderdik. Onunla birlikte film izlemek nasıl olurdu acaba? Kesinlikle filmi o seçerdi, bana seçme hakkı tanımazdı o öküz," dedim ve yüzümde istem dışı aptal bir gülümseme oluştu.

Cansu'nun abartılı bir şekilde gözlerini devirdiğini gördüm, ama ona aldırmadan devam ettim.

"Ya da yine yemeğe çıkardık," dedim. Son yemeğimiz zihnimde canlandı. Ayrılırken beni öpmüştü. Dudaklarının yumuşacık dokunuşu bütün bedenimi titretmişti, midemdeki kelebekler çılgına dönmüştü.

"Cansu o serserinin teki, ama çok tatlı yaaa! Kağan bana dokunduğunda içim kıpır kıpır oluyor, onunlayken kendimi çok değerli hissediyorum. Yanındayken dünyadan kopuyorum, hiçbir şeyin önemi kalmıyor, çünkü ihtiyacım olan sadece o oluveriyor. Bana hissettirdiği duygular çok başka, çok güzel..."

"Tamam! Bu kadar yeter, kusacağım şimdi."

"Yetmez," diye sızlandım. "Kendimden nefret ediyorum," diyerek kollarımı dizlerime yaslayıp başımı ellerimin arasına aldım. "Umutsuz vakayım, biliyorum."

"Hayır, etmiyorsun. Bu kadar dramatik olma," diyerek sırtımı anlayışla sıvazladı.

"Of, bu pişmanlık neden gitmiyor? Boğuluyorum sanki!" diyerek acı çekiyormuş gibi inledim. "Keşke yapmasaydım. Keşke hiç polise gitmeseydim. İçim çok acıyor, boğazımda kocaman bir yumru varmış gibi hissediyorum," dedim. Son sözlerim fısıltı halinde çıkmıştı.

"Yapma Buket! Senin yerinde kim olsa polise giderdi. Kendini suçlamayı bırak."

"Evet, ama Kağan bunu anlamıyor."

"Neden bunu umursuyorsun ki? Ne düşünmek istiyorsa düşünsün."

"Bu kolay değil," diyerek dudağımı sarkıttım çocuk gibi. "Yapamıyorum."

Başımı ellerimin arasından kurtarıp koltuğun arkasına yasladım. Artık boş boş tavanı izliyor ve düşünüyordum. Bir süre ikimiz de sessiz kaldık.

Odada Pera-Toygar Işıklı'nın *Unut* şarkısı çalıyordu. Şarkıyı sonuna kadar dinledikten sonra kumandaya uzanıp tekrar başa aldım.

Cansu sıkıntıyla iç çekti. "Daha ne kadar dinleyeceksin bunu?" diyerek rahatsızlığını dile getirdi.

"Sanırım sonsuza kadar dinleyebilirim," diye mırıldandım. "Seni daha da depresif bir hale sokuyor."

"Hiçbir şey umurumda değil Cansu," diyerek bir süre

Psikopat

sessiz kalıp konuşmaya devam ettim. "Biliyor musun, şu an asla gidip onu şikâyet etmezdim. Ben aptalın tekiyim. Böyle bir şeyi Kağan'a yaptığım için aklımı kaçırmış olmalıyım, bir anlık deliliğe kapıldım herhalde."

Cansu kaşlarını çatarak, "Tamam. Yeter artık diyorum sana. Yeter. Kendine kızmayı bırakır mısın? Bu şekilde bir yere varamazsın, sonu yok bunun," dedi öfkeli bir sesle.

Cansu'yu duymazdan geldim. "Neden bu kadar çok kızıyorum kendime? Neden Kağan'ın yüzü gözümün önüne geldiğinde göğsüm daralıyor, nefes alamıyormuş gibi hissedip ağlamak istiyorum?" diye mırıldandım. Bu soruları hem Cansu'ya hem kendime soruyordum.

"Of tamam!" diye bağırdı. "Hadi, itiraf zamanı."

Başımı yasladığım yerden kaldırıp Cansu'ya çevirdim. "Ne?" diye sordum dalgınca.

"İtiraf et ve rahatla."

"Neyi?"

"Tamam. Teşvik edilmeye ihtiyacın var."

"Ne saçmalıyorsun?" diyerek yanımızda duran çikolata paketine uzanıp açtım ve ağzıma kocaman bir parça attım. Sonra Cansu konuşunca bacaklarımı altıma toplayıp ona doğru döndüm.

"Başlıyorum," dedi kendinden emin bir ses tonuyla.

Sıkılarak bir çikolata daha attım ağzıma. "Başla bakalım."

Cansu gözlerime bakarken kararsızca altdudağını ısırdı ve hafif bir tebessümle, "Sen şey olmuşsun," dedi.

"Ne olmuşum?" diye sordum şaşkın şaşkın. "Şey ne?"

"Kendine bile itiraf etmekten kaçındığın, aşk kadar

güçlü bir duygu olabilir mi acaba?" diye sorarak bir kaşını kaldırıp muzipçe bir bakış attı.

"Gözlerim büyüdü. "Ne aşkı ya? Saçmalama, o kadar da uzun boylu değil," dedim ona inanamayarak.

"Kağan'ı üzdüğün için kendinden nefret ettiğini söylüyorsun. Şu haline bak. Sabahtan beri bundan bahsedip kendini yıprattın. Saatlerce onun için gözyaşı döktün, pişmanlıktan kendini yiyorsun."

Yutkundum. "Yalnızca yaptıklarımdan dolayı suçlu hissediyorum o kadar," dedim umursamaz görünmeye çalışarak.

"Bu büyütülecek bir durum değil ki, benim yerimde kim olsa aynı vaziyette olurdu."

"Hadi, ama Kağan'a şey'sin işte. Bunu ne benden ne de kendinden saklama, itiraf et ve kurtul."

"Ne?" diye çıkıştım aksi bir tavırla. "Ben Kağan'a şey değilim," dedim hiddetlenerek.

Cansu beni duymamış gibi yaparak devam etti. "Şeysin. Hem de en fenasından."

Yüzümü iğrenç bir şey demişçesine buruşturdum. "Hayır, değilim," deyip itiraz ederek direttim.

"Peki, madem," diyerek dudaklarını büzdü. "Sen öyle diyorsan, doğrudur herhalde." Bakışları bana inanmadığını gösteriyordu.

Oturduğum yerde rahatsızca kıpırdandım "Ya Cansu, yapma böyle. Ben gerçekten Kağan'a şey değilim," diye bağırdım bu kez. İnanılmaz sinirlenmiştim. Derdim neydi benim?

Kaşlarını yukarı kaldırdı. Beni eğlenerek izlerken gözlerinde muzip parıltılar dans ediyordu.

Psikopat

Sinirle güldüm. "Değilim tabii ki, eminim bundan. Cidden değilim."

Kocaman imalı bir sırıtış tüm yüzüne yayıldı. "Ne değilsin?" diye sordu. "Açık açık söyle, anlamıyorum seni," derken yalandan sesini masum çıkarmıştı.

Sabrımın sonuna geldiğimi belli eden bir nefes verdim. "O şey'den işte," dedim dik dik ona bakarken.

Gözlerini abartılı bir şekilde devirdi. "Ya, tabii," diye karşılık verdi alay ederek.

"Cansu!" deyip kızdım. "Bana inanmıyormuş gibi davranmaktan vazgeç," dedim sertçe.

"Hadi, ama. Bence sen de bu dediklerine inanmıyorsun Buket."

Beni daha fazla sinirlendirmesine izin vermeyip sesli bir şekilde iç çekerek oturduğum yerden hışımla ayağa kalktım. Bitmiş boş tabağımı sesli bir şekilde masadan çekip aldım. "Bir dilim pasta daha alacağım," dedim hiddetle. Neden böyle davrandığıma dair de en ufak bir fikrim yoktu, özel günlerim yaklaşıyor olmalıydı yoksa neden böyle uyuz olayım ki! Kesinlikle başka bir açıklaması olamazdı.

Cansu kahkahalarla gülerek beni daha da çileden çıkarınca ona yüzümü buruşturup kötü kötü bakarak salondan çıktım. Aksi halde tabağı kafasına geçirebilirdim.

Mutfağa girdiğimde tabağımı hızlıca yemek masasına bıraktım ve hırsla sandalyelerden birini çekip oturdum. Boş boş karşımdaki dolapları izlemeye başladım. Ben Kağan'a gerçekten de 'şey' miydim acaba?

Kaşlarımı çattım. "Hayır!" diye kendi kendime mırıldanarak bu düşünceyi zihnimden kovdum. "Olamaz." Tamam! Ondan hoşlanıyordum, bunu zaten inkâr etmiyordum. Onunla birlikte olmak harika hissettiriyordu, ama bu basit bir etkilenme veya hoşlanmaydı. Hepsi bu kadar, yani bizim aramızda daha fazlası yoktu.

Derin bir nefes alarak Kağan'ı düşündüm, birleşen dudaklarımızı, bana olan yakınlığını, kalbini açıp ellerime bırakmasını, güvenini, ilgisini… Bütün güzel hatıralar zihnimde rengârenk bir patlamaya sebep oldu, içimi sıcacık bir duygu kaplayıp damarlarımda usul usul dolaştı. Kağan'ın muhteşem gülüşünü ve büyüleyici tondaki koyu mavi gözlerinin bana bakarken nasıl yoğun ve tutkulu bir maviye döndüğünü hatırladım. Kusursuz yüzünü hiç sıkılmadan saatlerce izleyebilirdim. Sonra iki gündür ne halde olduğumu düşündüm, tek kelimeyle felakettim. Şiddetli bir yıkım yaşamış, büyük bir enkaza dönmüştüm. Kağan günlerdir zihnimi meşgul edip ona yaşattığım acıyı tekrar tekrar benim de çekmeme neden oluyordu. Onu düşünmediğim tek bir an dahi yoktu, pişmanlığım beni boğuyordu.

O an içine düştüğüm farkındalıkla altdudağımı ısırdım. Daha önce kimseye karşı böyle yoğun duygular hissetmemiştim. Bu basit bir hoşlanma değildi. Hay aksi! Ben Kağan'a çok fena kapılmıştım. Galiba cidden şey'dim. Gerçek bir anda kendini gösterdi. Aman Allah'ım, aklımda her dakika o vardı, onu düşününce heyecandan nefesim kesiliyor, onsuz bir yaşamın anlamı yokmuş gibi geliyordu. Onsuzluk bir zehir gibi beni yavaş yavaş öldürüyordu. Bunların tek bir açıklaması olabilirdi: Ben Kağan'a âşık olmuştum.

42

Gün boyu Cansu'yla vakit geçirdik. Beni sürekli güldürecek konular buluyordu, beni üzgün görmemek için elinden geleni yapmaktan vazgeçmiyordu. Günün bazı can sıkıcı bölümleri hariç her şey güzeldi. Örneğin Cansu'nun bana ısrarla âşık olduğumu itiraf ettirmek istemesi gibi. Ah, bu sinir bozucuydu!

Ama artık biliyorum ve bundan kesinlikle emindim, ben Kağan'a âşıktım. Bunu düşündükçe, bedenim heyecandan ürperiyor, midemdeki kelebekler kıpırdanıyordu. Vay canına! Bu duygu çok hoşuma gitmişti. Artık geriye kalan tek şey Kağan'la konuşmaktı. Ne yaparsa yapsın, beni dinlemesini sağlayacaktım. Hayatımda ilk kez âşık olmuştum ve bunun için savaşmadan gitmesine izin vermeyecektim. Bütün gücümle bana olan öfkesiyle mücadele edip onu tekrar kazanmaya kararlıydım. Asla pes etmeyecektim, Kağan'a karşı, Kağan için mücadele edecektim; onun yine yüzünü güldürecek tek kişi ben olacaktım. Karar vermiştim ve şimdi üzülmenin değil, bir an önce toparlanıp neler yapmam gerektiğiyle ilgili düşünmenin zamanıydı. Kendime daha fazla acımayacaktım, bir hata yapmıştım ve ne yapıp ne edip kendimi affettirecektim. Savaş başlasın!

Cansu'yu kapıda uğurlarken bana sıkıca sarıldı. "İyi olacağına söz ver," dedi ve geri çekilip yüzüme baktı.

Gözlerimi devirdim. "İyiyim, merak etme. Düzeleceğim."

"Âşık olduğunu da kabul et," derken yüzünde hınzırca bir gülümseme oluştu.

"Cansu!" derken gözlerimi büyüdü. "Git artık sen hadi," diyerek kapı dışarı edercesine ellerimi salladım.

Cansu gürültülü bir kahkaha atarak geri çekildi ve bana arkasını döndü. Sesli bir şekilde gülmeye devam ederek merdivenleri inerken ben de başımı onaylamayan bir tavırla sallayıp gülümsedim ve kapıyı kapattım.

Dağınıklığımızı toparladıktan sonra uyumaya karar verdim. Akşam olmuştu zaten ve ben çok yorgundum. Odama geçtiğimde üzerimi değiştirip yatağıma uzandım ve Kağan'ı düşünerek uykunun kollarına bıraktım kendimi.

Bu sırada bir telefon sesi odamın içini doldurunca gözlerimi açıp yavaşça doğruldum. Kaşlarımı çatarak gelen sese kulak kabarttım. Çalan melodi bana yabancıydı, bu benim telefonum değildi. Acaba Cansu telefonunu bizde mi unuttu diye düşünerek yataktan kalktım. Fakat daha bir dikkat kesilince sesin cumartesi günü kullandığım çantamdan geldiğini fark ettim.

Hay aksi! Bu Onur'un bana verdiği telefon olmalıydı.

Çantamı elime alarak fermuvarı açıp telefonu çıkardım. "Efendim?"

"Merhaba Buket. Nasılsın?" diye sordu Onur yine o yumuşak sesiyle. Oysa bana öyle mide bulandırıcı geliyordu ki bu ses her an kusma hissimi tetikliyordu.

"İyiyim, teşekkürler," dedim soğukça. *Sen aramadan önce çok daha iyiydim.*

"Bir saat içinde seninle tanıştığımız kulübe gelmeni istiyorum," dedi buyurgan bir ses tonuyla.

Endişeyle altdudağımı ısırdım. "Neden?" diye mırıldandım.

Yavaşça güldü. "Gelince konuşuruz."

Güçlükle yutkundum. "Neden gelmem gerektiğini söylemezsen gelmem," dedim. Sözlerim ne kadar meydan okuyucu olsa da sesimin titremesine engel olamamıştım.

Yüksek sesli bir kahkaha duydum. Hey, bunu beklemiyordum. Yine eğleniyordu benimle.

"Peki, gelme Buket. Adamlarımdan birini yollamamı istiyorsun sanırım ha? Seni alması için. Ama uyarmalıyım ki hiçbiri nazik insanlar değil. Canını yakabilirler ve bundan hiç pişmanlık duymazlar. Bunu ister misin?"

Pes ederek omuzlarımı düşürüp usulca iç çektim. "Hayır," diye mırıldandım.

"Geç kalma sakın, dakik olmayan insanlardan nefret ederim," derken sesi sertleşmişti.

Ben bu adamı öldürürüm! "Tamam," dedim çaresizce.

"Çok güzel. Bu arada Buket lütfen kıyafetine, saçına ve makyajına özen göster."

"Niye?" dedim şaşkın şaşkın. "Bunu neden istiyorsun?"

Bana cevap vermeden, "Görüşmek üzere. Acele et," diyerek telefonu yüzüme kapattı.

Oflayarak gözlerimi devirdim ve hırsla telefonu yatağıma fırlattım. Ellerimi saçlarımdan geçirerek alnımda tuttum. Sakin olmak için birkaç defa ağır ağır nefes alıp verdim. Çaresizlik bir gölge misali üzerime çullanıyordu ve benim karşı duracak ne gücüm vardı ne de cesaretim. Ağabeyi Kağan'dan daha korkunçtu. Bir sözüyle hemen istediğini yaptırıyordu. Bir an hayatım ellerimden kayıp gidiyormuş, tutamıyormuşum gibi hissettim. Ne yapabilirdim ki? Karşı koyacak kadar güçlü değildim, işin sonunda ailemi kaybetmek vardı, çaresiz kabul ettim.

Hazırlanmak için bir saatim olduğunu hatırlayınca, homurdanarak dolabımın kapağını açtım ve giyecek bir şeyler bakınırken Onur'un sesini taklit ettim.

"Kıyafetine, saçına ve makyajına özen göster," diyerek dudak büktüm. "Geri zekâlı herif!"

Kot şortlarımdan birini alıp giydim, üzerineyse beyaz sade bir tişört aldım. Ayakkabı olarak beyaz Converse giyecektim. Onur'un isteğinin aksine bu tarz günlük kıyafetler seçmek ve onu kızdırmak riskli olabilirdi, ama umursamadım. Emirlerine uymadığımı görünce ne yapacak acaba diye düşünürken biraz korksam da her istediğini bana yaptıramayacağını bilmesi gerekiyordu. Saçlarımı sadece tarayıp açık bıraktım ve çok hafif makyaj yaptım. Sadece kalem ve dudak parlatıcısı kullandım, sırf o istedi diye özenecek değildim.

Gözüm duvar saatine gidince bir saati aştığımı fark edip Onur'un "Sakın geç kalma" uyarıları zihnimde çınladı. Bir anda tedirgin oldum ve hızlıca taksi durağını aradım, koşarcasına evden çıktım. Merdivenleri üçer beşer inip hızla bahçeye attım kendimi. Taksiyi sokağın başında görünce derin

Psikopat

bir nefes alarak bu gece olacaklara kendimi hazırlamaya çalıştım. Ne istiyordu acaba benden? Geçen sefer Gül'le gittiğimiz kulübe girdiğimde Gül'ün yaptıklarını hatırladım ve ona bir kez daha küfrettim. Kapıda siyah takım elbiseli şık görünen bir koruma beni karşıladı. İsmimi verdiğimde bana saygıyla selam verip onu takip etmemi istedi kibarca. Bu kez etrafa hiç bakmadan yürüdüm. Bana eşlik eden korumayı takip ettim ve hızla Onur'un odasına çıktık. Onur'u tekrar görecek olmam beni tedirgin ediyordu ve aynı derecede ödümü koparıyordu. Kapının önüne geldiğimizde sessizce derin bir nefes aldım. Topla kendini! Onur'dan ne kadar korksam da bunu ona belli etmemeliyim diye düşünerek kendimi rahatlatmaya çalıştım.

Koruma kapıyı vurdu ve onay bekledi. İçeriden girin sesini duyunca kapıyı açıp benim geçmemi bekledi, sonra da kapıyı arkamdan kapattı.

Onur'u karşımda görünce rahatlamama neden olan bütün düşünceler uçup gitti. Ne yaparsam yapayım bedenimi saran ani bir korkuyla bütün cesaretim kırıldı. Titrek adımlarla odanın ortalarına doğru yürümeye başladım.

Onur odada yalnızdı ve üçlü deri koltuğa oturmuş, önünde bulunan dosyalarla uğraşıyordu. Bu kötü adamla bir odada yalnız kalma fikri hiç hoşuma gitmese de yapacak hiçbir şeyim yoktu. Ben kimdim ki yanında, istese bir parmağıyla bütün hayatımı mahvedebilirdi. Bunun düşüncesi bile yetiyordu. Bir an düşündüm. Neden ben?

O çok güçlü ve zengin biriydi. Eminim ne isterse yaptırabileceği birçok adamı vardı. Neden benim gibi bir kızla bu kadar ilgileniyordu, hiçbir fikrim yoktu. Adamlarının yapamayacağı ve benim yapabileceğim ne isteyebilirdi ki benden, aklım almıyordu. Tamam, işlerini batırarak devasa bir hata yapmıştım, ama bu aptallığımın bedeli Onur için çalışmak olmamalıydı. İnsan, hele hele de böyle bir insan, işini mahvetmiş birine başka bir iş daha vermek istemezdi, güvenmezdi. Kaldı ki o gün kadınlarla ilgili söyledikleri, kadınlardan uzak durması... o zaman ben neden buradaydım?

Odaya girdiğim andan itibaren Onur'un kibirle bakan mavi gözleri üzerime kilitlendi. "Geç kaldın," dedi ifadesiz bir sesle.

"Sadece on beş dakika," derken sesim sert çıktığı için onu sinirlendirmemek adına, "Trafik vardı," diyerek ekledim hızlıca.

Yüzünde bir gülümseme görür gibi oldum. Başını hafif yana yatırarak beni baştan aşağı süzdü. "Daha şık bir şeyler giymeni bekliyordum."

Omuz silktim. "Rahat bir şeyler giymek istedim," diyerek karşılık verdim.

Gözlerini kısıp dudaklarını büzdü. "Neyse ki sen güzel bir kızsın Buket. Her halinle istediğin erkeği etkileyebilirsin," deyip gülmeye başladı.

"Ne demek istiyorsun?" diye sordum. Kimseyi etkilemeye çalışmıyordum.

"Bu akşam ilk görevini yapmanı istiyorum," dedi ve bacak bacak üstüne atıp rahatça arkasına yaslandı.

Ne isteyeceğinden korkarak, "Ne yapacağım ki?" diye sordum. Bunun kıyafetlerimle ne ilgisi vardı? Benden sapıkça bir şey istemezdi umarım. Böyle bir şeye boyun eğeceğimi sanıyorsa yanılıyordu.

"Lütfen, otur," diyerek karşısındaki koltuğu işaret etti. Gergin bir şekilde iç çektim ve itaat ederek gösterdiği koltuğa oturdum.

"Ah, dağınıklığı affet lütfen," diyerek önündeki dosyaları toplayıp kenara koydu. "Az önce benim için çalışan bazı arkadaşlarla küçük bir toplantı yaptım." Kaşlarımı şaşkınlıkla kaldırdığımı görünce, "Bana bağlı olan çete üyeleriyle," diye açıklama yaptı.

Kağan'ın çetesi de bunlardan biri olmalıydı.

"Ve içlerinden birkaçının son zamanlarda emrim dışında çalıştığını düşünüyorum. Fakat hiçbir şekilde açık vermiyorlar, yaptıklarını öyle iyi gizlemeyi başarıyorlar ki şüphelerimi ispatlayamıyorum."

Kafam karışmıştı. "Bunları bana niye anlatıyorsun?" diye sordum tereddüt ederek.

Donuk bakışlarını gözlerime dikti. "Bahadır'ı tanıyor musun Buket?" diye sordu. "O da sizin okulda."

Olumsuz anlamda başımı salladım. "Hayır. Tanımıyorum. Ama ismini duydum."

Derince iç çekti. "Bahadır ile tanışmanı istiyorum. Ne yapıp edip onun dikkatini çekeceksin ve hayatına gireceksin. Onunla arkadaş olup onu göz hapsinde tutacaksın. Hatta sevgilisi bile olabilirsin, bu sana kalmış," diyerek sırıttı.

Söylediklerini hazmetmeye çalışırcasına gözlerimi dahi kırpmadan şok içinde Onur'a baktım. Bütün bu olanlar gerçek miydi?

"Onun ve çetesinin neler çevirdiğini öğrenmeni istiyorum. Son zamanlarda bir işler karıştırıyorlar. O grubun içine sızacaksın ve onlarla takılacaksın. Gerekirse her anını Bahadır'ın yanında geçireceksin. Okulda veya okul dışı ne yapıyor, kimlerle görüşüyor, nerelere gidiyor. Ciddi bir takibe girişeceksin ve yaptığı en ufak davranışlardan bile beni haberdar edeceksin."

Tamam! Beklediğim şey kesinlikle bu değildi. Evrak, çanta teslimatı veya onun gibi basit bir iş yaptırır diye düşünüyordum, tehlikeli bir çocuğun hayatına girip onu takip edeceğimi değil!

"Böyle bir şey yapabileceğimi sanmıyorum," dedim yüzümü buruşturarak.

Beni duymazdan geldi. "Bahadır şu an arkadaşlarıyla birlikte kulüpte. Bu akşam ilk denemeni yapmanı istiyorum. Hemen arkadaşlık kuramayabilirsin tabii ki Bahadır zor biridir, fakat asla vazgeçmeyeceksin."

"Hayır. Bunu yapamam. Olmaz," diyerek başımı salladım inatla. "Bunu isteme benden."

Sıkıntıyla nefesini verdi. "Yapabilir misin diye sorduğumu hatırlamıyorum. Yapacaksın. Tekrar tekrar bunu seninle konuşacak değilim. Çocukluk yapmayı kes!" dedi öfkeyle. "Bir görevin var, buna odaklan. Mızmızlık yapmaktan vazgeç!"

Bu ani öfkeli çıkışı karşısında irkilerek gözlerimi kırpıştırdım. "Başka bir iş yapabilirim. Bu olmaz. Lütfen," diyerek yalvardım. Onur'un bana karşı hissedebileceği en ufak bir acıma duygusu için yaptım bunu.

Gözlerini öfkeyle kıstı. "En son seninle her şeyi açık

açık konuşmuştuk," diye çıkıştı tekrar. "Başına gelecekleri çok iyi biliyorsun Buket." Sesi çok sert çıkmıştı.

"Neden benim böyle bir şey yapmamı istiyorsun? Eminim Bahadır'ın ya da bir başkasının peşine takabileceğin çok sayıda adamın vardır."

Sinirle iç çekti. "Tabii ki var," dedi beni küçümseyerek. "Ama Bahadır çok zeki, kimi gönderirsem göndereyim, bunu anlıyor."

"Benim yapabileceğimi nasıl düşünüyorsun o zaman?" diye sordum hayret ederek. Bu adama cidden inanamıyordum!

Bana 'ne kadar saf ve aptalsın' dercesine bir bakış attı. "Öncelikle aynı okuldasınız, hatta aynı sınıfta. Bu onu asla şüphelendirmez. Senin, ondan hoşlandığın için yakınlaşmak istediğini sanacak, peşinde koşan diğer kızlardan biri gibi görecek. Ama sen onu etkileyeceksin ve hayatına gireceksin," dedikten sonra rahatsız edici, şeytani bir sırıtış tüm yüzüne yayıldı. "Kağan seni nasıl fark ettiyse Bahadır'ın da seni fark etmesini sağlayacaksın."

Huzursuzca kıpırdandım. Bakışlarındaki ima midemi bulandırıyordu. Sessiz kalarak iğrenircesine ters ters baktım gözlerine. Yüzüne karşı "sen hastasın" dememek için kendimi zor tuttum. Yüzüm nasıl bir hal aldıysa artık Onur alaycı bir kahkaha attı.

Onun eğlenen gülüşü altında rüzgâra direnen bir mum alevi gibi titredim. Çaresizlik her daim olduğu gibi yine kendini hissettirecek kadar büyüdü ve boğazıma kadar çıktı. Gözlerim gözyaşlarımın etkisiyle yanarken kesinlikle kurtuluşum yok diye düşündüm. Yapmak zorundayım. Yapmazsam hem ben tehlikede olacaktım hem de ailem. Bu adamın yapacağı kötülüklerin sınırı yok gibiydi.

Onur bir kaşını kaldırıp cevap istermişçesine bana bakarak, "Cevabını bekliyorum?" dedi soru sorarcasına.

Oturduğum koltuktan kalktım ve başımla onayladım. "Tamam. Yapacağım," dedim teslim olurcasına. Fakat sözcükler dudaklarımdan döküldüğü an aklıma Kağan geldi. Kağan varken ben nasıl Bahadır ile kaynaşmaya çalışacaktım?

Yüzü büyük bir gülümsemeyle aydınlandı. "Aferin," derken Onur da ayağa kalktı. Telefonunu cebinden çıkarıp bir iki tuşa dokundu ve kulağına götürdü.

"Emre'yi odama gönderin," dedi ve telefonu kapatıp tekrar cebine attı.

"Emre burada mı?" diye sordum şaşırarak. Ani bir heyecana kapıldım, Kağan da burada olabilirdi.

"Evet. Görevin için sana yardımcı olacak," dedi düz bir sesle ve ardından yavaşça pis pis sırıttı. "Aslında Kağan'ın sana yardımcı olmasını isterdim, fakat kardeşime birkaç gündür ulaşamıyorum."

Tabii ki ulaşılmazdı. Benim yüzümden her şey diye içimden geçirdim. Acaba neredeydi, nerelere kaybolmuştu?

"Seni aradı mı Buket? Sen Kağan'ın nerede olduğunu biliyor musun?" diye sordu alay edercesine.

Kaşlarımı çattım. "Seninle Kağan hakkında konuşacak değilim," dedim soğuk bir sesle.

"Ah, tabii anlıyorum," diyerek sözlerini vurgulamak istercesine başını salladı. "Kağan'ın artık seni görmek isteyeceğini sanmıyorum. Gereksiz bir soru oldu, affet lütfen."

Bu sözleri canımı çok acıttı. Kendimi birden çok kırgın hissettim, her an unufak olup yere dağılmaya hazır cam parçacıkları gibiydim. Gözyaşlarım akmak için yine gözlerimi zorladı fakat direndim. Acizliğimi karşımda duran bu kötü adama göstermeye hiç niyetim yoktu. Çünkü Onur öyle hastalıklı bir ruha sahipti ki benim üzüldüğümü izlemekten zevk alıyordu.

"Neden ısrarla beni üzmeye çalışıyorsun?" diye sordum kendimi tutamayarak.

Yüzü ciddi bir ifade aldı. "Seni asla üzmek istemem Buket."

"Bana karşı davranışların aksini söylüyor ama," dedim titreyen bir sesle.

Kaşlarını çatıp bir süre beni süzdü. "Kağan'ı unut. Yapacağın işe odaklan," dedi emir veren bir tavırla ve bu konuyu kapattı.

Derin bir nefes aldım. Başka seçeneğim vardı sanki...

Bu sırada odanın kapısı açıldı. Emre içeri girdiğinde gözlerim hayretle büyüdü ve dikkatle onu süzdüm. Bir gözü şişmiş, neredeyse kapanmak üzereydi. Yanağında morluklar vardı ve sanki hafif aksıyor gibiydi. Nasıl bu hale gelmişti?

Emre ifadesiz bir yüzle Onur'a ve bana bakıp içeriye girdi. Ne kadar saklamaya çalışsa da bu ifadesiz yüzün altında öfke vardı. Acaba bu öfke bana mıydı?

Büyük ihtimalle öyleydi. Hissettiğim üzüntü daha da arttı ve omuzlarıma çöreklenerek belimi büktü.

Onur, "Bahadır hâlâ burada mı?" diye sordu Emre'ye otoriter bir sesle.

Emre, "Evet," dedi kuru kuru.

"Güzel," dedi memnun olarak. "Buket'i aşağı indir. Bahadır'ı göster, onun hakkında bilgi ver," diyerek bana döndü. "Gerisini Buket halledecek," dedi gözlerindeki ahlaksız parıltıyla.

Hiçbir şey diyemedim. Sadece sessiz kaldım. Ne diyebilirdim ki?

Tehditvari bir ifadeyle, "Değil mi Buket?" diye sordu kaşlarını kaldırarak.

İsteksizce, "Evet," diye mırıldandım ve bakışlarımı kaçırarak Emre'ye çevirdim. Çok fena dağılmıştı, onun için üzülürken kendimi tutamadım ve Emre'ye, "Ne oldu sana böyle?" diye sordum

Tam o cevap verecekken Onur araya girdi. "Tek suçlunun sen olmadığının farkındasın değil mi? Emre dikkatsizliğinin cezasını çekmeliydi. Bizim işlerimizle ilgili konularda artık daha özenli davranacak, çünkü büyük bir ders aldı." Sonra sözlerine alaycı bir şekilde devam etti, "Erkek olmadığın için ne kadar şanslısın Buket," dedi ve hafifçe güldü.

Emre'ye yandan kaygılı bir bakış attığımda gözlerini öfkeyle kısmış, tam karşısına baktığını gördüm.

Onur, "Şimdi gidebilirsiniz. İşinize odaklanın," diye uyarıp yüzünde oluşan kocaman bir sırıtışla beni süzdü. "Sana güveniyorum Buket."

Ah. Ben de kendime güvenmek isterdim.

Hiçbir şey söylemeden kapıya doğru yürüdüm ve hızla odadan çıktım. Onur'un daha fazla konuşmasına dayanacak gücüm kalmamıştı.

Emre ile odadan çıkıp uzun koridorda birlikte yürümeye

başladık. O kadar hızlı yürüyordu ki ona yetişmekte zorlanıyordum.
"Emre, biraz yavaş yürüsen olmaz mı?" diyerek sızlandım. Beni hiç takmadı. Aynı şekilde yürümeye devam etti. Tamam! O da bana kızgındı. Kağan gibi.
"Emre, lütfen dur, konuşalım biraz," dedim kolunu tutup onu durdururken.
Öfkeyle bana baktı. Yanılmamıştım. Bana çok kızgındı. Hatta nefret bile ediyor olabilirdi. Hem işlerini bozmuştum hem de benim yüzümden dayak yemesine sebep olmuştum.
"Emre ben yaptıklarım için çok üzgünüm. Çok pişmanım. Başına gelenler için de çok özür dilerim."
Başını sinirle salladı. "Seni dinlemek istemiyorum," diyerek hızla yürümeye başladı.
Kahretsin! Koşarak ona yetiştim ve önüne geçtim.
"Beni dinleyeceksin, tamam mı?" diye bağırdım. "Yeter artık, neden beni dinlemiyorsunuz? Neden olaylara bir de benim açımdan bakmayı denemiyorsunuz?"
Emre kaşlarını çatarak sertçe soludu. "Bak, sonra konuşalım, olur mu? Şu an cidden çok sinirliyim. Kafamı toplayamıyorum!"
"Bana mı?" diye sordum. "Ben gerçekten senin için çok üzüldüm, böyle dövüldüğünü bilmiyordum." Bu tavrına içerlemiştim.
Ellerini saçlarından geçiren Emre rahatsızca koridorun iki ucuna bir bakış attı. "Hem sana hem de Onur'a kızgınım. Seni böyle bir işe bulaştırdığına inanamıyorum." Öfkeyle başını salladı. "Yapmanı istediği şey çok tehlikeli."

Yutkundum. "Biliyorum," diye mırıldandım.
"Kağan'a ulaşamıyorum, telefonu kapalı. Gidebileceği her yere baktım, hiçbir yerde yok. Kimse onu görmemiş. Resmen kayıp. Kağan benim kardeşim gibidir ve onun için endişeleniyorum," derken sesindeki kaygıyı hissettim.

"Yapabileceğimiz başka bir şey yok mu?" diye sordum bir umutla. Kağan için ne gerekiyorsa yapmaya hazırdım.

İç çekti. "Ortaya çıkmasını beklemekten başka çaremiz yok. Şimdi bir de Bahadır çıktı. Sikeyim böyle işi!" dedi öfkeyle.

"Sakin ol, döner umarım en kısa zamanda," deyip rahatlamasını umdum, ama ben de fena halde endişeleniyordum. Nereye gitmiş olabilirdi ki?

Emre ellerini saçlarından geçirip ciddi bir yüz ifadesiyle bana baktı. "Bahadır çok tehlikeli biri Buket, öyle sıradan basit bir tehlikeden bahsetmiyorum. Gerçekten sakınman gereken biri o. Çocuğun kavga etmediği gün yok ve kavga ettiği kişileri hastanelik etmek gibi bir hobisi var. Kimseye acımaz o piç, ona bir kez bulaştın mı, elinden asla kurtulamazsın. En son okulda Bahadır'ın yanında bir kız görmüştüm. Kızın sırf onu aldattığını düşündüğü için, kızı acımasızca hırpaladı, ardından peşini bırakmayıp öfkesini kusmaya devam etti. Kızın yoğun bakıma kaldırılmasına neden olacak kadar ona zarar verdi."

Aman Allahım! Şaşkınlık ve boğazıma takılan korkuyla dudaklarım aralandı. Tek kelimeyle ürkmüştüm. Bir insan bu derece cani olabilir miydi?

"Hele o Deniz ibnesinin yapmadığı pislik yoktur. Bütün

"Kurtuluşum yok yani," diyerek omuzlarımı düşürdüm.

"Yapmak zorundayım," dedim onu onaylarcasına.

Emre sessizce başını salladı. "Üzgünüm."

Kuruyan boğazımı ıslatmak için yutkundum. Ben nasıl bir işe bulaşmıştım böyle?

Bu işten hiçbir şekilde kaçamayacağım ortadaydı. Onur'u sinirlendirerek karşıma almaktan korkuyordum. Ailemi korumak adına benden istenileni yapmam gerekiyordu. Onlar için diye düşündüm ve derin bir nefes alarak içimdeki korkuyu cesaretimle bastırmaya çalıştım. Gözlerimi Emre'ye dikerek kendimden emin bir şekilde konuştum.

"Hadi, yapalım şu işi!"

yasadışı olaylara karışır. En son kavga etmiştik, biliyorsun," diyerek acı acı güldü.

O gün olanları hatırlayınca bir an tedirgin oldum. Ben böyle tehlikeli insanlarla tanışıp aynı ortamda kalabilecek miydim?

"Egemen ise..." Sıkıntıyla soluğunu dışarı verdi. İki elini ensesinde birleştirdi. "Zarar vermekten zevk alan sadist piçin teki o!" dediğinde kendime engel olamadım ve korkuyla titredim.

Gözlerim dehşetle açıldı ve ne yapacağımı bilmez, bocalayan bir ifadeyle Emre'ye baktım, gözlerindeki endişe korkumun daha da artmasına neden oldu. Bu çok fazlaydı. Bütün bunlar kâbus gibiydi. Korkunç bir kâbusun içine sıkışıp kalmıştım ve etrafımı çeviren kötülüklerin üzerime gelmesini kaldıramıyordum.

Yalvaran bir ses tonuyla, "Yapmak istemiyorum Emre," diye mırıldandım cılız bir sesle. "O gruptan kimse ile tanışmak istemiyorum." Hızla başımı iki yana salladım. "Yardım et bana."

Emre kaşlarını çattı ve derin bir nefes aldı. "Senin zarar görmeni asla istemem Buket. Ama Onur bunu yapmanı söylediyse, onu vazgeçirmek imkânsız," diyerek bir küfür homurdandı.

"Korkuyorum," dedim titreyerek.

Emre beni yatıştırmaya çalışan bir tavırla, "Ben seni izleyeceğim, tamam mı? Sadece onlardan biriyle asla yalnız kalma. Bu şimdilik yeterli olur. Sonra ne yapacağımızı düşünürüz," dedi.